中国科学技术大学研究生教育创新计划项目教材出版专项经费支持
中国科学技术大学知识产权研究院专项资金支持
合肥市哲学社会科学规划项目成果

一流规划教材

研究生系列教材

国家技术转移专业人员能力提升指南

主　编　倪永强　黄加顺　宋林琳

副主编　邱超凡　王　琪　袁锐波

编　委　杨　洋　黄叙新　崔　博　丁　茹　倪昕羽
　　　　李庆博　马少兢　李中强　丁　剑　刘　杨
　　　　邵延军　田　华　张怡莹　刘　明　尹志臣
　　　　李　烁　胡浪涛　李向阳　刘百盛　张　程
　　　　尹　周　王文秀　祝士杰　贺亚军　王　勇
　　　　秦　玲　张　轶　陈　瑜

中国科学技术大学出版社

内 容 简 介

本书以《国家技术转移专业人员能力等级培训大纲(试行)》为指导,充分借鉴国际先进经验,紧密结合中国国情与科技成果转移转化特点,以系统性、科学性和实用性为核心原则,全面梳理技术转移专业人员所需的专业知识体系和实践操作技能,旨在为技术转移从业人员提供一个系统、全面的能力提升框架。通过理论阐述、实践操作、案例分析等多种方式,明确了各级技术转移专业人员应具备的知识结构、技能要求和职业素养标准,围绕技术评估、知识产权管理、市场分析、商务谈判、政策解读、合同谈判以及项目管理等技术转移从业人员需具备的核心技能展开,不仅涵盖了从科技成果识别、评估、保护到市场化运作的全过程管理,更强调了法律素养、金融工具运用以及跨领域协同创新能力的培养,以期在全面提升技术转移人员专业能力的同时,构建一套完整的从理论到实践、从基础素质到高端战略思维成长的培训体系。

本书可为国家技术转移专业人员、科技成果转化从业人员、科技咨询师的培训以及相关专业研究人员的培养提供参考。

图书在版编目(CIP)数据

国家技术转移专业人员能力提升指南 / 倪永强,黄加顺,宋林琳主编. -- 合肥:中国科学技术大学出版社,2024.10
ISBN 978-7-312-05879-0

Ⅰ.国… Ⅱ.①倪… ②黄… ③宋… Ⅲ.技术转移—专业技术人员—能力培养—中国—指南 Ⅳ.F124.3-62

中国国家版本馆CIP数据核字(2024)第042480号

国家技术转移专业人员能力提升指南
GUOJIA JISHU ZHUANYI ZHUANYE RENYUAN NENGLI TISHENG ZHINAN

出版	中国科学技术大学出版社
	安徽省合肥市金寨路96号,230026
	http://press.ustc.edu.cn
	https://zgkxjsdxcbs.tmall.com
印刷	安徽省瑞隆印务有限公司
发行	中国科学技术大学出版社
开本	787 mm×1092 mm 1/16
印张	23.75
字数	534千
版次	2024年10月第1版
印次	2024年10月第1次印刷
定价	80.00元

作者简介

倪永强,中国科学技术大学哲学硕士、公共管理博士,中国科学技术大学知识产权研究院副研究员。主要研究哲学、管理、科技、教育和成果转化等。主持中国科学院、安徽省、合肥市研究课题多项。参与翻译《为了政策的科学》,发表多篇研究论文,撰写的资政报告《关于建设中国(安徽)长三角科学研究评价中心的建议》获安徽省委、省政府主要领导批示。在《安徽大学学报(哲学社会科学版)》《中国研究生》《科技中国》《科学管理研究》《中国科学报》等报刊上发表多篇理论、观点文章。

黄加顺,中国科学技术大学知识产权研究院副院长,特任研究员、博士生导师。牛津大学博士,兼任哈佛大学法学院高级研究员。现挂职合肥产投集团党委委员、副总经理。曾在牛津大学、剑桥大学、哈佛大学、香港科技大学、四川大学、北京大学、国务院发展研究中心等单位学习工作过。

宋林琳,重庆理工大学产学研合作办公室主任,重庆理工大学科技发展有限责任公司总经理。成渝双城创业导师,技术经纪人培训讲师,重庆市科技局、重庆市教委众创空间评估专家和科技成果转化咨询专家。曾长期在地方政府部门、高校资产管理企业挂职和任职,熟悉校地、校企合作科技成果转化应用。长期从事高校科研管理、创新创业以及科技成果转化工作。

序

创新驱动发展战略日益重要的今天,技术转移作为科技成果转化为现实生产力的关键环节,对于推动经济社会高质量发展具有决定性意义。《国家技术转移专业人员能力提升指南》的出版恰逢其时,它不仅是解读我国科技成果转化领域政策体系的重要组成部分,更是面向未来、培养和提升我国技术转移人才队伍专业化水平的一部力作。

该书充分借鉴了国际先进经验,紧密结合中国国情与科技成果转移转化的特点,满足我国科技成果转移转化的实际需求,以系统性、科学性和实用性为核心原则,全面梳理了技术转移专业人员所需的专业知识体系和实践操作技能,旨在为技术转移从业人员提供一个系统、全面的能力提升框架。通过理论阐述、实践操作、案例分析等多种方式,明确了各级技术转移专业人员应具备的知识结构、技能要求和职业素养标准,围绕技术评估、知识产权管理、市场分析、商务谈判、政策解读、合同谈判以及项目管理等技术转移从业人员须具备的核心技能展开,不仅涵盖了从科技成果识别、评估、保护到市场化运作的全过程管理,更强调了法律素养、金融工具运用以及跨领域协同创新能力的培养,以期在全面提升技术转移人员专业能力的同时,构建一套完整的从理论到实践、从基础素质到高端战略思维成长的培训体系。

该书在设计上秉持"以需求为导向,以应用为核心"的原则,"任务导航"形式新颖,生动有趣,思路清晰;"延展阅读"指点迷津,简明扼要,高度凝练;"问题设置"由浅入深,涵盖面广,指向性强,主题紧密围绕国家科技创新战略和经济社会发展需求,致力于打造一支既懂科技又懂市场、兼具法律素养和金融知识,能够有效促进科技成果转移转化的高素质人才队伍。

期待通过学习这本书,广大技术转移工作者能够深化对行业发展趋势的认识,增强法律意识和市场化运作能力,进而高效促进科研成果走出实验室,进入企业生产线,最终实现社会价值和经济价值。同时,也期望借此进一步完善我国技术转移服务体系,提升国家整体科技创新生态系统的活力和竞争力。

在此，我诚挚地推荐《国家技术转移专业人员能力提升指南》给所有从事或关注技术转移工作的同仁们，希望它能成为你们职业生涯中不可或缺的工具书和行动指导，共同推动我国技术转移事业迈上新的台阶。

华为技术有限公司原党委副书记
中国科学技术大学教授，研究生院原副院长

前　言

随着创新型国家建设以及创新、创业活动的深入开展,技术经纪人、科技评估师、技术经理人、科技咨询师(为方便引用,简称"技术转移人员")作为科技成果转化为生产力的关系纽带,在科技与经济发展的交汇点上扮演着至关重要的角色。有专家预言,他们是未来生产能力的核心,也必将成为生产的第五大要素。他们通过政策咨询、项目策划、市场分析等活动,引导和支持各类主体积极参与技术创新和成果转化,有助于构建和完善区域乃至国家层面的创新生态系统。大量技术转移服务机构,包括国家及省市级的技术转移中心、技术市场、技术产权交易所等平台的涌现,使技术转移人员走上舞台,成为连接高校、科研机构与企业之间的桥梁,成为推动科技成果不断地从实验室走向产业市场的澎湃力量。

可是,当前的技术转移工作还存在一些具体问题,如技术转移人员服务能力不足,职业界定不清,成长路径不明;大多数的技术转移人员没有经过专门、系统的培养,尤其在技术管理、金融投资、法律咨询等领域的市场意识和专业服务能力亟待提高;较差的客户体验,影响了技术转移人员职业发展环境;技术转移人员组织和阶层发育不完全,离专业化、市场化、国际化水平还有不小的差距;技术转移人员的工作成果难以界定,缺乏足够的保护;大众对技术转移人员的职业认知度低,不仅在单位领导的认识上,而且在整个社会的认知上,对技术转移人员都缺乏认足够的认可度;技术转移人员除了起"牵线搭桥"的作用外,几乎没有创造其他增值价值的途径等。这些问题已严重影响到技术转移事业的发展,其中有些已非常严重,提升技术转移效能已到了刻不容缓的地步了。

在当前形势下,提升技术转移效能的关键是:一方面通过深化改革加快科技成果的市场化进程;另一方面着力解决制约技术转移效率的关键问题,努力构建更加开放、高效的技术转移生态体系。全面系统化、稳步推进技术转移工作是立足于长远之计的良方,眼下见效快、效果好的可选项之一,就是培养大量技术转移人才,发挥优秀技术转移人员的领军作用。在技术转移的舞台上,领军人才不仅是科技成果的搬运工,更是科技创新生态系统的建筑师和创新思维的播种者。他们视野开阔,思维辐射范围广,有很强的穿透力,能一眼看到本质,抓住问题的要害,解决问题;他们还有管理、领导和组织能力,能够处理各种疑难问题。如果说技术转移是实现科研价值与社会经济价值双重转化的艺术,而领军人才正是这门艺术的大师。所以,发挥好他们的引领示范作用,可以带动全社会技术转移事业的发展。

技术转移的领军人才不但有科学家的专业、见识与智慧,而且有社会活动家的张力,还有企业家的胆识以及超乎常人的恒心。他们在智商、情商、胆商方面表现出来的技能特征,具有一定的显示度,值得技术转移人员进一步对照、学习、模仿、磨炼。

1. 专业能力

技术转移人员最重要的特质是其深厚的技术专业能力。技术转移人员的专业基础包括科技、产业、经济、技术咨询、技术经纪、技术交易和法律等。美国大学技术转移办公室的工作人员中一半以上拥有博士学位,厚实的专业基础成为绝对的门槛。美、英、德、日等国研究型大学科技成果转化机构人员技能的对比分析结果显示,优秀的专业能力基因是技术转移人员最终成功的基础。

(1) 科技知识。技术转移人员要有比较丰富的科技产业基本知识;精通工作涉及的科技领域的技术商品知识,了解技术商品的研究、试验、试制和规模生产的全过程;熟悉技术开发、中试、产品生产工艺过程等方面的工程知识,对技术先进性、成熟度、适用性、竞争力等方面有全面深刻的理解,有摸清企业产品质量、工艺、标准、设备状况的能力等。

(2) 经济、市场知识。技术转移人员要掌握技术经济学的基本知识,对经纪业的技能很熟练,懂得企业吸收技术商品应用于生产的全流程;精通技术商品贸易相关知识;了解并能使用各种科技、经济信息,洞察技术商品的社会需求;会使用多种调查、预测等方法,掌握技术商品供求动态及发展趋势。

(3) 法律知识。技术转移人员应了解法律的基础知识;精通《技术合同法》《专利法》等技术贸易管理法规,以及有关国家和国际保护知识产权的专业知识;熟练掌握洽谈签订技术合同及技术合同仲裁等。

此外,技术转移人员的管理和项目经验也是不可或缺的,成功的技术转移不仅要用专业知识精准定位技术的价值,更需用心构建合作共赢的商业模式,才能让技术创新真正赋能产业升级和社会进步。

2. 再学习能力

对于技术转移专业人员来说,真正的智慧不在于掌握了多少知识,而在于有持续更新、重塑自我认知的再学习能力。这就需要技术转移人员在原有学历和知识基础上,围绕技术转移工作需要的知识,继续学习工作中遇到的新知识,不能仅止步于既有的知识基础和已经取得的成就,而是尽可能学习掌握更高层次的与技术商品相关的营销知识、财会知识、统计知识、投融资知识、管理知识,甚至还要进一步学习复杂的国际知识产权和技术交易方面的法律知识,参与更高层次的知识产权全球治理活动。

再学习能力是优秀技术转移人员的能力特征之一。任何一个技术转移项目的完成,都需要技术转移人员长年累月地再学习、跟踪和创造,这是技术的复杂性决定的。"先进的技术可以靠引进得到,可是先进的技术能力却不一定能靠引进得到",对技术转移人员来说,技术商品的消化吸收能力和企业技术商品承接能力的增强,只能通过"引进、消化、吸收、创造"得到升华,没有再学习能力,就无法完成这种高价值创新能力的提升。

3. 分析能力

在解决技术转移问题的过程中,分析能力犹如破译密码的钥匙,帮助我们解开错综复杂的谜团,找到通向成功的路径。技术转移人员通过逻辑推理、批判思考和系统化的方法,对信息、数据、现象或问题进行深入理解和解释,并从中提炼出关键要素、发现内在规律、推断发展趋势,直至最终解决问题。在这个过程中形成的一种综合认知能力就是分析能力,它在技术转移工作中发挥着至关重要的作用。

超强的分析能力是建立在大量专业知识和经验基础之上的。技术项目是否值得交易?应该如何作价和还价?这需要技术转移人员解读复杂的数据和信息,识别关键影响因素,揭示隐藏的因果关系和逻辑联系,透过表面现象看到本质,作出综合的分析,帮助有需求的企业对纷繁复杂的技术市场作出准确判断。

出色的分析能力体现在对数据和现象的理解上。技术转移人员要能够从多种来源高效地获取相关信息,面对市场机会,要对其观察分析,进行分类、筛选、整理和归纳,形成清晰明了的信息结构;同时对其要有深刻洞察进而形成综合判断,这样才能够满足市场分析的需求,找到技术市场的空白点,不断发现新机会、新项目。

在日益复杂多变的社会环境中,强大的分析能力是技术转移人员手中的一把利剑。技术转移人员要能够分析企业家购买技术需求的心理和特点,有发现问题的意识与能力,有寻找所需要知识的方法和运用知识解决问题的方法和能力,能通过市场调查、预测等多种方法分析把握技术商品的市场供求动态与发展趋势。在面对新的挑战和未知的问题时,能跳出固有框架,采用创新视角进行分析,提出富有创意的解决方案。

4. 系统思维能力

系统思维并非简单的叠加与组合，而是从混沌中提炼秩序，于变化中寻找规律，为解决问题提供有深度的意见。技术转移人员的工作是一项有计划、有目标、客观理智的行动。不仅要对涉及的知识基础有全面的了解和研究，还要对技术转移全环节的活动作出周密的计划安排，提供系统专业的服务。

在项目实际交易中，尤其在技术方案难以确定的时候，如果能进行系统性的思考；用更高的战略思维和学术眼光，在发掘项目的可行性与价值方面，进行系统的梳理和呈现，提供全面分析和系统的解决方案，就能为项目需求方提供更多的选择。

技术转移工作的系统思维还体现在完善的工作流程中。首先根据综合信息判断，从需求出发确定技术选择的目标；其次是尽职调查，对生产工艺、技术参数、投入产出情况、经济社会效益等进行深入调查；再次是分析论证，综合比较各种技术的先进性、适用性、可行性，提出各种选择方案；最后是选择出最佳技术，根据行政（手段）、政策（导向）、市场（需求）等多层次、全方位筛选，择优选出政策上鼓励、技术上成熟、经济上有价值的技术。

在选择具体技术时，必须有系统的思考和安排。不同生产条件下使用不同类型的技术或不同水平的技术，这涉及技术匹配度问题，包括：技术系统自身的适配程度、与其他技术系统之间的匹配、与技术受体原有技术系统的匹配。在多维度的技术转移世界里，系统思维犹如导航卫星，引导我们在相互交织的因素中找到最优路径，实现高效决策。

5. 人格魅力

一个优秀的技术转移人员真正的魅力在于，首先要精通技术中介业务；其次要有良好的专业素养，必须接受过系统、专业、严格的训练；同时还要在形象、言行举止、文化水平、道德品质上有一定的修养。这体现在业务流程中，包括事务沟通技巧、谈判技巧、时间管理、心理素质、专业化礼仪，甚至体现在举手投足、一言一行的细节上，它超越了外表与成就，是一种深入人心的影响力，也是一种人格力量。

保守职业秘密是一名优秀技术转移人员人格力量的体现，也是必须加强的道德修为。在资讯发达、复杂的今天，保证企业技术需求不泄露，是必须坚守的底线，因为企业技术需求基本上就是企业发展的核心商业机密，一旦泄露，后果就不堪设想。现实中技术转移工作之所以面临许多困境，其中的最大障碍就是得不到客户的信任，因此与客户交流时，要提前做好保守秘密的措施，让客户放心。

尽管有技术转移人员市场信用、市场评价和监管机制的硬性保障,但更需要技术转移人员具有职业道德情操和人格魅力,如严守秘密、实事求是、公平诚信、善言不虚、合规交易、遵纪守法、宽容谦逊、不徇私情等,这种魅力如磁石般吸引他人,如同灵魂的香气,无声无息地弥漫在言行之中,使人无法抗拒。

6. 沟通能力

沟通是人际交往的桥梁,它能将思想、情感和信息转化为理解和共识。技术转移工作是商务活动,也是交际艺术的具体体现。技术转移人员必须有效传达信息、理解他人意图,并通过语言和非语言手段建立与他人互动交流的能力;还要有清晰的表达和倾听、对情境敏感、情感管理、反馈技巧以及冲突解决等能力,这些都是寻找共鸣的交响乐,也是用倾听与表达编织和谐的人际旋律,成为技术转移工作顺利开展的保障。

一个成功的技术转移人员,一定是一个良好的沟通者。他的沟通能力体现在交谈和应对技巧上,体现在对谈判过程的控制与把握上,体现在如何和企业家、科研人员、同事之间协调复杂的关系上。良好的沟通,能够把自己的观念、方案推介给科研人员、下级和企业家,从而赢得他们的支持。

技术交易实践中,技术成果的供应信息和需求信息,常常因为表达、传递不够及时准确,导致了很多成果难以找到有需求的企业去转化;企业需求也难以找到合适的技术供应者,企业产品开发难题找不到合适的机构来合作研究等问题。这大多是因为供需双方的沟通(表述和理解)出现了偏差,导致了人们常说的"科学家和企业家无法对话"现象。保持信息准确和沟通顺畅,许多问题就能得到快速有效的解决。因此,项目供需信息资源准确采集和传递,从沟通的源头上要保证信息的准确性,对技术(或企业需求)信息的真实性和准确性要逐一核实,评估后再进行分类,统一准确地登记进入信息库。同时通过宣讲、交流、展览、交易会、发布会的形式,或通过广告、报纸、书籍资料、电话、邮件以及自媒体(包括微信等新传媒)等方式在第一时间传递给需求方。项目信息沟通的最高原则是"把恰当的信息传递给恰当的人"。

良好的感情沟通对交易结果有积极作用。如果情感交流不畅,就会导致项目对接出现许多问题。其实,真正的沟通,不是仅仅把话说清楚就行了,实际上它一方面传递着信息,另一方面也传递着情感。聆听才是情感沟通的最好方法,感同身受,关心他人的内心想法和尊重他人的感受,才会慢慢建立起彼此间的信任。沟通犹如无形的纽带,连接心灵,促进合作,是个人魅力展现与团队协作成功的关键要素。

7. 整合资源的能力

技术转移成功的背后往往是对各类资源精准定位、巧妙连接和高效利用的智慧。技术转移人员要有组织协调、资源整合的能力。能够将各种分散的、看似不相关的资源进行有效识别、组织、调配和优化,使之形成一个有机整体,从而实现最大价值创造的能力。技术转移人员尤其在人力资源、物质资源、信息资源、资金资源等方面要学会综合管理与运用,一方面要整合政策资源,掌握多向沟通渠道,集聚技术产业方面的资源、把握产业技术的发展方向等;另一方面,在团队凝聚的基础上,整合管理资源,挖掘客户需求,全面了解技术交易的流程与质量管理、售后服务的内容,甚至要在政、产、学、研、用和企上整合足够的跨界资源和圈层资源。

技术转移人员的资源整合能力还表现在:有能力整合不同产业的技术发展方向的资源,准确地把握产业动态,了解竞争对手的优劣及当时的可靠技术点等信息,能把技术营销资源、银行融资资源、企业管理资源、工程项目资源、技术法律资源、企业家资源等整合到一起形成合力。

单丝不成线,独木不成林,唯有有效整合才能发挥资源的最大价值。整合资源的能力是一种高层次的战略管理能力和执行能力,对于技术转移人才的个人职业发展以及技术转移组织运营成功都具有至关重要的作用。

8. 成交能力

成交能力是一系列关键技能和素质的综合体现。技术转移人员在技术转移商业谈判、销售活动或其他技术项目交易过程中,要有能成功达成目标并最终完成交易的能力。这就要求技术转移人员要有内在的驱动力,虽身处复杂的网络中,既要有"以客户为中心"的服务理念,又要有成交的欲望与能力,还要有获取成功的胆魄。成就动机决定了技术转移事业的发展,成交能力的高低决定了技术转移人员业绩和机构的命运。

成交能力是技术转移人员的顶级实力,是将信任与价值转化为实际交易的艺术,它源于对客户需求的深刻理解和对产品服务的自信展示。技术转移人员首先要有强烈的成功欲望,才能在竞争激烈的市场环境中脱颖而出,实现个人业绩增长,为企业带来更多的利润,并通过良好的客户关系维护和业务拓展能力,推动企业持续稳定发展。成交不仅是一次成功的销售,更是建立长期关系的开端,它依赖于对人性的洞察和共赢理念的坚守。

9. 承压能力

承压能力是衡量一个人内在力量的标尺,是在重压之下百折不屈、砥砺前行的坚韧品质。技术转移(经纪、交易)是一种非常复杂的活动,具有不少不确定性的风险。工作环节涉及的客户导向、技术产品、成交方法、实施路径、商务环境等方面都会给相关人员带来未知的压力。而且大多项目成功的过程是非常曲折的，其中不乏夹杂着恐惧、失望和拒绝等负面情绪，需要有效的心理干预手段来缓解和释放压力，保持情绪稳定和正常工作。承压能力不是天赋，而是后天苦难磨砺而成的利器，它能帮助我们披荆斩棘，勇攀人生事业的高峰。

技术转移人员应担负起更高层次的国家使命，以崇高的价值观、社会荣誉感，积极健康的人生观、乐观向上的心态，抵御低级、狭隘的观念，在职业激励上和生命满足上，摆正自己的位置，端正好职业心态，在面对压力、负荷或挑战时，学会化阻力为动力，以坚定的决心与持久的耐力承载生命之重。

技术转移人员需要具备适应性、韧性、自我调节能力和学习能力，来增强承受压力的能力，勇于接受挑战、甘于奉献，才能够在更高的层次上实现自我认同、自我愿景和追求卓越。

10. 胜任能力

胜任能力是职场中的利剑，它既包含了硬实力的专业技能，也涵盖了软实力的人际沟通与决策判断。技术转移受多重因素制约，技术转移人员要协调组织、统筹资源、解决冲突，还要从成百上千的人员中脱颖而出，高效地完成工作任务，达成组织目标，并在不断变化的工作环境中持续发展和进步，这就需要胜任能力。

技术转移人员的动机、特质、自我形象、态度或价值观、某领域知识、认知或行为技能等，能展现出自身的实力，完成别人要模仿但不能复制的成功。这是一种无往而不胜的能力，其中包含了开拓精神、思维能力、想象能力、创新能力、合作能力和成就自我的能力。

锤炼技术转移人员的胜任能力就是打造一把金钥匙，来打开一扇扇通往成功的大门，以使自身无论身处何种职位或岗位都能游刃有余。

这10项能力是专业技术转移人员必须重视的，它不仅是优秀技术转移人员成功的"基因密码"，也是技术转移人员职业成长的指路明灯。在这些能力中，科技专业基础、沟通能力、胆识等是最值得重视的能力素质，因为它是当前环境下技术转移人员事业成功的最有力保障。值得注意的是，具备了这些潜质的人才也可以在其他任何行业大显身手，这也正是成功技术转移人员这个职业技能包容性特征的魅力所在。

另外，值得注意的是，仅有成功的基因还远远不够，还需要积极投身到技术转移这一行业中，刻意练习，在实践中摸爬滚打，经过不断的锻炼、提升，才能实现自我价值，找到属于技术转移人员的真正的事业成功之路。

最后，作为科技成果商业化的重要推动者，技术转移人员在加快科技进步、产业升级和经济社会发展中具有无可替代的价值。随着国家对技术转移工作的重视程度不断提高，促进举措日渐丰富，这一领域的专业人才培养和发展空间也在急剧扩大，未来价值不可限量，这终将汇成一股洪流，浩浩汤汤，奔向远方。让我们以坚韧的精神、开阔的视野和持续的努力，共同绘就一个繁荣昌盛、和谐共生的科创新时代，为中华民族伟大复兴而努力。

倪永纯

2023年6月20日

目　录

序 ·· (i)

前言 ·· (iii)

导读 ·· (001)

第一章　公共知识模块 ·· (003)
 一、技术商品与技术市场 ·· (003)
 二、技术转移与成果转化 ·· (014)
 三、技术经纪与技术经纪人（技术经理人） ··· (022)
 四、科技服务业 ·· (028)
 五、技术转移服务规范 ··· (038)

第二章　政策法规模块 ·· (056)
 一、科技法律法规 ··· (056)
 二、知识产权法律法规 ··· (070)
 三、《民法典》 ··· (079)
 四、商法与《公司法》 ··· (095)
 五、科技政策 ··· (111)

第三章　实务技能模块一 ··· (123)
 一、需求甄别与分析 ·· (123)
 二、技术评估评价实务 ··· (141)
 三、融资渠道与金融工具 ·· (153)
 四、技术交易商务策划 ··· (163)
 五、技术合同登记 ··· (177)
 六、案例研讨与分析 ·· (190)

第四章　实务技能模块二 ··· (193)
 一、创业孵化 ··· (193)
 二、中试熟化与技术集成 ·· (201)
 三、企业并购与技术作价入股 ··· (211)
 四、资本募集与基金运营 ·· (221)
 五、专利申请 ··· (230)
 六、商务谈判技巧 ··· (239)

七、盈利模式与案例分析 ································· (254)

第五章　实务技能模块三 ································· (257)
　　一、专利撰写 ··· (257)
　　二、商业计划书撰写 ··································· (265)
　　三、知识产权资本化与专利运营 ························· (272)
　　四、国际技术转移 ····································· (285)
　　五、实践案例分析 ····································· (294)

第六章　能力提升模块 ··································· (298)
　　一、经济学基础知识 ··································· (298)
　　二、金融基础知识 ····································· (306)
　　三、财会、税务基础知识 ······························· (321)
　　四、产业技术领域基础知识 ····························· (335)

附录　国家技术转移人才培养基地名单 ····················· (358)

参考文献 ··· (360)

后记 ··· (363)

导　　读

一、课程设置

国家技术转移专业人员能力等级培训按照分层次培养的原则，分为初级、中级、高级三个等级，《大纲》分别按照初级技术经纪人、中级技术经纪人和高级技术经纪人三个等级设置培训课程。国家技术转移专业人员能力等级培训设置为四个课程模块，分别为公共知识模块、政策法规模块、实务技能模块、能力提升模块（表0.1）。其中，实务技能模块按照不同能力等级分为三个部分，实务技能模块一为初级必修课程，实务技能模块二为中高级必修课程，实务技能模块三为高级必修课程。能力提升模块为选修课程。

表0.1　初级技术经纪人培训内容

类　别	知识模块	课　程　名　称
初级技术经纪人	公共知识模块	技术商品与技术市场
		技术转移与成果转化
		技术经纪与技术经纪人（技术经理人）
		科技服务业
		技术转移服务规范
	政策法规模块	科技法律法规
		知识产权法律法规
		民法与《合同法》
		商法与《公司法》
		科技政策
	实务技能模块一	需求甄别与分析
		技术评估评价实务
		融资渠道与金融工具
		技术交易商务策划
		技术合同登记
		案例研讨与分析

初级技术经纪人学习的课程包括公共知识模块、政策法规模块和实务技能模块一共三大部分，内容涉及技术转移的一般知识、相关科技法律政策知识和金融知识等。

中级技术经纪人学习的课程在初级技术经纪人的基础上，增加实务技能模块二，包括科技成果转化、专利申请和市场运作等知识内容（表0.2）。

表0.2 中级技术经纪人增加的培训内容

类别	增加的知识模块	课程名称
中级技术经纪人	实务技能模块二	创业孵化
		中试熟化与技术集成
		企业并购与技术作价入股
		资本募集与基金运营
		专利申请
		商务谈判技巧
		盈利模式与案例分析

高级技术经纪人学习的课程在初级技术经纪人和中级技术经纪人的基础上,加上实务技能模块三和能力提升模块,包括商业运作、知识产权运营和财会金融等知识内容(表0.3)。

表0.3 高级技术经纪人增加的培训内容

类别	增加的知识模块	课程名称
高级技术经纪人	实务技能模块三	专利撰写
		商业计划书撰写
		知识产权资本化与专利运营
		国际技术转移
		实操案例分析
	能力提升模块	经济学基础知识
		金融基础知识
		财会、税务基础知识
		产业技术领域基础知识

二、读者对象

《国家技术转移专业人员能力等级培训大纲》的培训目标是培养高素质、专业化技术转移人才,培训的对象包括以下9类:① 具有大专以上学历的各类技术转移服务机构从业人员;② 高等院校、科研院所研发人员与成果转化人员;③ 科技型企业负责人、市场经理、产品经理、技术转移部门负责人;④ 科技园区管理高层和技术经济管理人员;⑤ 政府科技管理和技术转移职能部门负责人;⑥ 为技术转移提供法律、商务、知识产权服务的人员;⑦ 提供技术转移相关服务的第三方机构人员;⑧ 技术研发、技术交易、技术转移等各类培训机构的师资与服务人员;⑨ 投资机构的投资经理等。

此外,还包括对科技成果转化感兴趣的科技工作者、科技咨询师、有创业准备的大学生、有志于科技服务业的工作者、相关专业的研究生等。

第一章 公共知识模块

一、技术商品与技术市场

任务导航:技术商品是智慧的结晶、创新的载体,它们在技术市场中流通,如同星辰点亮经济发展的夜空;技术市场是科技成果转化为现实生产力的重要舞台,它犹如知识与价值的桥梁,连接着科研成果与市场需求,驱动着社会进步与产业升级的引擎不断轰鸣。

学习重点:技术商品概述,技术商品的形成与特征,技术商品的价值和使用价值,技术商品交易和价格;技术市场的概念,技术市场的起源,我国技术市场的功能定位,技术市场的体系构成要素,我国技术市场的体系,技术市场的资源配置等。

建议学时:1学时。

(一)技术商品概述

1. 技术商品的内涵

技术商品是指在经济活动中,具有交换价值和使用价值的科技成果或知识形态的产品。它是一种特殊的商品形式,其核心内容是包含先进技术、工艺流程、设计方法、新材料配方等在内的技术解决方案或知识产权。技术在成为商品之前,主要通过口传心授的技术秘密方式传播;随着商业和市场的兴起,专利制度使技术商品获得法律权益保护功能和商业工具属性,使得它可用于独占许可和普通许可等多种许可和转让方式。

实行技术成果或知识的商品化,是我国科技体制改革的一项重大突破,也是解放科技这一第一生产力的一项重要举措。

2. 技术商品与一般商品的区别

技术商品跟一般商品不同,主要表现在以下几个方面:

(1)生产原料不同。技术商品的生产所需要的主要原料是人类在长期的实践活动中从自然界以及生产过程中所积累起来的各种知识和经验。而一般商品的原料则主要是各种天然资源。

(2)产品的生命周期不同。一般商品的生命周期通常分为导入期、成长期、成熟期和衰退期四个时期,因此它的成长曲线基本符合正态分布规律。但是技术商品的生命周期一般呈现出的是一种"自主替代的状态"。

(3)价值确定不同。技术商品的特殊性在于技术商品的所有者可以将技术商品同时转让给多个使用者。也就是说,技术商品在市场上可以多次出售,所有者可以多次获利,同一技术商品的所有权和使用权可以被多人同时使用。

(4) 交易形式和交易后的权限不同。一般商品的交易形式比较少,通常只有三种:批发、零售和服务。但是技术商品的交易形式就有很多种了,比如常见的有技术开发、技术转让、技术许可、技术服务与技术咨询等。

(5) 售后服务不同。一般商品交易后,因为所有权的转让,一般只提供较短期的售后服务,并且售后服务的性质都是帮助顾客处理问题。而技术商品的交易是一种长期交易,不仅洽谈交易时需要较长的时间,而且履行合同往往还涉及知识和经验的传授、消化和吸收,技术培训和咨询服务等问题。

3. 技术商品的"可视化"

技术商品的"可视化"更多是指利用多媒体、数字媒体和互联网技术,将无形的技术知识内容转化为可感知、可互动的信息形式,从而提高其市场推广效果和交易效率。

技术商品"可视化"后就更容易被大众感知、接受和传播。技术商品的交易中,因为技术商品主要是无形的知识、技术方案或知识产权,交易对象过于抽象,所以前期要付出很多的评估和征信成本。如何将无形的技术成果变成易被人感知的要素(图片、语言文字、声音、有价值属性的实物等)是个很重要的问题。

4. 技术商品的"使用说明书"

技术商品的"使用说明书",即技术商品的标准化评价,应当是伴随每一件技术商品而存在的必备品。

技术商品的标准化评价,是根据相关评价标准、规定、指标等级、评定方法和专家的咨询意见,由科技评估师依据评价原始材料通过建立工作分解结构细化地对每个工作分解单元的相关指标进行等级评定,并得出标准化评价结果的评价方法。

通过技术商品的标准化评价,技术商品的技术领域、国内外先进程度、技术成熟度、创新程度、市场化前景及产业化条件等便一目了然(图1.1)。"使用说明书"不仅能将技术商品各个维度的指标标准化输出,还能广泛用于技术成果汇编、技术项目路演等场景。

(二) 技术商品的形成与特征

1. 技术商品的形成

技术商品是商品经济发展的产物,特别是许可证制度、专利制度、著作权制度和商业秘密制度建立起来以后,技术的界定才明确起来,逐步脱离物化产品而成为独立的商品。

技术商品是一种特殊商品,其内涵与普通商品有很大区别。它是一种以知识形态为主的产品,并与技术的社会化相互联系、相互制约。

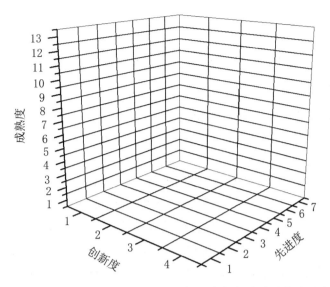

图 1.1　技术商品的标准化评价三维度：成熟度、创新度与先进度

2. 技术商品的特征

技术作为一种特殊的商品，具有非物质的基本性质。其在生产、交换、流通以及消费过程当中主要有以下特征：无形性；损耗和复用的特殊性；效用的间接性；品种数量的单一性；使用价值的共享性；使用价值的过渡性；使用价值的不灭性；价值计算的概略性；寿命的无形损耗性；有偿转让的多次性；开发的高风险性；时效性等。

技术商品的上述特征决定了技术定价和交易的复杂性。

（三）技术商品的价值和使用价值

技术作为知识形态的商品，具有价值和使用价值两种属性。

1. 技术商品的价值

技术商品的价值是科技人员在生产技术商品过程中所耗费的劳动，以及潜在使用者对该技术所能够带来的经济效应的预期，这两个方面构成了它可供交换的价值。

技术商品价值量的影响因素主要有：① 技术商品卖方总成本；② 技术商品期望收益；③ 技术商品的成熟度；④ 供求状况；⑤ 技术商品的预计生命周期；⑥ 预期的转让次数；⑦ 自我开发的预计成本或替代技术的市场价格；⑧ 社会、经济、政治、法律等宏观因素。

2. 技术商品的使用价值

技术商品使用价值的特殊性主要体现在：① 技术商品使用价值的增值性；② 技术商品使用价值的扩张性；③ 技术商品使用价值显示的复杂性；④ 技术商品使用价值的共享性。

（四）技术商品交易和价格

技术商品交易首先是定价，它的定价因素复杂多样，技术商品的复杂性也决定了它的价款支付方式的多样性。

1. 技术商品交易的报价依据和原则

技术商品报价以技术商品应用于生产后带来的实际经济效益和预计经济效益作为买卖双方议价的主要依据。

首先要考虑处理好国家、集体和个人的关系，要体现社会主义精神文明，自觉遵纪守法，开展合理的平等竞争，树立商品经济的价值观念和道德规范。

其次要平衡各方的利益。技术交易双方确定技术商品价格考虑的依据各不相同。技术持有者的定价原则为：技术商品价格＝技术成本＋技术利润＋税收；受让方确定价格的依据主要有实施技术商品所需人、财、物投入和效益产出。技术商品价格的确定应是双方定价因素的综合统一，既要考虑技术持有方研究开发的成本和转让技术商品获得的利润，又要考虑技术受让方运用技术商品的费用和由此带来的新增效益。

2. 技术商品定价原则

定价原则的全部奥秘在于：把价格定得既能被接受，更能给自身带来最大的收益。一般常用的定价原则有：

（1）取脂定价原则，又称"高价原则"。采用这种定价原则的条件是：

① 该项技术商品在投入市场时具有不可替代的垄断地位。

② 该项技术为市场急需，且能为消费者很快带来可观的经济效益。

③ 该项技术实施一次性转让、独占许可或排他许可。

④ 购买者所能支付的极限能力，也就是说，高价的上限不得超过技术应用后所新增的经济效益。

采取高价原则一定要有一定限度，并利用适当的时机。

（2）渗透定价原则，又称"低价原则"。这是在提高市场占有率目标的指导下，把产品进入市场初期的价格定得较低，以便在短期内进入市场的一种定价原则。采用低价原则的一般条件是：

① 该项技术商品的技术难度不大，进入市场后易于被掌握和改进。

② 该项技术应用范围或适用地域比较广泛，可以实施多家转让。

③ 市场上有相近的技术可以补充市场需求，或有多家可以提供相同的技术，市场竞争比较激烈。

④ 技术商品的市场生命周期较短。

采取低价原则的优点是容易为买方所接受，迅速占领市场，并使竞争者望而却步，即所谓的"微利多销价"。其弊端是营销工作量大、费用高，且低价低利，需要比较多的资金作后盾。

（3）区分需求定价原则，又称"差别定价原则"。这是根据需求中的某些差别而使价格有相应差异的定价原则。这种差别主要表现在：

① 同一技术商品，对不同的消费者确定不同的价格。这主要是考虑消费者应用该项技术的目的差异性和预期经济效益的差异性。

② 同一技术商品对不同的地域的市场占有率和地域经济自然条件有差异性。

③ 同一技术商品在不同的时间确定不同的价格。这一点是由技术商品的寿命周期所决定的。

不管采用什么定价原则，都要符合科学性、合理性、公道性。

3. 技术商品的支付方式

《技术合同法实施条例》指出：技术合同价款、报酬和使用费的支付方式由当事人协商议定，可以采取一次总算、一次总付或者一次总算分期支付，也可以采取提成支付或者提成支付附加预付入门费的方式。

(1) 一次总算、一次总付。在技术咨询、技术服务合同中大多数采用这种付款方式，但是技术交易额较大、合同履行期较长的开发项目很少采用此类方式。原因是，买方希望风险共担，并担心卖方获取全部报酬后有可能不认真履行合同义务，因此出现了分期支付。

(2) 分期支付。这种方式的优点是：项目实施期间约束双方当事人认真履行合同，风险共担。

(3) 提成支付。提成支付是指买方(甲方)接受成果后从所获取收益中按约定的比例提取部分收入支付卖方(乙方)。这种支付方式多用于新产品大批量生产后占领市场的项目。优点是：技术交易双方风险共担，有利于双方都认真履行合同规定的义务；买方避免一次支付大量的资金。经验教训证明，这种方式不可取：价款支付周期长，结算不方便，支付过程中容易产生纠纷。

(4) 入门费加提成支付。在合同成立后，甲方向乙方先支付一笔费用，称为入门费，然后逐年按合同约定的比例提成。目前技术交易多采用此种方式，因其能较好地协调双方矛盾，既保证技术转让方转让技术商品时有一个基本收入，又不至于高到使技术受让方难以承受的程度，并通过利润分成把交易双方紧密联系在一起。

① 入门费。它的作用有：预付款支付给技术卖方，可作为该方实施技术转让前的业务费用；起定金作用，表示技术买方履行合同的决心，并适当保证了技术卖方的利益。

② 提成。提成方法分为最低提成法和滑动提成法两种。

一是最低提成法：规定最低限额，每年不得少于某一数额。

二是滑动提成法：在甲方收益低时，按较高的提成率提成；甲方收益高时，提成率相对降低。这种方法鼓励甲方充分实施成果。在采取这种方式时，要注意掌握入门费的额度，一般标准如下：入门费与我们开发所需的成本费用相当或者略少一些，提成支付比例小一些，为销售额的 $3\%\sim5\%$。如买方违约，卖方损失不至于太大。

约定提成支付的，可以按照产品价格、实施专利和使用非专利技术后新增的产值、利润或者产品销售额的一定比例提成，也可以按照约定的其他方式计算。

约定提成支付的，当事人应当在合同中约定查阅有关会计账目的办法。

(5) 投资提成。乙方技术入股,甲方出资金场地、试验条件。投资提成多适用在合作开发合同中。共同开发出成果批量生产后,合作各方按合同约定的投资比例提成,此种方式注意三点:合作各方彼此之间非常了解、信任;恰当掌握技术投资入股的比例;提成方式以销售额作基数。

(五) 技术市场的概念

1. 技术市场的内涵

技术市场是重要的生产要素市场,是我国统一开放市场体系的组成部分,是连接科研与生产的桥梁和纽带。狭义的技术市场是指进行技术商品交易的场所,如技术交易会、技术集市、线上交易平台等。广义的技术市场是指技术商品交换关系的总和,它包含了从技术商品的开发到技术商品的应用的全过程,涉及与需求研判、路线优选、团队组建、技术开发、技术转让、技术许可、技术咨询、技术服务等相关的技术交易活动及相关主体之间的关系。整体来看,狭义的技术市场是一种有形的市场,而广义的技术市场是有形市场与无形市场共生的市场。从业务范围来讲,技术市场包括为科技成果向现实生产力转化、满足用户对技术商品的现实需求和潜在需求所进行的一系列的业务活动。例如,技术转移中心、技术交易机构、生产力促进中心、中小企业发展中心等。

2. 技术市场的分类

技术市场的具体分类及相关内容如表1.1所示。

表1.1 技术市场的分类和内容

分类依据	名称		特点、功能	描述
技术市场的性质	硬件技术市场		已经物化为实物	研制品、中试产品、新材料、新型元器件等
	软件技术市场		尚未物化为实物	新工艺、新设计、新配方、计算机软件和新的测试方法等
	技术劳务市场		技术拥有者的知识、经验、能力和信息	技术咨询和技术服务等
技术市场的流通范围	国际技术市场		国际技术贸易关系的总和	技术引进和技术输出
	国内技术市场	全国性	由国家有关部门举办	各级有关部门、科研单位、大专院校和各级技术经营机构为推动本地区或本行业的技术进步所开展的技术交易活动
		地方性	省级以下	
不同的技术行业	农业技术市场			农、林、牧、副、渔等领域
	工业技术市场			如机械、电工、仪器仪表、电子、化工等领域

续表

分类依据	名称	特点、功能	描述
交易形式	常设技术市场	技术商品交易"商店化"	有固定的机构人员、经营场所和业务范围的技术交易服务机构,如技术交易所、技术转移中心
	临时性技术市场	无固定场所、定期或不定期	如工业技术博览会、高新技术交易会、技术成果交易会等
经营方式	直接技术市场	无中介	市场上的供需双方可以见面,产销直接挂钩进行技术商品交易
	间接技术市场	有中介	供需双方开始并不直接见面,而是由中介方牵线搭桥,待双方意向条件基本一致后再由中介方安排双方见面达成交易

3. 技术市场中的中介机构

技术市场供需双方大多处在隔绝的条件下,双方之间没有信任,没有办法形成合作。因此,要在市场上形成一种集体最优的选择和协作原则的话,就需要有一个角色或者是机制,建立信任进行交易。一个非常重要的解决方案,就是引入第三方机构。

目前,我国技术市场尚不具备成熟的交易体系和规范的交易流程,单纯依靠居间、信息和流程等中介服务,不能获得稳定的市场收益。基于技术商品的特殊性等原因,技术市场更需要为交易双方提供增值服务的技术转移专业服务机构。

(六)我国技术市场的起源

我国的技术市场发展只有几十年的历史。党的十一届三中全会以后,技术作为一种特殊的商品可以进入流通领域。

1980年,中国开始筹建专利制度,建立了中国专利局。武汉、沈阳、天津首先把一部分科技力量组织起来,开办一些"中介"性的技术开发中心、开发公司、技术咨询服务机构,开展有偿技术服务工作,形成了我国初期的技术市场。

到1984年,全国技术咨询服务机构有3000余家,开始有了一定的交易场所。

1984年,天津市首先设立了全国第一家常设技术市场,技术交易方式有技术有偿转让、技术咨询服务、技术承包、难题招标、技术服务等。

1985年5月,《中共中央关于科技体制改革的决定》明确指出"要以市场经济体制为基础,开拓技术市场",技术市场历史性地成为推动我国科技与经济结合的重要力量。

2020年3月30日,《中共中央 国务院关于构建更加完善的要素市场化配置体制机制的意见》发布。技术要素方面重点突破了一个大问题,即深化科技成果使用权、处置权和收益权改革,开展赋予科研人员职务科技成果所有权或长期使用权试点,并推进职务成果"三权"改革和所有权改革试点。

2022年4月10日,《中共中央 国务院关于加快建设全国统一大市场的意见》发布。技术市场的诞生是我国社会主义市场经济发展进程中最重大的制度创新之一。

(七)技术市场的功能定位

我国技术市场是社会主义商品生产发展的客观需要,是科学技术面向经济建设的必然产物,也是我国科技体制改革的突破口。同时,我国技术市场是科技成果转化的主渠道,是国家创新体系的重要组成部分,在科技资源配置上发挥着基础性作用。

1. 技术市场是科技成果转化的主渠道

技术市场联结区域创新平台、国家级高新区等政府端,高校科研院所为代表的技术供方、企业为代表的技术需方,以及各类创新主体与服务机构为代表的技术创新载体,成为科技成果转化的主渠道。

2. 技术市场是科技服务业的主战线

科技服务业主要包括研发服务业、技术转移服务业、检验检测认证服务业、创业孵化服务业、知识产权服务业以及科技金融服务业等。其中,技术市场是科技服务业各个板块的综合,技术市场的主营业务应当围绕着技术转移服务业展开。

当前我国技术转移服务业面临着技术需求与供给不对称、各个主体对技术转移的支持力度不足、技术转移服务机构良莠不齐、政策支持力度不够、技术转移法律体系不健全、科技成果评估机制亟待优化、交易节点模糊、诚信问题突出、对外技术依存度高以及高校科研院所科技成果与市场脱节等问题。

因此,技术市场是解决技术转移服务业所面临问题的关键,更是科技服务业的主战线。

3. 技术市场是现代市场体系和国家创新体系的结合点

技术市场作为我国现代市场体系和国家创新体系的重要组成部分,更是两者的结合点。

技术市场改变了我国的科技投入结构,推动了我国以企业为主体、市场为导向、产学研相结合的自主创新体系建设,扶植和引导了科技服务业等新兴产业的发展,深刻地改变了技术创新的模式,对优化科技资源配置和促进科技与经济的结合发挥了重大作用。

4. 技术市场是技术经纪人(经理人)的共享协作平台

技术市场与技术转移载体的区别在于,技术市场是技术经纪人(经理人)共享的协作平台,而技术转移载体是技术经纪人(经理人)的资源提供方。

(八)技术市场的体系构成要素

技术市场的体系必须具备三个要素:技术市场的主体,即技术商品的供方、需方和中介方;技术市场的客体,即可供交易的技术商品;技术市场的内容。三者相辅相成,缺一不可。

1. 技术市场的主体

技术市场的供方、需方和中介方是技术市场最基本的交易主体。

(1) 技术市场的供方(或卖方),也称技术商品的让与方,主要是各类科研机构、设计单位、高等院校、企业以及持有技术商品的科技人员等。其基本作用是给技术市场提供技术商品,通过交易实现技术商品的价值和使用价值。

(2) 技术市场的需方(或买方),也称技术商品的受让方,主要是生产企业和科技创业主体。其基本作用是购进技术商品并应用于生产,完成技术商品的流通,达到技术商品生产的目的。

(3) 技术市场的技术中介方,即技术中介服务机构和技术经纪人。其基本作用是为技术商品交易双方牵线搭桥,并对技术商品进行宣传、评估、鉴定,对技术交易过程进行组织、协调、监督。

中级、高级技术经纪人需要更强的整合资源能力和增值服务能力,从而逐渐摆脱中介方的角色定位。

2. 技术市场的客体

技术商品是构成技术市场的基础,是技术市场的客体。在技术市场上转让的技术商品,可以是硬件形态的样机、样品、机器设备等,也可以是软件形态的设计、工艺、配方以及劳动流通形态的技术服务和技术咨询等。科研生产联合体中实行技术入股、合资经营、联合开发、合作生产等,也属于广义的技术商品供给。

3. 技术市场的内容

技术市场的内容就是构成技术市场的硬件和软件。它包括项目、信息、产品、专利的买卖行为,需求方委托技术方针对特定需求进行的定制开发或研究,合作双方针对特定需求进行的合作开发或研究,以及与技术经纪相关的中介服务行为,还包括技术商品价格评估的行为等。

(九) 我国技术市场的体系

40多年来,通过优化科技资源配置、调结构、促升级的方式,初步形成了由法律、部门规章以及地方性法规构成的市场制度体系,科技行政部门主导、各部门协作构成的市场管理体系,广大社会力量参与的市场服务体系。

1. 法律和政策体系

目前,我国已形成以《科学技术进步法》《科技成果转化法》和《合同法》为主要框架的法律体系,制定了《技术合同认定登记管理办法》《技术合同认定登记管理规则》《技术转移示范机构管理办法》和一些地方技术市场条例的规章制度。众多法律法规的颁布将新时期国家发展科学技术的目标、方针、战略上升为法律,保证了技术市场法律政策的稳定性,使技术市场的管理有法可依,工作更加有序。

2. 管理监督体系

政府有关部门对技术交易进行管理,开展组织、监督、协调、控制、调节、指导等活动,其管理的范畴包括从生产、流通到使用技术商品的整个过程,其管理的对象是技术市场组成的要素及活动,即技术市场上流通的技术商品,技术商品交易的买方、卖方和中介方,技术市场上的交易行为等。

同时,各级工商行政管理部门、专利管理部门以及银行、财政、物价、统计、审计等行政管理部门,运用法律、经济和行政手段,在其职能范围内对技术市场进行监督和管理,保证技术市场健康有序地运行和发展。

3. 技术交易服务的体系

科技部是负责对国内技术市场进行布局筹划、发展规划和机制规范等管理工作的机构,具体职能部门是其下设的火炬高技术产业开发中心的技术市场管理处。技术市场管理处承担全国技术市场日常运行管理,以及登记、统计、培训、信息、技术转移等工作;联系和协调全国技术市场管理、技术交易机构;开展科技成果推广和产业化咨询服务等工作。根据技术市场管理体系化的要求,各省、市(地)一般也都设有相应专门职能部门负责职能相关的技术市场专业管理工作。

(十) 技术市场的资源配置

技术市场的资源配置是指在市场经济体系中,技术创新成果、科研资源(包括人力、资金、设备、信息等)、知识产权等通过市场机制进行分配和优化的过程。

1. 市场机制

在现代经济体系中,技术市场的资源配置是在市场规律主导下,辅以政府宏观调控的一种复杂过程,旨在提升整个社会的技术创新能力,推动经济社会可持续发展。其中,市场扮演着核心角色,并通过以下方式实现资源的有效配置:

(1) 价格机制。价格是反映技术产品和服务供求状况的重要信号,高价值的技术会得到更高的价格,从而吸引更多的研发投资和生产要素流向该领域。

(2) 供求机制。市场需求驱动技术研发方向和技术产品的创新迭代,供给方则根据市场需求调整研发策略和资源配置,形成动态平衡。

(3) 竞争机制。企业为了获取竞争优势,会在技术研发上投入资源,以提高产品质量、降低成本或开发新产品,市场竞争促使资源向更具效率和效益的技术项目流动。

(4) 产权激励机制。专利制度和其他形式的知识产权保护为创新者提供了回报,鼓励他们投入更多资源到技术创新活动中。

(5) 资本市场作用机制。风险投资、股票市场以及其他金融工具能够为技术创新提供融资渠道,帮助有潜力的技术项目获得发展所需的资金。

(6) 政府调控与政策引导机制。政府通过制定科技政策、提供税收优惠、补贴以及建设科技创新环境等方式,间接参与并影响技术市场的资源配置,弥补市场失灵,促进基础研究和高风险长期技术研发。

2. 技术市场优化资源配置的重点问题

(1) 技术商品应当满足对未来经济可持续发展的预期和可应用于解决实际问题的场景,因而对技术商品的筛选、分析是关键。

(2) 技术商品的定价机制要科学合理且高效。

(3) 技术商品储备要足够多,要在某些技术领域形成竞争关系。

(4) 技术市场的信用机制建设是核心。

(5) 技术市场需要考虑资产利率与风险的对冲和工资对劳动者的正向激励作用。

(6) 技术市场中的信用机制、利率机制以及工资机制,对技术市场的资源配置有正反馈作用。

我国技术市场资源配置的宗旨是:促进科技成果转化成为可持续盈利的活动单元,从而促进经济的可持续发展。

要点提示

1. 决定技术价格高低的不仅是研制成本,更重要的是技术市场对该技术的承认程度。

2. 技术的交易是一种信息的流动,也是知识产权的转移。

3. 纯粹的基础研究成果、对整个社会产生公共效益的技术成果、不成熟的技术成果、公开化的技术是不能纳入技术商品范畴的。

4. 技术成为商品,连接了科研与市场,跨越了理论与实践的鸿沟,实现了知识价值的最大化和社会效益的最大化。

5. 许可证贸易适用的范围包括专利权、软件著作权、专有技术权等。就转让权益的状况来分,许可贸易还可以分为四种类型,分别是独占许可、普通许可、从属许可(可转让许可)和交叉许可。

6. 技术商品主要包括:知识产权、专有技术和技术性服务。

7. 技术市场的竞争格局既是技术创新的晴雨表,又是经济发展的风向标,揭示着未来科技产业的发展趋势与方向。

8. 在技术市场中,对技术商品的需求实际上是对未来的预判,而技术商品的供应却不完全是瞄准未来和实际应用场景。

9. 技术商品的有效竞争只会引发技术研发的快速更新迭代,并不会改变供求关系,通常技术商品的竞争越激烈,说明该领域的技术需求越强烈。

10. 与一般商品的不同在于,技术商品一旦用于生产,就有可能创造出前所未有的奇迹,为社会创造出众多的财富。所以技术商品是商品中非常珍贵的类型之一。

思考练习

1. 什么是技术商品的使用的不灭性?
2. 为什么技术商品交易价格具有不确定性?
3. 什么是技术商品所有权的垄断性?
4. 什么是技术商品开发和持有的风险性?
5. 什么是技术的价值时效?

6. 为什么说技术交易具有不彻底性？
7. 什么是技术商品的价值与使用价值？
8. 影响技术商品价值量的主要因素有哪些？
9. 市场资源配置的机制是什么？
10. 技术创新与商业化转化存在哪些难题？为什么？

社会实践

参观本地的技术交易市场并了解其运行规则。

二、技术转移与成果转化

任务导航：技术转移如同炼金术，将无形的知识资产转变为有形的生产力，搭建起从实验室到市场的金色桥梁；成果转化是科技与经济结合的纽带，如同开启宝藏的钥匙，释放创新能量，驱动经济社会持续发展。

学习重点：技术转移概述，技术转移的内涵；科技成果转化概述，技术转移和科技成果转化的关系；我国技术转移和成果转化发展历程与现状等。

建议学时：1学时。

（一）技术转移概述

技术转移是指技术在国家之间、地区之间、行业内部以及技术自身系统内输出与输入的过程，也是技术由其起源地点或实践领域转而应用于其他地点或领域的过程，它包括技术成果、信息、能力的转让、移植、引进、交流和推广普及等活动。

16世纪以前，由于交通条件的落后，技术转移十分缓慢。数量很少，周期极长，主要靠人员的陆路流动，以"言传身教"方式进行，其中最负盛名的是中国古代四大发明（造纸术、印刷术、火药、指南针）向中亚地区和欧洲的转移。

17—19世纪下半叶，随着大机器工业的出现，技术转移数量明显增多、速度明显加快，主要是以物体（新机器和设备）移动和图书报刊资料流传的形式完成的。

技术转移按其转移方向，一般可分为地理空间位置上的双向传播和不同实践领域的单向扩散两大类；按转移方式，可分为有偿转移和无偿转移；按转移的范围，可分为国际转移和国内转移。

技术转移的基本形式可大致归纳为技术许可证、技术对接平台、产学研结合、设备和软件购置、信息传播、技术帮助、创办新企业、企业孵化器等等。

技术转移往往不是孤立地进行的，在技术转移的过程中，往往伴随着资金、资本、资源、人才、知识、信息、知识产权、管理、市场等要素的转移而转移。

技术转移的类型和特点如表1.2所示。

表1.2 技术转移的类型特点

序号	类型	特点
1	技术+资本或资金	直接投资、合资、并购
2	技术+知识产权	技术的权利转让
3	技术+市场	通过特许经营的方式
4	技术+人才	通过人才流动实现技术转移
5	技术+管理	管理咨询、管理输出
6	技术+知识或信息	专业展览、专业培训、专家咨询、专业会议
7	技术+仪器设备	通过购买机器设备、科研仪器等硬件实现技术转移
8	技术+服务	委托方接受受托方提供的技术服务
9	技术+工程	工程项目的设计与施工
10	产学研协同	技术知识从高等院校、科研机构向企业转移
11	军民互转	军用技术向民用转移,民用技术也可向军用转移
12	移植型技术转移	跨国公司的海外扩张
13	嫁接型技术转移	技术的部分内容,如某一单元技术或关键工艺设备等流动而实现技术转移
14	工艺技术转移	工艺技术是产品技术形成的技术前提和物质手段
15	产品技术转移	技术侧重于影响生产过程的结果
16	软技术转移	专利技术、技术诀窍、工艺配方

技术从供给方向需求方转移,既有单纯的技术买卖,也有技术随着其他要素的转移而转移;技术从一个主体向另一个主体转移,其转移的过程就是实现技术价值的过程。

(二) 技术转移的内涵

《技术转移服务规范》(GB/T 34670—2017)规定技术转移的内容包括科学知识、技术成果、科技信息和科技能力等。技术转移包括科学知识的传播,这进一步丰富了技术转移的内涵。技术转移是一种知识流动,知识流动主要有三大方面:

1. 从学术机构向企业转移

这是产学研协同创新的理论基础,取决于企业对技术的需求有多强烈,越强烈则转移的驱动力越大。有的机构以"技术需求值"来评估企业对技术的需求程度。

2. 跨产业或行业转移

即将一个产业或行业的技术转移到另一个产业或行业。因不同产业或行业的技术发展水平不均衡,技术往往从先进产业或行业向落后产业或行业转移。

3. 跨国转移

国与国之间的技术发展水平存在较大的差距,技术从先进国家向落后国家转移是一般规律。跨国技术转移的理论较多,如技术差距论、技术选择论、技术生命周期论、中间技术论和需求资源关系论等。

以上三种转移方式,都是从供给方向需求方转移。当然,知识流动不限于上述三个方面,也包括从高等院校、科研院所等学术机构向产业机构转移及企业之间转移等。

（三）科技成果转化概述

1. 科技成果的转化方式

科技成果转化按转化方式可分为公开发表、提交报告、合作生产、转让和自主研发等方式。

（1）公开发表。对于一般性科学理论，如原理、公式、定律、假说、模型等，通常以公开发表为转化方式，表现为在各种期刊上以论文、专著等形式公开发表。

（2）提交报告。建设方案和管理方案一般以提交报告为转化方式。此类科技成果以报告的提交与验收作为评价其是否转化的标准。这种转化方式强调的是收益，因此采用成果机构的规模，以及采用机构使用成果后产生的效益是评价其转化程度与效果的标准。

（3）合作生产。合作生产的表现形式为产学研联合体、校企联合等，是目前主要的科技成果转化方式，模式内各主体的内在差异性、相互需要和相互作用，促进了知识、信息、技术、成果、人才、资金、管理在企业、高校和科研单位等主体之间的流动。因此，是否产生现实的经济、社会效益是评价其转化与否的标准，而产业化程度、成果收益与成果投入的比值等是评价其转化效果的主要标准。

（4）转让。由于高校、科研院所等成果完成在科技成果的开发和经营上存在人力、能力、机制等局限性，成果完成者将成果转让给应用者成为目前科技成果转化的重要方式。成果供需双方是否实现成果转让的交易成为评价转让与否的标准，而评价其转化程度与效果，则可以采用成果交易次数、成果投入、成果收益等指标。

（5）自主研发。自主研发是高校、科研院所或企业等主体依靠自身研究能力形成某个领域的科研成果，并将所研发的科技成果应用于实践，通过其推广应用从而产生实际收益。自主研发的表现形式为成果的研究、开发、产业化或社会化。

2. 科技成果转化

科技成果转化是指为提高生产力水平，而对科学研究与技术开发所产生的具有实用价值的科技成果所进行的后续试验、开发、应用、推广，直至形成新产品、新工艺、新材料，发展新产业的活动。

科技成果转化的途径主要有直接和间接两种转化方式，并且这两种方式经常是相互包含的。

（1）科技成果的直接转化：① 科技人员自己创办企业；② 高校、科研机构与企业开展合作研究；③ 高校、研究机构与企业开展人才交流。

（2）科技成果的间接转化：① 通过专门机构实施科技成果转化；② 通过高校设立的科技成果转化机构实施转化；③ 通过科技咨询公司开展科技成果转化活动。

科技成果的间接转化主要是通过各类中介机构来开展的。机构类型和活动方式多种多样。在体制上，有官办的、民办的，也有官民合办的；在功能上，有大型多功能的机构（如既充当科技中介机构，又从事具体项目的开发等），也有小型单一功能的组织。

（四）技术转移和科技成果转化的关系

科技成果转化是我国语言体系的专有名词，国外没有与之完全对应的术语。欧美等国家常用"technology transfer"（技术转移）表达相近的含义，但"科技成果转化"和"技术转移"的内涵有一定差异，"科技成果转化"能更贴切地体现出开展创新活动的目标导向。

技术转移和科技成果转化的主要区别体现在以下几个方面：

1. 概念不同

技术转移是指制造某种产品、应用某种工艺或提供某种服务的系统知识，通过各种途径从技术供给方向技术需求方转移的过程。科技成果转化是对科学研究与技术开发所产生的具有使用价值的科技成果进行的商业化应用和产业化活动。

实现科技成果转化，并不一定要实施技术转移，例如对于企业而言，可以直接对自己研发的技术实施转化，而并不需要实施技术转移；与此同时，实现了技术转移，也不一定能实现科技成果转化，例如某项专利由甲方转让给乙方后，如果乙方不积极开展转化活动，那么技术只是实现了形式上的转移，并不能真正实现转化应用。

2. 主体的基础要素不同

技术转移主体与科技成果转化主体的基础要素包括技术主体、技术供体和技术受体。技术主体即技术本身；研究开发机构、高等院校等研究机构是技术供体；企业是承接和应用研究开发机构、高等院校的成果的技术受体。科技成果转化的难点在于如何调动研究开发机构、高等院校转化科技成果的积极性和主动性。企业作为科技成果转化应用的接受者，则被认为基本不存在科技成果转化问题。

3. 客体不同

技术转移中的技术客体与科技成果转化中的科技成果转化客体是大同小异的。但技术转移客体一般不包括基础研究的成果形式，即科学发现。

4. 范围不同

技术转移的范围更广，它可以是成熟技术的转移，也可以是新技术的转移，核心是指一方将技术转移给另一方的过程。科技成果转化主要指新型的科研成果，从实验室走向企业的第一次技术转移。

5. 属性不同

科技成果转化更加强调科技成果属性和状态的变化，重在"化"，其最终目的是"形成新技术、新工艺、新材料、新产品，发展新产业等"，进而真正实现技术的应用。而技术转移则主要强调主体或空间的变化，重在"移"，如科技成果的知识产权从甲方让渡至乙方，或者技术从甲地输出到乙地。

尽管有这么多不同，可是在实践中，科技成果转化和技术转移往往是相辅相成的。为了实现科技成果转化，经常伴随着技术转移的发生；而实施技术转移，也往往是为了实现科技成果的转化。

在某种程度上,由于技术等同于科技成果,故技术转移就是科技成果转化,科技成果转化也就是技术转移,两者只是在不同的语境下使用的名称而已。在科技成果语境下,一般使用科技成果转化;在技术语境下,一般使用技术转移。

(五)我国技术转移和成果转化发展历程与现状

1. 技术转移和成果转化发展历程

新中国成立以来,我国技术转移的发展可划分为六个阶段,每个阶段具有不同的特点。

(1)第一阶段:1949—1959年。本阶段主要从苏联及东欧各社会主义国家引进技术,以国际技术转移为主结合国内实际情况进行国内技术推广。

本阶段特点为:

① 技术转移的来源国家仅仅是苏联以及部分东欧社会主义国家。

② 技术转移的最终结果是最大程度帮助我国建立重工业体系。

③ 技术转移的方式局限于成套购买技术来源国设备,并照搬其工业体系和标准。

④ 技术转移的主体是国家。

⑤ 此阶段技术转移的效率是到目前为止所有阶段最高的,深入结合了所有资源,充分发挥了全国人民高涨的建设新中国的热情,以最高效率推动了技术转化和扩散、创新。

⑥ 培养了大批经济管理以及技术方面的人才。

(2)第二阶段:1959—1962年。在此阶段,由于和苏联关系紧张,从苏联及东欧社会主义阵营的技术引进几乎停顿,又面临"三年严重困难"和还债,主要是依靠自力更生,以及技术的国内转移为主。

本阶段特点为:

① 技术转移主要局限于国内的技术扩散,以及利用第一阶段的技术进行创新和革新。

② 技术转移的最终结果是利用前期的技术革新来完善我国重工业体系,以逐步适应国内巨大的技术需求。

③ 技术转移的方式局限于对原有工业体系和标准进行"国产化改造"。

④ 技术转移的主体还是国家。

⑤ 此阶段技术转移的效率相对第一阶段是比较低的,但是依然高于以后阶段。

⑥ 此阶段我国与国际上两大阵营均没有技术交流,技术引进几乎全部中断,不过对亚非拉一些国家的技术援助没有停止,所以此阶段除了技术在国内阶梯式推广传播外,就是技术输出。

(3)第三阶段:1962—1978年。此阶段由于我国陆续和欧洲资本主义国家以及日本等国建交,以及我国重新返回联合国,技术转移主要以和这些国家民间的技术交流为主,从法国、英国和日本等国引进了不少技术,但是"文化大革命"大大削弱了技术转移的力度。

本阶段特点为:

① 技术转移的来源地开始扩大到欧洲和日本等拥有先进技术的资本主义国家和地区。

② 技术转移的最终结果是建立了我国的轻工业体系,并进一步补充完善了重工业体系。

③ 由于国际技术转移方式的发展,我国技术引进的方式也开始从以前的完全依赖进口设备逐步发展到引进关键设备,并开始通过技术许可和技术服务方式扩大技术引进渠道。

④ 技术转移的主体依然是国家。

⑤ 此阶段技术转移由于国内技术的不完善造成效率十分低下。

(4) 第四阶段:1978—1989年。中美建交以及改革开放,使得技术转移主要呈现技术引进的大局面,以国际技术转移为主。此阶段我国引进了不少国家经济建设急需的化工、机电等方面的生产线,对我国的经济发展起了极大的推动作用,但是也暴露出不少问题,比如重复引进、不注重软技术引进和技术改造等。

本阶段特点为:

① 技术转移的来源国家和地区扩展到更多的资本主义国家以及我国的香港、台湾等地区。

② 技术转移带来了以前各阶段所没有的更先进的技术,并开始了服务业领域的技术引进。

③ 技术引进方式更为灵活,基本改变了过去单一的成套设备或关键设备的引进方式,而代之以更多的其他典型方式,如技术许可、技术服务、技术咨询、合作生产、补偿贸易、设备租赁、合资合作经营、特许经营以及成套设备和关键设备引进等,从而扩大了技术引进的渠道,同时活跃了经济发展。

④ 尽管技术转移的主体还是国家,但是已经有许多企业在放权的激励下慢慢活跃起来,自发进行技术转移,以壮大自身的技术实力。

⑤ 引进技术的公司和企业规模进一步扩大,由原先控制比较单一的指令性经营形式发展到指导性经营和自行委托等方式,同时也下放了技术进口项目的审批权限,呈现中央机构与地方机构共同引进技术的管理体制的形式,从而提高了企业引进技术的自主程度。

⑥ 技术引进资金来源也趋于多样化,政府贷款、专项外汇、国内商业贷款、国际金融组织贷款、国外技术出口商的出口信贷、企业或地方自筹等。这一阶段被大家称为"洋跃进"。尽管国家出台了一系列的政策、措施,但是对以后的技术引进、技术转移还是造成了相当大的不良影响。

(5) 第五阶段:1989—1992年。外部影响以及我国自身经济调整,造成技术引进再次处于低谷,发达国家对我国的经济技术封锁使得我国不得不依靠自主创新和国内技术转移发展高新技术。但是正是这些困难使我国的计算机、电信以及家电行业获得消化以前引进的技术,加以技术创新,在国内市场打败了国外家电的冲击,使得联想、长虹、创维等一大批国内企业壮大起来。

本阶段特点为：

① 技术转移理论在我国出现并完成了从以前重视国际技术转移到研究国内技术转移的过渡。

② 技术开始在国内"技术势能"不均等地区转移。

③ 技术转移的主体已经由政府变为更多的企业，他们通过已经积累的相对先进的技术，积极进行国内技术转移，扩大市场影响力并积极占领市场。

④ 国内资本市场的建立为技术转移提供了资金来源。

⑤ 许多企业加大自主研发力度，从而提高了技术利用效率。

(6) 第六阶段：1992年至今。这段时期，我国一方面从国外引进高新尖端技术，另一方面也不断通过"送科技下乡"、西部大开发等国家决策行为，推动成熟技术在国内各地区之间的转移。在国际上引进先进科学技术，在国内适合地区完成消化吸收，或者鼓励国内科技人员自主研发尖端科技，并努力使之产业化，并向其他地区逐步转移、扩散技术，使得国内的技术处于一种流动状态，带动各区域的经济发展。

目前，我国政府所颁布的与技术转移有关的法律法规包括：《商标法》《专利法》《著作权法》《计算机软件保护条例》《涉外经济合同法》《技术引进合同管理条例》《承担或代理国际技术进口设备进口项目管理办法（试行）》《技术引进和设备进口贸易工作管理暂行办法》《当前国家重点鼓励发展的产业、产品和技术目录》《鼓励外商投资产业指导目录》等。我国的技术引进呈现开放性和复合性，技术引进的方式也呈现多样性，有技术合作、外商直接投资、科技交流、技术转让等多种方式。

2. 技术转移和成果转化的现状

我国技术转移和成果转化围绕产业结构调整和高新技术产业发展，引导和支持创新要素向企业集聚，大批科技成果通过技术市场交易实现了经济价值，技术市场合同交易保持了平稳较快的发展势头。

为了促进科技成果的转化和应用，我国出台了一系列法规和政策。除核心的《促进科技成果转化法》（2015年修改）以外，还包括各地的科技成果转化条例，促进高新技术开发区、科技园区、科技中介机构、中小企业、民营科技企业发展的政策规定，与科技相关的知识产权保护和科技奖励等方面的政策法规以及星火计划、火炬计划、"863"计划等一系列高技术产业发展计划，为推动科技成果转化和产业化起到了很好的规范和指导作用。

国家及省、市各级政府加快了科技产业化环境建设的步伐，加大了科技产业化资金投入，来促进科技成果转化。中小企业创新基金加大了对科技型中小企业技术创新的支持力度，这些举措在促进科技、经济相结合，推动科技成果转化、产业化方面发挥了重要作用。

科技服务机构发展迅速，为科技创新和科技产业化作出了重要贡献。有相当数量的科技风险投资中心、科技评估机构、专利代理机构、科技招投标机构、各类行业协会、专业技术协会等都得到了快速发展，已经初步形成了符合中国国情的、功能较为完善的科技服务体系，为推动我国科技与经济的紧密结合发挥了重要作用。

与科技成果转化相配套的知识产权制度也加快了建设步伐，修改了《专利法》《商标法》和《著作权法》等知识产权法律,并制定了其他有关知识产权的法律、条例,在保护知识产权问题上作出了不懈的努力,并将知识产权提升到国家战略的高度。目前,中国的知识产权法律体系已基本完备,并与国际标准接轨。科技成果知识产权保护工作取得成效,主要表现在加强和完善了科技成果知识产权保护的立法和执法工作。

要点提示

1. 技术转移是指技术在国家、地区之间或行业内部以及技术自身系统内输入与输出的活动过程。

2. 技术转移的基本模式包括:技术开发、技术转让、技术咨询、技术评价、技术投融资、技术入股、技术并购、技术集成等。

3. 技术转移的目的是有效利用现有技术成果,避免重复研究而节省自行研发所需要的时间和金钱,最终目的是维持优势,提高竞争力。

4. 每一次高效的技术转移,都是技术应用的一次升华,是对未来世界的一次有力塑造,也是对科技进步贡献的独特诠释。

5. 利用大数据、云计算、区块链等数字技术,搭建智能化、高效化、透明化的技术转移交易平台,降低交易成本,提高交易效率和安全性。

6. 完善技术转移服务体系,提供包括信息咨询、知识产权管理、项目孵化、融资担保等一系列全流程服务,为科技成果转移转化提供全方位支持。

思考练习

1. 科技成果转化中,期待解决的问题有哪些?
2. 科技成果转化中,为何说科研人员一定要进一步提高知识产权保护意识?
3. 以科研人员个人或其他法人主体申请知识产权,就不属于职务科技成果了吗?
4. 技术转移究竟难在何处?
5. 科技成果转化相关资源如何整合?
6. 如何有效开展技术转移工作?
7. 技术转移与成果转化还有哪些新问题需要继续探索?为什么?
8. 科研人员通过创办企业转化科技成果应注意什么?
9. 什么是"五技合同"?
10. 科技成果转化就是常说的产学研合作吗?
11. 技术转移实践中数字化技术转移工具与平台开发是否具有市场价值?为什么?
12. 对于新兴、跨界或者具有高复杂性的技术成果,如何实施转化?

三、技术经纪与技术经纪人（技术经理人）

任务导航：技术经纪，如同催化剂般加速科技成果从实验室走向市场的进程，他们是科技与产业之间的翻译家，是创新价值实现的关键纽带；技术经纪人犹如科技创新产业链中的魔术师，他们将科学家的梦想与企业家的愿景巧妙融合，通过精心策划与运作，促成科技成果的成功转化，赋予知识新的生命力量。

学习重点：技术经纪概述，技术经纪业的起源与发展，技术经纪对技术创新的作用，技术经纪组织的分类与运行机制；技术经纪人概述，技术经纪人的职责、权利和义务，技术经纪人的素质要求等。

建议学时：1学时。

（一）技术经纪概述

技术经纪（technology brokering）指以知识、技术、经验和信息等为资源，为技术供方和技术需方的技术转移，提供搜索、识别、沟通、对接、签约、履约，促进交易的系统性的服务活动。其具有专业性强、难度高、人力资源需求紧迫和附加值高的特点。

随着科技和经济结合，特别是推动科技成果转化的需求增长，社会对技术经纪的需求日益旺盛。为适应社会发展需要，更好发挥加速科技成果转化"催化剂"的作用，技术经纪必须具备一定的从业意识，掌握一定的从业知识，练就一定的从业本领，集聚一定的从业资源。

1. 技术经纪的市场需求

技术经纪的需求有：

（1）技术供应方。即拥有技术商品的一方，为了收回技术商品研发成本并获得一定利益，或者为了维持其技术商品的持续开发以实现技术商品的升级优化，要求技术经纪就寻找技术商品买方提供经纪服务。

（2）技术需求方。这种要求主要来自企业。即企业为了产品结构或者产业结构的调整和优化，提升企业产品竞争力和企业核心竞争力，获取最大或者满意利润，要求技术经纪就选择技术商品卖方提供经纪服务。

（3）技术中介方。这是技术经纪为了自身事业的发展，在精心选择技术商品的同时，选择买、卖双方的经纪行为。

2. 技术经纪的职能

技术经纪的职能主要有以下方面：

（1）疏理技术供需信息，联结技术贸易通道。

（2）评价技术商品的价值与使用价值，辅导购销决策。

（3）收集技术市场信息，分析商情，预测趋势，为客户提供咨询服务。

(4) 协助或代理客户进行贸易洽谈或签约。
(5) 协助处理或代理技术商品成交后的交割事务。
(6) 协助处理或代理技贸结合的有关业务。
(7) 协助解决技术商品交易中的矛盾纠纷,遵照法规保护客户合法利益。
(8) 提供技术成果产业化、国际化的经纪服务。

(二) 技术经纪业的起源与发展

技术经纪业的起源与发展是伴随着技术经纪人和技术经纪机构发展的。技术经纪是经济发展的产物,是技术市场的重要组成部分。技术经纪是一项复杂工程,它的高效实施需要政府、技术供需方及中介机构充分发挥各自作用。为了促进科技成果转移转化、激发全社会创新创业活力、促进科技与经济紧密结合,从国家到地方都积极推动技术经纪机构发展,纷纷支持引导具有区域属性的技术经纪机构。

技术经纪的主体可以是从事科技中介服务的公民、法人和其他经济组织,技术经纪业是以技术优势和智力资源为基础的新兴知识产业。

近年来,我国相继出台一系列政策措施支持服务机构、科技企业,不断加大科技成果转化的力度,提升服务技术成果转化的专业能力。在这种背景下,市场上涌现出一批围绕自身优势资源开展技术经纪业务的市场化公司。这些公司以需求和供给为导向、遵循市场化运作规律来从事专业技术经纪业务。

从这些公司实际开展技术经纪服务工作所面临的问题,包括技术经纪对专业知识要求高,供需资源调配难度大,技术经纪交易周期长等。所以,目前市场化技术经纪机构更多以申报政策、专利代理、投资担保、检验检测为主,整体规模偏小,专业化程度较低,真正可以实施技术经纪业务,以技术交易为主要收入来源的第三方机构为数不多,发展受到一定限制。

(三) 技术经纪对技术创新的作用

技术经纪在技术市场中以促进成果转化为目的,促成他人技术交易,起着居间、行纪或代理等作用。技术经纪活动在推动我国产学研结合、促进科技成果转化中发挥了积极的作用。主要体现在:

(1) 技术经纪由于加速了技术成果的商品化,有利于实现技术的价值与使用价值。
(2) 技术经纪促进了科技与经济的结合,激起了社会特别是商品生产经营者对现有技术成果的现实需要,而且孕育社会对技术的潜在需求。
(3) 技术经纪促进了技贸结合、科技与金融的结合以及人才的流动,相应地推动了商品市场、金融市场、劳务市场的发展,有利于完整的市场体系的发育及各种生产要素的优化组合。
(4) 技术经纪的国内外联通,有利于促进国际技术经济合作。

（四）技术经纪组织的分类与运行机制

技术经纪组织属于广义的技术经纪人的范畴，具体指依法设立的具有经济活动资格的公司、合伙企业、个人独资企业以及其他经纪组织。技术经纪人和技术经纪组织是技术市场的主体之一，是促进科技成果转化和产业化、推动科技进步的重要力量。目前开展技术经纪活动的组织有：高校、科研院所、企业的技术转移机构，各级生产力促进中心、科技成果转化服务中心、科技企业孵化器、公共技术服务平台、专利技术服务机构、有条件的行业协会等。但严格来说，目前我国很多技术经纪组织的业务还属于"中介"或"代理"的范畴，并没有完全在技术转移过程中发挥其应有的作用。

1. 技术经纪组织的分类

（1）技术开发服务：针对新技术、新产品、新工艺、新材料、新品种及其系统进行研究开发。

（2）技术转让：将技术成果的相关权利让予他人或许可他人实施使用。

（3）技术服务：对特定技术问题提供解决方案。

（4）技术咨询服务：提供可行性论证、技术预测、专题技术调查、分析评价等服务。

（5）技术评价服务：按照规定的原则、程序和标准，运用科学、可行的方法，对技术成果的成熟度、先进性、市场前景、经纪和社会效益等进行综合评价。

（6）技术投融资服务：针对技术开发，提供投资和融资服务。

（7）信息网络平台服务：利用互联网技术，提供平台为技术交易服务。

2. 技术经纪组织的运行机制

由于技术交易的特殊性和不确定性，技术经纪活动既需要知识、经验、信息和技巧的支撑，又显得极其复杂。因此，要完成技术经纪的过程，达到技术交易的目的，必须十分注重技术经纪运行机制的建立。

技术经纪的运行机制包括技术经纪的需求与策划要求、技术与市场的关系、技术信息的获取与辨识、技术交易方式的选择和技术项目的可行性分析等。

总之，技术商品的经纪必须建立在充分掌握相关信息的基础上；技术商品经纪的全过程完成或者技术交易的成功，必须进行技术交易方式的策划；技术经纪前期必须对技术项目进行可行性分析。

（五）技术经纪人概述

技术经纪人是指在技术市场中，以促进成果转化为目的，为促成他人技术交易而从事中介居间、行纪或代理等，并取得合理佣金的经纪业务的自然人、法人和其他组织。

具体包括技术经纪人事务所、技术经纪人公司、个体技术经纪人员兼营技术经纪的其他组织。

1. 技术经纪人的作用

技术经纪人的业务有：

(1) 开拓市场空间,捕捉市场机遇。
(2) 在议价和双向选择中的沟通、协调。
(3) 组织并参与技术成果的工业化、商业化开发。
(4) 在签订和履行技术合同中的全方位服务。
(5) 在融资中的参谋、协调和监督。

技术经纪人专为技术买卖牵线搭桥,紧密连接技术持有方与资金持有方,对市场有深刻理解,对成果和资金的对接过程具有很高的领悟力,同时还有极强的策划能力,对项目进行包装、推销和实时跟踪,当然还要熟谙广泛的法律知识。

2. 技术经纪人的需求旺盛

在科技中介服务中,真正从事科技评估、法律咨询、审计、仲裁、风险投资等业务的机构太少,同时也缺乏既懂技术又懂法律且善经营的复合型人才。据了解,取得科技部颁发的"技术经纪人"资格证书者,还不到全部从业人员的10%,但市场对技术经纪人的需求非常多。

(六) 技术经纪人的职责、权利和义务

1. 技术经纪人的职责

(1) 咨询服务。技术经纪人根据买卖双方的委托以居间、代理或经纪身份提供各种咨询服务。包括法律咨询、技术咨询、技术贸易条款的起草、转让费用的估算,以及为技术进口提供可行性报告等。

(2) 信息发布。技术经纪人受技术买方的委托以代理人或市场主体的身份向有关地区、企业发布技术信息和专利。宣传、介绍技术成果的性能特征、适用条件和经济效益等,使它们在市场上迅速出售。技术经纪人也可以受买方委托,向科技机构和科技人员发布技术需求信息,并通过"难题招标"的方式将其转成技术交易。

(3) 商务谈判。技术经纪人受买方与卖方委托,以代理或市场身份进行技术成果开发、专利申请权、专利权的转让以及技术委托开发和合作开发谈判,并在政策上和法律上给予指导。

(4) 论证预测。对于一些重大的技术项目,投资较大的技术经纪人受当事人一方委托,以市场主体身份组织技术实施、可行性论证及市场预测。

(5) 寻找技术贸易对象。技术经纪人可受当事人委托,以代理或市场主体身份寻求理想的对象。受买方委托选择成熟、先进、适用的技术成果、专利或所需资金;受卖方委托选择具有较强开发能力和经济实力的合适企业。

(6) 协商调解。技术经纪人以代理人身份或市场主体身份与买卖双方互相合理协商价格,保证技术商品价格趋于公平合理。另外,还要承担调解买卖双方的经纪事务矛盾和执行技术合同中发生的合同纠纷等业务。

(7) 沟通有无。技术经纪人常以居间人身份,沟通研究部门和工厂企业当事人双方在研究开发和研制生产中所需、有无,促进买卖双方各得所需。

2. 技术经纪人的权利与义务

（1）技术经纪人的权利，包括业务自主权、客户选择权、合同签订权、中介费收取权、风险规避权，以及一般经纪人应享有的权利。

技术经纪人的法律权利有：

① 技术经纪人以主体的身份参与市场主体的活动。

② 技术经纪人作为市场主体，享有独立营业者的权利，但同时也承担市场风险。

③ 技术经纪人可以同时充当某一技术商品的买卖人。

④ 技术经纪人可以兼当代理人或中介人。

（2）技术经纪人的义务包括：维护国家利益和社会公共利益，保证经纪质量，严格遵守保密制度，在核定的范围内从事经纪活动，遵守国家法律规定的义务。

（3）技术经纪人必须遵守的行为规范有以下几个方面：

① 技术经纪人和技术经纪机构必须具备一定的条件。他们必须接受专门的考核，被正式授予资格。

② 严格按技术交易的相关法律办事。知识产权、技术合同、生态环境保护等有关法律规定是技术交易必须遵守的行为准则。

③ 对技术经纪人实行法制化和行业管理。国家对技术经纪业的管理主要是通过制定法律、政策，在宏观上对其经纪业务进行规范和引导，并通过政府扶持的民间组织，如技术市场协会或技术经纪人协会，为他们提供各种服务，如培训、资格考核、信息交流、资金融通、保护经纪人利益等。

（七）技术经纪人的素质要求

技术经纪人的素质要求如下：

1. 综合素质

收集技术的供求信息；接受供求双方委托，为其寻找合适的技术交易对象；对自己经纪的技术成果的可靠性、成熟性进行鉴定；审定卖方是否真正具有技术所有权；帮助买方进行可行性分析；在双方谈判过程中疏通障碍，协调分歧，促进成交。

2. 知识素质

技术经纪人需要掌握多个方面的知识，包括科技知识、经济知识、科学工程知识、市场知识、法律知识和政策等。

（1）在科技知识方面，技术经纪人要有较丰富的科技基本知识；对经纪特定的科技领域或范围的技术商品知识要精通；对技术商品的研究、试验、试制和规模生产的全过程要有一定程度的了解。

（2）在经济知识方面，要了解和掌握经济学的基本知识；熟悉企业吸收技术商品应用于生产的全过程；熟悉企业产品质量、工艺、标准、设备状况等。

（3）在市场知识方面，对于技术商品贸易相关知识要精通；能利用各种科技、经济信息，洞察技术商品的社会需求；能运用调查、预测等多种方法，掌握技术商品供求动态及发展趋势。

（4）在法律知识方面，对法律的基础知识要有一定程度的了解；对于《技术合同法》《专利法》等技术贸易管理法规、有关国家和国际保护知识产权知识要精通；对洽谈签订技术合同及技术合同仲裁等知识要了解和掌握。

3. 能力要求

（1）全面掌握有关经纪业务需要四项基本能力：

① 运用法律的能力。

② 撰写合同的能力。

③ 查阅国内外科技文献的能力。

④ 专利和非专利技术谈判的能力，以及全方位的综合分析能力。

（2）其他能力包括：

① 收集与筛选信息的能力。技术经纪人应筛选具有较强应用效率、具有商业化前景的技术，在为技术买卖双方扩大选择空间的基础上缩小选择范围，提高转化效率。

② 评价与论证技术的能力。进行成本收益分析，为企业决策提供咨询。包括技术成熟度、技术产业化、法律法规、合同条款、最终价格等。

③ 筹集与管理资金的能力。要通过融资、投资为技术转化争取资金，要善于利用税收财政政策，为企业争取政策支持，减少投资风险。

④ 签订与管理合同的能力。技术交易合同是技术交易能够实施的基础文本，作为第三方经纪人，要熟悉技术合同格式及内容。

⑤ 建立与协调关系的能力。技术经纪人要通过社交活动，宣传、推广科技成果，激发企业对技术的需求及投资者对技术的兴趣，捕捉信息，抓住机遇，进而推动科技成果转化。

4. 职业道德

能严守秘密，实事求是，公平诚信，善言谈而不吹嘘，促成交而不虚假，重友谊而不偏袒，讲法规而不徇私情。切实保护广大人民群众的利益和发明创造的积极性，保证我国社会主义市场经济的健康发展。

要点提示

1. 技术经纪是科技成果与市场需求之间的桥梁，其价值在于挖掘科技宝藏，实现科研成果的商品化、产业化。

2. 技术经纪人的服务意识指技术经纪人在做技术服务的过程中为服务对象提供热情、周到、主动服务的欲望和意识，即自觉主动做好服务工作的一种观念和愿望，它发自技术经纪人的内心。

3. 技术经纪人的保密意识指技术经纪人自觉遵守技术经纪人的保密管理制度，对服务对象忠实守信，保守其技术秘密，遵守和维护商业秘密的意识。

4. 技术经纪人的法律意识是指技术经纪人关于技术经纪相关法律的思想和观点的总称，包括对相关法律的本质、作用的看法，对现行相关法律的要求和态度，对相关法律的评价和解释，对技术经纪相关行为是否合法的评价等。

5. 技术经纪人的政策意识是指在技术经纪人对相关科技政策的重视、认识和理解情况下，表现在从事科技中介服务过程中应用相关政策的意识和能力。

6. 技术经纪人的创新意识是指技术经纪人在科技中介服务的过程中，主动开展技术经纪创新活动的观念和意识，表现为对创新的重视、追求和开展技术经纪创新活动的兴趣和欲望。

7. 技术经纪人作为技术市场的领航员，以敏锐的眼光洞察市场需求，用专业的技能驾驭复杂交易，为科技创新注入澎湃动力。

思考练习

1. 技术经纪人的从业意识包含哪些内容？
2. 技术经纪人"资源模型"包括哪些内容？
3. 技术经纪人如何构建自己的"资源模型"？
4. 技术经纪人如何用好"资源模型"？
5. 技术经纪人有哪些特殊作用？
6. 技术经纪人的素质要求有哪些？
7. 技术经纪的市场化运作模式创新体现在哪些方面？
8. 技术经纪业是怎么起源的？它的发展情况如何？
9. 技术经纪对技术创新的作用有哪些？
10. 技术经纪组织有哪些分类？它们是怎么运行的？
11. 技术经纪人的风险管理与利益分配机制是什么？
12. 技术经纪人的职责、权利和义务是什么？

四、科技服务业

任务导航：科技服务业，是将创新的火花转化为社会进步的引擎，用智慧照亮产业发展的道路。

学习重点：科技服务业概述，科技服务业的内涵，科技服务业的形成与发展，科技服务业态类型，我国科技服务业发展历程与现状；科技服务机构类型划分及其功能作用，国内外科技服务运作模式等。

建议学时：1学时。

(一)科技服务业概述

科技服务业是现代服务业在科技领域的新业态,是对科技新概念和技术进行不断创新、改进和推广的产业,也为科技产品普及提供服务的平台。

它作为科技及经济转化的桥梁,以提升科技成果转化率为目标,通过运用现代科技知识和技术,向特定对象中小型科技企业提供科技服务,是创造了成倍价值的新兴智力服务产业。

它可以为科学知识和技术的研究、推广、普及、培训和咨询等提供一系列基础性服务,并为各行业、产业、企业甚至技术人才提供技术咨询、服务、成果转化及评估等服务。

科技服务业不同于传统劳动密集型产业之处在于:① 客户的高度参与;② 主要投入因素(工具)为知识及技术;③ 不可复制性。

这三个方面也表明该服务是针对不同企业的实际情况量身打造的,具备高创新性、高知识性、高技术性和高互动性的特征。

科技服务业不仅成为现代服务业的新业态,具有独立的产业特性,为社会创造经济财富,而且科技服务业是典型的外部性较高的产业。一般认为,科技服务每创造一个单位的收益,能为服务对象带来5个单位以上的收益增加,或带来经营成本与交易成本的降低。

(二)科技服务业的内涵

科技服务业是指运用现代科技知识、现代技术和分析研究方法,以及经验、信息等要素向社会提供智力服务的新兴产业,主要包括科学研究、专业技术服务、技术推广、科技信息交流、科技培训、技术咨询、技术孵化、技术市场、知识产权服务、科技评估评价等活动。无论是技术转移的咨询师、科技成果转化的工程师,还是技术经理人等现代科技服务业的新兴职业,都是科技服务业的一部分。

(三)科技服务业的形成与发展

工业革命不仅是一场技术革命,也是一场深刻的生产关系变革。为市场而生产、为利润而生产,客观上开启了技术的商品化进程,成为科技服务业的开端。科技服务业的形成是科技进步、经济发展以及社会分工深化的结果。

伴随着社会分工的细化,企业产生了这种创新服务的发展需求,因为专业创造价值,所以就衍生出了科技服务这样的新兴业态,创新和科技服务融合在一起了。科技服务业是在当今产业不断细化分工和产业不断融合生长的趋势下形成的新的产业分类。

其实早在1992年,国家科委(现在称科学技术部)就提出了科技服务业的概念,但实际上科技服务作为一个创新支撑,它的价值并没有被广大的民众所认知。目前,从科创服务业上市这个政策的变化来讲,科技服务业的未来值得期待。

科技服务型职业的起点要求很高,由管理到服务可以用三个定位来概括科技服务业,第一个是科技创新的服务商,它主要提供这种技术和知识的商品;第二个是新型的高端服务业,它区别于传统的服务业,具有智力密集型、高附加值以及辐射带动性强三个特征;第三个是它在功能上起着桥梁和纽带的作用,在整个科技创新生态圈中,它提供的是高效促进这种供需对接的一个角色。

我国科技服务业仍处于发展初期,存在着市场主体发育不健全、服务机构专业化程度不高、高端服务业态较少、缺乏知名品牌、发展环境不完善、复合型人才缺乏等问题。

目前,我国科技服务产业需要升级,包括调整优化产业结构、培育新经济增长点,不断丰富服务内容,不断创新服务模式,不断涌现新型科技服务组织和服务业态,稳步提升服务质量和能力,走科技创新引领发展之路。

(四)科技服务业态类型

科技服务业的产业活动范围非常广。科技服务业按服务内容的差异性划分为科技信息、科技设施、科技贸易、科技金融和企业孵化器五大子系统。

1. 国家产业分类

2005年国家开始设立科技服务业统计专项,把它列入了国民经济行业分类(代码GB/T 4754—2002)中M门类中的75、76、77、78四个大类,分别是研究与试验发展、专业技术服务业、科技交流和推广服务业、地质勘查业。

2007年国家产业结构调整指导目录的鼓励类产业中,科技服务业包含的子产业有:

(1) 防伪技术开发和运用。

(2) 国家级工程(技术)研究中心、国家工程实验室、国家认定的企业技术中心、重点实验室、高新技术创业服务中心、新产品开发设计中心、科研中试基地、实验基地建设。

(3) 科学普及、技术推广、科技交流、科技评估与鉴证、技术咨询、工业设计、知识产权及气象、节能减排、环保、测绘、地震、海洋、技术监督等科技服务。

(4) 科研支撑条件共建共享服务。

(5) 商品质量认证和质量检测服务。

(6) 产业公共技术服务平台建设。

2. 科技服务发展重点

重点发展研究开发、技术转移、检验检测认证、创业孵化、知识产权、科技咨询、科技金融、科学技术普及等专业科技服务(图1.2),以及综合科技服务,提升科技服务业对科技创新和产业发展的支撑能力。

国家重点支持科技服务业发展计划如下:

(1) 研究开发及其服务。加强基础研究,大力开展多种形式的应用研究和试验发展活动。国家支持高校、科研院所整合科研资源,面向市场提供专业化的研发服务;鼓励研发类企业专业化发展,积极培育市场化新型研发组织、研发中介和研发服务外包新业态;支持产业联盟开展协同创新,推动产业技术研发机构面向产业集群开展共性技术研发;支持发展产品研发设计服务,促进研发设计服务企业积极应用新技术提高设计服务能力。做好科技资源开放服务,建立健全高校、科研院所的科研设施和仪器设备开放运行机制,引导国家重点实验室、国家工程实验室、国家工程(技术)研究中心、大型科学仪器中心、分析测试中心等向社会开放服务。

图1.2　科技服务发展重点

(2)技术转移服务。做好技术转移服务工作,要发展多层次的技术(产权)交易市场体系,支持技术交易机构探索基于互联网的在线技术交易模式,推动技术交易市场做大做强。鼓励技术转移机构创新服务模式,为企业提供跨领域、跨区域、全过程的技术转移集成服务,促进科技成果加速转移转化。依法保障为科技成果转移转化作出重要贡献的人员、技术转移机构等相关方的收入或股权比例。充分发挥技术进出口交易会、高新技术成果交易会等展会在推动技术转移中的作用。推动高校、科研院所、产业联盟、工程中心等面向市场开展中试和技术熟化等集成服务。建立企业、科研院所、高校良性互动机制,促进技术转移转化。

(3)检验检测认证服务。加快发展第三方检验检测认证服务,鼓励不同所有制检验检测认证机构平等参与市场竞争。加强计量、检测技术、检测装备研发等基础能力建设,发展面向设计开发、生产制造、售后服务全过程的观测、分析、测试、检验、标准、认证等服务。支持具备条件的检验检测认证机构与行政部门脱钩、转企改制,加快推进跨部门、跨行业、跨层级整合与并购重组,培育一批技术能力强、服务水平高、规模效益好的检验检测认证集团。完善检验检测认证机构规划布局,加强国家质检中心和检测实验室建设。构建产业计量测试服务体系,加强国家产业计量测试中心建设,建立计量科技创新联盟。构建统一的检验检测认证监管制度,完善检验检测认证机构资质认定办法,开展检验检测认证结果和技术能力国际互认。加强技术标准研制与应用,支持标准研发、信息咨询等服务发展,构建技术标准全程服务体系。

(4)创业孵化服务。构建以专业孵化器和创新型孵化器为重点、综合孵化器为支撑的创业孵化生态体系。加强创业教育,营造创业文化,办好创新创业大赛,充分发挥大学科技园在大学生创业就业和高校科技成果转化中的载体作用。引导企业、社会资本参与投资建设孵化器,促进天使投资与创业孵化紧密结合,推广"孵化＋创投"等孵化模式,积极探索基于互联网的新型孵化方式,提升孵化器专业服务能力。整合创新创业服务资源,支持建设"创业苗圃＋孵化器＋加速器"的创业孵化服务链条,为培育新兴产业提供源头支撑。

(5) 知识产权服务。以科技创新需求为导向,大力发展知识产权代理、法律、信息、咨询、培训等服务,提升知识产权分析评议、运营实施、评估交易、保护维权、投融资等服务水平,构建全链条的知识产权服务体系。支持成立知识产权服务联盟,开发高端检索分析工具。推动知识产权基础信息资源免费或低成本向社会开放,基本检索工具免费供社会公众使用。支持相关科技服务机构面向重点产业领域,建立知识产权信息服务平台,提升产业创新服务能力。

(6) 科技咨询服务。鼓励发展科技战略研究、科技评估、科技招投标、管理咨询等科技咨询服务业,积极培育管理服务外包、项目管理外包等新业态。支持科技咨询机构、知识服务机构、生产力促进中心等积极应用大数据、云计算、移动互联网等现代信息技术,创新服务模式,开展网络化、集成化的科技咨询和知识服务。加强科技信息资源的市场化开发利用,支持发展竞争情报分析、科技查新和文献检索等科技信息服务。发展工程技术咨询服务,为企业提供集成化的工程技术解决方案。

(7) 科技金融服务。深化促进科技和金融结合试点,探索发展新型科技金融服务组织和服务模式,建立适应创新链需求的科技金融服务体系。鼓励金融机构在科技金融服务的组织体系、金融产品和服务机制方面进行创新,建立融资风险与收益相匹配的激励机制,开展科技保险、科技担保、知识产权质押等科技金融服务。支持天使投资、创业投资等股权投资对科技企业进行投资和增值服务,探索投贷结合的融资模式。利用互联网金融平台服务科技创新,完善投融资担保机制,破解科技型中小微企业融资难问题。

(8) 科学技术普及服务。加强科普能力建设,支持有条件的科技馆、博物馆、图书馆等公共场所免费开放,开展公益性科普服务。引导科普服务机构采取市场运作方式,加强产品研发,拓展传播渠道,开展增值服务,带动模型、教具、展品等相关衍生产业发展。推动科研机构、高校向社会开放科研设施,鼓励企业、社会组织和个人捐助或投资建设科普设施。整合科普资源,建立区域合作机制,逐步形成全国范围内科普资源互通共享的格局。支持各类出版机构、新闻媒体开展科普服务,积极开展青少年科普阅读活动,加大科技传播力度,提供科普服务新平台。

(9) 综合科技服务。鼓励科技服务机构的跨领域融合、跨区域合作,以市场化方式整合现有科技服务资源,创新服务模式和商业模式,发展全链条的科技服务,形成集成化总包、专业化分包的综合科技服务模式。鼓励科技服务机构面向产业集群和区域发展需求,开展专业化的综合科技服务,培育发展壮大若干科技集成服务商。支持科技服务机构面向军民科技融合开展综合服务,推进军民融合深度发展。

（五）我国科技服务业发展历程与现状

1. 我国科技服务业发展历程

20世纪90年代，随着国家开始大力发展第三产业，我国科技服务业也获得了较快的发展，研究生产能力不断提高，技术贸易十分活跃。21世纪以来，经济和科技的全球化程度日益深化，开放式创新逐渐成为企业创新的主导模式，创新资源的全球流动需求不断提高，不断扩大和深化科技服务机构的服务市场。

2014年8月，国务院常务会议部署加快科技服务业发展工作。会议强调，发展科技服务业，是调结构稳增长和提质增效、促进科技与经济深度融合的重要举措，是实现科技创新引领产业升级、推动经济向中高端水平迈进不可或缺的重要一环。

2014年10月9日，国务院办公厅印发《关于加快科技服务业发展的若干意见》，包括总体要求、重点任务、政策措施三部分，这是我国首次对科技服务业发展作出的全面部署。该"意见"指出，重点发展研究开发、技术转移、检验检测认证、创业孵化、知识产权、科技咨询、科技金融、科学技术普及等专业科技服务和综合科技服务，提升科技服务业对科技创新和产业发展的支撑能力。

科技服务业是现代服务业的重要组成部分，是推动产业结构升级优化的关键产业。科技创新带动了科技服务业的发展，科技服务业的发展也将对科技创新起到支撑作用。

2. 我国科技服务业发展现状

随着我国经济增长方式从要素驱动迈向创新驱动，科技服务业从2010年以来得到了快速发展，2018年末，全国从事高技术服务业的企业法人单位216.0万户，从业人员2063.2万人，分别比2013年末增长了271.9%和77.8%。科技服务业不断涌现出新模式、新业态、新业务，技术市场日益活跃，2019年我国技术市场成交额达到了2.23万亿元，GDP占比约为2.3%。

科技服务企业通过整合跨行业资源，正在向社会提供更加专业化的第三方服务，形成针对健康、教育、能源、环保等垂直领域的专业科技咨询公司和技术服务公司。形成覆盖科技创新全链条的科技服务体系，培育一批拥有知名品牌的科技服务机构和龙头企业，打造一批新型科技服务业态，形成一批科技服务产业集群，科技服务业产业规模达到数十万亿元。

科技服务业从整体上看，确实实现了显著进步。但相比于其他产业，科技服务产业起步晚、涉及面广，而且横向交叉特点突出，难以形成抓手，导致在政策支持、服务结构、人才积淀等方面存在一系列问题。

我国科技服务目前仍处于起步阶段，服务功能还远不能满足科技、经济发展需要。企业发展急需的科技成果得不到满足，研究机构大量成果转化率不高。我国科技服务业发展存在着市场主体发育不健全、服务机构专业化程度不高、高端服务业态较少、知名品牌缺乏、发展环境不完善、复合型人才缺乏等诸多问题。

3. 我国科技服务业的发展

我国的科技服务业相比发达国家起步较晚,但是发展速度很快,这离不开中央、地方各级政府对科技服务业的大力支持。2014年10月28日国务院发布的《关于加快科技服务业发展的若干意见》除了明确94项重点任务外,还部署了健全市场机制、强化基础支撑、加大财税支持、拓宽资金渠道、加强人才培养、深化开放合作、推动示范应用等7项政策措施,为我国科技服务业的蓬勃发展奠定了坚实的基础。随后,国家又先后出台了《"十三五"现代服务业科技创新专项规划》《关于技术市场发展的若干意见》等系列文件,不少省、市、区也专门制定了支持科技服务业发展的相关政策,为科技服务业发展提供了良好的政策环境。

近年来,得益于创新政策支持,科技产业园、企业孵化器、生产力促进中心、创客中心、基金小镇等综合性、专业性或专门性服务机构不断涌现,服务模式不断创新、服务能力不断提升,服务质量不断提高,有力地带动了全社会创新创业热情,激发了科技成果转化的需求。例如,北京的中关村科技服务业依托于集群化发展战略,集聚了包括知识产权、检测认证、技术转移等上千家涵盖科技创新全领域、全链条的科技服务资源,为中关村创业产业园创造了50%左右的营业收入和利润。

"十四五"规划纲要提出,畅通科技型企业国内上市融资渠道,增强科创板"硬科技"特色,这大大提升了资本进入硬科技领域的积极性。进入21世纪,随着知识经济的到来,社会分工进一步深化,大量科技服务活动从传统生产与科研活动中独立出来,催生了两类新兴科技服务产业:一是创新性科技服务业行业,二是基础性科技服务业行业。

当前,以科技服务业为重要组成部分的现代服务业正在由发达国家向发展中国家转移,这一转移趋势为我国科技服务机构的大发展提供了重要的机会窗口,也为科技服务机构的发展带来了严峻挑战。

加快发展科技服务业,是撬起创新驱动的杠杆。我国科技服务业发展的方向有以下几个方面:

(1)要以改革的方式来推动科技服务业的发展,很重要的一方面就是健全市场机制。

(2)强化对科技服务业发展基础的支撑,使得科技服务业的一些标准和分类,包括统计工作等,进一步加强。

(3)加大财政支持的力度。通过政府财政适当加大科技服务业的支持,要更多采取能够让所有科技服务业企业都能够得到实惠的一些税收激励措施。

(4)进一步拓展资金渠道。产业的发展需要资金的投入,主要还是通过各种各样的市场融资渠道加快科技服务业的发展。

(5)加强人才的培养。

(6)深化开放合作。发达国家有很多做法是值得我们学习的,可以通过开放合作来加快发展。

(7)推动示范应用。特别是一些新兴业态,有一些发达的省份、地区、城市可以先做,在此基础上向更大的范围进行推广。

(六) 科技服务机构类型划分及其功能作用

科技服务机构围绕科技成果转化、转移等内容开展服务，比较常见的实体有技术交易市场、技术转移中心、生产力促进中心、创业服务中心(科技孵化器)。这些科技服务机构可以简单地分为两类：一是知识产权服务机构，二是创业服务机构。

创新性科技服务机构把研发、设计等活动作为服务内容。创新活动从科研活动中分化出来，高校与科研院所(及其科研人员)面向市场建立专门的研发或设计服务企业(也称之为新型研发组织)，提供创新服务。

1. 科技服务机构类型划分

科技服务机构有：生产力促进中心、科技企业孵化器、工程技术研究中心、科技咨询与评估机构、技术交易机构、创业投资服务机构、知识产权事务中心、情报信息中心、人才中介市场、技术产权交易机构、科技检索查新机构、专利代理机构、一些咨询机构和律师事务所、专门帮助办理政府项目的服务机构、技术交易机构/市场、技术评估机构、科技金融机构等。

科技服务机构类型的划分可以从多个角度进行，以下类型的划分供参考：

(1) 技术研发与转化服务类。生产力促进中心优化区域科技创新环境，提升产业整体技术水平。科技企业孵化器为初创科技企业提供场地、资金、管理咨询和市场资源等支持，促进科技成果产业化。工程技术研究中心专注于特定领域的技术研发和应用推广，为企业和社会提供技术支持和解决方案。技术转移中心负责科技成果的市场化转化，包括专利许可、技术转让和技术合作等。

(2) 信息咨询服务类。科技咨询机构在全方位上助力提升技术创新能力和市场竞争优势。科技信息中心提供科技文献检索、数据库服务、行业动态分析、科技政策解读等信息服务。情报信息机构收集、整理和分析国内外科技情报数据，为决策者和企业提供战略参考。

(3) 知识产权服务类。知识产权事务中心代理专利申请、商标注册、版权登记、知识产权交易及纠纷处理等业务。

(4) 评估认证服务类。科技咨询与评估机构对科技成果进行评估鉴定，为科技创新项目立项、验收、成果评价提供第三方专业意见。认证检测机构从事产品质量检验、标准制定、体系认证等技术服务。

(5) 金融服务类。创业投资服务机构为科技型中小企业提供风险投资、创业基金等金融服务。科技金融中介通过创新金融工具和服务模式，解决科技创新项目的融资难题。

(6) 培训教育与人才服务类。人才中介市场提供科技人才引进、培养、交流、猎头服务等人力资源服务。继续教育与培训基地面向科技人员开展继续教育和职业培训。

(7) 公共服务平台建设类。产业公共技术服务平台整合行业资源，为行业内企业提供共性技术研发、实验验证、资源共享等一站式服务。

(8) 科学技术普及类。科普教育机构负责科学知识传播、科普活动组织和科普产品开发等工作。

2. 科技服务业发展的重点及其作用

促进科技服务业发展,对培育战略性新兴产业,加快转变经济发展方式,提高自主创新能力和建设创新型国家有重要意义(表1.3)。

表1.3 科技服务业发展重点及其作用

序号	发 展 重 点	作　　　用
1	研发设计服务业	提高创新设计能力
2	成果转移转化服务业	加速科技成果商业化
3	创新创业服务业	优化创新创业环境
4	科技金融服务业	提高投融资服务能力
5	科技咨询服务业	提升科技咨询服务水平

(七) 国外科技服务运作模式

欧美发达国家科技服务业,已走过百年历史,已经形成了一套系统,包括全面的服务内容、完备的行业规范、稳定的运行模式、技术的核心竞争力、国家政策的配套完善。他们在扩大市场空间、提升从业人员素质、提高企业服务水平方面也取得了长足进步。

1. 发达国家科技服务业

发达国家在科技服务业的发展过程中,结合配套的政府政策,利用科学完备的中介服务机构,适时引入市场机制,建立了层次覆盖面全、角度涵盖面广、结构合理完善的科技服务体系。

发达国家对科技服务业的重视主要体现在政府为扶持该行业的健康发展所营造的良好环境方面。美国、英国、日本等国家政府均出台适应本国经济现状,涵盖政治、经济、文化等多方面的政策用以支持本国科技服务业健康有序发展。例如政府通过直接财政投入、财政补贴、税收优惠等经济政策为科技服务业提供便利。

发达国家类型多样、功能丰富的科技中介服务机构和科技服务业中介服务机构,以专业的技术、知识、理论为支撑,来提高科技服务效率、规范内部管理,有效地降低了产业升级优化风险,积极推动了科技产业进步。具体形式包含国家设立支持技术转移的机构、联盟及行业协会,依托大学及科研院所设立的专门课题机构,特定领域的专业服务机构,科技园区和技术创业孵化器以及其他科技服务中介机构。

服务内容全面、服务水平较高、从业人员素质良好的发达国家科技服务产业内容涵盖面较广,包含专利的申请与转让、企业咨询中介服务、信息收集处理及整合、技术支持及融资担保等社会各个领域;近年来,发达国家通过互联网搭建服务平台,实现信息的快速整合与共享,缩短服务响应时间,提升服务满意度;因信息共享的原因,发达国家的科技服务业大多依托于高等院校,因此从业者多具备高等学历并拥有理、工、商、法等多学科背景。

2. 主要发达国家科技服务业发展的模式

（1）美国科技服务业发展模式。美国科技服务业组织机构类型非常多，这些科技服务业组织机构大部分依托大学、研究机构、协会、政府部门、咨询公司、风险投资公司和律师事务所。美国的科技服务业组织机构有：技术咨询或经纪机构、大学和研究机构的技术转移办公室、孵化器、技术评估组织、技术测试与示范机构。

美国科技服务业主要有三种模式：第一种是高科技企业孵化器，第二种是技术咨询和技术成果评估企业，第三种是为特定领域提供专业服务的机构。

美国科技服务业的突出经验是充分发挥企业创新主体作用，政府仅进行必要的干预。美国政府非常重视科技服务业的发展，但只从供给、需求和环境保障等几个方面实施一些有利于企业创新的措施，促进美国国内技术创新活动的开展。

（2）日本科技服务业发展模式。日本的科技服务业发展模式主要包括以下几种：大型咨询科技服务业组织机构，主要是针对外资企业和银行系统；为支持中小企业创新发展的非营利性的政府委托科技服务业事业法人机构；民间科技服务业组织机构；科技孵化器。

日本科技服务业发展的突出经验是政府直接干预与重点扶植。战后日本大力发展本国科技服务业，致力于创新科技服务业发展模式，现在已经形成了以政府干预为主导，"产、官、学、研"紧密联合，以"重点化"战略有效推进，实施积极引导和重点扶植的典型发展模式。

（3）德国科技服务业发展的模式。德国是世界著名的科技强国，高技术产业领域发展相当发达。在科技服务业发展模式上，德国政府除了注重政策支撑、资金投入和人才培养方面外，其中一个有别于其他国家的突出特点是它聚集了多方面力量大力发展国内的科技中介服务机构。科技中介服务机构在德国科技服务业发展及国家技术创新中发挥了巨大的推动作用。德国的科技中介组织涉及行业广泛，组织体系科学完善，服务功能十分强大，在信息、咨询、职业教育三个方面有突出的优势。德国科技服务业发展的突出经验是大力发展科技中介服务机构。

要点提示

1. 科技服务业是指运用现代科技知识、现代技术和分析方法，以及经验、信息等要素向社会提供智力服务的产业。

2. 科技服务业是提升国家竞争力的关键因素，是促进创新创业的重要平台，是优化产业结构的重要途径。

3. 科技服务业是以技术和知识向社会提供服务的产业，其服务手段是技术和知识，服务对象是社会各行业；科技服务业属于第三产业范畴，是第三产业的一个分支行业。

4. 科技服务业的核心，是以客户需求为导向，以科技创新为动力，赋能各行各业，铺就科技成果产业化、商业化的金光大道。

5. 科技服务业不断挖掘和释放科技潜能，用技术服务生活，用创新驱动发展，致力于构建人与科技和谐共生的美好未来。

思考练习

1. 科技服务业的内涵是什么？
2. 科技服务业的业态有哪些？
3. 科技服务业有哪些机构类型？它们的功能是什么？
4. 主要发达国家科技服务业发展的模式有哪些？
5. 当前科技服务业面临的难题主要包括哪些？突破点在哪里？
6. 科技服务业的数字化转型与智能化服务体现在哪里？

五、技术转移服务规范

任务导航：技术转移服务规范化的核心在于搭建公平交易的舞台，将无形的知识财富有形化，让科技之花在经济社会土壤中绽放得更加灿烂。

学习重点：技术转移相关术语，技术转移服务原则，技术转移一般要求，技术转移服务通用流程，技术转移服务的评价与改进；技术开发服务，技术转让服务，技术服务与技术咨询服务，技术评价服务，技术投融资服务、信息网络平台服务的服务内容、服务要求和服务流程等。

建议学时：2学时。

在科技成果转化和交易过程中，为了约束第三方提供的服务，制定了技术转移服务规范，让他们在服务过程中必须遵循的一系列法律、法规、行业标准和最佳实践流程，以此保证技术转移过程的公平、公正、透明和高效。2017年，科技部火炬高技术产业开发中心牵头，联合中国标准化研究院、北京技术市场协会、北京工商大学、北京市科学技术情报研究所等单位发布了《技术转移服务规范》(GB/T 34670—2017)。

《技术转移服务规范》明晰了技术转移概念和内容等，规定了技术开发服务、技术转让服务、技术服务与技术咨询服务、技术评价服务、技术投融资服务、信息网络平台服务等七类社会关注度高且已形成较成熟模式的技术转移服务类型。

《技术转移服务规范》是我国首个技术转移服务推荐性国家标准，对传播技术转移理念，指导技术转移实践，引导技术转移服务规范化发展，带动我国技术转移体系结构优化，提升技术转移体系整体效能，促进技术市场与资本、人才等要素市场加速融合，激发经济社会发展新动能将具有重要意义。

(一)技术转移相关术语

1. 技术转移

技术转移,指制造某种产品、应用某种工艺或提供某种服务的系统知识,通过各种途径从技术供给方向技术需求方转移的过程。技术转移的内容包括:科学知识、技术成果、科技信息和科技能力等。

2. 技术转移服务

技术转移服务指为实现技术转移提供的各类服务,包括技术开发、转让、咨询、服务以及技术评价、技术投融资、信息平台等。

3. 技术转移服务机构

这是指从事技术转移服务的企事业单位、社会组织和其他经济组织。一般冠名某某技术转移公司、技术转移中心(内设)等。

4. 技术转移服务人员

这是指为委托方提供技术转移服务的专业人员。如技术经纪人、技术经理人等。

5. 技术开发

这是指针对新技术、新产品、新工艺、新材料、新品种及其系统进行的研究开发行为。

6. 技术转让

这是指将技术成果的相关权利转让于他人,许可他人实施使用的行为,主要是以物体(新机器和设备)移动和图书报刊资料流传的形式完成的。

7. 技术服务

这是指为特定技术问题提供解决方案的行为。

8. 技术咨询

这是指提供可行性论证、技术预测、专题技术调查、分析评议等服务的行为。

9. 技术评价

这是指按照规定的原则、程序和标准,运用科学、可行的方法,对技术成果的成熟度、先进性、市场前景、经济和社会效益等进行综合评价的行为。

10. 技术投融资

这是指对技术知识和技术成果进行投资或融资的行为,以及为研发或改进特定技术、开展某项技术的商业化应用筹措资金的行为。

11. 技术信息网络平台服务

这是指与互联网技术深度融合的技术转移服务行为。

12. 技术入股

这是指技术成果所有人以技术成果作为无形资产作价出资的行为。作价入股对企业风险比较大。

13. 技术并购

这是指以获取目标方技术资源为目标的交易行为。外部技术资源转化为内部技术资源。

14. 技术集成

这是指组织各方面专家、团队和机构,通过资金、装备与技术支持,对产业化前景较好的技术成果进行二次开发、整合、中试等服务行为。

15. 技术联盟

这是指由企业、科研院所、大专院校围绕技术的开发与运用,为实现某一技术创新战略目标而建立的一种长期、持续、互惠互利的合作伙伴关系。

(二) 技术转移的服务原则

1. 真实性原则

服务机构应向委托人提供真实信息。

2. 公正性原则

服务机构应公平、公正地对待服务过程中涉及的任何一方。

3. 告知原则

服务机构应全面、及时和准确地告知委托人服务机构的服务内容、收费方式等基本情况和服务过程中的各种信息。

4. 知识产权保护和保密原则

服务机构应尊重和保护委托人的知识产权;对委托人的技术秘密和其他商业秘密承担保密义务,未经委托人许可,不应向其他各方披露。

(三) 技术转移一般要求

1. 对服务机构的要求

(1) 依法成立,依法承担权利和义务。
(2) 有具体的服务模式和管理制度(含档案管理)。
(3) 有与服务范围相适应的管理人员和服务人员。
(4) 应建立符合业务需求的兼职专家队伍。
(5) 向委托方提供的信息真实、客观、有效。
(6) 对委托方的委托有保密义务,维护委托方的知识产权权益。

2. 对服务机构人员的要求

(1) 服务机构人员应遵纪守法,遵守职业道德和职业操守,客观公正,诚实守信。
(2) 服务机构人员应熟悉国家和地方相关法律、法规和政策。
(3) 服务机构人员应具备较强的市场分析能力、职业判断能力以及项目管理能力。

（4）服务机构人员应掌握与本专业领域相关的适用技术信息，包括技术发展水平、国内外现状、转移转化条件等。

（5）服务机构人员应具备与所从事的技术转移服务相关的专业技能，包括信息获取、鉴别与评价、调研与预测、组织与洽谈、计划与实施、宣传与传播、协调与应变、口头和书面沟通、学习与研究等。

（6）服务机构人员应接受业务培训。业务培训的形式包括面授、研讨和实训等。

（7）服务机构人员若同时在两个或两个以上服务机构中兼职，不应损害相关机构利益。

（8）服务机构人员应具有服务意识，注重职业形象。

3. 对服务机构管理制度的要求

服务机构应根据相关法律法规和行业规范建立管理制度。

管理制度应包括岗位责任制度、合同管理制度、人力资源管理制度、服务评价制度、奖惩激励制度、保密制度和档案管理制度等具体制度。

管理制度应明确管理职责、工作流程、工作标准等；应符合自身管理和发展需求，适宜可行。

4. 对服务合同的要求

服务机构应做好与委托方签订合同或协议的各项准备。

服务机构应按照相关法律法规，与委托方签订书面或电子合同/协议，约定权利、义务和收益，不做超出自身服务能力和范围的承诺。其中服务机构与委托方签订技术开发或技术转让合同时应采用书面形式。

服务机构可与委托方单独签订合同/协议，也可与委托方和其他各方共同签订合同/协议，并在合同/协议中明确各方的责任与权利等。

服务机构可参照技术合同示范文本签订技术合同，并依据相关管理办法和认定规则进行技术合同认定登记。

当出现不可抗力或违约时，服务机构应及时与合同各相关方协商，变更合同内容或解除合同。对于变更合同内容的情况，服务机构应及时与合同相关方签订新的合同。

服务机构应与合同各相关方沟通，在服务合同中约定各相关方的保密义务。

5. 对档案管理的要求

服务机构应搜集服务过程中的各种客观证据，包括书面记录、录音、视频、网络资料等，整理形成服务档案并进行保存。

服务档案的内容应真实、详细，能够全面反映技术转移服务过程。服务档案应分类清晰，易于识别和检索。必要时，服务机构可建立档案数据库。

服务机构应根据法律法规、自身管理的需要和服务项目的特点设置适宜的档案保存期限。保存期限可分为永久（20年以上）、长期（5至20年）、短期（2至5年）等。

（四）技术转移服务通用流程

通用流程包括委托与受理、论证与审核、签订合同/协议、组织实施、服务总结、资料归档、跟踪服务、服务改进等。服务机构可按照技术转移服务通用流程图(图1.3)提供服务。

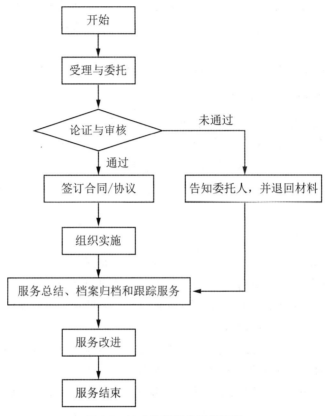

图1.3　技术转移服务通用流程

1. 委托与受理

委托与受理环节应包括以下内容：

（1）委托方提出委托意向。

（2）服务机构了解委托事项内容、具体要求、提示委托方出具与委托事项相关的合法、真实、有效的技术资料和证明材料。

（3）委托方如实填写技术成果信息登记表(表1.4)或技术需求信息登记表(表1.5)。

（4）向委托方说明可提供的服务内容、服务时限、收费方式、后续服务、各相关方权利和义务等内容。

（5）受理委托进行相应记录。

（6）不能接受委托时，应向委托方说明理由，退还其全部材料。

表1.4 技术成果信息登记表

年 月 日

基本信息	单位名称/个人	（如是个人，请补充身份证号）		
	单位性质	□科研院所 □大专院校 □企业 □涉外机构 □其他（　　　）		
	法人代表		邮政编码	
	联系人		E-mail	
	联系电话		传真	
	通讯地址			
	单位规模	□10人（含）以下 □11～50人 □51～250人 □251～500人 □501人以上		
项目名称			项目负责人	
技术领域	□电子信息 □航空航天 □先进制造 □生物、医药和医疗器械 □新材料及其应用 □新能源与高效节能 □环境保护与资源综合利用 □核应用 □农业 □现代交通 □城市建设与社会发展 □其他（　　　）			
单位简介				
发布有效期	□三个月 □六个月 □一年 □其他（　　　）			
发布范围				
保密要求				
附件明细	1. 2. 3.			
承诺	我单位/本人保证上述填报内容及所提供的附件材料真实、完整、无误，如有不实，我单位/本人承担由此引起的一切责任。 法定代表人或单位负责人或本人：　　　　　　单位公章： 　（签字） 　　　　　　　　　　　　　　　　　　　　　　　　　　　　年 月 日			

GB/T 34670—2017

表1.5 技术需求信息登记表

年　月　日

基本信息	单位名称/个人	（如是个人，请补充身份证号）			
	单位性质	□科研院所　□大专院校　□企业　□涉外机构 □其他（　　　　）			
	通讯地址		邮政编码		
	联系人		E-mail		
	联系电话		传真		
	单位规模	□10人（含）以下　□11～50人　□51～250人　□251～500人　□501人以上			
技术领域	□电子信息　□航空航天　□先进制造　□生物、医药和医疗器械 □新材料及其应用　□新能源与高效节能　□环境保护与资源综合利用 □核应用　□农业　□现代交通　□城市建设与社会发展　□其他（　　　）				
拟投入资金额度及方式					
资金用途					
合作方式	□股权投资　□技术转让　□许可使用　□合作开发 □合作兴办新企业　□其他（　　　　）				
需求内容及预期目标					
现有工作基础					
发布有效期	□三个月　□六个月　□一年　□其他（　　　　）				
发布范围					
保密要求					
承诺	我单位/本人保证上述填报内容及所提供的附件材料真实、完整、无误，如有不实，我单位/本人承担由此引起的一切责任。 法定代表人或单位负责人或本人：　　　　　　单位公章： （签字）　　　　　　　　　　　　　　　　　　　　　　年　月　日				

2. 论证与审核

论证与审核环节应包括以下内容：

审核委托方提交的材料，必要时可进行实地考察；进行评价，判断是否接受委托。如果接受委托，需做好签订合同/协议的准备工作；如果不能接受委托，向委托方说明情况，退回相关材料并备案、归档。

3. 签订合同/协议

与委托方沟通、协商达成共识后,签订合同/协议。合同/协议应包括以下内容:① 服务项目名称。② 服务的内容和要求。③ 服务的方式、期限和地点。④ 委托方的协作事项。⑤ 对委托方提供的技术资料、样品的保管。⑥ 保密内容、保密期限和泄密责任。⑦ 风险责任的承担。⑧ 服务产生技术成果的归属。⑨ 服务质量要求和验收方法。⑩ 服务费用、支付方式和支付时间。⑪ 违约责任。⑫ 损失赔偿的计算方法。⑬ 争议的解决方式。⑭ 名词和术语解释。⑮ 其他约定事项。

4. 组织实施

组织实施环节应包括以下内容:

(1)按照服务合同/协议制定服务方案并提供服务。

(2)服务过程中应加强沟通,通过反馈阶段成果等形式向委托方报告服务项目进展情况,遇到问题及时协调与解决。

(3)服务活动完成按照合同/协议进行验收。如果验收通过,进行服务收尾工作;如果验收未通过,与委托方沟通,确定进一步工作方案并继续实施。

5. 服务总结、资料归档和跟踪服务

服务总结、资料归档和跟踪服务环节应包括以下内容:

(1)服务机构组织自评和委托方评价。其中委托方评价应包括以下内容:服务结果是否满足委托方需求;委托方是否明确知道自身权益和注意事项;服务是否规范;保密措施是否满意;服务态度是否适宜及其他。

(2)根据评价结果撰写服务总结。

(3)收集和整理与该服务项目相关的各种资料并做归档处理。

(4)与委托方沟通,确定后续跟踪服务事项,开展后续跟踪服务。

6. 服务改进

制定服务改进措施应包括以下内容:

(1)服务机构中存在的主要问题。

(2)改进措施和预期目标。

(3)改进服务需要的配套实施条件。

(4)改进服务需要的时间周期。

(5)其他。

(五)技术转移服务的评价与改进

1. 服务评价

服务机构应通过自我评价、委托方评价和社会评价等方式对服务绩效进行评价,形成服务评价结果。服务评价可采用访谈、座谈、发放调查问卷、查阅资料等多种方法,这些方法可单独使用也可多种方法结合使用。策划和实施服务评价时,服务机构应考虑以下内容:

（1）服务工作总体完成情况,包括收益情况。
（2）服务目标的实现程度。
（3）服务机构内部反映强烈的问题。
（4）顾客满意度和其他相关方反馈情况。

2. 服务改进

服务机构应根据服务评价结果发现机构管理、服务质量等方面存在的问题,及时分析查找原因,提升服务质量。

服务机构应制定改进措施、选择改进方法、确定改进内容,减少不利影响,提升委托方满意程度。

（六）技术开发服务

1. 服务内容

服务内容主要包括:① 技术孵化服务。② 小试、中试服务。③ 配套开发与集成服务。④ 二次开发或新用途开发。⑤ 消化、吸收、引进技术和设备服务。⑥ 组织技术联盟联合开发。⑦ 技术路线图绘制。⑧ 技术标准制定。⑨ 非标准化检验检测服务。⑩ 具有新功能、新理念的研发设计服务。⑪ 其他服务。

2. 服务要求

服务机构应具有完成技术开发服务能力的人员。

服务机构应具有分析、解剖技术需求并制定技术集成方案的能力。

服务机构可根据项目情况选择适宜的协作单位或技术供方。

服务机构应具备组织协调各相关协作单位或技术供方开展技术集成的工作能力。

服务机构、协作单位或技术供方应具备与业务范围相适应的中试、分析和试验等工作条件。

服务人员应密切跟踪项目的进展情况,及时解决出现的问题。

服务机构可与委托方或合作方按技术开发合同约定获得相关知识产权权属。

3. 服务流程

技术开发服务流程(见图1.3),包括委托与受理、论证与审核、签订合同/协议、服务总结、资料归档、跟踪服务、服务改进等环节,参照通用服务流程执行。

服务机构应组织制定技术开发服务方案,过程如下:

（1）根据合同内容制定技术开发服务方案的总体思路,明确协作单位或技术供方的各方任务及权责。

（2）依据专业类别、市场信誉、服务质量、以往合作历史记录等确定适宜的协作单位或技术供方。

（3）要求协作单位或技术供方提供各自负责部分的技术方案。

（4）制定技术开发服务方案。

（5）组织相关专家论证技术开发服务方案包括技术路线、产业化实施路径、经济可行性等,以及协作单位或技术供方的技术方案;根据专家意见修改后,确定技术开发服务方案。

(6) 成立项目工作组。

(7) 制定工作计划,至少应包括以下方面:进度计划、人员及专家组织计划、资源组织计划、变更控制、财务计划、应急预案及其他计划。

(8) 服务机构应组织合同各相关方实施工作计划。

(9) 服务机构对协作单位或技术供方的管理,可包括:与协作单位或技术供方签订合同/协议,确定项目内容、完成期限、验收标准和费用等;必要时可对项目的完成情况进行阶段检查;应依据合同/协议进行项目验收。如果通过验收,接收项目;如果不能通过验收,安排授权人员处理。

(10) 服务机构应与委托方保持沟通,确保委托方了解项目的进展情况。

(11) 服务验收。

(七) 技术转让服务

1. 服务内容

服务内容主要包括:

(1) 为促成专利权、专利申请权转让和专利实施许可提供的服务。

(2) 为促成技术秘密和其他知识产权的转让和实施许可提供的服务。其他知识产权包括计算机软件著作权、集成电路布图设计专有权、植物新品种权等。

(3) 为促成临床批件、新药证书、生产批件等的转让提供的服务。

(4) 为促成技术入股所提供的服务。

(5) 为促成技术进出口所提供的服务。

(6) 其他服务。

2. 服务要求

服务人员应具有专业技术、知识产权、法律等相关知识储备和工作能力,具有知识产权运营经验。

服务人员应掌握与转让技术成果所属技术领域相关的信息,包括技术成熟度、研发与生产信息、产业化或国际化条件等。

服务机构应在接受委托服务前,首先确定待转让技术的知识产权情况,必要时可进行实地考察。技术转让服务过程中如发生知识产权权属变更,服务机构应核实权属情况。

服务机构在服务全过程中应为技术让与方和受让方提供畅通的沟通渠道,促进彼此互信并协调双方冲突。

服务机构可根据待转让技术的情况,对其进行技术评价、市场风险和政策风险评价。

若技术受让方为国外个人或组织,服务机构应提示委托方,依法办理技术出口审批手续。

服务机构应提示委托方在技术转让合同中说明相关知识产权的内容属于技术转让

的,应提示受让方及时办理相关知识产权变更手续;属于实施许可的,应提示受让方注意约定实施范围和期限。

3. 服务流程

(1) 流程要求。技术转让服务流程(见图1.3)包括委托与受理、服务总结、资料归档、跟踪服务、服务改进等,要求按照通用要求执行。

(2) 论证与审核。服务机构在论证与审核阶段,应重点确定待转让技术的知识产权类型和归属,考察相关专利或其他知识产权的有效期限是否届满、是否已宣布无效。

(3) 签订合同/协议。合同/协议中应重点说明待转让技术所涉及的专利和其他知识产权的类型。

(4) 组织实施。组织实施技术转让服务应包括以下环节:

① 组成服务项目组。

② 制定服务方案。服务方案可包括:为技术转让各相关方提供信息,可包括诚信调查;必要时可组织考察;必要时可安排技术评价;协助和监督技术转让合同的履行;协助调解合同履行中的纠纷;协助技术转让的实施;根据委托方的要求,促进项目的后续合作。

③ 实施服务方案。

④ 服务验收。

(八)技术服务和技术咨询服务

1. 服务内容

(1) 技术服务内容主要包括:

① 有专业技术要求的工艺编制、流程改进、技术调试等服务。

② 有专业技术要求的技术成果及其性能的测试分析等,其他非标准化的测试分析等。

③ 技术推广、技术指导和与之相关的技术培训服务。

④ 技术项目的信息加工和分析。

⑤ 以专业技术手段解决技术问题的服务。

⑥ 促成委托方与第三方进行技术交易的中介服务。

⑦ 其他服务。

(2) 技术咨询服务内容主要包括:

① 就区域、产业科技开发与创新及技术项目进行的专题技术调查、分析评价等。

② 对重大工程项目、研究开发项目、技术成果推广或转化项目、重大技术改造等进行可行性论证。

③ 专业技术领域、行业、技术发展的分析预测。

④ 技术产品、服务、工艺分析和技术方案的比较与选择。

⑤ 专用设施、设备、仪器、装置及技术系统性能分析。

⑥ 技术路线选择的研究分析。
⑦ 其他服务。

2. 服务要求

（1）技术服务要求主要包括：
① 服务人员应具备专业技术领域的技术知识和服务经验。
② 服务人员应运用专业技术知识、经验和信息解决技术问题。
③ 服务机构应制定技术解决方案，明确服务成果的具体质量和数量指标。
④ 服务机构应具备开展技术指导和专业培训的条件。
⑤ 提供中介服务时，服务机构应保证委托方与第三方的信息畅通和及时准确。

（2）技术咨询服务要求主要包括：
① 服务人员应运用科学知识和技术手段，采用常规方法和工具提供咨询服务。
② 服务人员应具备较强的研究和统计分析能力。
③ 服务机构应充分了解委托方对专业技术项目的咨询需求，制定咨询服务目标。
④ 服务机构在营业场所醒目位置展示咨询服务人员和相关专家的简要介绍。
⑤ 服务机构应向委托方提供咨询报告或意见。

3. 服务流程

（1）流程要求。技术服务和技术咨询服务流程（见图1.3）包括委托与受理、服务总结、资料归档、跟踪服务、服务改进等环节，参照通用流程要求执行。

（2）论证与审核。对服务项目进行论证与审核，应包括以下方面：立项的必要性、政策的可行性、技术的可行性、经济的合理性、风险，其他内容参见通用流程。

（3）签订合同/协议。与委托方沟通识别服务需求，签订服务合同/协议。应包括以下内容：服务项目的目的、思路和预期效果；服务项目的工作时限；项目实施过程中服务机构与委托方配合方式；允许变通的服务内容及其范围。

（4）组织实施。组织实施技术服务和技术咨询服务项目应包括以下环节：
① 成立项目组。
② 根据合同/协议编制项目计划。包括以下方面：项目工作计划；人员投入、专家组织计划；资源组织计划；进度计划、变更控制；经费预算；应急预案及其他。
③ 按照项目计划组织实施。可包括以下事项：服务机构组织项目相关方确认服务项目和相应的计划；必要时服务机构对服务项目的完成情况进行阶段检查；服务机构对项目计划执行过程中出现的争议应安排授权人员处理。
④ 服务验收。

（九）技术评价服务

1. 服务内容

服务内容主要包括：技术转移项目的前期立项、中期实施、后期效果的评价；技术成果的技术价值、经济价值、实施风险的评价；技术转让、技术入股、技术并购时的价值评价;技术投资行为及运营绩效的评价;其他服务。

2. 服务要求

服务机构应根据评价对象和评价委托目的,运用一定的评价指标体系,出具客观、真实、合理的评价报告。

服务机构应安排本机构专职人员担任评价项目的负责人。

服务机构进行评价时,应确保信息渠道可靠,信息全面和真实。

服务机构应当依法独立、客观、公正地开展评价工作,避免相关组织和个人的影响。

服务机构应确保参与技术评价的专家与评价对象、委托方或技术持有人无利害关系。

服务机构应有开展技术评价工作所需要的专业服务团队和专家团队。

服务人员应熟悉与技术评价相关的理论方法、规范标准等,能胜任专业的评价业务。

服务机构可根据业务需要聘请专家参与评价工作。

技术评价中,如需要向专家公开或部分公开技术诀窍等保密信息,服务机构应书面征得委托方和技术持有人的同意,并与专家签订保密协议。

3. 服务流程

(1) 流程要求。技术评价服务流程(见图1.4)包括论证与审核、服务总结、资料归档、跟踪服务、服务改进等要求,应按照通用流程相关要求执行。

(2) 委托与受理。委托与受理技术评价服务时应包括以下内容:

① 由委托方提出委托评价意向,填写技术评价信息登记表(见表1.6)。

② 服务机构提示委托方出具合法并真实的技术资料和证明材料,具体包括:与评价对象研发过程相关的资料,例如,技术工作总结报告、可行性报告等;与评价对象的获利能力相关的资料,例如,业务合同、财务证明等;各类检测报告、特殊行业许可证明、科技查新报告、用户使用情况报告等;其他相关资料。

③ 委托与受理的其他内容。

(3) 签订合同/协议。服务机构与委托方达成共识后,签订合同/协议。应包括以下内容:① 评价对象、内容以及目的;② 评价工作时限;③ 委托方需要提交的评价材料清单;④ 评价方法、依据标准及具体程序;⑤ 评价专家需求;⑥ 评价费用及支付;⑦ 允许变通的评价内容及其范围;⑧ 评价报告的提交方式、使用范围及使用有效期;⑨ 相关信息和资料的保密;⑩ 争议的处理方式;⑪ 违约责任;⑫ 当事人提出的其他责任和义务。

4. 组织实施

(1) 确定项目负责人和专家。服务机构确定评价项目负责人和评价专家。根据服务项目情况,选择适宜的评价专家组成专家组。

(2) 实施评价。专家组根据评价委托目的对委托评价项目的技术价值、经济价值、实施风险等进行评价。

技术成果的技术价值评价应包括以下内容:① 技术的来源、背景;② 技术的先进性;③ 技术的创新性;④ 技术的可行性;⑤ 技术的成熟度;⑥ 技术的可替代性;⑦ 其他。

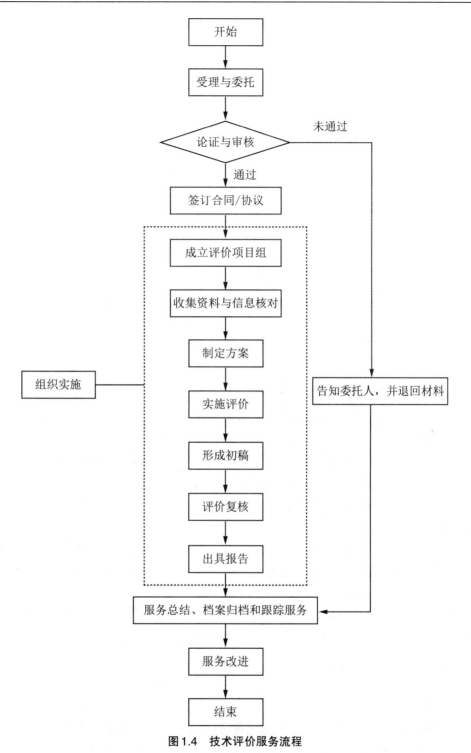

图1.4　技术评价服务流程

表1.6 技术评价信息登记表

编号：　　　　　　　　　　　　　　　　填表人签字：

评价项目	
委托人	
联系人	联系电话　　　　手机： 　　　　　　　座机/传真：
评价需求	
技术持有人	
评价内容与范围	
保密要求	
评价完成日期	
承诺	我单位/本人保证上述填报内容及所提供的附件材料真实、完整、无误，如有不实，我单位/本人承担由此引起的一切责任。 法定代表人或单位负责人或本人：　　　　单位公章： 　　　（签字）　　　　　　　　　　　　　　　　年　月　日

技术成果的经济价值评价应包括以下内容：① 技术的市场容量；② 相关产品已销售情况或销售预测情况；③ 技术实施时所需资源情况；④ 产品竞争能力；⑤ 价格及成本情况；⑥ 技术的知识产权状况；⑦ 其他。

技术成果的实施风险评价应包括以下内容：① 技术风险；② 政策风险；③ 市场风险；④ 法律风险；⑤ 资金风险；⑥ 环境风险；⑦ 其他。

（3）形成结论。评价专家组应审查评价材料、听取情况介绍、搜集相关信息并作出评价结论。

（4）出具报告。服务人员应负责会议记录、起草初步评价结论和评价报告编写等工作，并在计划时间内，向委托方提交报告。报告可包括以下内容：① 技术评价目的；② 技术评价对象及范围；③ 技术评价基准；④ 技术评价原则；⑤ 技术评价依据；⑥ 技术评价方法；⑦ 评价专家名单；⑧ 技术评价结论；⑨ 特别事项说明；⑩ 技术评价报告的适用范围和期限；⑪ 服务机构签章、服务机构负责人和评价专家签字；⑫ 其他重要内容。

（十）技术投融资服务

1. 服务内容

服务内容主要包括：技术投资、股权融资；技术并购；专利、版权和商标等知识产权质押融资；法规允许前提下的技术抵押融资；种子、风投等基金的引进；技术投融资风险监控咨询；技术转移政策性信贷及专项补贴咨询及其他服务。

2. 服务要求

服务机构应具备与业务范围相应的职业能力。

服务机构应具有信贷、证券、担保等方面的专业人员。

服务人员应熟悉金融管理、技术管理业务的相关政策法规。

服务机构可根据服务项目情况设立专门团队。

3. 服务流程

(1) 流程要求。技术投融资服务流程(见图1.3)中,委托与受理、签订合同/协议、服务总结、资料归档、跟踪服务、服务改进等要求按照通用流程要求执行。

(2) 论证与审核。

对技术投融资项目进行审核应包括以下内容：① 项目发展规划；② 资金使用规划；③ 出资方背景；④ 单轮或多轮投融资；⑤ 市场预测、产业化规模；⑥ 营销方案；⑦ 风险及控制；⑧ 其他。

对技术投融资项目进行预期收益论证应包括以下方面：① 技术投融资的必要性；② 技术投融资的规模；③ 技术投融资的渠道；④ 财务预期；⑤ 其他。

其他内容,见通用流程。

(3) 组织实施。组织实施技术投融资服务应包括以下环节：① 组织专业团队；② 根据合同/协议,制定实施方案,可包括以下方面：工作计划；人员组织计划；财务计划；进度计划；保障计划及其他；③ 方案实施：实施工作计划等各项计划；对各项计划完成情况服务机构可进行阶段检查并根据检查结果改进服务；④ 服务验收。

（十一）信息网络平台服务

1. 服务内容

服务内容主要包括：

(1) 利用互联网技术,搭建技术转移服务网络平台,开展以下服务：技术成果信息、技术需求信息、科技人才信息在线发布服务；技术成果挂牌交易服务；技术成果交易公示服务；技术成果在线竞价、拍卖服务；技术项目在线展厅服务；技术项目在线路演服务；在线咨询服务；在线支付服务；其他服务。

(2) 与知识产权、产业技术等专业性服务平台合作开展的信息发布、项目对接等服务。

(3) 与技术交易市场等综合性服务平台开展的互联互通、资源共享、技术交易等服务。

(4) 为扩展服务领域集聚数据资源开展的子网络平台建设和相关服务。

(5) 利用大数据技术对海量数据资源进行挖掘、分析,提供有效供给与企业需求精准对接的服务。

(6) 利用网络平台与传统金融机构、投融资机构开展的互联网金融服务。

(7) 线上线下相结合的技术转移服务。

2. 服务要求

服务机构应在服务平台上公开展示服务范围、服务流程和服务标准等。

服务机构应具有稳定的业务合作伙伴,包括金融机构、投融资机构等。

服务机构应在服务平台上依法发布技术信息并及时更新。

服务机构发布国家限制交易的技术成果信息时,应事前获得合法的相关技术资料和证明材料。

服务机构在开展平台线上与线下服务时,应确定相关人员的职责和相关流程。

服务机构应具有稳定的大数据分析人员、技术开发人员和平台运维单位或个人。

服务机构应确保平台安全稳定运行,保障在线支付服务及时、安全、可靠。

3. 服务流程

(1) 流程要求。信息网络平台服务流程(见图1.3)中论证与审核、签订合同/协议、服务总结、资料归档、跟踪服务、服务改进等要求,应按照通用服务流程执行。

(2) 委托与受理。委托与受理信息网络平台服务应包括以下内容:

① 技术持有人、技术需求方或委托方在平台注册后,提交服务申请。

② 服务机构受理服务申请。

(3) 组织实施。

① 确权与审核。确权与审核环节,应考虑以下内容:

服务机构对技术持有人或委托方提交的电子信息或材料进行审查,确定相关技术成果的知识产权权属,必要时可进行实地考察。

服务机构审核技术持有人或委托方提交的资料是否符合发布要求。如符合要求,审核通过;如不符合要求,告知技术持有人或委托方进行信息处理,并备案、归档。

② 信息处理。服务机构进行信息处理,应包括以下内容:

服务机构需要对信息进行分类、整理等;必要时,可由技术持有人或委托方进行信息补充。

与技术持有人或委托方沟通信息展示方案等。

挂牌交易服务应公告标的物名称、挂牌单位和挂牌日期等信息。

交易公示服务,应公示标的物名称、拟交易价格等信息。

竞价拍卖服务应公告竞价拍卖的时间、地点和标的,以及标的展示的时间和地点,参与竞价拍卖的手续等相关信息。

在线路演、在线展厅服务,应公告路演和展会主题、时间,发布技术持有人或委托方简介、技术或产品简介、市场预测、效益分析、联系方式等信息。

③ 信息发布。服务机构发布信息应考虑以下方面:

信息处理完成后,服务机构应通过服务平台发布信息。

提供竞价或拍卖服务时,服务机构应提前发布竞价或拍卖公告。

④ 业务办理。服务机构可通过服务平台,处理技术转移服务事项;如需要线下服务,可根据相应条款进行。

要点提示

1. 技术转移服务规范化的核心在于搭建科学、公正、透明的交易机制,以法规为尺,以诚信为基，打造有序流转、高效转化的技术创新生态链。

2.技术转移服务规范构建了从知识产权保护到市场应用推广的一体化服务体系，让每一项科研成果都能找到其社会经济价值的最佳实现路径。

3.技术服务规范是为了提高技术服务整体形象和综合能力，使被服务对象感受到专业技术服务。

4.技术转移服务规范化管理，需要加强技术转移人才的培养和引进，打造一支具备专业知识、市场敏锐度和跨界协作能力的专业人才队伍。

5.技术转移服务要随着全球科技发展和知识产权保护体系的变化，及时调整和完善技术转移服务的相关法规、政策和标准，使之适应新的科技成果转移转化环境。

思考练习

1. 技术转让服务的内容是什么？
2. 技术评价服务的内容有哪些？
3. 技术转移相关术语有哪些？
4. 技术转移服务原则是什么？
5. 技术转移一般要求有哪些？
6. 技术转移服务通用流程是什么？
7. 怎样开展技术转移服务的评价与改进工作？
8. 什么是技术开发服务？
9. 什么是技术转让服务？
10. 什么是技术咨询服务？
11. 什么是技术服务？
12. 技术评价服务的内容有哪些？
13. 怎样开展技术投融资服务？
14. 信息网络平台服务的服务内容是什么？它的服务要求有哪些？服务流程是什么？
15. 如何实现技术转移服务规范的标准化与国际化？

第二章 政策法规模块

一、科技法律法规

任务导航：科技法律法规是指国家为了规范科学技术活动，保护科技创新成果，维护社会公共利益和公民、法人及其他组织的合法权益，而制定的一系列法律、法规、规章和其他规范性文件，它是技术转移的守护神，旨在为科技创新提供良好的法治环境，维护公平竞争秩序，促进科技与经济社会的和谐发展。

学习重点：科技法律体系；《科学技术进步法》概述、基本原则、基本制度；《促进科技成果转化法》及其若干规定概述、主要内容、基本制度；《企业所得税法》及其实施细则；《增值税暂行条例》《技术合同认定登记管理办法》《技术合同认定规则》等。

建议学时：1学时。

（一）科技法律体系

了解科技法律体系，对于技术经纪人、技术经理人或成果转化人员来说，可以在科技项目实际运营过程中，对专利、技术秘密等科技成果进行创造、维护、保护、运用等。进行法律的引导与规制，有利于把握科研人员、高校、政府、成果转化人员的利益诉求，以确保科技成果转移转化全流程合规合法，最大限度减少法律纠纷，实现运营项目的流畅运行。

（二）《科学技术进步法》概述

《科学技术进步法》是为了全面促进科学技术进步，发挥科技第一生产力、创新第一动力、人才第一资源的作用，促进科技成果向现实生产力转化，推动科技创新支撑和引领经济社会发展，全面建设社会主义现代化国家，根据宪法，制定的法律。

1. 颁布实施的背景和重要意义

《科学技术进步法》是我国科技领域的基本法律，于1993年首次颁布，2021年12月24日第十三届全国人民代表大会常务委员会第三十二次会议审议通过，经第二次修订，于2022年1月1日起施行。此次《科学技术进步法》修订坚持以习近平新时代中国特色社会主义思想为指导，把科技创新摆在国家发展全局的核心位置，奠定了我国加快实现高水平科技自立自强、建设世界科技强国的法律制度基础，实现了国家科技治理体系基本法治框架的全面升级。

2.《科学技术进步法》的主要内容

《科学技术进步法》的主要内容涵盖了科技活动的各个方面,对于促进科学技术进步,保障科技创新与成果转化,规范科学技术活动的行为,起到了巨大的作用。《科学技术进步法》的主要内容分为以下十大部分:

总则:明确立法目的,为了促进科学技术进步,发挥科学技术第一生产力的作用,推动科技成果向现实生产力转化,服务经济建设和社会发展。强调国家对科技工作的指导思想,包括实施科教兴国战略、自主创新战略和创新驱动发展战略等。国家坚持中国共产党的领导,确保科技工作方向正确。

科技创新体系构建:提出构建国家创新体系,支持各类创新主体的发展,优化资源配置,提升创新能力。鼓励和支持基础研究、应用研究和技术开发,面向世界科技前沿、经济主战场、国家重大需求和人民生命健康("四个面向")。

科技创新活动保障:保障科研自由,鼓励科学探索和技术创新。保护科研人员的合法权益,包括知识产权、学术自由和科研成果权益。

科技资源管理与共享:规定科技计划项目的设立、实施和管理以及科技经费的使用与监督。推动科技资源共享平台建设,促进大型科学仪器设备开放共享。

技术转移与产业化:规定了科技成果的产权归属、权益分配、技术交易规则和技术转移服务体系。鼓励和支持企业成为技术创新主体,推进产学研深度融合。

知识产权保护:加强知识产权保护,规定了专利权、商标权、著作权等知识产权的创造、运用、保护和管理。

科技人才培养与激励:建立和完善科技人才培养机制,提出人才引进、培养、评价和激励政策。营造良好的科技人才成长环境,鼓励科技人员创新创业。

科技伦理与社会责任:规范科技伦理审查制度,要求科技活动遵循社会伦理和可持续发展原则。科技工作者应当承担社会责任,遵守科研诚信和职业道德规范。

法律责任:明确违反《科学技术进步法》应承担的法律责任,包括行政责任、民事责任和刑事责任。

政府职责与国际科技合作:规定各级人民政府在科技工作中的职能和责任,包括制定科技发展规划、提供财政支持等。推进国际科技交流与合作,积极参与全球科技创新治理。

新修订的《科学技术进步法》在原有8章75条的基础上增加了基础研究、区域科技创新、国际科学技术合作、监督管理4章内容,共12章117条。主要内容有:

(1)完善立法宗旨和指导方针。强调坚持党对科学技术事业的全面领导,坚持新发展理念,坚持科技创新在国家现代化建设全局中的核心地位,把科技自立自强作为国家发展的战略支撑。体现"四个面向"的战略要求,支撑实现碳达峰、碳中和目标,催生新发展动能,实现高质量发展。

(2)加强基础研究能力建设。强化项目、人才、基地系统布局,国家财政建立稳定支持基础研究的投入机制,提高基础研究经费在全社会研究开发经费总额中的比例。设立自然科学基金,资助基础研究,支持人才培养和团队建设,完善学科和知识体系布局,支持基础研究基地建设。

（3）强化国家战略科技力量。着力解决制约国家发展和安全的重大难题，强化以国家实验室、科技领军企业等为国家战略科技力量，在事关国家安全和经济社会发展全局的重大科技创新领域设立国家实验室，完善稳定支持机制；推进科研院所、高校和企业科研力量优化配置和资源共享，形成体系化能力。

（4）推动关键核心技术攻关。完善社会主义市场经济条件下关键核心技术攻关新型举国体制。聚焦国家重大战略任务，推动关键核心技术攻关，实现自主可控。支持基础研究、前沿技术研究和社会公益性技术研究持续、稳定发展。国家构建和完善高效、协同、开放的国家创新体系，建立和完善科研攻关协调机制。

（5）强化企业科技创新。建立以企业为主体、以市场为导向、企业同科学技术研究开发机构、高等学校紧密合作的技术创新体系，引导和扶持企业技术创新活动。

（6）加大科技人才培育。营造尊重人才、爱护人才的社会环境。采取多种措施，提高科学技术人员的社会地位，培养和造就专门的科学技术人才。

（7）强化科技创新保障。国家加大财政性资金投入，逐步提高科学技术经费投入的总体水平，国家财政用于科学技术经费的增长幅度应当高于国家财政经常性收入的增长幅度。

（三）《科学技术进步法》基本原则

1. 坚持党的全面领导

坚持中国共产党对科学技术事业的全面领导。国家坚持新发展理念，坚持科技创新在国家现代化建设全局中的核心地位，把科技自立自强作为国家发展的战略支撑，实施科教兴国战略、人才强国战略和创新驱动发展战略，走中国特色自主创新道路，建设科技强国。

2. 坚持面向全世界高质量发展

科学技术进步工作应当面向世界科技前沿、面向经济主战场、面向国家重大需求、面向人民生命健康，为促进经济社会发展、维护国家安全和推动人类可持续发展服务。国家鼓励科学技术研究开发，推动应用科学技术改造提升传统产业、发展高新技术产业和社会事业，支撑实现碳达峰、碳中和目标，催生新发展动能，实现高质量发展。

3. 构建协同创新国家体系

国家完善高效、协同、开放的国家创新体系，统筹科技创新与制度创新，健全社会主义市场经济条件下新型举国体制，充分发挥市场配置创新资源的决定性作用，更好发挥政府作用，优化科技资源配置，提高资源利用效率，促进各类创新主体紧密合作、创新要素有序流动、创新生态持续优化，提升体系化能力和重点突破能力，增强创新体系整体效能。

4. 重视科技风险防控

国家统筹发展和安全，提高科技安全治理能力，健全预防和化解科技安全风险的制度机制,加强科学技术研究、开发与应用活动的安全管理,支持国家安全领域科技创新,增强科技创新支撑国家安全的能力和水平。

5. 重视跨区域产学研合作

国家鼓励科学技术研究开发与高等教育、产业发展相结合,鼓励学科交叉融合和相互促进。国家加强跨地区、跨行业和跨领域的科学技术合作,扶持革命老区、民族地区、边远地区、欠发达地区的科学技术进步。

国家加强军用与民用科学技术协调发展,促进军用与民用科学技术资源、技术开发需求的互通交流和技术双向转移,发展军民两用技术。

6. 服务国家目标与鼓励自由探索相结合

国家遵循科学技术活动服务国家目标与鼓励自由探索相结合的原则,超前部署重大基础研究、有重大产业应用前景的前沿技术研究和社会公益性技术研究,支持基础研究、前沿技术研究和社会公益性技术研究持续、稳定发展,加强原始创新和关键核心技术攻关,加快实现高水平科技自立自强。

7. 保障尊重科研人员自由探索、合法获益原则

国家保障开展科学技术研究开发的自由,鼓励科学探索和技术创新,保护科学技术人员自由探索等合法权益。

全社会都应当尊重劳动、尊重知识、尊重人才、尊重创造,形成崇尚科学的风尚。

8. 知识产权战略原则

国家制定和实施知识产权战略,建立和完善知识产权制度,营造尊重知识产权的社会环境,保护知识产权,激励自主创新。

企业事业单位、社会组织和科学技术人员应当增强知识产权意识,增强自主创新能力,提高创造、运用、保护、管理和服务知识产权的能力,提高知识产权质量。

(四)《科学技术进步法》基本制度

1. 建立和完善有利于创新的科学技术评价制度

科学技术评价应当坚持公开、公平、公正的原则,以科技创新质量、贡献、绩效为导向,根据不同科学技术活动的特点,实行分类评价。

2. 建立科学技术进步工作协调机制

研究科学技术进步工作中的重大问题,协调国家科学技术计划项目的设立及相互衔接,协调科学技术资源配置、科学技术研究开发机构的整合,以及科学技术研究开发与高等教育、产业发展相结合等重大事项。

3. 加强基础研究能力建设与制度保障

国家加强规划和部署,推动基础研究自由探索和目标导向有机结合,围绕科学技术前沿、经济社会发展、国家安全重大需求和人民生命健康,聚焦重大关键技术问题,加强新兴和战略产业等领域基础研究,提升科学技术的源头供给能力。

国家设立自然科学基金,资助基础研究,支持人才培养和团队建设。确定国家自然科学基金资助项目,应当坚持宏观引导、自主申请、平等竞争、同行评审、择优支持的原则。

国家加大基础研究人才培养力度,强化对基础研究人才的稳定支持,提高基础研究人才队伍质量和水平。

4. 促进基础研究与应用研究、成果转化融通发展

国家完善共性基础技术供给体系,促进创新链、产业链深度融合,保障产业链、供应链安全。

国家鼓励新技术应用,按照包容审慎原则,推动开展新技术、新产品、新服务、新模式应用试验,为新技术、新产品应用创造条件。

国家鼓励企业、科学技术研究开发机构、高等学校和其他组织建立优势互补、分工明确、成果共享、风险共担的合作机制,按照市场机制联合组建研究开发平台、技术创新联盟、创新联合体等,协同推进研究开发与科技成果转化,提高科技成果转移转化成效。

国家实行以增加知识价值为导向的分配政策,按照国家有关规定推进知识产权归属和权益分配机制改革,探索赋予科学技术人员职务科技成果所有权或者长期使用权制度。

5. 建立以企业为主体,以市场为导向,企业同科学技术研究开发机构、高等学校紧密合作的技术创新体系

国家培育具有影响力和竞争力的科技领军企业,充分发挥科技领军企业的创新带动作用。国家鼓励企业对引进技术进行消化、吸收和再创新。

企业开发新技术、新产品、新工艺发生的研究开发费用可以按照国家有关规定,税前列支并加计扣除,企业科学技术研究开发仪器、设备可以加速折旧。

国家完善科技型企业上市融资制度,畅通科技型企业国内上市融资渠道,发挥资本市场服务科技创新的融资功能。

6. 统筹规划科学技术研究开发机构布局

国家在事关国家安全和经济社会发展全局的重大科技创新领域建设国家实验室,建立健全以国家实验室为引领、全国重点实验室为支撑的实验室体系,完善稳定支持机制。

7. 联合营造科研人员良好科研环境

国家采取多种措施,提高科学技术人员的社会地位,培养和造就专门的科学技术人才,保障科学技术人员投入科技创新和研究开发活动,充分发挥科学技术人员的作用。禁止以任何方式或手段不公正对待科学技术人员及其科技成果。

8. 建立区域科技创新合作机制和协同互助机制

县级以上人民政府及其有关部门确定科学技术计划项目,应当鼓励企业平等竞争和参与实施;对符合产业发展需求、具有明确市场应用前景的项目,应当鼓励企业联合科学技术研究开发机构、高等学校共同实施。

9. 促进开放包容、互惠共享的国际科学技术合作与交流

国家鼓励科学技术研究开发机构、高等学校、科学技术社会团体、企业和科学技术人员等各类创新主体开展国际科学技术合作与交流，积极参与科学研究活动，促进国际科学技术资源开放流动，形成高水平的科技开放合作格局，推动世界科学技术进步。

10. 建立完善科研诚信制度和科技监督体系

国家改革完善重大科学技术决策咨询制度。制定科学技术发展规划和重大政策，确定科学技术重大项目、与科学技术密切相关的重大项目，应当充分听取科学技术人员的意见，发挥智库作用，扩大公众参与，开展科学评估，实行科学决策。

（五）《促进科技成果转化法》概述

《促进科技成果转化法》是一部旨在促进科技成果转化为实际生产力、规范科技成果转化活动的法律，于1996年5月15日由第八届全国人民代表大会常务委员会第十九次会议通过，并在后续时间里经历了多次修订，以适应科技进步和经济社会发展的需求。其中，2015年8月29日第十二届全国人大常委会第十六次会议对该法进行了修改，进一步优化了科技成果转化的制度环境。到了2022年，该法又再次进行了修正，更新和完善相关法规内容，以确保法律与时代接轨，更好地服务于科技创新和产业升级。

这部法律所称"科技成果"，是指通过科学研究与技术开发所产生的具有实用价值的成果；"职务科技成果"，是指执行研究开发机构、高等院校和企业等单位的工作任务，或者主要是利用上述单位的物质技术条件所完成的科技成果；"科技成果转化"，是指为提高生产力水平而对科技成果所进行的后续试验、开发、应用、推广，直至形成新技术、新工艺、新材料、新产品，发展新产业等活动。

总之，该法是指导我国科技成果转化活动的重要法律依据，对于推动科技成果的产业化、市场化进程具有重要意义。

（六）《促进科技成果转化法》内容

《促进科技成果转化法》的主要内容包括以下几个方面：

科技成果转化的定义和目的：科技成果转化是指为提高生产力水平而对科技成果所进行的后续试验、开发、应用、推广，直至形成新技术、新工艺、新材料、新产品，发展新产业等活动。目的是促进科技成果转化为现实生产力，规范科技成果转化活动，加速科学技术进步，推动经济建设和社会发展。

科技成果转化的原则和要求：科技成果转化活动应当有利于加快实施创新驱动发展战略，促进科技与经济的结合，提高经济效益、社会效益和保护环境、合理利用资源，促进经济建设、社会发展和维护国家安全。科技成果转化活动应当尊重市场规律，发挥企业的主体作用，遵循自愿、互利、公平、诚实信用的原则，依照法律法规规定和合同约定，享有权益，承担风险。

政府在科技成果转化中的职责：在管理体系与职责分工上，国家鼓励科技成果首先

在中国境内实施。县级以上人民政府应当建立完善科技成果转化工作机制,加强财政资金引导,发挥企业、高等学校、科研机构等在科技成果转化中的主体作用,推动企业、高等学校、科研机构等联合开展科技成果转化活动。政府将科技成果的转化纳入国民经济和社会发展计划,并组织协调实施有关科技成果的转化项目。

权益归属与激励机制:规定了科技成果完成单位和完成人的权益,保障其享有科技成果转化后的收益权。设立了科技人员参与科技成果转化的利益分配制度,鼓励通过技术转让或许可、作价投资等方式实现成果转化,规定了相关奖励政策

转化服务体系建设:提倡建立和完善科技成果转化服务平台,提供信息交流、技术评估、知识产权保护等服务。鼓励和支持企业成为技术创新主体,推进产学研结合,支持科技型企业的发展。

保护知识产权:在科技成果转化活动中,知识产权受法律保护。

法律责任:在科技成果转化活动中弄虚作假,采取欺骗手段,骗取奖励和荣誉称号、诈骗钱财、非法牟利的,责令改正,取消奖励和荣誉称号,没收违法所得,并处以罚款。对于侵犯科技成果权益、妨碍科技成果转化的行为规定了相应的法律责任。

修订与补充:该法自首次颁布以来经历了多次修订,旨在适应科技进步和市场经济发展的需要,不断优化科技成果转化的法治环境,加强科技成果产权保护,简化审批程序,增强市场活力,提升转化效率。

总之,《促进科技成果转化法》的目的是通过法律的手段促进科技成果的转化和应用,加速科学技术进步和经济社会发展。

(七)《促进科技成果转化法》基本制度

1. 财政金融支撑

利用财政资金设立应用类科技项目和其他相关科技项目,有关行政部门、管理机构应当改进和完善科研组织管理方式,在制定相关科技规划、计划和编制项目指南时,应当听取相关行业、企业的意见;在组织实施应用类科技项目时,应当明确项目承担者的科技成果转化义务,加强知识产权管理,并将科技成果转化和知识产权创造、运用作为立项和验收的重要内容和依据。

2. 报告决策

国家设立的研究开发机构、高等院校应当向其主管部门提交科技成果转化情况年度报告,说明本单位依法取得的科技成果数量、实施转化情况以及相关收入分配情况,该主管部门应当按照规定将科技成果转化情况年度报告报送财政、科学技术等相关行政部门。

3. 转化赋权

第十六条 科技成果持有者可以采用下列方式进行科技成果转化:
① 自行投资实施转化;② 向他人转让该科技成果;③ 许可他人使用该科技成果;④ 以该科技成果作为合作条件,与他人共同实施转化;⑤ 以该科技成果作价投资,折算

股份或者出资比例;⑥其他协商确定的方式。

4. 绩效评价

第二十条　研究开发机构、高等院校的主管部门以及财政、科学技术等相关行政部门应当建立有利于促进科技成果转化的绩效考核评价体系,将科技成果转化情况作为对相关单位及人员评价、科研资金支持的重要内容和依据之一,并对科技成果转化绩效突出的相关单位及人员加大科研资金支持。

国家设立的研究开发机构、高等院校应当建立符合科技成果转化工作特点的职称评定、岗位管理和考核评价制度,完善收入分配激励约束机制。

5. 权益保障保密

第四十条　科技成果完成单位与其他单位合作进行科技成果转化的,应当依法由合同约定该科技成果有关权益的归属。合同未作约定的,按照下列原则办理:

(1)在合作转化中无新的发明创造的,该科技成果的权益,归该科技成果完成单位。

(2)在合作转化中产生新的发明创造的,该新发明创造的权益归合作各方共有。

(3)对合作转化中产生的科技成果,各方都有实施该项科技成果的权利,转让该科技成果应经合作各方同意。

科技成果完成单位与其他单位合作进行科技成果转化的,合作各方应当就保守技术秘密达成协议;当事人不得违反协议或者违反权利人有关保守技术秘密的要求,披露、允许他人使用该技术。

6. 法律保障

国家设立的研究开发机构、高等院校未依照本法规定提交科技成果转化情况年度报告的,由其主管部门责令改正;情节严重的,予以通报批评。

(八)《企业所得税法》及其实施细则

1. 纳税主体规定

第一条　在中华人民共和国境内,企业和其他取得收入的组织(以下统称企业)为企业所得税的纳税人,依照本法的规定缴纳企业所得税。

个人独资企业、合伙企业不适用本法。

第二条　企业分为居民企业和非居民企业。

本法所称居民企业,是指依法在中国境内成立,或者依照外国(地区)法律成立但实际管理机构在中国境内的企业。

本法所称非居民企业,是指依照外国(地区)法律成立且实际管理机构不在中国境内,但在中国境内设立机构、场所的,或者在中国境内未设立机构、场所,但有来源于中国境内所得的企业。

第三条　居民企业应当就其来源于中国境内、境外的所得缴纳企业所得税。

非居民企业在中国境内设立机构、场所的,应当就其所设机构、场所取得的来源于中国境内的所得,以及发生在中国境外,但与其所设机构、场所有实际联系的所得,缴纳企业所得税。

非居民企业在中国境内未设立机构、场所的,或者虽设立机构、场所但取得的所得与其所设机构、场所没有实际联系的,应当就其来源于中国境内的所得缴纳企业所得税。

2. 纳税税率规定

第四条　企业所得税的税率为25%。

第二十八条　符合条件的小型微利企业,减按20%的税率征收企业所得税。

国家需要重点扶持的高新技术企业,减按15%的税率征收企业所得税。

3. 纳税额规定

第五条　企业每一纳税年度的收入总额,减除不征税收入、免税收入、各项扣除以及允许弥补的以前年度亏损后的余额,为应纳税所得额。

第六条　企业以货币形式和非货币形式从各种来源取得的收入,为收入总额。包括:

(1) 销售货物收入。

(2) 提供劳务收入。

(3) 转让财产收入。

(4) 股息、红利等权益性投资收益。

(5) 利息收入。

(6) 租金收入。

(7) 特许权使用费收入。

(8) 接受捐赠收入。

(9) 其他收入。

4. 税额减免规定

第七条　收入总额中的下列收入为不征税收入:

(1) 财政拨款。

(2) 依法收取并纳入财政管理的行政事业性收费、政府性基金。

(3) 国务院规定的其他不征税收入。

第八条　企业实际发生的与取得收入有关的、合理的支出,包括成本、费用、税金、损失和其他支出,准予在计算应纳税所得额时扣除。

第九条　企业发生的公益性捐赠支出,在年度利润总额12%以内的部分,准予在计算应纳税所得额时扣除;超过年度利润总额12%的部分,准予结转以后三年内在计算应纳税所得额时扣除。

第十条　在计算应纳税所得额时,下列支出不得扣除:

(1) 向投资者支付的股息、红利等权益性投资收益款项。

(2) 企业所得税税款。

(3) 税收滞纳金。

(4) 罚金、罚款和被没收财物的损失。

(5) 本法第九条规定以外的捐赠支出。

(6) 赞助支出。

(7) 未经核定的准备金支出。

(8) 与取得收入无关的其他支出。

第十一条 在计算应纳税所得额时,企业按照规定计算的固定资产折旧,准予扣除。

下列固定资产不得计算折旧扣除：

(1) 房屋、建筑物以外未投入使用的固定资产。

(2) 以经营租赁方式租入的固定资产。

(3) 以融资租赁方式租出的固定资产。

(4) 已足额提取折旧仍继续使用的固定资产。

(5) 与经营活动无关的固定资产。

(6) 单独估价作为固定资产入账的土地。

(7) 其他不得计算折旧扣除的固定资产。

第十二条 在计算应纳税所得额时,企业按照规定计算的无形资产摊销费用,准予扣除。

下列无形资产不得计算摊销费用扣除：

(1) 自行开发的支出已在计算应纳税所得额时扣除的无形资产。

(2) 自创商誉。

(3) 与经营活动无关的无形资产。

(4) 其他不得计算摊销费用扣除的无形资产。

第十三条 在计算应纳税所得额时,企业发生的下列支出作为长期待摊费用,按照规定摊销的,准予扣除：

(1) 已足额提取折旧的固定资产的改建支出。

(2) 租入固定资产的改建支出。

(3) 固定资产的大修理支出。

(4) 其他应当作为长期待摊费用的支出。

第二十五条 国家对重点扶持和鼓励发展的产业和项目,给予企业所得税优惠。

第二十六条 企业的下列收入为免税收入：

(1) 国债利息收入。

(2) 符合条件的居民企业之间的股息、红利等权益性投资收益。

(3) 在中国境内设立机构、场所的非居民企业从居民企业取得与该机构、场所有实际联系的股息、红利等权益性投资收益。

(4) 符合条件的非营利组织的收入。

第二十七条 企业的下列所得,可以免征、减征企业所得税：

(1) 从事农、林、牧、渔业项目的所得。

(2) 从事国家重点扶持的公共基础设施项目投资经营的所得。

(3) 从事符合条件的环境保护、节能节水项目的所得。

(4) 符合条件的技术转让所得。

(5) 本法第三条第三款规定的所得。

第三十条　企业的下列支出,可以在计算应纳税所得额时加计扣除:

(1) 开发新技术、新产品、新工艺发生的研究开发费用。

(2) 安置残疾人员及国家鼓励安置的其他就业人员所支付的工资。

5. 纳税时间规定

第五十三条　企业所得税按纳税年度计算。纳税年度自公历1月1日起至12月31日止。企业在一个纳税年度中间开业,或者终止经营活动,使该纳税年度的实际经营期不足十二个月的,应当以其实际经营期为一个纳税年度。

企业依法清算时,应当以清算期间作为一个纳税年度。

(九)《增值税暂行条例》主要规定

1. 纳税主体

第一条　在中华人民共和国境内销售货物或者加工、修理修配劳务(以下简称劳务),销售服务、无形资产、不动产以及进口货物的单位和个人,为增值税的纳税人,应当依照本条例缴纳增值税。

2. 税率规定

第二条　增值税税率:

(1) 纳税人销售或者进口货物,除本条第(二)项、第(三)项规定外,税率为17％。

(2) 纳税人销售或者进口下列货物,税率为13％:

① 粮食、食用植物油。

② 自来水、暖气、冷气、热水、煤气、石油液化气、天然气、沼气、居民用煤炭制品。

③ 图书、报纸、杂志。

④ 饲料、化肥、农药、农机、农膜。

⑤ 国务院规定的其他货物。

(3) 纳税人出口货物,税率为零;但是,国务院另有规定的除外。

(4) 纳税人提供加工、修理修配劳务(以下称应税劳务),税率为17％。税率的调整,由国务院决定。

第三条　纳税人兼营不同税率的货物或者应税劳务,应当分别核算不同税率货物或者应税劳务的销售额;未分别核算销售额的,从高适用税率。

(十)《技术合同认定登记管理办法》《技术合同认定规则》草案

为了贯彻落实关于加强技术创新,发展高科技,实现产业化的决定精神,加速科技成果转化,保障国家有关促进科技成果转化政策的实施,加强技术市场管理,科技部、财政部和国家税务总局共同制定了《技术合同认定登记管理办法》。

技术合同认定登记是国家鼓励科技成果转化、促进和保障技术市场繁荣发展的重要制度,是落实国家有关优惠政策的必要依据。其中,技术交易额是衡量各地区、高校院所、企业等科技创新水平、科技成果转移转化情况、地区技术市场活跃程度等的重要指标之一。

1. 技术合同认定登记制度

本办法是为了规范技术合同认定登记工作,加强技术市场管理,保障国家有关促进科技成果转化政策的贯彻落实而制定。

本办法适用于法人、个人和其他组织依法订立的技术开发合同、技术转让合同、技术咨询合同和技术服务合同的认定登记工作。

技术合同登记机构对技术合同当事人申请认定登记的合同文本从形式上、技术上进行核查,确认其是否符合技术合同要求的专项管理工作。技术合同登记机构应当对申请认定登记的合同是否属于技术合同及属于何种技术合同作出结论,并核定其技术交易额。

本登记办法适用于自然人、法人和非法人组织依法订立的技术开发合同、技术转让合同、技术许可合同、技术咨询合同和技术服务合同的认定登记工作(俗称"五技"合同)。

2. 技术合同审查与登记原则

本办法所称技术合同认定登记是指依据本办法设立的技术合同登记机构对当事人申请的合同文本所涉及的技术内容进行形式审查,是否符合《民法典》相关要求,并予以认定登记的专项管理工作。

卖方登记原则(涉外合同中方登记原则):

(1) 技术合同一式四份(一原件三复印件,初次认定企业提供营业执照,最好多预留1~2份)。

(2) 涉外技术合同提供中英文版合同,技术合同进出口登记证书(商务局出具)、技术合同登记申请、中外双方营业执照。

3. 技术合同登记流程

(1) 具备双方签订的正式书面合同。符合《民法典》规定、真实、有效的技术合同。

(2) 技术合同文本中:必须明确甲乙双方的主体资质、技术标的内容、技术的报酬或价款,如实表述双方相互的权利和义务关系。对弄虚作假和欺骗行为将根据后果追究其相应责任。

(3) 每项合同只能申报登记一次,而且只能由卖方(技术输出方)在其注册地区(省、自治区、直辖市)任选一个登记机构进行申报,不能重复申报登记。

(4) 网络信息审核无误后,点击提交,将在合同履行期的46份合同文本送到工作站,等待合同登记站工作人员对比合同文本审核网络申请信息,期间可能会有信息退回的修改,完全审核完毕后,合同登记站将会预留一份合同作为存档,其他加盖技术合同审核认定章的合同由我方取回,另附有技术合同登记证明的,将合同和证明一并返回企业,作为企业纳税减免的重要依据。

4. 技术合同认定

技术合同认定是根据《合同法》以及国家关于技术市场管理的法规政策,对于法人、个人和其他组织之间签订的技术开发合同、技术转让合同、技术咨询合同和技术服务合同进行法律性质和内容的审查确认过程。这一过程旨在确保技术交易活动的合法性、合规性和标准化,并促进科技成果的有效转化和应用。技术合同认定主要步骤:

(1) 合同订立:双方按照《技术合同示范文本》的要求依法订立技术合同,明确各方权利义务关系,包括但不限于技术内容、实施方式、交付标准、验收方法、价款支付、权益归属、保密条款等内容。

(2) 登记申请:合同当事人将已签署的技术合同提交至科学技术行政部门或技术合同登记机构进行认定登记。

(3) 认定审核:登记机构依据《技术合同认定规则》,从技术角度对合同文本进行核查,判断其是否符合技术合同的相关要求和法律法规的规定。

(4) 认定结果:通过审核的技术合同,由登记机构颁发技术合同认定登记证明,享受相应的税收优惠等政策待遇;未通过审核的合同,需要按照规定进行修改完善后重新申请认定。

(5) 法律效力:经认定登记的技术合同具有法律约束力,其权利与义务关系得到法律保障,能够有效防范和解决因技术交易产生的纠纷,保障技术创新成果顺利转化并发挥经济效益和社会效益。

5. 技术合同认定主要标准

技术合同认定适用于法人、个人和其他组织之间依法订立的技术开发合同、技术转让合同、技术咨询合同和技术服务合同。主要标准如下:

(1) 合同内容明确性:合同主体必须明确,即签订合同的各方身份清晰、具有合法资质。合同标的物(即技术成果或服务)必须具体明确,能够详细描述其内容和范围。

(2) 技术新颖性与创新性:技术开发合同需有明确、具体的科学研究和技术开发目标,且合同所涉及的技术方案在订立合同时尚未完全掌握。研究开发工作及其预期成果应具有相应的技术创新内容,不得属于基础性研究或软科学项目,因为这些项目通常不纳入技术合同登记范畴。

(3) 权益归属与转移约定:对于技术转让合同,需明确转让的是何种知识产权(如专利权、著作权等),以及转让方式、地域范围、期限等关键条款。非职务技术成果在进行经济权属转移时,应当确保权利清晰,无法律纠纷。技术内容能被充分理解。

(4) 交易条款完整性:合同中价款、报酬、使用费等经济条款必须明确,不存在模糊不清或者未约定的情况。

(5) 符合法律法规要求:合同内容和形式须符合《合同法》《技术合同认定规则》以及其他相关法律法规的规定。

(6) 技术成果转化可行性:技术成果需要具备实际应用的可能性,能实现科技成果向现实生产力的转化。

通过以上标准审查后,符合条件的技术合同才能被依法认定,并享受国家对于技术交易活动提供的税收优惠和其他政策支持。

要点提示

1. 新兴技术领域的法律空白:如人工智能、生物技术(基因编辑、合成生物学)、量子计算、区块链等新兴技术领域在现行法律框架下存在诸多未明确或未覆盖的地方,需要制定新的法规来规范相关研究、开发、应用与交易行为。

2. 随着大数据、云计算以及物联网技术的发展,个人信息保护面临严峻挑战。建立和完善数据安全及隐私保护法律法规体系,确保公民权益不受侵犯,并在全球范围内实现有效的跨境数据流动和保护。

3.《赋予科研人员职务科技成果所有权或长期使用权试点实施方案》。(1)试点对象:40家高等院校和科研机构;(2)基本原则:设立免责机制、流程、设立长效机制;(3)目标:分领域选择40家高等院校和科研机构开展试点,探索建立赋予科研人员职务科技成果所有权或长期使用权的机制和模式,形成可复制、可推广的经验和做法,推动完善相关法律法规和政策措施,进一步激发科研人员创新积极性,促进科技成果转移转化。

4. 优化科技成果转化过程中的法律环境,包括知识产权许可、作价投资、税收优惠等相关政策,进一步完善科技成果所有者与转化实施者的利益分配机制。

5. 新修订的《科学技术进步法》呈现出"两个突出""三个理念""四个强化"特点,而在国有企业促进科技创新方面,强调要形成"三个制度"(分别为研究开发投入制度、分配制度和考核评价制度)和"一个机制"(激励约束机制)。

6. 技术创新与反垄断法防止大公司可能利用技术优势形成市场垄断,在鼓励创新与防止市场垄断之间找到平衡,适时修订反垄断法及其实施规则,确保市场竞争秩序和消费者权益得到充分保护。

思考练习

1. 为什么说新修订的《科学技术进步法》奠立了我国建设世界科技强国的法律制度基础?
2. 我国科技法律体系有哪些内容?
3.《科学技术进步法》的基本原则有哪些?
4.《促进科技成果转化法》的主要内容是什么?
5.《企业所得税法》关于纳税主体是怎么规定的?
6. 在科技成果转化与激励机制方面,现有的法律法规是如何体现的?
7. 跨境数据流动与国际合作规则及其相关的法律法规为何成为热点?它主要包括哪些内容?
8. 技术合同登记流程有哪些步骤?

9. 技术创新与反垄断法是如何协调的?

二、知识产权法律法规

任务导航:公正、透明、严格的知识产权法律法规体系,它的核心在于平衡权利人权益与公众利益,促进知识传播与技术共享,为创新者保驾护航。

学习重点:知识产权的概念和特征,知识产权的范围,知识产权管理及其保护,知识产权的侵权与诉讼;专利、技术秘密、计算机软件著作权、集成电路布图设计专有权、植物新品种权概述等。

建议学时:1.5学时。

(一)知识产权的概念和特征

知识产权是指人们基于智力劳动创造的成果和经营活动中的工商业标记,而依法享有的专有权利。

知识产权制度是保护智力劳动成果的一项基本法律制度,也是促进技术创新,加速科技成果产业化,增强经济、科技竞争实力的重要激励机制之一。随着新技术革命在全球的兴起,科技、经济和综合国力竞争日趋激烈,知识产权制度作为激励创新、促进科技投入、优化科技资源配置、维护市场竞争秩序的重要法律机制,在国家经济、社会发展和科技进步中的战略地位进一步增强。

知识产权具有以下特征:

1. 非物质性

知识产权是一种特殊的民事权利,它与其他民事权利的区别就在于其客体的非物质性。知识产权的客体是智力成果,是区别于动产和不动产的无形财产。无形财产和有形财产在占有、使用、处分上都有不同。对有形财产的占有表现为对具体的物的控制,而无形财产由于不具有物质形态,因而对其的占有表现为对某种知识、经验的认识和感受。

2. 独占性

独占性又可称为垄断性、排他性,即没有法律规定或权利人的许可,任何人不得擅自使用权利人的知识产权,否则就是侵权。这种专有权和财产所有权一样,是一种对世权、绝对权。

3. 地域性

知识产权的地域性是指知识产权只在授予或确认其权利的国家或地区发生法律效力,受到法律保护,在未授予或确认其权利的国家或地区,不受法律保护。

4. 时间性

知识产权的时间性是指知识产权只在法律规定的期限内受到法律保护,一旦超过法律规定的有效期限,该权利就依法丧失,相关的知识产品就进入公共领域,成为全社会的共同财富。

(二) 知识产权的范围

根据1994年缔结的作为《世界贸易组织》WTO协议的重要组成部分《与贸易有关的知识产权协议》的有关规定,知识产权保护范围包含下列权利:① 版权与邻接权。② 商标权。③ 地理标志权。④ 工业品外观设计权。⑤ 专利权。⑥ 集成电路布图设计权。⑦ 未披露过的信息专有权。

由于TRIPS协议与国际贸易制裁挂钩,具有相当的强制力,其对知识产权客体权利的规定,已经成为世界各国知识产权法所认同和遵守的保护范围。

(三) 知识产权管理与保护

加强知识产权保护对于维护国家经济、科技优势及国家竞争实力至关重要,已经成为国家及产业竞争优势的重要手段。

1. 知识产权管理

通过知识产权战略制定、制度设计、流程监控、运用实施、人员培训、创新整合等一系列管理行为来进一步加强知识产权工作的系统工程,称作知识产权管理。

知识产权管理不仅与知识产权创造、保护和运用一起构成了我国知识产权制度及其运作的主要内容,而且还贯穿于知识产权创造、保护和运用的各个环节之中。

从国家宏观管理的角度看,知识产权的制度立法、司法保护、行政许可、行政执法、政策制定也都可纳入知识产权宏观管理的内容;从企业管理的角度看,企业知识产权的产生、实施和维权都离不开对知识产权的有效管理。

本质上,知识产权管理是知识产权人对知识产权实行财产所有权的管理。所有权是财产所有人在法律规定的范围内对其所有的财产享有的占有、使用、收益和处分的权利。

知识产权虽然在形态上有其特殊性,但它仍然是客观实在的财产。所以,我们仍然可以对无形的知识产权进行科学管理,提高知识产权的经营、使用效益。

(1) 知识产权管理的主要内容包括:

① 知识产权的开发管理。企业应当从鼓励发明创造的目的出发,制定相应策略,促进知识产权的开发,做好知识产权的登记统计、清资核产工作,掌握产权变动情况,对直接占有的知识产权实施直接管理,对非直接占有的知识产权实施管理、监督。

② 知识产权的经营使用管理。主要对知识产权的经营和使用进行规范,研究核定知识产权经营方式和管理方式,制定知识产权经营管理制度等。

③ 知识产权的收益管理。对知识产权使用效益情况应统计,合理分配。

④ 知识产权的处分管理。企业根据自身情况确定对知识产权的转让、拍卖、终止。

(2) 知识产权管理的主体。根据管理主体的不同,知识产权管理可分为国家机关对知识产权的管理及权利主体对其所有的知识产权的管理。

① 国家的管理主要从知识产权的取得和保护方面进行。

② 权利主体的管理主要从知识产权的合理开发、应用、推广、自我保护等方面的考虑。

（3）知识产权管理的作用。加强知识产权管理能够提高知识产权创造的数量和质量；创造更多更好的知识产权是实施知识产权战略的前提，但是要提高知识产权创造的数量和质量，必须加强知识产权管理。具体作用如下：

① 使创造目标更加明确。从知识产权创造最重要的主体企业层面上看，知识产权管理可以使创造的目标更加明确。知识产权管理的主要任务之一就是确立以专利战略为主的企业知识产权战略，并在战略框架内，依据企业的总体经营和创新策略，对知识产权的创造特别是对专利申请的数量、质量、时机、类别形成一个总的目标和方针。国外许多大公司十分重视专利申请战略，有公司根据企业研发未来产品、下一代产品和先行产品的不同步骤，把专利申请分成概念性发明发掘阶段、战略性专利申请阶段和专利网构筑阶段，从而使专利申请形成由点到线、由线到面、由面到网的总体战略。

知识产权管理可以提高创新研发的起点，避免低水平重复研究。通过加强知识产权信息管理，建立和完善与本单位科研、生产领域相关的专利信息数据库，充分运用专利文献信息，可以及时了解与本单位相关的国内外技术动态，避免低水平重复研究，节约人力和资金资源。

通过知识产权管理可以提高发明人、设计人的创造积极性。企业应根据专利法等知识产权法律和国家相关政策规定要求，建立企业内部合理的知识产权利益分配与奖励制度。通过兑现奖酬，可以最大限度地调动职务发明人的积极性，充分发挥职务发明人的聪明才智，避免人才技术流失。

从国家行政管理层面看，专利、商标、集成电路布图设计、植物新品种等知识产权，都需要国家知识产权行政管理机关依据法律代表国家向申请人授予相应的知识产权。因此，这些国家行政管理机关的管理水平高低，知识产权审查速度快慢和质量的好坏，直接影响了我国知识产权创造的数量和质量。

② 促进知识产权的创造。从地方行政知识产权管理层面看，地方政府通过出台鼓励知识产权创造的政策等行政管理手段，可以促进知识产权的创造。各地政府为了提高本地区的知识产权数量和质量，结合本地的实际出台了各具特色的鼓励政策，如设立专利申请资助资金、将专利申请量纳入考核地方官员的指标体系。

2. 知识产权保护

加强知识产权保护，加大知识产权的执法力度对于鼓励创新，维护公平的竞争环境十分重要。但是，知识产权保护相对于知识产权管理，前者侧重于事后的救济，后者侧重于事前的预防；前者是治标之策，后者是治本大计。只有全面加强知识产权管理，才能够提高知识产权保护的水平。

第一，对于企业来说，一是知识产权的科学管理奠定了知识产权维权的基础。企业维权经常出现的困扰之一就是权利的稳定性问题，如果企业平时知识产权管理到位，对自己的知识产权的数量、内容、法律状态以及与他人权利的界限十分清楚，就可以从容地应对他人提出的行政撤销、宣告无效和侵权诉讼等纠纷。二是知识产权管理可以积累维权的可靠证据。通过知识产权管理,将知识产权取得和实施等过程中的重要资料分类管理,并完整保存,可以为维权提供可靠的证据支持。这一点对于商业秘密的保护尤其重要。三是知识产权管理本身就是对知识产权的保护。通过加强技术人员和技术成果管理,明确技术人员的权利与义务,以及技术成果的权利归属,从而最大程度地避免因资产流转和人员流动而引发的知识产权纠纷。另外,知识产权管理在衡量、降低维权成本,选择维权途径,确定维权方案等方面也发挥重要作用。

第二,在我国知识产权执法处于分散管理的情况下,更要加大知识产权执法的协调管理,建立跨部门、跨地区的知识产权案件移送、信息通报、配合调查等机制,搭建具有信息服务、案件督办、数据分析、状况评价、监测预警等功能的平台,实现执法协调部门、行政执法部门和司法保护机关工作的有机衔接。

第三,司法保护和行政保护机关本身需要加强管理,通过内部管理,全面加强执法能力建设,提高人员素质,严格执法程序,规范执法行为,强化执法手段。

(四)知识产权的侵权与诉讼

1. 知识产权的侵权

对知识产权造成的损害,具有特殊性。知识产权的无形性、垄断性,反映到被侵权的特点上,表现为知识产权侵权行为很容易发生、破坏性大、影响面广,甚至超越国界。知识产权的侵权涉及专利侵权、商标权侵权、著作权侵权和商业秘密侵权各专门领域。

知识产权侵权法定赔偿,计算知识产权侵权损害赔偿数额的一种方法。一般指在无法确定权利人的实际损失、侵权人的违法所得或者知识产权许可使用费时,由法院根据侵权行为的情节判决法定数额以下的赔偿。

2. 知识产权的诉讼

知识产权诉讼是指在人民法院进行的,涉及知识产权的各种诉讼的总称,包括知识产权民事诉讼、知识产权行政诉讼和知识产权刑事诉讼。从这一角度讲,知识产权诉讼不是一类单独的诉讼类型,其本质仍是民事诉讼、行政诉讼及刑事诉讼的总和。

(1) 知识产权民事诉讼包括以下几方面:

① 知识产权侵权诉讼。除了侵犯我国《民法典》予以明确的民事权利,也包括反不正当竞争法规定的不正当竞争行为(即侵害)。

② 知识产权归属诉讼。就知识产权的权利归属发生的诉讼,简称权属纠纷。

③ 知识产权合同诉讼。就知识产权的取得、转让、使用等交易行为产生的纠纷,在取得环节与权属诉讼有交叉。

(2) 知识产权行政诉讼由以下几方面引起:

① 由国家行政机关作出的行政裁判引起。专利权和商标权需要行政机关确权,依相关知识产权法律,当事人对该确权决定不服可以向行政裁判机关(即专利复审委员会和商标评审委员会)申请复审,对该复审决定(其实质是行政裁判)不服,提起的行政诉讼。

② 由国家行政机关作出的详细行政行为引起。在知识产权确权和转让、使用过程中,确权机关依相关知识产权法,对当事人作出具体行政行为(包括行政决定、行政许可和行政处罚等),行政相对人不服提起的行政诉讼。

③ 由地方知识产权治理机关行政执法引起。具有知识产权执法权的地方各级知识产权管理机关,可以对侵犯知识产权等违法行为进行处罚和调解,相对人对该处罚或者调解决定不服的,可以向该行政机关所在地人民法院提起行政诉讼。

(3) 知识产权刑事诉讼。我国刑法规定只有以下7种行为构成知识产权犯罪:① 假冒注册商标罪。② 销售假冒注册商标商品罪。③ 非法制造、销售非法制造的注册商标标识罪。④ 假冒他人专利罪。⑤ 侵犯著作权罪。⑥ 销售侵权复制品罪。⑦ 侵犯商业秘密罪。

3. 知识产权仲裁

主要在知识产权合同纠纷中,特别情况下可以在权属或者侵权纠纷中根据事后协议选择仲裁。

(五) 专利

专利(patent)是对发明授予的一种专有权利。发明是指提供新的做事方式或对某一问题提出新的技术解决方案的产品或方法。要取得专利,必须向公众公开发明的技术信息。我国现在有三种专利类型,包括发明专利、实用新型专利和外观设计专利。

专利在知识产权中有三重含义:

1. 专利权

指专利权人享有的专利权,即国家依法在一定时期内授予专利权人或者其权利继受者独占、使用其发明创造的权利,强调的是权利。专利权是一种专有权,这种权利具有独占的排他性。非专利权人要想使用他人的专利技术,必须依法征得专利权人的授权或许可。

2. 专利技术

指受到专利法保护的发明创造,即专利技术,是受国家认可并在公开的基础上进行法律保护的专有技术。"专利"在这里具体指的是受国家法律保护的技术或者方案。它是指一项发明创造向国家审批机关提出专利申请,经依法审查合格后向专利申请人授予的该国内规定的时间内对该项发明创造享有的专有权,并需要定时缴纳年费来维持这种国家的保护状态。

3. 专利文件

指专利局颁发的确认申请人对其发明创造享有专利权的专利证书,或指记载发明创造内容的专利文献,指的是具体的物质文件。

原则上,专利权人拥有防止或制止他人对专利发明进行商业利用的专有权。专利保护意味着未经专利权人同意,他人不得对发明进行商业性制造、使用、分销、进口或销售。

专利是地域性权利。专有权仅在已按有关国家或地区的法律申请专利并得到授权的国家或地区适用。保护期限一般从申请日开始计算为期20年。

(六) 技术秘密

1. 技术秘密的内涵

技术秘密又称技术诀窍,是指生产有实用价值的、先进的、未经公开、未申请专利的技术知识、独特技巧(包括已申请专利但未获得授权的)和采取保密措施的技术信息和经营信息。其中的技术信息是指技术秘诀、工艺流程、设计图纸、技术数据、化学配方、制造方法、技术资料、技术情报等技术科学方面的专有知识,以及配方、专有工艺和特殊技术等也是技术秘密所保护的对象。

2. 技术秘密主要特点

(1) 秘密性(新颖性的最低要求)。技术秘密必须具有实质上的秘密性或秘密因素,也就是"不为公众所知悉",它的核心只有技术诀窍的权利人或相关具有保密义务的人或组织才能知悉,其他组织或人员要想获得此技术诀窍就只能花费相应劳动去探究(不违反社会道德的前提下),或付出足够的酬金去得到权利人的许可。

(2) 实用性。技术秘密具有实用性,可以为技术秘密的拥有者带来相应的经济利益,没有实用性的技术不能成为技术诀窍。

(3) 价值性。技术秘密现在或将来的使用,可以给技术诀窍的权利人带来现实的或潜在的竞争优势。技术秘密可以是正在被权利人使用的,也可以是由权利人控制尚未使用的。

(4) 保密性。技术秘密的合法控制者必须针对技术秘密本身采取相应的保护措施,技术秘密一旦公之于世就失去了存在的价值,重要的是单位或组织能否对技术秘密采取保密措施,这是该技术秘密取得法律保护的前提要求。

技术秘密是商业秘密的一种,是指不为公众所知悉、能为权利人带来经济利益、具有实用性的技术信息。技术秘密的保护期是以其保密状态的存续期间为准,只要严守秘密,并且不被新技术所取代,其保护期间是无限的。技术秘密可以无限期存在,使得相应的技术能够一直为该企业带来经济效益,并始终处于竞争优势,进而垄断市场。

(七) 计算机软件著作权

计算机软件著作权是指自然人、法人或者其他组织对计算机软件作品享有的财产权利和精神权利的总称。通常语境下,计算机软件著作权又被简称为软件著作权、计算机软著或者软著。

计算机软件著作权与一般作品著作权有许多不同,如一般作品著作权人被称为作者,一般是自然人,计算机软件著作权人被称为开发者,一般为法人或其他组织;对著作权的归属、转让等有不同于普通作品的特殊规定。

1. 计算机软件著作权包含的内容

(1) 软件著作人身权。

① 发表权,即决定软件是否公之于众的权利。
② 署名权,即表明开发者身份,在软件上署名的权利。
③ 修改权,即对软件进行增补、删节,或者改变指令、语句顺序的权利。
(2) 软件著作财产权。
① 专有使用权。其具体包括:

复制权,即将软件制作一份或者多份的权利。

发行权,即以出售或者赠予方式向公众提供软件的原件或者复制件的权利。

出租权,即有偿许可他人临时使用软件的权利,但是软件不是出租的主要标的除外。

信息网络传播权,即以有线或者无线方式向公众提供软件,使公众可以在其个人选定的时间和地点获得软件的权利。

翻译权,即将原软件从一种自然语言文字转换成另一种自然语言文字的权利。

应当由软件著作权人享有的其他专有使用权。

② 使用许可权,即软件著作权人享有的许可他人行使其软件著作权并获得报酬的权利。许可他人行使软件著作权的,应当订立许可使用合同。使用许可分为专有许可或非专有许可。没有订立合同或者合同中没有明确约定为专有许可的,被许可行使的权利应当视为非专有权利。

③ 转让权,即软件著作权人享有的全部或者部分转让其软件著作权并获得报酬的权利。转让软件著作权的,当事人应当订立书面合同。

2. 计算机软件著作权侵权标准判断

(1) 法院关于计算机软件著作权侵权判断标准一般具体从三个方面考察:
① 代码相似,即判断程序的源代码和目标代码是否相似。
② 深层逻辑设计相似,即判断程序的结构、顺序和组织是否相似。
③ 程序的外观与感受相似,即运行程序的方式与结果是否相似。

(2) 我国司法界计算机软件著作权侵权判断标准。我国司法界在认定计算机软件是否侵权所采用的标准是按照创意/表达分离原则来进行的,计算机软件的保护方式:

①《著作权法》保护。这种保护方式主要是根据著作权保护的基本原则,即创意/表达分离原则,来保护创意的表达。

②《专利法》保护。这种保护弥补了著作权法保护的一些不足,可以有效地保护计算机程序所体现的设计者的创意。

(3) 计算机软件著作权侵权判断标准。计算机软件的侵权行为一般有两种形式:
① 复制程序的基本要素或结构,复制即表明是完全的翻版,只要完全一样就构成侵权。
② 按一定的规则、顺序只复制部分软件代码。

计算机软件著作权是对开发者所拥有的法定权利的保护,主要保护创作者对软件进行修改和阐明开发身份的权利,同时还保护开发者将软件用于盈利的权利。一旦著作权受到侵害,也享有司法保护。

（八）集成电路布图设计专有权

集成电路布图设计专有权，是指对集成电路中以二维或者三维配置方式集成的电子元件、连接线路及其相关布局的设计方案所享有的专有权利。在我国，这一权利受到《集成电路布图设计保护条例》等相关法律的保护。

集成电路布图设计专有权具体如下：① 独占性使用权，集成电路布图设计专有权人依法享有对其布图设计的独家使用、许可他人使用和禁止他人未经许可使用其布图设计的权利。② 转让权，布图设计专有权人可以将其布图设计专有权全部或部分转让给他人。③ 复制权，布图设计专有权人有权复制其集成电路布图设计。④ 署名权，布图设计专有权人有权在自己的布图设计产品上或者相关的商业活动中表明其身份。⑤ 制止侵权行为，当发现有人侵犯其布图设计专有权时，有权要求停止侵权、消除影响，并可以通过法律途径寻求赔偿损失。

我国《集成电路布图设计保护条例》第十二条规定，布图设计专有权的保护期为10年，自布图设计登记申请之日或者在世界任何地方首次投入商业利用之日起计算，以较前日期为准。但是，无论是否登记或者投入商业利用，布图设计自创作完成之日起15年后，不再受该条例保护。

集成电路布图设计是现代信息技术产业的核心知识产权之一，对芯片设计企业的创新与发展至关重要，因此，完善的法律保护机制对于鼓励集成电路行业的技术创新和健康发展具有重要意义。

（九）植物新品种权概述

植物新品种是指经过人工培育的或者对发现的野生植物加以开发，具备新颖性、特异性、一致性、稳定性，并有适当的命名的植物新品种。完成育种的单位和个人对其授权的品种，享有排他的独占权，即拥有植物新品种权。植物新品种权，是工业产权的一种类型。

植物新品种的产生来源于人们对植物的人工培育或者野生植物的开发；开发改良新品种的动机有很多，例如，使之具有提高质量的特性，以此提升作物的价值和市场能力；或者开展观赏植物的育种计划，增加植物品种的出口；此外，为某些濒危物种制定育种计划，可以消除其所面临的从自然界灭绝的威胁。

高产优质的植物新品种，既可提高农业、园艺和林业的质量和生产能力，又能降低对环境的压力。世界各地农业生产能力方面的巨大进步，在很大程度上应归功于对植物品种的改良。植物育种所带来的利益也远远超出了增加粮食产量本身，对促进国民经济的健康发展和社会稳定具有极为重要的意义。

保护植物新品种权，有助于植物新品种的开发和培育。植物育种需要智慧、资金、时间和精力的投入，而培育出来的新品种却易于被别人繁殖，使育种人没有机会收回自己的投资。如果没有相应的制度对育种给予保护，人们就会失去对植物育种进行投资和研发的动力。世界农业发达国家发展农业的成功经验之一，就是十分重视植物新品种保护。

植物新品种的申请权和品种权可以依法转让。在某种意义上讲,品种权实际上也是一种商品,因此也可以按照市场经济的原则进入市场。

要点提示

1. 公正、透明、严格的知识产权法律法规体系,是科技进步的护航灯塔,是规范科技活动、激发原创精神的规则典范。

2. 著作权与工业产权共同构成知识产权。

3. 专利保护的要件:发明的新颖性、创造性和实用性。

4. 发明专利保护期限为20年;实用新型和外观设计保护期限为10年。

5. 商标必须经过注册才能获得法律保护,有效期为10年。

6. 随着全球贸易和技术交流的加深,跨境知识产权纠纷日益增多。加强国际合作,完善跨国知识产权保护机制,协调不同国家和地区之间的法律冲突,成为知识产权法需面临的挑战。

思考练习

1. 什么是知识产权?

2. 知识产权的特征是什么?

3. 简述知识产权的范围。

4. 如何对知识产权进行管理和保护?

5. 什么是专利?

6. 什么是技术秘密?

7. 什么是计算机软件著作权?

8. 什么是集成电路布图设计专有权?

9. 专利和论文的区别是什么?

10. 专利和技术秘密的联系与区别?

11. 植物新品种权的归属问题如何界定?

12. 如何实现标准必要专利权滥用与反垄断法有机结合?

13. 人工智能、基因编辑、大数据、云计算等新技术的快速发展,带来了哪些新的知识产权法律问题?如何界定这些领域内的创新成果?

社会实践

进行一项专利申请的实践。

三、《民法典》

任务导航:《民法典》是社会生活的百科全书,它上面写着人民的权利;合同法则如同其内嵌的经济契约灵魂,通过规范和保障交易行为,维护着市场经济秩序的和谐稳定。

学习重点:民法概述,民事主体,民事法律行为,代理制度,民事权利,诉讼时效;《合同法》基本内容,合同的效力和履行,合同的变更、转让、终止和解除,违约责任,合同的监督管理、诉讼与仲裁;技术合同的概念和特征,技术合同的订立原则、一般内容,技术合同权属和无效技术合同等。

建议学时:1.5学时。

(一)民法概述

1. 民法的内涵

民法是调整平等主体的自然人、法人和非法人组织之间的人身关系和财产关系的法律规范的总和。自然人、法人和非法人组织是《民法典》所规定的三类民事主体。人身关系是指没有直接的财产内容但有人身属性的社会关系。财产关系是指人们在产品的生产、分配、交换和消费过程中形成的具有经济内容的关系。民法调整的社会关系最本质的特点就是平等性,即在民法所调整的财产关系和人身关系中当事人的地位平等。

2. 民法的适用范围

民法在时间上的适用范围,是指民事法律规范在时间上所具有的法律效力。民事法律规范开始生效的时间通常有以下两种情况:一是自民事法律颁布之日起生效;二是民事法律通过并颁布以后经过一段时间再开始生效。一般来说,民法的效力自施行之日发生,至废止之日停止。

民法在空间上的适用范围,是指民事法律规范在地域上所具有的法律效力。

民法对人的适用范围,就是指民事法律规范对哪些人具有法律效力。一般来说,民法对人的适用范围主要包括居住在中国境内的中国公民或设立在中国境内的中国法人,居留在我国境内的外国人、无国籍人和经我国政府准许设立在中国境内的外国法人。

3. 民法基本原则

(1)平等原则,是指民事主体在法律地位上是平等的,其合法权益应当受到法律平等保护。

(2)意思自治原则,是指民事主体依法享有在法定范围内广泛的行为自由,并可以根据自己的意志产生、变更、消灭民事法律关系。

(3)公平原则,是指民事主体从事民事活动时须秉持公平理念,公正、合理地确定各方的权利和义务,并依法承担相应民事责任的权利。

(4) 诚实信用原则,在民法中,诚实信用原则是一项重要的原则。

(5) 公序良俗原则,这是各国法律普遍确认的基本原则,公序良俗是由"公共秩序"和"善良风俗"两个概念构成的。

(6) 绿色原则,是指民事活动中应当遵循的节约资源、保护生态环境的原则。

(二) 民事主体

民事主体是一个特定的法律范畴,是指依照法律规定能够参与民事法律关系,享有民事权利和承担民事义务的人。民事法律关系的主体包括自然人、法人、非法人组织。

1. 自然人

所谓自然人,是指区别于其他动物的人。自然人是最重要也是最基本的民事主体。自然人的民事权利能力指民事权利主体享有民事权利和承担民事责任的资格,始于出生,终于死亡。自然人的民事行为能力指自然人以自己行为独立从事民事活动的能力和资格,按能力完整程度分为完全民事行为能力、限制民事行为能力和无民事行为能力。

2. 法人

法人是相对于自然人而言的一类民事权利主体。法律上的人与通常所称的人的概念不同,法律上的人不限于自然人,还包括法人和非法人组织。

法人是具有民事权利能力和民事行为能力,依法独立享有民事权利和承担民事义务的组织。作为现代经济社会生活的重要参与者,法人存在各式各样的形态,不同形态的法人具有不同的目的和治理结构。《民法典》将法人分为营利法人、非营利法人与特别法人。

3. 非法人组织

《民法典》第一百零二条规定:"非法人组织是指不具有法人资格,但是能够依法以自己的名义从事民事活动的组织。非法人组织包括个人独资企业、合伙企业、不具有法人资格的专业服务机构等。"

(三) 民事法律行为

民事法律行为,是指民事主体通过意思表示设立、变更、终止民事法律关系的行为。民事法律行为可以基于双方或多方的意思表示一致成立(如订立房屋租赁合同),也可以基于单方的意思表示成立(如立遗嘱)。法人、非法人组织按照法律或公司章程规定的程序和方式作出决议的,该决议行为成立。法律行为是能够引起民事法律关系变动的最主要的法律事实。

1. 民事法律行为的分类

民事法律行为可以分为单方法律行为、双方法律行为和多方法律行为。

(1) 单方法律行为,又称一方行为,是指某个人依据其个人意志而从事的能够发生法律效果的行为。单方法律行为大体上可以分为两种:第一,因行使个人权利而实施的单方行为,而该行为仅仅发生个人的权利变动,如抛弃一个物品的所有权。第二,该行为涉及他人权利的发生、变更或消灭等,如授予代理权、立遗嘱和放弃继承等。

(2)双方法律行为,是指双方当事人意思表示一致才能成立的法律行为。双方法律行为的典型形式是订立合同。合同是平等主体的自然人、法人及其他组织之间设立、变更、终止民事权利义务关系的协议。

(3)多方法律行为,又称为共同法律行为,是基于两个或两个以上共同的意思表示一致而成立的法律行为,例如,设立公司的章程行为、合伙合同。

2. 民事法律行为的形式

民事法律行为的形式分为明示形式和默示形式两大类。

(1)明示形式,是指使用直接词语,鲜明地或明白确切地表达内心意思的形式。包括口头形式和书面形式。口头形式是指以谈话的形式进行的意思表示,包括当面交谈、电话交谈等。书面形式是指以文字形式发表的意思表示。

(2)默示形式,包括推定的默示和特定沉默两类。推定的默示,是指行为人通过有目的、有意义的积极行为将其内在的意思表现于外部,使相对人可以根据常识、交易习惯或者相互间的默契,推知行为人已作出某种意思表示,从而使法律行为成立的默示形式。比如,将汽车停到收费的停车场。特定沉默是指根据约定或法律规定对单纯的不作为赋予一定意思表示的默示形式。

3. 民事法律行为的成立和生效

民事法律行为的成立,是指当事人就民事法律关系的产生、变更和终止作出了一定的意思表示,或意思表示一致。

由于民事法律行为的类型不同,其成立条件和成立时间也存在差别。对单方法律行为而言,其成立则要根据是否需要受领作出区分。对需要受领的单方法律行为而言,自到达受领方才能生效,但对不需要受领的单方法律行为而言,只需要当事人作出意思表示即可生效。而双方法律行为则需要双方意思表示一致才能成立。多方法律行为的成立需要多方当事人意思表示一致。从多方当事人合意达成时起,多方法律行为才成立。

(四)代理制度

代理是指代理人在代理权限内,以被代理人的名义实施的民事法律行为,由此产生的法律效果直接归属于被代理人的一种法律制度。《民法典》第一百六十一条第一款规定:"民事主体可以通过代理人实施民事法律行为。"在代理关系中,被代理人又称为本人,代理他人从事民事法律行为的人称为代理人,与代理人实施民事法律行为的人称为相对人。

1. 代理的行使

代理的行使是指代理人在代理权限内,以被代理人的名义实施的代理行为。因代理人在代理权限内所从事的代理行为而产生的法律效果,都应当由被代理人承担。根据代理权产生依据的不同,代理可以分为法定代理和委托代理。

但代理人在行使代理权的过程中,应当遵守一定的原则,这些原则主要如下:

(1) 代理人必须在代理权限内从事代理行为。
(2) 代理人必须亲自从事代理行为。
(3) 代理人必须依据诚实信用原则从事代理行为。
(4) 代理人必须正当行使代理权。

2. 法定代理

法定代理是指依照法律的规定来行使代理权的代理。法定代理人的类型主要有：

(1) 监护人。这包括未成年人的父母,无民事行为能力人、限制民事行为能力人在父母之外的监护人。

(2) 失踪人的财产代管人。《民法典》第四十二条规定："失踪人的财产由其配偶、成年子女、父母或者其他愿意担任财产代管人的人代管。代管有争议,没有前款规定的人,或者前款规定的人无代管能力的,由人民法院指定的人代管。"

(3) 清算组。《公司法》规定："公司因本法规定而解散的,应当在解散事由出现之日起十五日内成立清算组,开始清算。有限责任公司的清算组由股东组成,股份有限公司的清算组由董事或者股东大会确定的人员组成。逾期不成立清算组进行清算的,债权人可以申请人民法院指定有关人员组成清算组进行清算。人民法院应当受理该申请,并及时组织清算组进行清算。"

3. 委托代理

委托代理是指按照代理人的委托来行使代理权的代理。此种情形下,代理人行使的代理权称为委托代理权,是基于被代理人的意思而产生的。被代理人授予代理人委托代理权的行为,称为授权行为。

委托代理的形式。委托代理授权可以采取书面形式、口头形式。书面形式是最主要的一种授权形式,称为授权委托书。

委托代理一般情形应该采用书面的形式,以便减少实践中产生的纠纷。在民事交易过程中涉及对相对方授权委托书进行审查的,注意进行多渠道核实,不盲目轻信委托资料。涉及对外授权委托时,注意强化内部印鉴、证照使用管理,突出使用过程跟踪监管,避免出现被认定为表见代理的情形。

4. 无权代理和表见代理

(1) 无权代理,是指代理人在从事代理行为时未获得代理权。代理权是代理行为发生的基础和前提,代理人只有基于代理权才能从事有效的代理行为。而在没有代理权的情况下所实施的任何行为,都构成无权代理。无权代理就是代理人无代理权、超越代理权或在代理权终止以后所从事的代理行为。

(2) 表见代理,是指行为人虽无代理权而实施代理行为,如果相对人有理由相信其有代理权,该代理行为有效。在表见代理的情况下,虽然代理人从事了无权代理行为,但相对人只要有合理的理由相信无权代理人具有代理权,法律应当对于此种信赖利益予以保护,使表见代理行为有效。在此情况下,无论被代理人是否愿意,该无权代理行为所产生的法律效果都要由被代理人承担。构成表见代理需要满足以下两个条件：一是行为人并没有获得被代理人的授权就以被代理人的名义与相对人实施民事法律行为;二是相对人在主观上必须是善意、无过失的。

5. 不得代理

关于代理在实务中应注意的是,不是所有民事法律行为都允许代理。根据《民法典》第一百六十一条第二款的规定,下列三类民事法律行为不得代理:

(1) 依照法律规定应当由本人亲自实施的民事法律行为。例如,根据《民法典》第一千零四十九条规定,要求结婚的男女双方应当亲自到婚姻登记机关申请结婚登记。

(2) 依照约定应当由本人亲自实施的民事法律行为。例如:合同双方当事人基于某种原因,约定某一民事法律行为必须由本人亲自实施的,当事人自然应当遵守这一约定,不得通过代理人实施该民事法律行为。

(3) 依照民事法律行为的性质,应当由本人亲自实施的民事法律行为。这主要是指具有人身性质的身份行为,如结婚、离婚、收养、遗嘱、遗赠等。

(五) 民事权利

民事权利是法律赋予民事主体享有的利益范围和实施一定行为或不为一定行为以实现某种利益的意志。

民事权利可分为人身权和财产权两大类。

1. 人身权

人身权又称非财产权利,是指不直接具有财产的内容,与主体人身不可分离的权利。人身权包括人格权和身份权。

2. 财产权

财产权是指以财产利益为内容,直接体现财产利益的民事权利。财产权包括物权、债权、继承权和知识产权。

民事权利由法律来保证实现的自由。这种自由,可以是自主决定的积极自由,如形成权;可以是免受侵扰的消极自由,如人格权;也可以二者兼具,如物权。

权利人直接享有的某种利益(如人身权)和通过一定行为获得的利益(如财产权);权利人自己为一定行为或不为一定行为和请求他人为一定行为或不为一定行为,以保证其享有或实现某种利益;在权利受到侵犯时,能够请求有关国家机关予以保护。

(六) 诉讼时效

诉讼时效,是指权利人在法定期间内不行使权利就会导致义务人有权提出拒绝履行的抗辩权的法律制度。诉讼时效期间一般为3年,部分特殊情况的诉讼时效期间为2年,例如因产品存在缺陷造成损害要求赔偿的诉讼时效期间、航空运输的诉讼时效期间均为2年。诉讼时效期间自权利人知道或者应当知道权利受到损害以及义务人之日起计算。

（七）合同的基本内容

1. 合同概念与特征

合同是民事主体之间设立、变更、终止民事法律关系的协议。合同具有以下特点：

(1) 合同是平等主体的自然人、法人和非法人组织所实施的一种民事法律行为。

(2) 合同以设立、变更或终止民事权利义务关系为目的和宗旨。

(3) 合同的成立需要当事人意思表示达成一致。

2. 合同的分类

(1) 典型合同与非典型合同。根据法律上是否规定了一定合同的名称，可以将合同分为典型合同与非典型合同。典型合同又称为有名合同，是指法律上已经确定了一定的名称及规则的合同。非典型合同又称无名合同，依据《民法典》第四百六十七条的规定，"本法或者其他法律没有明文规定的合同"，此处的法律未明确规定是指合同法与其他法律均没有明确规定的合同。

(2) 双务合同与单务合同。双务合同，是指当事人双方互负对待给付义务的合同，即一方当事人愿意负担履行义务，旨在使他方当事人因此负有对待给付的义务。单务合同，是指合同当事人仅有一方负担给付义务的合同。例如，在借用合同中，只有借用人负有按约定使用并按期归还借用物的义务。

(3) 有偿合同与无偿合同。有偿合同，是指一方通过履行合同规定的义务而给对方某种利益，对方要得到该利益必须为此支付相应代价的合同。无偿合同，是指一方给付对方某种利益，对方取得该利益时并不支付任何报酬的合同。无偿合同是等价有偿原则在民法适用中的例外现象。

(4) 诺成合同与实践合同。诺成合同，是指当事人意思表示一致即告成立的合同，即"一诺即成"合同。实践合同，又称要物合同，是指除当事人双方意思表示一致以外尚需交付标的物才能成立的合同。仅在法律有特别规定时，才为实践合同。

(5) 要式合同与不要式合同。要式合同，是指根据法律规定应当或者必须采用特定方式的合同。对于一些重要的交易，法律常常要求当事人必须采取特定的方式订立合同。不要式合同，是指当事人订立的合同依法并不需要采取特定的形式，当事人可以采取口头方式，也可以采取书面形式。除法律有特别规定以外，合同均为不要式合同。

(6) 主合同与从合同。根据合同相互间的主从关系，可以将合同分为主合同与从合同。主合同，是指不需要其他合同的存在即可独立存在的合同。例如，对于保证合同来说，设立主债务的合同就是主合同。从合同，就是以其他合同的存在为存在前提的合同。例如，保证合同相对于主任务合同而言即为从合同。由于从合同要依赖主合同的存在而存在，所以从合同又被称为"附属合同"。

(7) 本约合同与预约合同。预约合同也称为预备性合同，它是指当事人所达成的、约定在将来一定期限内订立合同的允诺或协议。当事人在将来所订立的合同称为本约合同，而当事人约定在将来订立本约的合同即属于预约合同。例如，当事人所订立的购买车票的合同为本约合同,而当事人事先达成的约定在将来购买车票的合同即为预约合同。

(8) 为订约人自己订立的合同与为第三人利益订立的合同。根据订约人订立合同的目的是否为自己谋取利益,合同可以分为为订约人自己订立的合同和为第三人利益订立的合同。为订约人自己订立的合同,是指订约当事人订立合同是为自己设定权利,使自己直接取得和享有某种利益。由于当事人订立合同都是为了追求一定的利益,所以在绝大多数情况下,合同当事人订立合同都是为了给自己设定权利和义务,可以说,合同大多是订约人为自己订立的合同。

3. 合同的订立

(1) 合同的成立,是指合同各方当事人的意思表示一致。合同成立制度旨在解决合同是否存在的问题,合同的成立是合同履行、变更、终止、解释等制度的前提,也是认定合同效力的基础。

合同的成立应当具备以下要件:① 存在双方或多方当事人。② 订约当事人经过要约承诺而达成了合意。③ 当事人就合同主要条款达成合意。

(2) 要约,又称为发盘、出盘、发价、出价或报价等,是订立合同所必须经过的程序。要约是一方当事人以缔结合同为目的、向对方当事人所作的意思表示。尽管要约是一种意思表示,但其并不是民事法律行为。因为要约必须经过受要约人的承诺,才能产生要约人预期的法律效果(成立合同)。

(3) 承诺,是指受要约人同意要约的意思表示。承诺的法律效力在于,受要约人所作出的承诺一旦到达要约人,合同便告成立。如果受要约人对要约人提出的条件并没有表示接受,而附加了条件、作出了新的提议,则意味着拒绝了要约人的要约,并形成了一项反要约或新的要约。

(八) 合同的效力和履行

1. 合同效力

合同效力指已经成立的合同在当事人之间产生的法律拘束力,即法律效力。

合同效力是法律赋予依法成立的合同所产生的约束力。合同的效力可分为四大类,即有效合同,无效合同,效力待定合同,可变更、可撤销合同。

相关法律法规关于"有效合同,无效合同,效力待定合同,可变更、可撤销合同"的规定统称为合同效力制度。

民事行为合法的一般准则:行为人具有相应的民事行为能力;意思表示真实;不违反法律或者社会公共利益。这三个条件也适用于当事人签订合同这种民事行为。

2. 合同履行

合同成立后生效,则会在合同当事人之间产生法律约束力。我国《民法典》第一百一十九条规定,依法成立的合同,对当事人具有法律约束力。而且依法成立的合同,受法律保护。

一方当事人不履行合同义务,另一方当事人可依照本条规定及合同的具体内容要求对方履行或承担违约责任。目前我国还没有建立起第三人侵害债权制度,如果第三人侵害合同债权时,另一方当事人只能依据《民法典》第五百九十三条的规定要求违约方承担违约责任,当事人一方和第三人之间的纠纷,依照法律规定或者按照约定解决。

根据合同的相对性原则和现有的法律规定,有效合同的法律约束力仅限于合同当事人之间,对当事人之外的第三人并无法律约束力,没有为守约方或受害方提供更加全面、有力的保护,有待进一步修改和完善。

(九) 合同的变更、转让、终止和解除

1. 合同的变更

合同的变更有广义和狭义之分。广义的合同变更,是指合同的内容和主体发生变化。所谓主体的变更,是指以新的主体取代原合同关系的主体,即新的债权人、债务人代替原来的债权人、债务人,但合同的内容并没有发生变化。合同内容的变更乃是狭义的合同变更,它是指在合同成立以后,尚未履行或尚未完全履行以前,当事人就合同的内容达成修改或补充的协议。

合同的变更也必须具备一定的条件:

(1) 原已存在有效的合同关系。
(2) 合同的变更在原则上必须经过当事人协商一致。
(3) 合同变更必须使合同内容发生变化。
(4) 合同的变更必须遵循法定的程序和方式。

2. 合同的转让

合同的转让,是指当事人一方将其合同权利、合同义务或者合同权利义务,全部或者部分转让给第三人。

根据转让内容的不同,合同转让包括了合同权利的转让、合同义务的转让以及合同权利和义务的概括转让三种类型。

《民法典》第五百四十五条规定:债权人可以将债权的权利全部或者部分转让给第三人,但有下列情形之一的除外:

(1) 根据债权性质不得转让;
(2) 按照当事人约定不得转让;
(3) 依照法律规定不得转让。

3. 合同的终止

合同终止是指合同关系不再存在,合同当事人之间的债权债务关系终止,当事人不再受合同关系的约束。

合同的终止也就是合同效力的完全终结。合同终止的主要情形是合同解除、债务抵销、提存。

《民法典》第五百五十七条规定:有下列情形之一的,债权债务终止:

(1) 债务已经履行；
(2) 债务相互抵销；
(3) 债务人依法将标的物提存；
(4) 债权人免除债务；
(5) 债权债务同归于一人；
(6) 法律规定或者当事人约定终止的其他情形。
合同解除的,该合同的权利义务关系终止。

4. 合同的解除

合同的解除是指合同有效成立以后,当具备合同解除条件时,因当事人一方或双方的意思表示而使合同关系自始消灭或向将来消灭的一种行为。合同解除将导致合同权利义务终止,但由于解除作为一种救济方式,还要与损害赔偿并存,因此,合同解除后,当事人之间的权利义务关系并非完全消灭。

合同的解除包括约定解除和法定解除：

(1) 约定解除是基于当事人的约定而发生的解除,包括双方约定解除和单方约定解除。

(2) 法定解除是指当事人一方基于法定解除事由的发生而行使解除权,使合同效力溯及消灭。

《民法典》第五百六十三条规定:有下列情形之一的,当事人可以解除合同：

(1) 因不可抗力致使不能实现合同目的；
(2) 在履行期限届满前,当事人一方明确表示或者以自己的行为表明不履行主要债务；
(3) 当事人一方迟延履行主要债务,经催告后在合理期限内仍未履行；
(4) 当事人一方迟延履行债务或者有其他违约行为致使不能实现合同目的；
(5) 法律规定的其他情形。

以持续履行的债务为内容的不定期合同,当事人可以随时解除合同,但是应当在合理期限之前通知对方。

（十）违约责任相关内容

1. 违约责任

违约责任也称为违反合同的民事责任,是指合同当事人因违反合同义务所承担的责任。违约责任的产生是以合同的有效存在为前提的。合同一旦生效以后,将在当事人之间产生法律约束力,当事人应按照合同的约定全面、严格地履行合同义务,任何一方当事人因违反有效合同所规定的义务均应承担违约责任,所以违约责任是违反有效合同所规定义务的后果。

(1) 归责原则。我国合同法在违约责任方面原则上采纳了严格责任原则,即在一方违约的情形下,另一方只要能够证明对方的行为构成违约,且不存在法定或者约定的免责事由,就可以请求对方承担违约责任。

非违约方只需举证证明违约方的行为不符合合同的规定,便可以要求其承担责任,但并不需要证明其主观上具有过错。违约方要想免于承担违约责任,必须举证证明其存在法定和约定的抗辩事由,法定事由主要限于不可抗力,而约定的免责事由主要是免责条款。

(2)违约行为,是指合同当事人违反合同义务的行为。《民法典》采用了"当事人一方不履行合同义务或者履行合同义务不符合约定的"的表述来阐述违约行为的概念。

违约行为具有以下特征:① 违约行为的主体是合同关系的当事人。② 违约行为是以有效的合同关系的存在为前提的。③ 违约行为在性质上都违反了合同义务。④ 违约行为在后果上导致了对合同债权的侵害。

(3)承担违约责任的方式。实际履行也称为继续履行、强制实际履行。作为一种违约后的补救方式,实际履行,是指在一方违反合同时,另一方有权要求其依据合同的规定继续履行。

损害赔偿,又称违约损害赔偿,是指违约方因不履行或不完全履行合同义务而给对方造成损失,依据法律和合同的规定应承担损害赔偿的责任。其具有以下特征:① 损害赔偿是因债务人不履行合同债务所产生的责任。② 损害赔偿原则上仅具有补偿性而不具有惩罚性。③ 损害赔偿具有一定程度的任意性。④ 损害赔偿以赔偿当事人实际遭受的全部损害为原则。

违约金,是指由当事人通过协商预先确定的、在违约发生后作出的独立于履行行为以外的给付。

其具有以下特征:① 违约金的数额主要是由当事人双方通过事先约定而确定的。② 违约金是由双方约定的,在违约后由一方向另一方支付的一笔金钱。③ 违约金的支付是独立于履行行为之外的给付。④ 违约金的支付是一种违约责任形式。

2. 免责事由

免责是指在合同履行的过程中,因出现了法定的免责条件或合同约定的免责事由,违约方将因此而免予承担违约责任。这些法定的免责条件和约定的免责事由被统称为免责事由。《民法典》合同编通则仅承认不可抗力为法定的免责事由。《民法典》第一百八十条第二款规定:"不可抗力是不能预见、不能避免且不能克服的客观情况。"不可抗力包括某些自然现象和某些社会现象,如战争、自然灾害、疫情等都可能被认定为不可抗力。

(十一)合同的监督管理、诉讼与仲裁

广义的合同监督管理,是与合同行为有关的所有部门对合同进行管理的一系列活动的总称。既包括县级以上工商行政管理部门和其他有关主管部门依照法律、法规的规定对合同进行的管理,也包括公证机关的公证、仲裁机构的仲裁和司法机关对合同争议进行的审理,同时也包括企业对自身合同行为的管理。

狭义的合同监督管理,仅指县级以上工商行政管理部门和其他有关主管部门在各自

的职权范围内,依照法律、行政法规规定的职责,运用指导、协调、监督等行政手段促使合同当事人依法订立、变更、履行、解除、终止合同和承担违约责任,制止和查处利用合同进行的违法行为,调解合同纠纷,维护合同秩序所进行的一系列行政管理活动的总称。我们一般在狭义上使用合同管理的概念。

1. 合同管理的原则

合同管理的原则是指合同管理必须遵循的指导思想和基本要求。合同管理只有在一定原则指导下,才能正确地行使其职能,发挥其应有的作用。合同管理的原则主要有:

(1) 依法管理的原则。合同管理坚持依法管理的原则,是指合同管理机关在合同管理过程中,必须依照合同法规及有关的政策进行管理。因为法律、法规及政策是合同管理的依据,同时依法管理是防止和克服凭长官意志办事的保障。以法律为准绳实施管理,有利于杜绝少数滥用管理职权等现象。再者,依法管理也是预防和减少合同纠纷的重要措施。在管理合同过程中,督促当事人自觉遵守《合同法》的有关规定,正确履行合同,防止纠纷的发生,是一项重要的措施。

对合同的依法管理,一方面可以使某些不懂法、不知法的当事人掌握法律知识,并根据法律要求签订和履行合同;另一方面,可以使某些企图利用合同从事违法活动的当事人慑于《合同法》的强制力,不敢从事违法活动。

(2) 兼利原则。社会主义国家一切管理活动的共同指导方针,就是要正确处理国家、集体和个人三者利益关系。在合同管理中,贯彻这一原则首先要注意保护国家利益。国家利益受到损害,会使整个国家经济失去平衡,社会失去稳定。其次,要注意保护企业的正当经济权益。企业是国民经济的基本经济细胞,企业的正当权益受到侵害会影响国家利益,也会影响企业职工的利益。最后,要注意保护个人的经济利益,消费者个人既是社会生产建设的主体,又是国家的主人,个人利益受到侵害就会失去生产的动力,社会就缺乏稳定。对一切有损于国家、集体和个人利益的合同的订立和履行行为,合同管理机关要坚决予以制止和打击。

(3) 服务的原则。在合同管理中,管理部门在进行合同管理的同时,要积极地为合同整个过程提供各种有关法律法规的咨询、疑难问题解答、信息提供及纠纷调解等帮助和服务。坚持服务原则也体现了我国行政管理机关在对合同进行监督检查等管理活动的同时所包含的指导思想。在合同管理过程中,坚持服务的原则,一方面,可以为合同的订立、履行、变更、终止等全过程提供各种帮助,防止和减少各种失误以及不必要的纠纷;另一方面,"服务"作为工商行政管理部门的一种指导思想,使工商行政管理部门在实现自身管理职能的同时,不断改进工作作风,增强服务意识,为工作对象提供方便。

2. 合同诉讼

合同纠纷的一方当事人将纠纷诉诸国家审判机关,由人民法院对合同纠纷案件行使审判权,按照《民事诉讼法》规定的程序进行审理,查清事实,分清是非,明确责任,认定双方当事人的权利义务关系,从而解决争议双方的合同纠纷。

(1) 经济合同纠纷当事人提起诉讼的,必须符合以下条件:① 原告是与本案有直接利害关系的公民、法人和其他组织。② 有明确的被告。③ 有具体的诉讼请求和事实、理由。④ 属于人民法院受理民事诉讼的范围和受诉人民法院管辖。

符合上述条件的,原告(当事人)应向人民法院递交起诉状。

(2) 根据《民事诉讼法》规定,起诉状应当记明下列事项:① 当事人的姓名、性别、年龄、民族、职业、工作单位和住所,法人或其他组织名称、住所和法定代表人或者主要负责人的姓名、职务。② 诉讼请求和所依据的事实与理由。③ 证据和证据来源,证人姓名和住所。

人民法院收到起诉状,经审查,认为符合起诉条件的,应当在七日内立案,并通知当事人;认为不符合起诉条件的,应当在七日内裁定不予受理;原告对裁定不服的可以提起上诉。

3. 合同的仲裁

仲裁是解决合同纠纷的一种途径。双方当事人可以在合同中约定出现纠纷的情况下,采用仲裁的方式解决,将其纠纷提交相应的仲裁委员会,由仲裁委员会对合同争议作出裁定。

合同仲裁程序为:当事人向仲裁机构申请仲裁,仲裁委员会受理仲裁,当事人选定仲裁员或者由仲裁委员会主任指定仲裁员,然后仲裁委员会通知开庭日期,开庭。如果当事人达成和解协议,可以请求仲裁庭根据和解协议作出裁决书,也可撤回仲裁申请。

合同仲裁的原则有:以事实为根据,以法律为准绳原则;先行调解原则;保障当事人平等地行使权利原则;一次裁决原则和独立仲裁原则。

合同仲裁的流程有:一方当事人将发生的合同争议依法请求仲裁委员会进行仲裁;仲裁委员会受理后,根据当事人选定仲裁员组成仲裁庭;在双方当事人和其他仲裁参与人参加下,对仲裁请求进行实体审理;最终对当事人权利义务作出裁断。

仲裁委员会收到仲裁申请书之日起5日内,认为符合受理条件的,应当受理,并通知当事人;认为不符合受理条件的,应当书面通知当事人不予受理,并说明理由。

当事人没有在仲裁规则规定的期限内约定仲裁庭的组成方式或者选定仲裁员的,由仲裁委员会主任指定。

仲裁庭在作出裁决前,可以先行调解。当事人自愿调解的,仲裁庭应当调解。调解不成的,应当及时作出裁决。

涉外合同的当事人不仅可以约定向中国的仲裁机构申请仲裁,也可以约定向国外的仲裁机构申请仲裁。仲裁具有当事人自愿、程序简捷、专家断案、气氛平和、保密性强、裁决具有终局效力等特点,是解决合同争议的重要途径。当事人没有订立仲裁协议或者仲裁协议无效的,可以向人民法院起诉,通过诉讼解决合同争议。

当事人对发生法律效力的人民法院的判决、仲裁机构的裁决应当自觉履行;拒不履行的,对方当事人可以申请人民法院强制执行。

(十二) 技术合同

1. 技术合同的概念

技术合同是指当事人之间就技术开发、技术转让、技术许可、技术咨询或者服务所订立的确立相互之间权利和义务的合同的总称。技术合同具有以下特征：

(1) 技术合同属于《民法典》规定的一种有名合同，具有合同的一般特征。

(2) 技术合同的主体是平等主体的自然人、法人、非法人组织。

(3) 技术合同签订的内容主要是当事人为了进行技术开发、技术转让、技术许可、技术咨询、技术服务所确定的权利义务关系。

(4) 技术合同是技术商品生产和消费之间的一个媒介。技术成果不被运用难以体现其自身的价值，技术成果的持有者只有与需求方联合才可以将技术成果转化为现实的生产力，而这种联合往往是通过技术合同这种形式实现的。

2. 技术合同的主要类型

(1) 技术开发合同，是指当事人之间就新技术、新产品、新工艺、新品种或者新材料及其系统的研究开发所订立的合同。

(2) 技术转让合同，是指合法拥有技术的权利人将现有特定的专利、专利申请、技术秘密的相关权利让与他人所订立的合同，包括专利权转让、专利申请权转让、技术秘密转让等。

(3) 技术许可合同，是指合法拥有技术的权利人，将现有特定的专利、技术秘密的相关权利许可他人实施、使用所订立的合同。包括专利实施许可、技术秘密使用许可等。

技术许可合同签署时的注意事项：核实科技成果的权利归属情况；明确合同的标的，对技术成果要求进行详细、精确的描述；明确具体履行内容，如实施许可的技术成果名称、内容，实施许可的期限、地域及方式等；明确保密条款，对需要保密的技术情报和资料的事项、范围、期限、责任等作出具体的约定。

(4) 技术咨询合同，是指当事人一方以技术知识为对方就特定技术项目提供可行性论证、技术预测专题技术调查、分析报告等合同。根据《技术合同解释》第三十条规定："所谓特定技术项目，包括有关科学技术与经济社会协调发展的软科学研究项目，促进科技进步和管理现代化、提高经济效益和社会效益等运用科学知识和技术手段进行调查、分析、论证、评价、预测的专业性技术项目。"

(5) 技术服务合同，是指当事人一方以技术知识为对方解决特定技术问题所订立的合同，不包括承揽合同和建设工程合同。依据《技术合同解释》第三十三条的规定："所谓特定技术问题，包括需要运用专业技术知识、经验和信息解决的有关改进产品结构、改良工艺流程、提高产品质量、降低产品成本、节约资源能耗、保护资源环境、实现安全操作、提高经济效益和社会效益等专业技术问题。"

（十三）技术合同订立的原则与内容

1. 技术合同订立的原则

（1）合法原则。订立技术合同应当遵守国家的法律，这里的法律，不仅仅指《民法典》，还指宪法及有关的法律法规。合法是合同成立有效的前提条件。

（2）有利于科技进步，加速科技成果的运用和推广原则。一切有助于生产新型产品、提高产品质量、降低产品成本、改善经营管理、提高经济效益的技术开发、技术转让和技术服务都可以订立技术合同。

（3）自愿平等、互利有偿、诚实信用原则。订立技术合同的当事人法律地位平等，权利义务要对等，意思表示要真实，不得采取欺诈或者胁迫的手段订立合同。

（4）维护国家安全和重大利益原则。技术合同的内容涉及国家安全或者重大利益需要保密的，按照国家有关规定办理。不能允许这类技术合同内容在技术市场上不加以限制地自由流通，而应当予以特殊的管理。

2. 技术合同的内容要求

（1）技术合同的主要内容。合同法对技术合同的主要条款做了示范性规定，包括项目名称、标的、履行、保密、风险责任、成果以及收益分配、验收、价款、违约责任、争议解决方法和专门术语的解释等条款。

① 保密条款。保守技术秘密是技术合同中的一个重要问题。在订立合同之前，当事人应当就保密问题达成订约前的保密协议，在合同的具体内容中更要对保密事项、保密范围、保密期限及保密责任等问题作出约定，防止因泄密而造成的侵犯技术权益与技术贬值情况的发生。

② 成果归属条款。即合同履行过程中产生的发明、发现或其他技术成果，应定明归谁所有，如何使用和分享。对于后续改进技术的分享办法，当事人可以按照互利的原则在技术转让合同中明确约定，没有约定或约定不明确的，可以达成补充协议；不能达成补充协议的，参考合同相关条款及交易习惯确定；仍不能确定的，一方后续改进的技术成果，他方无权分享。

③ 特殊的价金或报酬支付方式条款。如采取收入提成方式支付价金的，合同应对按产值还是利润为基数、提成的比例等作出约定。

④ 专门名词和术语的解释条款。由于技术合同专业性较强，当事人应对合同中出现的关键性名词，或双方当事人认为有必要明确其范围、意义的术语，以及因在合同文本中重复出现而被简化了的略语作出解释，避免事后纠纷。

（2）技术合同的相关内容还有以下方面：

技术合同的价款、报酬和使用费如何支付，可由当事人在合同中约定。

技术合同价款的支付有如下方式：

① 一次总算，一次总付。指当事人将合同价款一次算清并全部一次性支付。这种方式下，交易风险全部由受让方承担，对转让方较为有利；对于价格较低的技术合同，这

种支付方式简捷便利,能及时结清。

② 一次总算,分期支付,指将合同一次算清,但分多次付清,根据约定的时间一次支付其中的一部分,直至全部付完。这可以减轻受让方的财务压力,出让方为了增加总价,迫不得已才用这种方法。

③ 提成支付方式,指受让方将技术实施后产生的经济效益按一定比例与期限支付给对方,作为支付给转让方的价金。提成支付的方式旨在使双方当事人公平合理地分担交易风险,在那些技术比较成熟、市场前景稳定、技术价格较高的技术交易项目中经常采用。

④ 提成支付附加预付"入门费"方式,指受让方首先在一定期限内向转让方支付一部分固定的价款,其余的价款则采用提成方式分期支付。这种方式既可以公平分担交易风险,又可以给已为技术投入了大量成本的转让方一些固定的补偿,适合于履行期长、技术价格高、技术水平高的技术合同。

(十四) 技术合同权属

技术合同是当事人就技术开发、转让、咨询或者服务订立的确立相互之间权利和义务的合同,涉及成果归属问题。

在技术贸易中需要签订技术合同,在签订技术合同时,必定涉及技术权益。知识产权保护、技术产权评估、签订技术合同或技术合同示范文本的规范对实践中签订技术合同有指导作用。

1. 委托开发权属

委托开发所完成的发明创造,除当事人另有约定的以外,申请专利的权利属于研究开发人。研究开发人取得专利权的,委托人可以免费实施该专利。研究开发人转让专利申请权的,委托人可优先受让该专利申请权。

2. 合作开发权属

合作开发所完成的发明创造,除当事人另有约定的外,申请专利的权利属于合作开发的各方共有。当事人一方转让其专利申请权的,其他各方可优先受让其共有的专利申请权。合作开发的一方声明放弃其共有的专利申请权的,可由另一方单独或其他各方共同申请。申请人取得专利权的,放弃专利权的一方可免费实施该项专利。但合作开发的一方不同意申请专利的,另一方或其他各方不得申请专利。

3. 技术秘密成果的使用权

委托开发或合作开发完成的技术秘密成果的使用权、转让权和利益的分配办法,由当事人约定。没有约定或约定不明确,依《民法典》第五百一十条的规定仍不能确定的,当事人均有使用和转让的权利。但是,委托开发的研究开发人不得在向委托人交付研究开发成果前,将研究开发成果转让给第三人。

在技术转让合同中,当事人可以按照合理的原则,约定实施专利、使用技术秘密的后续改进技术成果的分享办法。在合同没有约定或者约定不明的情况下,当事人可以协议补充;不能达成补充协议的,按照合同中有关条款或交易习惯确定;依照合同有关条款或交易习惯仍不能确定的,一方后续改进的技术成果,其他各方无权分享,而由后续改进方享有。

(十五) 无效技术合同

1. 合同双方当事人的履约能力不足引起的合同纠纷风险

技术供方的履约能力:供方的技术是否已经经过生产检验或者技术鉴定为可靠的技术,技术的使用寿命情况,是否还具备先进性。供方的技术转让能力,能否保证技术及时正常投产,并获得一定的经济效益。

技术受方的履约能力:技术受方的经济偿付能力;受方的技术消化能力;受方企业的生产实施能力。

2. 影响技术贸易合同效力或成立的风险

合同主体不具备合法资格而影响合同效力和成立的情况:对合同标的不享有合法权利的单位或个人签订的技术转让或许可合同;由于某些原因,许可人丧失了对合同标的的专用权;盗用或冒用他人名义订立的技术贸易合同;代理人超越代理权限,且未经被代理人追认而订立的技术贸易合同。

一方当事人以欺诈、胁迫等手段订立的技术贸易合同,损害国家、集体或第三方利益的。

3. 合同标的及产品销售条款的订立与合同标的有效地域不相一致引起的风险

专利许可合同的签订必须与该专利的有效地域相一致;专利产品的销售地域应与许可方获得专利权的国家和地区相一致。

4. 因合同条款约定不明确而产生的争议风险

标的名称不明确;标的内容涉及项目的名称,应当准确一致;履行合同的计划和进度,双方当事人都应具体规定;明确合同的价款或技术使用费。

要点提示

1. 民法的适用范围是指民事法律法规在什么时间、什么地点会对什么人发生法律效力。民法的适用范围包括民法在时间上的适用范围、空间上的适用范围和对人的适用范围。

2. 基于民法法源的多元化,民法的适用应当遵循一定的原则,以便准确适用法律。具体说来,民法的适用应当遵循以下基本原则:上位法优先于下位法原则;新法优先于旧法原则;特别法优先于普通法原则;强行法优先于任意法原则。

3.《民法典》对数据、网络虚拟财产的保护作了原则性规定。

4. 依法订立的合同,受法律保护。

5.《民法典》确定了"自担风险"的规则;规定"自助行为"制度。

6. 民事主体在民事活动中的法律地位一律平等,意思是不论主体身份如何,在参与民事活动中均享有平等的权利与义务。

7. 合同是民事主体之间设立、变更、终止民事法律关系的协议。它确立了合同在民事交往中的基础地位,表明《民法典》中合同自由和契约精神的重要性。

思考练习

1. 《民法典》的基本原则是什么?
2. 《民法典》确立的民事主体是什么?
3. 什么是代理制度?
4. 合同的效力是什么?
5. 技术合同的一般内容是什么?
6. 什么是合同的变更、转让、终止和解除?
7. 合同的诉讼时效是怎么规定的?
8. 技术合同订立的原则是什么?
9. 如何进行合同的监督管理?
10. 违反合同需要承担哪些责任?
11. 什么是合同仲裁?
12. 签订技术合同涉及的常见风险有哪些?
13. 什么是无效的技术合同?
14. 面对互联网交易、电子合同等形式的变化,如何完善合同订立、履行、解除等方面的法律规则?
15. 随着数字经济的崛起,虚拟财产如网络游戏道具、数字货币等是否应当作为独立的财产权益?如何在民法典中明确其性质、流转规则及权利保障?

四、商法与《公司法》

任务导航:商法如同商业活动的基石,而公司法则是企业制度的脊梁,两者共同构建了现代市场经济体系的法律框架。

学习重点:商法的概念与特征,商法的调节对象与基本原则,商事主体概述与特征,商事登记;《公司法》概述,有限责任公司,股份责任公司,其他企业组织,公司的合并与分立,公司的解散与清算等。

建议学时:1学时。

(一) 商法的概念与特征

1. 商法的概念

商法又称商事法,是指调整有关商事关系的一系列法律规范的总称。它有两个含义:一是以商事关系作为自己调整对象的法律部门;二是由一系列法律规范所构成的一个法律体系。商法可以分为形式意义上的商法和实质意义上的商法。

(1) 形式意义上的商法,是指民商分离国家中所制定的并冠以"商法典"之名的法律;实质意义上的商法是指一切调整商事关系的法律规范的总称。形式意义的商法着眼于规范的表现形式和法律的编纂结构,它最终表现为一个成文的法律文件——商法典。世界上有40多个国家制定了独立于民法典之外的商法典。

(2) 实质意义上的商法,是指以商事为其规范对象的各种法规,即包括以"商事"和不以"商事"命名的一切调整商事关系的法律规范的总称。

(3) 广义的商法,是调整各种商事关系的商法规范的总和。可细分为国际商法和国内商法两种。

国际商法乃国际法上关于商事的法规,如有关海事、票据、商品买卖等商事的统一公约及其他国际间所遵守的商事习惯法。

国内商法则为关于国内商事的法规,它又分为商公法、商私法两种。商公法是指公法上关于商事法规,如银行法、刑法上关于妨害商号、商标的处罚规定等;商私法是指私法上关于商事的法规,如民商分立制国家的商法典,民商合一制国家的民法典内的商事规定,关于商事的特别法,有关商事的民事习惯法等。

(4) 狭义的商法,指调整国内商事关系的商事私法,即国内商法中的商事私法。一般言及商事法也多指狭义商事法。但从现代各国的商法内容看,商法已日益表现出国际性规范与国内规范相交错,公法规范与私法规范相融合的趋向。

我国没有形式意义的商法,只有实质意义的商法。但关于商事的法律,则大量存在。分别制定了《公司法》《票据法》《证券法》《海商法》《保险法》《企业破产法》等法律及有关商事登记等方面的法规。

2. 商法的特征

商法的特征是商法区别于其他法律部门的主要标志,是商法本质的外在表现形式。一般来说,商法具有以下特征:

(1) 兼容性。商法的兼容性首先体现在作为私法的商法兼有公法的性质。商法作为调整商事交易主体关系的法律,作为民法的特别法,从根本上说属于私法的范畴。

(2) 技术性。民法、刑法等法律,由于所调整的社会关系及功能作用所决定,其条款绝大多数偏重理性规范。商法则不同,它最初属于"商人法",从它产生时起就具有专门性及职业性,而后虽然由"商人法"发展成为"商行为法",但由于"商行为"的专门性,决定了其内容包含了大量的技术规范。

(3) 营利性。营利乃是"商"的本质。商事主体从事商事活动,其直接和主要目的就在于营利,这是被各国商法所确认的。商法也可称为"营利法"。

(4) 国际性。21世纪以来,随着贸易全球化趋势愈益加强,商法国际化呼声日益高涨,最终导致两种趋向:其一,国际商事立法得到加强,制定和缔结了大量的国际商事法律、国际条约、国际惯例;其二,各国不断修改本国商法规则,使其相互之间以及与国际商事法律、惯例之间更为协调。当今世界,各国商法都带有较强的国际性色彩。

(二) 商法的调节对象与基本原则

1. 商法的调节对象

任何法律都以一定的社会关系作为自己的调整对象。商法的调整对象是商事关系。商事关系,是指商事主体按照商事法律的规定,从事各种以营利为目的的营业活动时所发生的财产关系。

2. 商法的基本原则

(1) 促进交易自由的原则。交易自由原则就是这种自由经济主义在商法中的体现。交易自由的规范性特征表现为法律中的任意性规范,即赋予当事人自由选择的规范或者仅具有指导性的规范,通常表现为,只要不违反强制性法律规范或者公共政策,当事人可以自由决定其商业事务。

(2) 维护交易公平的原则。在商业社会中,一切交易行为都显露出纯粹的利己主义色彩,因此,法律有必要采取措施以维护交易的公平竞争。交易公平原则主要体现在商事交易的主体方面:当事人的法律地位一律平等;当事人应当依照诚实信用原则从事交易活动;不得规避法律和合同的约定。

(3) 提高交易效率的原则。商事交易以营利为目的,商事交易错综复杂,交易机会瞬息万变,如果法律程序和方式过于繁杂,势必影响交易效率,增加交易成本。有鉴于此,法律应尽量简化交易程序,弱化交易方式,以求交易的简便、易行、迅速、敏捷,以此提高交易的效率,保障当事人的营利时间和机会。

(4) 确保交易安全的原则。虽然商事交易重视效率,但亦须注意安全。如果只图敏捷而不求安全,当事人的利益也得不到保障。商法上为了维护交易的安全所采取的措施主要有强制主义、公示主义、告知或通知主义、外观主义以及严格责任主义和禁止诈欺或不正当行为主义。

(三) 商事主体概述与特征

1. 商事主体的含义

商事主体是指依商法的规定具有商事权利能力和商事行为能力,能以自己名义独立从事商事行为,在商事法律关系中享有权利和承担义务的个人和组织。商事主体是现代商法的核心概念,它具有民事主体的基本特征,又具有民事主体所不具备的特殊法律属性。

2. 商事主体的类型

以商事主体的组织形态为依据，可以将商事主体区分为商法人、商合伙与商个人三种类型。商法人，是指具有法人资格的商人，包括公司、国有企业、集体企业等。商合伙，是指不具有法人资格的二人以上的合伙组织，如我国《合伙企业法》上的合伙企业。商个人，是指由一人投资设立的商事组织，如我国《个人独资企业法》中的个人独资企业。

3. 商事主体的特征

商事主体包括三方面特征：

（1）商事主体的法律拟制性。商事主体本质上是某种法律拟制主体，具有主体法定性特点，立法目的为确保适法商事主体作为健全组织体得以存续及发展，所以需对之严格要求，确保主体优化。商事主体法定包括三方面：

① 商事主体公示法定。即商事主体设立、变更、注销等事项必须依法定程序向有关机关登记，以登记为法定公示方式，以便交易第三人知晓。

② 商事主体类型法定。即商事主体形态由法律明确设定，人们不得自行创设法定类型之外的商主体形态。如我国法律确认的个体工商户、农村承包经营户等商主体形态，在其他国家法律中就不是商事主体。无限公司、两合公司被某些国家确认为商事主体形态，在我国则不予认许。

③ 商事主体内容法定。即商事主体的财产关系和机构组织方式由法律明确规定，不得任意创设法律规定以外的财产关系和机构的组织方式。法律对不同类型的商事主体规定了不同内容，使之得以相互区分，并要求不同类型的商主体只有在内容上符合法律对其所作的特殊要求才能合法成立和存续。

随着现代公司制的发展和完善，商事主体逐渐从民事主体分离出来的趋势加剧，使商事主体独立于其他法律主体。

（2）商事主体的行为营利性。商的范围十分广泛，凡以营利为目的的事业和以营利方式从事的行为均成为商。从这个意义上讲，法律对商的界定应严格遵循"营利性"标准。商事主体具有营利性是通过商行为来实现的，而商行为的对象则是资本。为了更好实现营利的目的，商事主体展现了极强的可塑性，顺应市场，自我改变，自我完善，如扩大或缩小规模，增资或减资，增加或减少分支机构等，这通常称之为商事变更。

对于民事主体而言，其意志上的营利性就不存在。民法所调整的是平等主体之间的人身关系和财产关系，而与这些关系相联系的是物权、债权、继承权、人身权等，都不以"价值增值为本质"。如某人继承得了一套房子，然后他将这房子仅用于居住，此时他的目的不是为了营利，应以民法作为行为规则；如果他拿这座继承来的房子办公司，他的目的就是营利，此时以商法作为行为规则。

（3）商事能力的特殊性。商事能力，又称商事主体资格，指商事主体独立从事活动享有权利和承担义务的资格和能力，包括商事权利能力和商事行为能力。这是商事主体依法从事商事行为并承担法律上权利义务的能力，它表明商事主体在商法上的特殊资格和地位。

商事能力作为特别权利能力和行为能力,具有不同于民事能力的特征:

① 商事能力是权利能力和行为能力的统一。商事主体从事商事行为,要有承担行为结果的资格和能力。因而它既要具备权利能力又须具备行为能力,商事能力包含范围相同的权利能力和行为能力,这与民事能力中某些情况下仅有权利能力而没有行为能力的情况有别。

② 商事能力内容具有差异性。商事能力是一种特殊的权利能力和行为能力,这种特殊性是由商事主体的营利目的决定的。商事主体必须依法在其核准的营业范围内从事经营活动,因此不同的商事主体因其登记的营业性质和范围不同而具有不同的商事能力,某些从事特殊行业的商事能力受到法律限制。这与自然人具有普遍相同的民事权利能力不同。

③ 商事能力以商业登记而确立。在我国凡商事主体均须办理工商登记手续,未经登记不得从事经营活动。商事主体于设立登记时取得商事能力,其商事能力因营业性质或经营范围的变更登记而变更,因商事主体的注销登记而消灭。商事主体之商事能力这一特征,与民事能力有明显区别,自然人民事权利能力始于出生,终于死亡,其民事行为能力的取得则基于年龄增长而取得,因精神病而丧失。

④ 法律对商事能力的特别限制体现在三个方面:第一,对未成年人商事能力的限制,以保护未成年人身心健康及其合法权益,另一方面也保护第三人利益和交易安全。第二,对公务员商事能力的限制,以防止官商不分,滋生腐败,妨碍公平竞争。第三,对外国人商事能力的限制。各国在不同时期,出于国内经济发展情况和国家主权、安全考虑,都会予以限制,完全的国民待遇是不存在的。

(四) 商事登记

商事登记也称商业登记,是指商事主体或商业主体的筹办人,为了设立、变更或终止商事主体资格,依照法律的规定,将登记事项向登记机关提出,并经登记机关核准的法律行为。

商事主体,是指经依法登记,以营利为目的从事经营活动的自然人、法人和其他经济组织。

设立商事主体,应当向商事登记机关提交下列材料:

(1) 设立登记申请书。

(2) 章程或者协议。

(3) 名称预先核准通知书。

(4) 住所或者经营场所信息材料。

(5) 投资主体资格证明。

(6) 负责人、高级管理人员等相关成员的任职文件及身份证明。

(7) 商事登记机关规定的其他材料。

（五）《公司法》概述

公司法是规定公司的设立、组织、活动、解散及其内部、外部关系的法律规范的总称，简而言之就是依法设立的营利性社团法人。公司的经营活动、股东的行为不得违反公司法的规定。

1. 公司法的性质

（1）人格性：具有自己的名称，具有独立的财产，具有自己的组织机构，独立从事交易、独立承担民事责任，依法成立。

（2）社团性：成立须有若干人员发起，属于社团性质法人。

（3）营利性：利润最大化，最大限额满足股东回报要求。

2. 公司法的特征

（1）集中管理。① 原因：所有权与经营管理权分离。② 权力分配：股东享有最高决策权，但这种权力是间接的；董事会独立负责公司的经营管理事务；监事会则负责对管理层进行监督。

（2）自由转让。① 原因：公司控制权与所有权分离。② 意义：为股东提供了退出机制；有利于提高公司的管理水平；最大限度地反映财产的价值。

3. 公司法的能力

（1）权利能力。① 设立并核准登记后，即取得法人资格。② 权利类别：财产所有权、自主经营权、名称权、名誉权、荣誉权、受遗赠权。③ 权利限制：不享有专属于自然人的权利；限制经营范围、限制转投资、限制举债、限制放贷资金、限制提供担保。（法律上的限制）

（2）行为能力。① 以自己的意志和名义独立进行民事活动、实施民事法律行为、取得民事权利、承担民事义务。② 特征：有独立的意志；以自己的名义从事商事活动；行为能力与权利能力同时产生和消灭；公司意思形成于公司机关部门、意思的实现依赖于它的代表人或者代理人。

（3）责任能力。① 民事：独立承担责任的能力。② 侵权：公司机关在执行职务过程中作出的行为，具有违反法律的事由。③ 行政：如违反金融管制法而受到处罚，直接责任人员可能受到行政处罚。④ 刑事：公司不能承受人身处罚但可以承受财产上处罚，负责人可能承受人身处罚。

4. 公司法的社会责任

（1）公司从事经营活动，必须遵守法律、行政法规，遵守社会公德、商业道德，诚实守信，接受政府和社会公众的监督，承担社会责任。公司的合法权益受法律保护，不受侵犯。

（2）对职工利益的保护、提高职工的素质。公司必须保护职工的合法权益，依法与职工签订劳动合同，参加社会保险，加强劳动保护，实现安全生产。公司应当采用多种形式，加强公司职工的职业教育和岗位培训，提高职工素质。

(3) 职工参与公司管理和决策。公司职工依照《工会法》组织工会,开展工会活动,维护职工合法权益。公司应当为本公司工会提供必要的活动条件。公司工会代表职工就职工的劳动报酬、工作时间、福利、保险和劳动安全卫生等事项依法与公司签订集体合同。公司依照宪法和有关法律的规定,通过职工代表大会或者其他形式,实行民主管理。公司研究决定改制以及经营方面的重大问题、制定重要的规章制度时,应当听取公司工会的意见,并通过职工代表大会或者其他形式听取职工的意见和建议。

(六)有限责任公司

有限责任公司,简称有限公司,是指根据《市场主体登记管理条例》规定登记注册,由五十个以下的股东出资设立,每个股东以其所认缴的出资额为限对公司承担有限责任,公司以其全部资产对公司债务承担全部责任的经济组织。有限责任公司包括国有独资公司以及其他有限责任公司。

有限责任公司是我国企业实行公司制最重要的一种组织形式,指根据《市场主体登记管理条例》规定登记注册。其优点是设立程序比较简单,不必发布公告,也不必公布账目,尤其是公司的资产负债表一般不予公开,公司内部机构设置灵活。其缺点是由于不能公开发行股票,筹集资金范围和规模一般都比较小,难以适应大规模生产经营活动的需要。因此,这种形式一般适于中小型非股份制公司。

对于创业来说,有限责任公司是比较适合创业的企业类型,大部分的投融资方案、可变利益实体(VIE)架构等都是基于有限责任公司进行设计的。

1. 公司的基本属性

(1) 公司具有人格性。法人是与自然人并列的一类民商事主体,具有独立的主体性资格,具有法律主体所要求的权利能力与行为能力,能够以自己的名义从事民商事活动并以自己的财产独立承担民事责任。《公司法》规定"公司是企业法人"。公司是最典型的法人类型,体现了法人的最本质特征。

(2) 公司是社团组织,具有社团性。依法人内部组织基础的不同,可将法人分为社团法人和财团法人,公司属于社团法人。公司的社团性表现为它通常由两个或两个以上的股东出资组成。股份有限公司具有完全的社团性,其股东为两人以上。有限责任公司同样体现了公司的社团性,只是法律允许存在例外情形。

(3) 公司以营利为目的,具有营利性。公司以营利为目的,是指设立公司的目的及公司的运作,都是为了谋求经济利益。

2. 公司的基本特征

公司的基本特征有:

(1) 公司是资本的联合而形成的经济组织。公司是由许多投资者投资,为经营而设立的一种经济组织,具有广泛的筹集资金的能力,这种功能是适合社会生产力发展需要的,所以它有发展的优势。

(2) 公司具有法人资格。也就是从法律上赋予公司以人格,使公司像一个真实的人那样,以自己的名义从事经营,享有权利,承担责任,起诉应诉,从而使公司在市场上成为竞争主体。在现实的经济活动中,公司是一个经济实体。

(3) 公司是以营利为目的的。这是反映公司基本属性的一个特征,因为投资者投资公司是有一定利益追求的,希望从公司取得收益;从经济整体来说,公司资产的增值是社会发展的需要。公司以营利为目的,这也使公司与其他经济组织和社会组织有所区别。

(4) 公司依照法律设立和运行,是规范化程序较高的企业组织形式。公司的发起设立、对内对外关系、内部治理结构、合并分立等,都是依照法律规范来办理,公司是一种企业形式与法律形式相结合的体现。

(5) 公司是永续存在的企业组织形式。这就是说,公司投资者的股权可以转让,投资者可以流动,但公司仍然可以作为一个独立的实体而存在,公司仍然可以正常地从事经营活动,公司的存在并不取决于其投资人具体是谁。

3. 公司的设立

(1) 公司设立的概念。公司设立是指公司设立人依照法定的条件和程序,为组建公司并取得法人资格而必须采取和完成的法律行为。公司设立不同于公司的设立登记,后者仅是公司设立行为的最后阶段;公司设立也不同于公司成立,后者不是一种法律行为,而是设立人取得公司法人资格的一种事实状态或设立人设立公司行为的法律后果。所以,公司设立的实质是一种法律行为,属于法律行为中的多方法律行为,但一人有限责任公司和国有独资公司的设立行为属于单方法律行为。

(2) 公司设立的条件(有限责任公司和股份有限公司)。

设立有限责任公司,应当具备下列4个条件:

① 股东符合法定人数。设立有限责任公司的法定人数分两种情况:一是通常情况下,法定股东数须在50人以下;二是特殊情况下,国家授权投资的机构或国家授权的部门可以单独设立国有独资的有限责任公司。

② 股东共同制定章程。

③ 有公司名称,建立符合有限责任公司要求的组织机构。

④ 有固定的生产经营场所和必要的生产经营条件。

设立股份有限公司,应当具备以下6个条件:

① 发起人符合法定人数。设立股份有限公司必须有发起人,发起人既可以是自然人,也可以是法人。发起人应当在2人以上200人以下,其中须有过半数的发起人在中国境内有住所。

② 发起人认缴和社会公开募集的股本达到法定资本的最低限额。

③ 股份发行、筹办事项符合法律规定。

④ 发起人制定公司章程,并经创立大会通过。

⑤ 有公司名称,建立符合股份有限公司要求的组织机构。股份有限公司的组织机构由股东大会、董事会、经理、监事会组成。股东大会是最高权力机构,股东出席股东大会,所持每一股份有一表决权。董事会是公司股东会的执行机构,由5至19人组成。经理负责公司的日常经营管理工作。

⑥ 有固定的生产经营场所和必要的生产经营条件。

（3）股东出资方式。股东可以用货币出资，也可以用实物、知识产权、土地使用权等可以用货币估价并可以依法转让的非货币财产作价出资；但是，法律、行政法规规定不得作为出资的财产除外。

对作为出资的非货币财产应当评估作价，核实财产，不得高估或者低估作价。法律、行政法规对评估作价有规定的，从其规定。

（4）股东出资义务及法律责任。股东应当按期足额缴纳公司章程中规定的各自所认缴的出资额。股东以货币出资的，应当将货币出资足额存入有限责任公司在银行开设的账户；以非货币财产出资的，应当依法办理其财产权的转移手续。

股东不按照前款规定缴纳出资的，除应当向公司足额缴纳外，还应当向已按期足额缴纳出资的股东承担违约责任。

（5）公司股权比例的法律意义见表2.1和表2.2所示。

表2.1　有限责任公司股权比例的法律意义

持股比例设置	67%	51%	34%
对应权利	绝对控股权	相对控股权	一票否决权

表2.2　股份有限责任公司股权比例的法律意义

持股比例设置	30%	10%	3%	1%
对应权利	要约收购权（仅适用于上市公司）	临时会权 解散申请权	临时提案权	代位诉讼权

4. 公司的结构

公司治理结构，指的是这些机构以及公司权力在不同机构之间的分配。从《公司法》规定的公司治理机构来看，我国公司管理模式中有四个角色：股东会、董事会、监事会、法定代表人，只有在特殊情况下（比如一人有限公司、国有独资公司和股东人数较少的小公司），这个模式才会有所不同。

（1）股东会。《公司法》规定了股东会的权限，具体包括行使下列职权：
① 决定公司的经营方针和投资计划。
② 选举和更换非由职工代表担任的董事、监事，决定有关董事、监事的报酬事项。
③ 审议批准董事会的报告。
④ 审议批准监事会或者监事的报告。
⑤ 审议批准公司的年度财务预算方案、决算方案。
⑥ 审议批准公司的利润分配方案和弥补亏损方案。
⑦ 对公司增加或者减少注册资本作出决议。
⑧ 对发行公司债券作出决议。
⑨ 对公司合并、分立、解散、清算或者变更公司形式作出决议。
⑩ 修改公司章程。
⑪ 公司章程规定的其他职权。

以上权限中最重要的是选举和更换董事、监事并决定他们报酬的权力，其次是修改公司章程的权力,因为公司章程规定公司的基本制度,在公司内部的制度建设中具有奠基石的作用。

(2) 董事会。《公司法》规定,有限责任公司的董事会由3至13人组成,股份有限公司董事会由5至19人组成。《公司法》规定了董事会的权限,董事会对股东会负责,行使下列职权:

① 召集股东会会议,并向股东会报告工作。

② 执行股东会决议。

③ 决定公司的经营计划和投资方案。

④ 制定公司的年度财务预算方案、决算方案。

⑤ 制定公司利润分配方案和弥补亏损方案。

⑥ 制定公司增加或减少注册资本以及发行公司债券方案。

⑦ 制定公司合并、分立、解散或者变更公司形式的方案。

⑧ 决定公司内部管理机构的设置。

⑨ 决定聘任或解聘公司经理及其报酬事项,并根据经理的提名决定聘任或者解聘公司副经理、财务负责人及其报酬事项。

⑩ 制定公司的基本管理制度。

⑪ 公司章程规定的其他职权。

董事会是公司的决策机构,董事会有权直接决定的主要是两个方面,一是生产经营方面,有权决定生产经营和投资的计划;二是人事方面,有权决定机构设置、聘任和解聘经理并决定经理的报酬。凡是法律明确规定属于董事会权限范围内的事,法定代表人必须得到董事会的授权才可以做,否则其行为无效。

(3) 监事会。根据新《公司法》规定,对于规模较小的公司,可以不设监事会,设一名监事;对于规模较小或者股东人数较少的有限责任公司,经全体股东一致同意,可以不设监事;职工人数达300人以上的,应设置由职工担任的监事。《公司法》规定了监事会的权限,监事会(或不设监事会的公司的监事)行使下列职权:

① 检查公司财务。

② 对董事、高级管理人员执行公司职务的行为进行监督,对违反法律、行政法规、公司章程或者股东会决议的董事、高级管理人员提出罢免的建议。

③ 当董事、高级管理人员的行为损害公司的利益时,要求董事、高级管理人员予以纠正。

④ 提议召开临时股东会会议,在董事会不履行《公司法》规定的召集和主持股东会会议职责时召集和主持股东会会议。

⑤ 向股东会会议提出提案。

⑥ 依照《公司法》的规定,对董事、高级管理人员提起诉讼。

⑦ 公司章程规定的其他职权。

按照我国《公司法》的设计,监事会的权利主要是监督董事会,因此监事会可以检查公司财务、列席董事会会议、提议召开临时股东会、向股东会提出议案等。

5. 公司章程

（1）公司章程是股东共同一致的意思表示，是公司依法制定的，规定公司名称、住所、经营范围、经营管理制度等重大事项的基本文件，也是公司必备的规定公司组织及活动基本规则的书面文件。根据这一定义，公司章程具有如下特征：

① 公司章程是公司组织和活动的基本准则，是公司的宪章。公司章程是关于公司组织和行为的基本规范。公司章程不仅是公司的自治法规，而且是国家管理公司的重要依据。

② 公司章程是公司设立的最主要条件和最重要的文件，公司的设立程序以订立公司章程开始，以设立登记结束。我国《公司法》明确规定，订立公司章程是设立公司的条件之一。

③ 公司章程是确定公司权利、义务关系的基本法律文件，公司章程一经有关部门批准，并经公司登记机关核准即对外产生法律效力。

（2）公司章程的必备条款包括以下内容：

《公司法》规定："有限责任公司章程应当载明下列事项：公司名称和住所；公司经营范围；公司注册资本；股东的姓名或名称；股东的权利和义务；股东的出资方式和出资额、股东转让出资的条件；公司的机构及其产生办法、职权、议事规则；公司的法定代表人；股东会认为需要规定的其他事项。"

《公司法》规定："股份有限公司章程应当载明下列事项：公司名称和住所；公司经营范围；公司设立方式；公司股份总数、每股金额和注册资本；发起人的姓名、名称和认购的股份数、出资方式和出资时间；董事会的组成、职权和议事规则；公司法定代表人；监事会的组成、职权和议事规则；公司利润分配办法；公司的解散事由与清算办法；公司的通知和公告办法；股东大会认为需要规定的其他事项。"

（3）公司章程的修改包括以下内容：

① 由公司董事会作出修改公司章程的决议，并提出章程修改草案。

② 股东会对章程修改条款进行表决。有限责任公司修改公司章程，须经代表三分之二以上表决权的股东通过；股份有限公司修改章程，须经出席股东大会的股东所持表决权的三分之二以上通过。

③ 公司章程的修改涉及需要审批的事项时，报政府主管机关批准。如股份有限公司为注册资本而发行新股时，必须向国务院授权的部门或者省级人民政府申请批准；属于向社会公开募集的，须经国务院证券管理部门批准。

④ 公司章程的修改涉及需要登记事项的，报公司登记机关核准，办理变更登记；未涉及登记事项，送公司登记机关备案。

⑤ 公司章程的修改涉及需要公告事项的，应依法进行公告。如公司发行新股募足股款后，必须以法定或公司章程规定的方式进行公告。

⑥ 修改章程需向公司登记机关提交"股东会决议"及"章程修正案"，若涉及登记事项，须有公司法人签章方可完成变更。

(七)股份责任公司

股份有限公司是指公司资本为股份所组成的公司,股东以其认购的股份为限对公司承担责任的企业法人。

《公司法》规定:"设立股份有限公司,应当有二人以上二百人以下为发起人。"由于所有股份公司均须是负担有限责任的有限公司(但并非所有有限公司都是股份公司),所以一般合称"股份有限公司"。

表2.3 有限责任公司与股份有限公司差异对照表

项 目	有限责任公司	股份有限公司
公司名称	必须在公司名称中标明有限责任公司或者有限公司字样	必须在公司名称中标明股份有限公司或者股份公司字样
股东人数/设立方式	由五十个以下股东出资设立	可以采取发起设立或者募集设立的方式。有二人以上二百人以下为发起人,其中须有半数以上的发起人在中国境内有住所
设立条件	(一)股东符合法定人数;(二)有符合公司章程规定的全体股东认缴的出资额;(三)股东共同制定公司章程;(四)有公司名称,建立符合有限责任公司要求的组织机构;(五)有公司住所	(一)发起人符合法定人数;(二)有符合公司章程规定的全体发起人认购的股本总额或者募集的实收股本总额;(三)股份发行、筹办事项符合法律规定;(四)发起人制订公司章程,采用募集方式设立的经创立大会通过;(五)有公司名称,建立符合股份有限公司要求的组织机构;(六)有公司住所
股东责任	股东以其认缴的出资额为限对公司承担责任	股东以其认购的股份为限对公司承担责任

它必须有股东大会、董事会、监事会等组织机构,对公司实行内部管理,对外代表公司,组织机构是股东大会、董事会、监事会、经理。

(八)其他企业组织

1. 特殊公司

特殊公司是指依据商事特别法而设立的从事特别业务的公司。如根据我国商业银行法设立的商业银行,根据证券投资基金法设立的基金管理公司等。从我国现行法律体系来看,特殊公司实际上主要涉及的是金融行业,如银行业、投资基金业、证券业、保险业等。

2. 国有企业

国有独资公司,是指国家单独出资、由国务院或者地方人民政府授权本级人民政府国有资产监督管理机构履行出资人职责的有限责任公司。

国有企业这一概念有狭义和广义之分。从狭义上讲,国有企业仅指根据《全民所有制企业法》设立的国有企业;从广义上讲,所谓的国有企业不仅包括根据《全民所有制企业法》设立的国有企业,还包括根据公司法设立的国有公司。在根据公司法设立的国有公司的条件下,可以区分为两种:一种情形是国家独资设立的公司,即国有独资公司;另一种情形是国家股份或出资占有公司资本的过半数,这是一种经股份制改造之后的公司化企业。

3. 集体企业

集体企业,全称集体所有制企业,是指以生产资料的劳动群众集体所有制为基础而设立的独立的商品经济组织。集体企业可以分为城镇集体企业和乡村集体企业。前者是指在城镇区域内设立的集体所有制企业。后者是指在乡村区域内设立的集体所有制企业。集体企业也是一种企业法人,实行自主经营、自负盈亏、独立核算。

4. 合伙企业

为了规范合伙企业的行为,保护合伙企业及其合伙人、债权人的合法权益,我国制定了专门的《合伙企业法》。

(1) 合伙企业的含义。根据《合伙企业法》的规定,其所谓合伙企业,是指自然人、法人和其他组织依照合伙企业法设立的普通合伙企业和有限合伙企业。

(2) 我国的合伙企业具有如下特征:

① 合伙企业是一种商事合伙,具有非法人特性。

② 我国的合伙企业包括普通合伙企业和有限合伙企业。普通合伙企业由普通合伙人组成,原则上,合伙人对合伙企业债务承担无限连带责任。有限合伙由普通合伙人和有限合伙人组成,普通合伙人对合伙企业债务承担无限连带责任,有限合伙人以其认缴的出资额为限对合伙企业债务承担责任,实际上是一种有限责任。

③ 合伙企业的合伙人可以是自然人,也可以是法人或者其他组织,既可以成为普通合伙人,也可以成为有限合伙人。但是,国有独资公司、国有企业、上市公司以及公益性的事业单位、社会团体,则只能成为有限合伙人,不得成为普通合伙人。

④ 成立合伙企业须由各合伙人订立合伙协议。合伙协议依法由全体合伙人协商一致,以书面形式订立。订立合伙协议、设立合伙企业,应当遵循自愿、平等、公平、诚实信用原则。

⑤ 合伙企业必须依法设立。所谓依法设立主要是指依照《合伙企业法》的规定而设立。但除了《合伙企业法》外,民法上关于合伙的一般规定及民法上的一般原则也可能会适用于合伙企业。

5. 个体工商户

有经营能力的城镇待业人员、农村村民以及国家政策允许的其他人员,可以申请从事个体工商业经营,依法经核准登记后为个体工商户。个体工商户可以在国家法律和政策允许的范围内,经营工业、手工业、建筑业、交通运输业、商业、饮食业、服务业、修理业及其他行业。

个体工商户的债务,个人经营的,以个人财产承担;家庭经营的,以家庭财产承担;无法区分的,以家庭财产承担。个体工商户无论是由公民个人经营还是家庭经营,对外均以在工商行政管理机关登记注册的户的名义独立进行民事活动,取得民事权利,承担民事义务。

6. 农村承包经营户

农村承包经营户进行生产经营,主要是以商品交换为目的,将所收获的农、林、牧、副、渔等业的产品作为商品投入市场而满足社会的需要,而不是为了满足家庭消费需要。因而,具有商事行为的性质。农村承包经营户按照与集体经济组织订立的承包合同从事经营活动,并根据这种承包合同享有权利和承担义务。

7. 个人独资企业

依据我国《个人独资企业法》第二条规定:"个人独资企业,是指依照本法在中国境内设立,由一个自然人投资,财产为投资人个人所有,投资人以其个人财产对企业债务承担无限责任的经营实体。"

(九) 公司的合并与分立

1. 公司的合并

公司合并可以采取吸收合并和新设合并两种形式。一个公司吸收其他公司为吸收合并,被吸收的公司解散。两个以上公司合并设立一个新的公司为新设合并,合并各方解散。

公司合并,应当由合并各方签订合并协议,并编制资产负债表及财产清单。公司应当自作出合并决议之日起十日内通知债权人,并于三十日内在报纸上至少公告三次。债权人自接到通知书之日起三十日内,未接到通知书的自第一次公告之日起九十日内,有权要求公司清偿债务或者提供相应的担保。不清偿债务或者不提供相应担保的,公司不得合并。公司合并时,合并各方的债权、债务,应当由合并后存续的公司或者新设的公司承继。

2. 公司的分立

根据《公司法》第九章的相关规定,公司分立指一个公司依照公司法有关规定,通过股东会决议分成两个以上的公司。

分立基本方式:

(1) 存续分立,是指一个公司分立成两个以上公司,本公司继续存在并设立一个以上新的公司。

(2) 解散分立,是指一个公司分散为两个以上公司,本公司解散并设立两个以上新的公司。

(十) 公司的解散与清算

1. 公司解散

公司解散是指已经成立的公司,因公司章程或者法定事由出现而停止公司的对外经营活动,并开始公司的清算,处理未了结事务从而使公司法人资格消灭的法律行为。根据公司解散是否属于自愿,公司的解散事由可分为两大类,一类是任意解散事由;另一类是强制解散事由。

（1）一般解散的原因，是指只要出现了解散公司的事由公司即可解散。我国《公司法》规定的一般解散的原因有：

① 公司章程规定的营业期限届满或者公司章程规定的其他解散事由出现时。

② 股东会或者股东大会决议解散。

③ 因公司合并或者分立需要解散。

（2）强制解散的原因，是指由于某种情况的出现，主管机关或人民法院命令公司解散。《公司法》规定强制解散公司的原因主要有：

① 主管机关决定。国有独资公司由国家授权投资的机构或者国家授权的部门作出解散的决定，该国有独资公司应即解散。

② 责令关闭。公司违反法律、行政法规被主管机关依法责令关闭的，应当解散。

③ 被吊销营业执照。

2. 公司清算

（1）登记债权。《公司法》规定："清算组应当自成立之日起十日内通知债权人，并于六十日内在报纸上公告。债权人应当自接到通知书之日起三十日内，未接到通知书的自公告之日起四十五日内，向清算组申报其债权。债权人申报债权，应当说明债权的有关事项，并提供证明材料。清算组应当对债权进行登记。在申报债权期间，清算组不得对债权人进行清偿。"

（2）清理公司财产，制定清算方案。《公司法》规定："清算组在清理公司财产、编制资产负债表和财产清单后，应当制定清算方案，并报股东会、股东大会或者人民法院确认。"

（3）清偿债务。《公司法》规定："公司财产在分别支付清算费用、职工的工资、社会保险费用和法定补偿金，缴纳所欠税款，清偿公司债务后的剩余财产，有限责任公司按照股东的出资比例分配，股份有限公司按照股东持有的股份比例分配。清算期间，公司存续，但不得开展与清算无关的经营活动。公司财产在未依照前款规定清偿前，不得分配给股东。"

（4）公告公司终止。《公司法》规定："清算组在清理公司财产、编制资产负债表和财产清单后，发现公司财产不足清偿债务的，应当依法向人民法院申请宣告破产。公司经人民法院裁定宣告破产后，清算组应当将清算事务移交给人民法院。"《公司法》规定："公司清算结束后，清算组应当制作清算报告，报股东会、股东大会或者人民法院确认，并报送公司登记机关，申请注销公司登记，公告公司终止。"

（5）清算组的职权。清算组在公司清算期间代表公司进行一系列民事活动，全权处理公司经济事务和民事诉讼活动。根据《公司法》的规定："清算组成员应当忠于职守，依法履行清算义务。清算组成员不得利用职权收受贿赂或者其他非法收入，不得侵占公司财产。清算组成员因故意或者重大过失给公司或者债权人造成损失的，应当承担赔偿责任。"

（6）清算的终止。清算终止是清算程序的完结。清算人向股东分配剩余财产后，应从速制作清算报告书，提请股东会议通过。在股东会通过该报告后，清算人的责任即告解除，清算随之终止；此后，清算人应到登记机关进行清算完结的登记，清算公司的账簿及其他有关清算的重要文件,在清算终止登记后应保存一定时间,保存人由法院选任。

(十一)《公司法》(2024)修改的主要内容

《公司法》是由十四届全国人大常委会第七次会议于2023年12月29日表决通过,并自2024年7月1日起施行。这部法律的修订工作是为了贯彻落实党中央关于深化国有企业改革决策部署,以巩固深化国有企业治理改革成果,完善中国特色现代企业制度,促进国有经济高质量发展。

新的《公司法》主要包括以下几个方面:完善公司注册资本制度、优化公司治理、完善公司设立、退出制度以及强化职工民主管理等多个方面。其目的是规范公司的组织和行为,保护公司、股东、职工和债权人的合法权益;完善中国特色现代企业制度,弘扬企业家精神,维护社会经济秩序,促进社会主义市场经济的发展。此外,修改公司法也是优化营商环境、激发市场创新活力和满足完善产权保护制度的需要。

(1) 公司登记:新设公司登记一章,明确了公司设立登记、变更登记、注销登记的事项和程序。要求公司登记机关优化登记服务,提高登记效率。此外,充分利用信息化成果,明确规定了电子营业执照、国家企业信用信息公示系统发布的公告、采用电子通信方式召开的会议和表决的法律效力。

(2) 法定代表人:规定公司法定代表人由代表公司执行公司事务的董事或者经理担任。

(3) 注册资本制度:完善公司注册资本制度,特别是关于注册资本5年实缴到位的规定。

(4) 出资财产范围的扩大:修订后的公司法进一步扩展了可以用作出资的财产范围,明确股权和债权都可以用于作价出资。

(5) 公司治理与债权人权益:通过修改《公司法》,规范公司的组织和行为,确保公司、股东、债权人的合法权益得到维护。这包括完善公司设立、运营、退出各环节相关当事人的责任。

(6) 有限责任公司与股份有限公司:修订涉及有限责任公司的设立和组织机构、股权转让等方面,同时也涵盖了股份有限公司的相关条款。

(7) 放宽公司设立限制:修订后的《公司法》放宽了一人有限责任公司的设立限制,允许设立一人股份有限公司。

(8) 明确利润分配时间:股东会作出分配利润的决议后,董事会应当在股东会决议作出之日起6个月内进行分配。

(9) 股东可以查阅会计凭证:股东可以要求查阅公司会计账簿、会计凭证,公司如果拒绝提供查阅,股东可以向人民法院提起诉讼。

(10) 完善公司清算制度:对清算义务人及其责任进行了明确规定,并增设了简易注销和强制注销制度,以促进公司的顺利退出。

要点提示

1. 《公司法》的上位法是《宪法》。《公司法》(2024)第一条明确规定,根据《宪法》制定本法,这说明公司法的上位法是《宪法》,不是《民法典》。
2. 现代企业的组织形式按照财产的组织形式和所承担的法律责任划分。
3. 独资企业,西方也称"单人业主制"。我国的个体户和私营企业中,有很多属于此类企业。
4. 合伙企业是由几个人、几十人,甚至几百人联合起来共同出资创办的企业。公司企业是按所有权和管理权分离,出资者按出资额对公司承担有限责任创办的企业。主要包括有限责任公司和股份有限公司。
5. 商业法律行为包括:商业活动有关的许可、订立合同、履行合同、撤销合同。
6. 在公司治理与债权人权益方面,《公司法》(2024)规定:规范公司的组织和行为,确保公司、股东、债权人的合法权益得到维护。这包括完善公司设立、运营、退出各环节相关当事人的责任。
7. 《公司法》(2024)的出资财产范围的扩大:修订后的公司法进一步扩展了可以用作出资的财产范围,明确股权和债权都可以用于作价出资。
8. 在优化公司治理方面,《公司法》(2024)进一步完善了公司的注册资本制度和治理结构,旨在规范公司的组织和行为,确保其健康、有序的发展。

思考练习

1. 商法的调节对象是谁?
2. 商法的基本原则是什么?
3. 什么是商事主体?它有何特征?
4. 有限责任公司成立的程序是什么?
5. 为什么要进行公司的合并与分立?
6. 如何开展公司的解散与清算工作?
7. 有限责任公司与股份有限公司有何区别?
8. 《公司法》(2024)主要修改了哪些内容?为什么要修改这些内容?
9. 公司治理结构与机制的主要内容是什么?
10. 《公司法》(2024)对企业经营会产生哪些影响?

五、科技政策

任务导航:科技政策的核心是培育创新土壤、激发科研活力,关键在于营造公平竞争环境、保障知识产权、释放全社会的创新潜力。

学习重点：科技政策框架，技术市场发展规划和若干意见，国家技术转移体系建设顶层设计，促进技术转移与成果转化的税收政策，鼓励企业研发创新的税收政策，科研人员、服务机构奖励政策；国家部门相关政策和地方政策等。

建议学时：1学时。

（一）科技政策框架

科技政策框架是指国家或地区为规划、指导和实施科技创新活动而建立的一系列原则、目标、战略、机制、措施及制度的整体架构。它的构成通常包含以下核心要素：

（1）战略目标与愿景：明确科技创新在国家长期发展战略中的地位，设定未来一段时期内科技发展的总体方向和目标。

（2）政策目标与优先领域：确定重点支持的科技领域，如基础研究、应用技术研发、高新技术产业化、创新体系建设等，并设置优先级。

（3）资源配置机制：设计财政投入、税收优惠、金融支持等方面的政策工具，优化配置科研资金和人力资源，引导社会资源流向科技创新。

（4）创新体系构建：包括研发机构、企业、高校以及各类创新平台的建设与发展，促进产学研用协同创新。

（5）法规与标准环境：制定有利于科技创新的法律法规，完善知识产权保护制度，参与国际科技规则制定，建立适应科技创新的标准体系。

（6）人才培养与引进：围绕人才是创新第一资源的理念，出台相应的人才政策，鼓励培养高端科技人才，吸引国际人才。

（7）国际合作与竞争策略：在全球范围内寻求合作机遇，积极参与全球创新网络，同时确保在关键技术领域的自主可控能力。

（8）评估与反馈机制：建立科技政策执行效果的监测与评估系统，根据反馈结果动态调整和完善政策。

各国科技政策框架会结合本国国情、科技实力、产业发展需求以及国际竞争态势来制定，且随着科技全球化进程加快及新兴技术领域的不断涌现，科技政策框架需要持续更新以应对新的挑战和机遇。

国务院《国家技术转移体系建设方案》建设目标：适应新形势的国家技术转移体系基本建成，互联互通的技术市场初步形成，市场化的技术转移机构、专业化的技术转移人才队伍发展壮大，技术、资本、人才等创新要素有机融合，技术转移渠道更加畅通，面向"一带一路"共建国家等的国际技术转移广泛开展，有利于科技成果资本化、产业化的体制机制基本建立。到2025年，结构合理、功能完善、体制健全、运行高效的国家技术转移体系全面建成，技术市场充分发育，各类创新主体高效协同互动，技术转移体制机制更加健全，科技成果的扩散、流动、共享、应用更加顺畅。

（二）技术市场发展规划和若干意见

《关于技术市场发展的若干意见》指出：技术市场是重要的生产要素市场，是我国现代市场体系和国家创新体系的重要组成，是各类技术交易场所、服务机构和技术商品生产、交换、流通关系的总和。改革开放以来，我国技术市场从无到有，功能逐步完善，制度环境不断优化，对健全技术创新市场导向机制、促进科技和经济融通发展、完善社会主义市场经济体系等发挥了重要作用。与此同时，面对全球创新发展的新态势和我国全面深化改革的新要求，技术市场发展体制机制仍需完善、服务效能亟待提高、功能和作用有待进一步发挥，市场配置创新资源的决定性作用有待增强。

1. 明确技术市场发展的总体要求

坚持深化改革、优化环境，坚持拓展功能、提升服务，坚持规范行为、加强监管，坚持引领发展、要素融通，着力构建技术交易网络，着力提升专业化服务功能，着力优化制度环境，着力加强监管服务，加快形成以专业化服务为支撑、资金为纽带、政策为保障的现代技术市场，推动科技成果转移转化，促进科技与经济社会融通发展。

初步形成适应新时代发展要求的技术市场，2020年，服务体系进一步完善，市场规模持续扩大。到2025年，统一开放、功能完善、体制健全的技术市场进一步发展壮大，技术创新市场导向机制更趋完善，市场配置创新资源的决定性作用充分显现，技术市场对现代化产业体系发展的促进作用显著增强，为国家创新能力提升和迈入创新型国家前列提供有力支撑。

2. 优化技术市场分类布局

聚焦国家战略和区域、行业需求，发展各具特色、层次多元的技术交易市场。建设枢纽型技术交易市场，成为全国技术交易网络重要节点。完善区域性技术交易市场，推动科技成果服务地方经济社会发展。推进人工智能、生物医药等行业性技术交易市场发展，发挥专业化众创空间等创新创业服务载体的作用，提供专业化技术转移服务。充分整合利用现有资源，发展国家军民两用技术交易中心，推进军民两用技术、成果及知识产权的双向转化。围绕"一带一路"沿线等国家和地区建设国际化技术转移平台，推动我国技术交易市场成为国际技术转移网络重要节点。发挥国家技术转移区域中心作用，链接各类技术交易市场，形成互联互通的全国技术交易网络。

3. 提升技术交易市场服务功能和发展水平

推动现有基础条件好、影响力大、辐射面广的技术交易市场进一步规范发展，聚集高等学校、科研院所、企业、投资人、技术市场服务机构等各类主体，为技术交易双方提供知识产权、法律咨询、技术评价、中试孵化、招标拍卖等综合配套服务，建成全国性枢纽型技术交易市场。完善技术类无形资产挂牌交易、公开拍卖与成交信息公示制度，推广科技成果市场化定价机制，健全科技成果评价体系，通过市场发现价值。探索技术资本化机制，推动技术市场与资本市场联动发展。

4. 推动技术市场服务机构市场化专业化发展

大力发展一批社会化的技术市场服务机构,采取市场化运营机制,吸引集聚高端专业人才,提供专业化服务,促进高等学校、科研院所和企业之间技术交易和成果转化。对标国际一流技术转移机构运营模式,选择若干高等院校、科研院所开展高水平专业化技术转移机构示范,整合知识产权披露、保护、转让、许可、作价投资入股和无形资产管理等相关职能,建立专业化运营团队,形成市场化运营机制,在岗位管理、考核评价和职称评定等方面加强对技术转移机构人员的激励和保障,形成全链条的科技成果转化管理和服务体系。建设一批军民科技协同创新平台,为先进尖端技术快速进入国防科技创新体系和国防科技成果向民用领域转移转化提供渠道和服务保障。

5. 发展壮大技术市场人才队伍

加快培养一批技术经理人、技术经纪人,纳入国家、地方专业人才培养体系。依托国家技术转移区域中心建设国家技术转移人才培养基地,以市场化方式设立技术转移学院,开展技术市场管理和技术转移从业人员职业培训。鼓励高等学校设立技术转移相关专业,培养技术转移后备人才。联合国内外知名技术转移机构,推动成立技术经理人、技术经纪人行业组织,加强对从业人员的管理和服务,吸引社会资本设立相关奖项。

6. 创新技术市场服务模式

发展线上线下相融合的新型技术交易市场和服务机构,应用大数据、云计算等先进技术,开展技术搜索、技术评估、技术定价、技术预测等服务,通过开展创新挑战赛等活动为企业需求提供精准对接。依法合规开展技术成果在线交易,推动技术市场服务机构为技术交易双方提供大额资金支付分批次担保等服务,强化技术交易信用和利益保障,营造公平公正、安全有序的网上技术交易环境。发展知识产权质押融资,完善知识产权质物处置机制,加强知识产权评估、登记、托管、流转服务能力建设。支持绿色技术转移转化平台建设,强化科技与金融结合,加快绿色科技成果转移转化和产业化。

7. 完善技术市场法律法规和政策体系

全面贯彻落实促进技术转移的相关法律法规及配套政策,加强对政策落实的跟踪监测和效果评估。修订技术合同认定登记管理办法和技术合同认定规则,推动地方加强对大额合同的认定登记和规范化管理,优化服务流程,提升服务效率。推动地方开展技术市场立法工作,完善技术市场管理条例和配套政策,加大支持技术市场及其服务机构发展的政策力度。

8. 规范技术市场服务和管理

宣传贯彻《技术转移服务规范》国家标准,完善技术交易规则,优化技术转移服务流程。加强技术市场服务机构规范化管理,开展监督评估和考核评价,依据评估结果加大激励引导力度。加强技术市场信用管理,依法加大对不诚信行为的打击力度,保障交易主体权益,营造公平竞争环境。深入开展技术市场统计调查和数据分析,建立健全技术转移服务业专项统计制度。加强技术市场信息化建设,整合现有科技成果信息资源,为技术市场发展提供信息支持。

9. 加强技术市场组织保障

科技部充分发挥技术市场管理办公室职能和作用,加强对全国技术市场发展的组织协调,强化督促落实,加大对技术交易市场和技术市场服务机构的支持力度。各有关部门根据职能定位,加大政策支持和保障力度。各级地方科技管理部门要充分认识发展技术市场的重要性,加强组织领导,强化管理职能,加大投入力度,结合服务绩效对服务机构给予支持。

(三)国家技术转移体系建设顶层设计

《国家技术转移体系建设方案》作为这一顶层设计的具体体现,由国务院于2017年发布实施,目的是加速科技成果向现实生产力转化,优化科技创新体系布局,构建一个高效、有序、系统的技术转移生态系统。顶层设计主要围绕以下几个方面进行:

(1)在总体思路与目标上,明确建设国家技术转移体系的战略定位和长远发展目标,旨在通过制度创新和技术市场培育,推动科技成果从研发阶段快速有效地流向企业及产业界。

(2)在政策法规支撑方面,深化落实《促进科技成果转化法》,制定和完善涉及知识产权保护、税收优惠、财政支持等领域的相关政策法规,为技术转移提供法律保障。

(3)在体系建设结构上,构建包括技术研发、成果评价、产权交易、中介服务、政策引导等功能在内的多层次、多维度技术转移体系架构,强调中央与地方联动以及各主体间的协同合作。

(4)在资源配置机制上,建立科学合理的资源配置机制,引导和激励高校、科研机构、企业、金融机构等多元主体参与技术转移活动,形成以市场为导向、产学研深度融合的技术转移模式。

(5)在人才培养与能力建设上,加强专业技术转移人才队伍建设,提升各类技术转移服务机构的专业化水平和服务能力。

(6)在国际合作与交流方面,推进国际技术转移合作,引进国外先进技术和管理经验,同时推动中国自主科技成果"走出去"。

(7)在绩效评估与反馈调整上,建立完善的绩效评估体系,对技术转移工作的成效进行动态监测和评估,并根据评估结果不断优化和完善政策设计与执行。

在技术转移领域,这些卓有成效的举措,成功地推动了中国进入一个新的发展阶段。科技部印发《关于推进国家技术创新中心建设的总体方案(暂行)》,提出布局建设若干国家技术创新中心,突破制约我国产业安全的关键技术瓶颈,培育壮大一批具有核心创新能力的一流企业,催生若干以技术创新为引领、经济附加值高、带动作用强的重要产业,形成若干具有广泛辐射带动作用的区域创新高地,为构建现代化产业体系、实现高质量发展、加快建设创新型国家与世界科技强国提供强有力支撑。

1. 认真研判我国技术要素市场发展及科技成果转化工作面临的新形势新要求

(1)技术要素产生及配置方式出现重要变革。当前,技术研发与技术转化一体化的趋势日渐明显,"基础研究—应用研究—产品开发"的线性科研模式正在被实践打破,科学、技术与工程开始并行发展,技术要素的产生和配置出现新的范式,大量技术成果来源于产业或工程,并跨越独立的"转化"阶段,直接应用于产业发展。社会上,一大批新型研发机构顺应了技术创新范式变革的新趋势,在全国各地蓬勃发展,面向企业需求进行精准化"定制"研发,有效带动了以产业创新为导向的技术研发活动,促进了一大批基础研究成果的产业化。

(2)企业成为技术要素配置和科技成果转化的主体。随着企业技术创新主体地位不断夯实,技术要素市场的主体已经发生显著的结构性变化。从2003年起,企业输出技术合同第一次超过高校、院所,此后一直成为技术要素市场的主体。2019年,我国企业输出和购买技术合同成交额分别占到全国技术合同成交总额的90%和70%以上。这标志着以市场为导向、企业为主体、产学研相结合的技术创新体系正在加快形成。

(3)技术要素与资本、人才等创新要素加快集聚融通。技术、人才、资本作为重要的创新要素和生产要素正在加快融合发展,技术要素对资本和人才要素的牵引及配置作用不断增强,资本要素在促进科技成果转化和技术创新价值发现方面的作用越来越突显。一大批技术转移机构与投资机构合作设立了技术转移基金,支持早期技术成果的验证、中试和熟化,积极探索科技成果资本化的新机制新模式,不仅提高了科技成果转化的效率和成功率,还提升了技术转移机构的盈利能力和发展可持续性,促进科技成果转化服务行业良性发展。

(4)实现高质量发展亟须提供高质量的技术供给。我国经济已由高速增长阶段转向高质量发展阶段,正处在转变发展方式、优化经济结构、转换增长动力的攻关期。实现高质量发展必须将科技创新作为引领发展的第一动力,不断增强技术要素的有效供给,提高全要素生产率,提升对全球创新要素及科技资源的吸引配置能力,加快建立以企业为主体、市场为导向、产学研深度融合的技术创新体系,促进科技成果加速转化为现实生产力,不断增强我国经济创新力和竞争力。

(5)新一代信息技术基础设施为现代技术要素交易机制创新提供了条件支撑。当前,以5G网络、人工智能、大数据等为代表的新一代信息技术快速发展,信息基础设施加快完善,为技术要素交易机制创新提供了保障条件。利用人工智能、大数据等技术工具可以对现有技术合同数据进行深度学习和建模分析,对技术成果进行更加精准的量化评价和预测分析,解决科技成果评估难、定价难等难题。5G通信网络设施的普及应用为建立现代技术交易市场创造了基础条件,可实时处理海量科技成果的供需对接信息,通过实时竞价、撮合交易等方式促进科技成果转化供需双方达成一致。

2. 技术市场发展和科技成果转化工作总体思路

按照全面深化科技体制改革和创新驱动发展战略总体部署,深入落实《中共中央 国务院关于构建更加完善的要素市场化配置体制机制的意见》和《促进科技成果转化法》,围绕《国家技术转移体系建设方案》《"十三五"技术市场发展专项规划》的重点任务,加快推动技术要素市场化配置改革,着力研究和全力建设满足新时期创新发展需求的现代技术要素市场体系,充分利用新技术、新工具、新设施,把握新规律、新趋势、新要求,创新科技成果转化机制,完善技术转移服务体系,培育技术转移服务业态,推动技术转移与创业孵化融通发展,加快科技与经济深度融合,有力支撑我国经济高质量发展。

(四)促进技术转移与成果转化的税收政策

1. 个人所得税收优惠

(1) 科研机构、高等学校转化职务科技成果以股份或出资比例等股权形式给予个人奖励,暂不征收个人所得税。自1999年7月1日起,科研机构、高等学校转化职务科技成果以股份或出资比例等股权形式给予个人奖励,获奖人在取得股份、出资比例时,暂不缴纳个人所得税;取得按股份、出资比例分红或转让股权、出资比例所得时,应依法缴纳个人所得税。科研机构、高等学校转化职务科技成果以股份或出资比例等股权形式给予科技人员个人奖励,经主管税务机关备案后,暂不征收个人所得税。

自2018年7月1日起,依法批准设立的非营利性研究开发机构和高等学校根据《促进科技成果转化法》规定,从职务科技成果转化收入中给予科技人员的现金奖励,可减按50%计入科技人员当月"工资、薪金所得",依法缴纳个人所得税。非营利性科研机构和高校向科技人员发放职务科技成果转化现金奖励,应于发放之日的次月15日内,向主管税务机关办理备案手续。

(2) 政策依据:《财政部国家税务总局关于促进科技成果转化有关税收政策的通知》(1999年5月17日财税字〔1999〕45号)、《国家税务总局关于促进科技成果转化有关个人所得税问题的通知》(1999年7月1日国税发〔1999〕125号)、《国家税务总局关于3项个人所得税事项取消审批实施后续管理的公告》(2016年1月28日国家税务总局公告2016年第5号)、《财政部税务总局科技部关于科技人员取得职务科技成果转化现金奖励有关个人所得税政策的通知》(2018年5月29日财税〔2018〕58号)。

2. 个人投资递延纳税税收优惠

(1) 个人以技术成果投资入股到境内居民企业,被投资企业支付的对价全部为股票(权)的,可选择继续按财税〔2015〕41号文规定执行,也可选择适用递延纳税优惠政策。选择技术成果投资入股递延纳税政策的,经向主管税务机关备案,投资入股当期可暂不纳税,允许递延至转让股权时,按股权转让收入减去技术成果原值和合理税费后的差额计算缴纳所得税。

(2) 政策依据:《财政部国家税务总局关于个人非货币性资产投资有关个人所得税政策的通知》(2015年3月30日财税〔2015〕41号)、《财政部国家税务总局关于完善股权激励和技术入股有关所得税政策的通知》(2016年9月20日财税〔2016〕101号)、《国家税务总局关于股权激励和技术入股所得税征管问题的公告》(2016年9月28日国家税务总局公告2016年第62号)。

3. 企业所得税减免

经过依法认定登记的科技合同,符合条件的居民企业年度技术转让所得不超过500万元的部分,免征企业所得税;超过500万元的部分,减半征收企业所得税。

政策依据:《国家税务总局关于许可使用权技术转让所得企业所得税有关问题的公告》(国家税务总局公告2015年第82号)。

4. 研发加计扣除政策

(1) 适用主体:除烟草制造业、住宿和餐饮业、批发和零售业、房地产业、租赁和商务服务业、娱乐业以外的其他企业可以享受。上述企业应为会计核算健全、实行查账征收并能够准确归集研发费用的居民企业。

(2) 优惠比例:除制造业、住宿和餐饮业、批发和零售业、房地产业、租赁和商务服务业、娱乐业以外的企业,开展研发活动中实际发生的研发费用,未形成无形资产计入当期损益的,在2018年1月1日至2023年12月31日期间,在按规定据实扣除的基础上,再按照实际发生额的75%在税前加计扣除;形成无形资产的,在上述期间按照无形资产成本的175%在税前摊销。

除烟草制造业以外的制造业企业开展研发活动中实际发生的研发费用,未形成无形资产计入当期损益的,在按规定据实扣除的基础上,自2021年1月1日起,再按照实际发生额的100%在税前加计扣除;形成无形资产的,自2021年1月1日起,按照无形资产成本的200%在税前摊销。

制造业企业是以制造业业务为主营业务,享受优惠当年主营业务收入占收入总额的比例达到50%以上的企业。制造业的范围按《国民经济行业分类》(GB/T 4754—2017)确定,如国家有关部门更新《国民经济行业分类》,从其规定。

收入总额是企业以货币形式和非货币形式从各种来源取得的收入。包括:销售货物收入,提供劳务收入,转让财产收入,股息、红利等权益性投资收益,利息收入,租金收入,特许权使用费收入,接受捐赠收入,其他收入。

企业委托境内的外部机构或个人进行研发活动发生的费用按照费用实际发生额的80%计入委托方研发费用并按规定计算加计扣除;委托境外(不包括境外个人)进行研发活动所发生的费用,按照费用实际发生额的80%计入委托方的委托境外研发费用。委托境外研发费用不超过境内符合条件的研发费用三分之二的部分,可按规定在企业所得税前加计扣除。

(3) 政策依据:《财政部税务总局关于进一步完善研发费用税前加计扣除政策的公告》(2021年第13号)、《国家税务总局关于研发费用税前加计扣除归集范围有关问题的公告》(2017年第40号)、《国家税务总局关于企业研究开发费用税前加计扣除政策有关问题的公告》(2015年第97号)。

(五) 鼓励企业研发创新的税收政策

优化简化研发支出辅助账样式,调整优化计算方法,促进企业提前享受研发费用加计扣除优惠,增加流动资金,缓解资金压力,减轻办税负担。

研发费用加计扣除是指企业为开发新技术、新产品、新工艺发生的研究开发费用,可以在计算应纳税所得额时,在实际发生支出数额的基础上,再加成一定比例,作为计算应纳税所得额时的扣除数额进行加计扣除。研发费用加计扣除政策是促进企业技术进步的一项重要税收优惠政策。

其他支持具体(截至目前)政策如下：

一、企业初创期税收优惠

(一) 创业就业平台优惠

1. 科技企业孵化器、大学科技园和众创空间向在孵对象提供孵化服务取得的收入免征增值税。

2. 科技企业孵化器、大学科技园和众创空间自用以及无偿或通过出租等方式提供给在孵对象使用的房产、土地,免征房产税和城镇土地使用税。

3. 符合非营利组织条件的孵化器的收入享受企业所得税免税收入。

(二) 对提供资金、非货币性资产投资助力的创投企业等给予税收优惠

4. 创投企业股权投资种子期、初创期科技型企业按比例抵扣企业所得税应纳税所得额。

5. 创投企业股权投资未上市的中小高新技术企业按比例抵扣企业所得税应纳税所得额。

6. 个人合伙人投资初创科技型企业按比例抵扣个人经营所得。

7. 天使投资个人投资初创科技型企业按比例抵扣个人所得税应纳税所得额。

8. 个人以非货币性资产投资分期缴纳个人所得税。

二、企业成长期税收优惠

(一) 研发费用加计扣除政策

9. 研发费用加计扣除75%政策执行期限延长3年。

10. 制造业研发费用加计扣除比例提高至100%。

(二) 固定资产加速折旧政策

11. 符合条件的新购进设备、器具加速折旧。

(三) 购买符合条件设备税收优惠

12. 符合条件的内资研发机构和外资研发中心采购国产设备,全额退还增值税。

(四) 科技成果转化税收优惠

13. 技术转让、技术开发和与之相关的技术咨询、技术服务免征增值税。

14. 转让创新企业CDR免征增值税。

15. 转让创新企业CDR免征企业所得税。

16. 持有、转让创新企业CDR个人所得税。

17. 后续免费使用的创新药不属于增值税视同销售范围。

18. 符合条件的技术转让所得免征、减征企业所得税。

19. 科研机构、高等学校转化职务科技成果以股份或出资比例等股权形式给予个人奖励,暂不缴纳个人所得税。

20. 非营利性研究开发机构和高等学校科技人员现金奖励按比例减征个人所得。

21. 高新技术企业技术人员股权奖励分期缴纳个人所得税。

（五）科研机构创新人才税收优惠

22. 中小高新技术企业转增资本分期缴纳个人所得税。

23. 非上市公司股票期权、股权期权、限制性股票和股权奖励递延缴纳个人所得税。

24. 上市公司股票期权、限制性股票和股权奖励延长个人所得税纳税期限。

25. 企业或者个人以技术成果投资入股递延缴纳所得税。

三、企业成熟期税收优惠

（一）高新技术企业税收优惠

26. 高新技术企业减按15%的税率征收企业所得税。

27. 高新技术企业境外所得适用税率及税收抵免。

28. 延长高新技术企业亏损结转弥补年限至10年。

（二）技术先进型企业税收优惠

29. 先进制造业增值税增量留抵退税。

30. 技术先进型服务企业(服务贸易类)减按15%的税率征收企业所得税。

（三）软件企业税收优惠

31. 软件产品增值税即征即退。

32. 重点软件企业五免后减按10%税率征收企业所得税。

33. 软件企业定期减免企业所得税。

（四）集成电路企业税收优惠

34. 集成电路重大项目企业增值税期末留抵退税。

35. 重点集成电路设计企业五免后减按10%税率征收企业所得税。

36. 线宽小于28纳米(含)的集成电路生产企业或项目定期减免企业所得税。

37. 线宽小于65纳米(含)的集成电路生产企业或项目定期减免企业所得税。

38. 线宽小于130纳米(含)的集成电路生产企业或项目定期减免企业所得税。

39. 集成电路设计、装备、材料、封装、测试企业定期减免企业所得税。

40. 线宽小于130纳米(含)的集成电路生产企业亏损总结转年限最长不得超过10年。

（六）科研人员、服务机构奖励政策

1. 国务院关于印发实施《促进科技成果转化法》若干规定的通知

国家设立的研究开发机构、高等院校制定转化科技成果收益分配制度时，要按照规定充分听取本单位科技人员的意见，并在本单位公开相关制度。依法对职务科技成果完成人和为成果转化作出重要贡献的其他人员给予奖励时，按照以下规定执行：

（1）以技术转让或者许可方式转化职务科技成果的，应当从技术转让或者许可所取得的净收入中提取不低于50%的比例用于奖励。

（2）以科技成果作价投资实施转化的，应当从作价投资取得的股份或者出资比例中提取不低于50%的比例用于奖励。

（3）在研究开发和科技成果转化中作出主要贡献的人员，获得奖励的份额不低于奖励总额的50%。

（4）对科技人员在科技成果转化工作中开展技术开发、技术咨询、技术服务等活动给予的奖励，可按照《促进科技成果转化法》和本规定执行。

国务院部门、单位和各地方所属研究开发机构、高等院校等事业单位（不含内设机构）正职领导，以及上述事业单位所属具有独立法人资格单位的正职领导，是科技成果的主要完成人或者对科技成果转化作出重要贡献的，可以按照《促进科技成果转化法》的规定获得现金奖励，原则上不得获取股权激励。其他担任领导职务的科技人员，是科技成果的主要完成人或者对科技成果转化作出重要贡献的，可以按照《促进科技成果转化法》的规定获得现金、股份或者出资比例等奖励和报酬。

2.《财政部税务总局科技部关于科技人员取得职务科技成果转化现金奖励有关个人所得税政策的通知》（财税〔2018〕58号）

自2018年7月1日起，依法批准设立的非营利性研究开发机构和高等学校根据《促进科技成果转化法》规定，从职务科技成果转化收入中给予科技人员的现金奖励，可减按50%计入科技人员当月"工资、薪金所得"，依法缴纳个人所得税。

3. 人社部、财政部、科技部联合发布《关于事业单位科研人员职务科技成果转化现金奖励纳入绩效工资管理有关问题的通知》（人社部发〔2021〕14号）

此通知对高校院所等事业单位科研人员职务科技成果转化进行了新的明确约定。对于高校院所接受企事业单位委托的横向项目，如果是属于职务科技成果转化工作中开展的技术开发、技术咨询与技术服务，高校院所可按有关情况与规定，到当地科技主管部门进行技术合同登记，认定登记为技术开发、技术咨询与技术服务合同的，可以按促进成果转化法等法律法规给予科研人员现金奖励，计入所在单位绩效工资总量，但不受核定的绩效工资总量限制。

4. 重庆市人力社保局、市财政局、市科技局于近日联合印发《关于事业单位科研人员职务科技成果转化现金奖励纳入绩效工资管理有关问题的通知》

对科技成果转化的现金奖励和横向委托项目人员绩效，据实追加单位绩效工资总量，使其不受原核定绩效工资总量的限制，并实行单列管理、定向分配，精准激励完成、转化科技成果和承接横向委托项目的科研人员，充分体现科研人员的创新价值。创新管理方式，对追加的绩效工资总量实行备案制，事业单位按照本单位的职务科技成果转化和横向委托项目管理规定，及时兑现奖励，于次年1月底前通过主管部门报同级人力社保、财政部门备案即可。

5.《威海市文登区关于推进科技创新的扶持意见》（威文科字〔2020〕1号）

当年服务文登区企业成功申报高企5家（含）以上的科技服务机构，扶持5万元；成功申报高企10家（含）以上的科技服务机构，扶持10万元。按注册之日起两年内在我区累计对地方经济发展贡献等额资金扶持，最高不超过10万元。

对引进和提供海内外技术创新资源和合作伙伴，开展科技服务、科技成果转移和产业化的技术转移平台，每落地一个科技项目，经核定后，给予5万元资金扶持，单个平台每年扶持总额不超过50万元。属于政府购买服务的技术转移平台，按照购买服务协议给予扶持。

(七)成果转化人员职称政策

1. 北京成果转化人员职称政策

2019年,北京市人社局和北京市科委联合印发《北京市工程技术系列(技术经纪)专业技术资格评价试行办法》(以下简称《办法》),正式增设技术经纪专业职称。

2. 重庆将成果转化人员纳入自然科学职称序列

重庆市技术经纪专业,最高设置正高级,分别为初级(含员级、助理级)、中级、高级(含副高级、正高级)职称。

3. 辽宁省科技成果转化成绩优异人员职称评定暂行办法(修订)

适用于持有科技成果并在辽宁省行政区域内进行转化,科技成果转化成绩优异的企事业单位、社会组织、非公有制经济组织等的科技人员。

要点提示

1. 科技政策通过科学导向,将公共资源精准投放于关键技术领域,它的关键在于营造公平竞争环境,保障知识产权,释放全社会的创新潜力。
2. 增加研发投资是科技政策的重要着力点。
3. 推动产学研合作是科技政策的重要内容。

思考练习

1. 国家科技政策框架内有哪几部重要的法律文件?
2. 技术市场发展规划和若干意见的主要精神是什么?
3. 国家技术转移体系建设顶层设计的目的和内容是什么?
4. 国家出台了哪些促进技术转移与成果转化的税收政策?
5. 鼓励企业研发创新的税收政策有哪些?
6. 研发企业的加计扣除工作如何归类?
7. 国家针对科研人员、服务机构奖励政策主要有哪些?
8. 技术转移人员的职称改革起到了什么作用?
9. 如何针对人工智能、量子信息科学、生物科技(如基因编辑)、区块链、6G通信等新兴技术进行前瞻性的立法和监管?
10. 如何平衡技术创新与社会伦理、隐私保护、国家安全之间的关系?

第三章 实务技能模块一

一、需求甄别与分析

任务导航：甄别并深入分析技术需求，犹如为技术创新播种阳光与雨露，确保每一项科研成果都能落地生根，绽放出符合市场需求的独特价值。

学习重点：项目筛选的作用，项目筛选的主要原则，项目筛选的方法和步骤，有效技术搜集的来源与原则，有效技术的检索；技术项目市场分析与预测，技术项目预测的影响因素，技术项目财务分析，技术项目可行性研究与不确定性分析等。

建议学时：2学时。

需求甄别包括项目筛选、有效技术搜集与检索、技术项目市场分析与预测、技术项目财务分析和技术项目可行性研究与不确定性分析等。

（一）项目筛选的作用

项目筛选是对众多项目按照特定的性质进行精确的分类，排除掉会引起损失和不重要的项目，挑选出需要进一步研究的有效需求项目。真实、高效的项目筛选是优化资源配置的首要环节，项目筛选为优化资源配置提供了初步保障。通过项目的不断筛选，一方面促进项目质量的不断提高，另一方面促进投资者对技术市场进一步的了解，最终促进项目的成功。

（二）项目筛选的主要原则

1. 导向性原则

所有项目首先应当符合项目方的发展战略和业务规划，与项目方的整体计划紧密相关。同时，项目要有利于促进客户的满意度、增加市场份额、提升业务运营效率、提高风险管理能力等战略目标。

2. 效益性原则

项目的预期成果要满足财务效益持续的增加。财务效益，是指项目实施后所获得的营业收入和净利润。财务效益包含直接效益和间接效益。直接效益是指通过采用新项目达到企业收益增加、成本费用降低等；间接效益包括优化和改进生产流程，增强风险管理能力和内控能力，提高员工素质和员工满意度等。

3. 可控性原则

项目的内容以及项目的范围边界要能够清晰地界定。项目的实施者要能够确保在项目实施过程中,紧紧把握项目的内容以及合理边界,并且在项目的实施能力可控的前提下,能够在既定期限内实现预期目标。

(三) 项目筛选的方法和步骤

1. 项目筛选的主要方法

在进行项目筛选时,大多会涉及专利技术。关于专利技术的筛选,技术经纪人可以借鉴国家知识产权局专利管理司与中国技术交易所共同编制的《专利价值分析指标体系操作手册》(2012)。专利价值分析指标体系包含两层指标,从专利自身属性的角度,共分为法律、技术和经济三个指标;从专利功能的角度,将法律、技术和经济三个指标共分解为18项支撑指标。在实际项目筛选时,可遵循专利价值分析指标体系,通过对18项支撑指标进行打分,形成对专利进行衡量的一种标准化统一度量——专利价值度(Patent Value Degree,PVD)。这些指标综合了静态评价和动态评价,既体现稳定的要素,也包括变动的要素。专利价值度的定义是相对表征专利自身价值大小的度量单位(表3.1)。专利价值度三维度划分及计算方法如图3.1所示。

$$PVD = \alpha \times LVD + \beta \times TVD + \gamma \times EVD$$

其中,$\alpha + \beta + \gamma = 100\%$。

表3.1 专利价值度评价标准表

专利价值度	90~100	80~89	70~79	60~69	<60
评价标准	极好	很好	较好	一般	较差

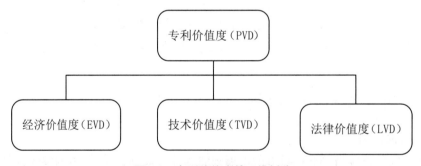

图3.1 专利价值度的三维划分

(1) 法律价值度,是指从法律的角度来评价一项专利的价值。专利的法律价值度需要衡量专利的稳定性、可规避性、依赖性、专利侵权可判定性、有效期、多国申请、专利许可状况(图3.2)。每个指标的分值都为0~10分。其中,稳定性指标作为关键性参数,其他6个法律支撑指标所具有的权重各不相同。

① 稳定性,衡量一项被授权的专利在行使权利的过程中被无效的可能性。

② 可规避性,专利是否容易被他人进行规避设计,从而在不侵权该项专利的前提下,仍可以达到与本专利相似的技术效果。

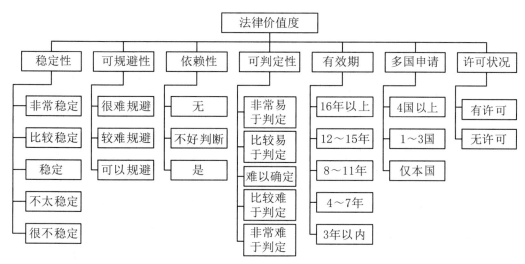

图 3.2　法律价值度的评价指标

③ 依赖性,一项专利的实施是否依赖现有授权专利的许可,以及本专利是否作为后续专利申请的基础。

④ 专利侵权可判定性,基于一项专利的权利要求,是否容易发现和判断侵权行为的发生,是否容易取证,进而行使诉讼的权利。

⑤ 有效期,基于一项授权的专利从当前算起还有多长时间的保护期。

⑥ 多国申请情况,本专利是否在除本国之外的其他国家提交过申请。

⑦ 专利许可状况,本专利权人是否将本专利许可他人使用或者经历侵权诉讼。

(2) 技术价值度,是指从技术的角度来评价一项专利的价值。专利的技术价值度衡量是对先进性、行业发展趋势、适用范围、配套技术依存度、可替代性以及成熟度共6项指标的评判(图 3.3)。

① 先进性,专利技术在当前进行评估的时间点上与本领域的其他技术相比是否处于领先地位。

② 行业发展趋势,专利技术所在的技术领域目前的发展方向。

③ 适用范围,专利技术可以应用的范围。

④ 配套技术依存度,专利技术是否依赖于其他技术才可实施。

⑤ 可替代性,在当前时间点,是否存在解决相同或类似问题的替代技术方案。

⑥ 成熟度,专利技术在评估时所处的发展阶段。

(3) 经济价值度,是指从市场经济效益的角度来评价一项专利的价值。专利的经济价值度评判是根据专利的市场应用、市场规模前景、市场占有率、竞争情况以及政策适应性共5项指标的综合评分决定的(图 3.4)。

① 市场应用,专利技术目前是否已经在市场上投入使用,如果还没有投入市场,则根据将来在市场上的应用前景评判。

② 市场规模,专利技术经过充分的市场推广后,在未来,其对应专利产品或工艺总共有可能实现的销售收益。

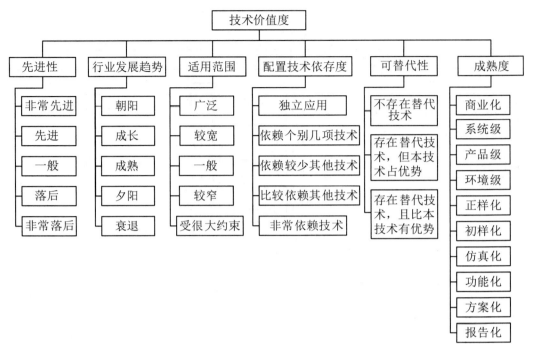

图 3.3 技术价值度的评价指标

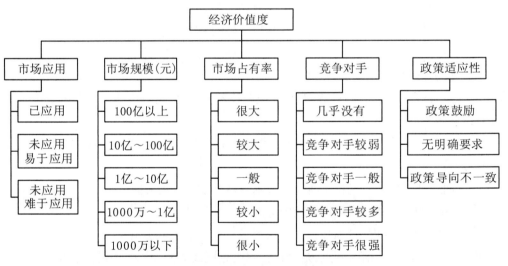

图 3.4 经济价值度评价指标

③ 市场占有率,专利技术经过充分的市场推广后可能在市场占有的份额。

④ 竞争对手,商场上是否存在与目标专利技术的持有人形成竞争关系的竞争对手存在,以及竞争对手的规模。

⑤ 政策适应性,国家与地方政策对应用一项专利技术的相关规定,包括专利技术是否是政策所鼓励和扶持的技术,是否有各种优惠政策。

技术交易项目评估指标体系包括技术价值和市场价值两大指标体系。在技术指标体系中,设计若干指标,包括创新、技术含量、技术成熟度、技术应用范围及可替代程度等;在市场价值指标体系中涵盖市场化能力、市场需求度、市场垄断程度、市场竞争力等指标。将各指标赋予合理的权重并制定评分进行统一汇总,构建一个科学、全面、切实可行的项目评估指标体系(表3.2)。

表3.2 技术交易评估体系指标

指 标 体 系	具 体 指 标
技术价值	创新度
	技术含量
	技术成熟度
	技术应用范围
	可替代程度
市场价值	市场化能力
	市场需求度
	市场垄断程度
	市场竞争力

2. 项目筛选的步骤

一般技术项目筛选评价可以分为初步筛选和深入筛选。初步筛选应当对技术项目投资对象的行业领域、发展阶段、所需要的投资规模以及项目所处的地理位置等因素加以考虑。如技术项目中有几个因素符合项目筛选的原则,则进行下一步评价分析,否则淘汰该项目。而深入筛选应当对技术的商品计划书的质量进行审核,对企业和管理团队的评估、技术和产品以及产品市场的发展前景作一个判断,然后对其前期和将来的财务预测等综合评估。符合项目要求标准的,进行投资,否则淘汰。

项目筛选时从若干项目中选择比较适合的项目,往往最初受理的项目和最终确定的项目数量相差甚远。项目筛选通常需要经过如下几个环节(图3.5):受理项目申请、初步筛选、审查商业计划书、访谈项目方、尽职调查、收益风险排序、确定项目。

(四) 有效技术搜集的来源与原则

当今社会中,技术项目信息的来源渠道多种多样,要善于从各类技术市场主体、各种社会活动中获取所需要的信息。

1. 有效技术搜集的来源

信息是资源是非常重要的要素。掌握信息来源,了解第一手资料,不仅有利于了解市场环境、技术供求信息,而且有利于对信息的使用价值作出正确的判断,保证信息的准确性和时效性。

市场上,各种技术供求信息繁多,要满足消费者和技术信息的需求,需要根据具体情况对技术信息进行搜集,通过有效技术的搜集,挑选出潜在的技术项目,提高技术经纪的效率和质量。

获取信息的来源可分为:第一来源,相关机构(包括高等院校及企业)所提供的信息;第二来源,产学研合作和相关活动所提供的信息;第三来源,传媒所提供的消息。

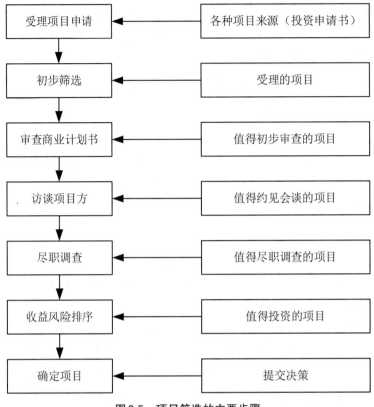

图3.5 项目筛选的主要步骤

（1）高等院校及科研院所——第一来源。高等院校以及科研院所是我国科研力量最集中的地方,它们具有较强的科研能力,了解世界科技的发展趋势,承担了大量国家重大科研项目,每年都有大量的科技成果产生。

企业及个人：企业在技术市场中以技术买方和技术卖方双重身份出现。首先随着企业的发展,企业对技术的需求更为强烈,因此,企业是技术需求的主要来源;其次,随着国家创新体系建设的推进,企业逐步加大对技术创新的投入,研发与创新能力迅速提高,高新技术企业的技术创新与技术交易非常活跃。因此,企业也成为科技成果产生的重要源头,拥有大量的技术信息,是重要的信息源。除了企业的科技成果,个人的专利技术和科研成果具有小型实用的特点,也是市场关注的重点。

第三方信息服务机构：信息服务机构在社会科技与经济的发展中起到越来越重要的作用,作为新产业,近年来得到快速发展,如专门化的信息咨询机构、专业性的网站、情报机构等,它们收集、整理信息,使信息如同商品一样可以进行交易。

政府机构及国防科研：为技术提供保护服务的政府机构,如专利局或知识产权局等虽然不是技术商品生产的源头,但由于法律所赋予的职责及制度上的要求,使其成为技术商品信息管理最正规、最权威的部门,也是信息公开最集中的地方。国防科研和国防工业也是重要的技术信息提供方,他们把替代下来的具有较高可靠性的军用技术通过市场转为民用,或者利用他们的科研力量从事民用产品的研究。

各类技术转移机构：为了加快科技成果的产业化,在政府的倡导下,各部门组建了各类技术转移机构,不仅汇聚了许多现成的技术成果,而且还能供需求者发布技术需求信息,吸引众多技术拥有者主动提供相关的信息,如专业协会、风险投资行业协会、科技创业孵化器、科技园区等。特别是科技园区,许多国际性公司落户其中,设立了研究发展机构,使科研与国际水平接轨,生产和科研逐步面向全球,技术成果、需求信息相对比较集中,能够给技术市场提供大量有益的信息。

(2)产学研合作——第二来源。产学研合作是指企业、科研院所和高等学校之间的合作,通常指以企业为技术需求方,与以科研院所或者高等学校为技术供给方之间的合作,其实质是促进技术创新所需要各种生产要素的有效组合。随着高校功能从人才培育、科学研究到社会服务的延伸,高等教育、科技、经济一体化的趋势越来越强。尤其是在知识经济社会中,大学将被推向社会发展的中心,成为社会经济发展的重要动力。以产学研合作的方式作为有效技术的来源会变得越来越有效。

科技活动:各级政府、行业协会、中介机构等组织为加强科技合作与交流,推进科技事业发展,每年都会举办各种类型的科技活动,如科技周、国际国内的科技博览会、技术交流会、技术交易会、科技成果发布会、技术难题招标会、技术洽谈会、科技招商会、技术对接会等,汇集的信息涉及各个行业及领域,具有广泛性和综合性。

社会活动:除了上述活动外,还可以有目的地参与社会活动,通过与不同领域、行业的人士交往获取相应的信息,通过这种活动不仅可以获取很多一手信息,而且还可以结识众多人士建立稳定的信息来源渠道,如很多科技中介机构、行业协会、学会组织等都会举办各种类型的沙龙活动、学术会议、研讨会等。

(3)媒体——第三来源。由于媒体具有信息传递量大、速度快、内容丰富、受众面广的特点,已成为传播技术市场信息的主要手段之一。

2. 有效技术搜集的原则

为保证信息搜集的质量,应坚持以下原则:

(1)准确性原则。要求所搜集到的项目要真实可靠。该原则是项目搜集工作的最基本要求。为达到此要求,就必须对搜集的项目进行核实,力求准确性。

(2)全面性原则。要求所搜集到的项目要广泛、全面、完整。只有广泛、全面地搜集项目,才能完整地反映决策对象发展的全貌,为项目的科学性提供保障。当然,实际所搜集到的项目不可能做到绝对的完整,因此,如何在不完备、不完整的情况下作出科学的经纪活动就是一个非常值得探讨的问题。

(3)时效性原则。项目的利用价值取决于该项目是否能及时地进行。项目只有及时、迅速地进行才能使供求双方获益,因此,技术的搜集需遵循时效性原则。

(五)有效技术的检索

1. 检索的作用

检索是指根据项目特征,从大量的专利文献或专利数据库中挑选符合某一特定要求的文献和信息的过程。检索的作用包括以下方面:

（1）能够全面地掌握有关的必要信息，增强决策的科学性。掌握一定量的必要信息，是技术项目进行的首要条件，也是进行正确决策必不可少的前提条件。科学的决策，源于对各类技术资料的充分了解与认识，有效技术检索是获取信息的重要途径。因此，有效技术的检索会使决策建立在科学基础之上，大大增加了决策的科学性，减少了决策的盲目性。

（2）提高信息的利用效率，缩短获取信息的时间。有效技术的检索可以在短时间内获取与需求紧密相关的信息，有充分的时间去完成技术项目，从而大大提高了工作效率。

（3）避免项目重复开发和资金浪费。在选择技术项目之初就必须进行有效技术的检索，了解他人在该技术项目上的进展、专利情况等。通过有效技术的检索，为项目申请方提供切实有效的解决方案。这样就可以避免项目的重复开发，同时帮助企业避免了资金浪费。

2. 检索的途径

（1）政府相关部门的网络信息系统。随着网络技术的发展，网上专利资源以其无可比拟的数据优势及检索方便快捷、不受时空限制等特点，成为专利检索的主要方式。网上检索速度快、内容新，但不具有法律效力，如要作为证据使用，需要有关部门出示相应的证明，或通过法定认可的部门检索后下载并予以证明才具有法律效力。2014年，国家知识产权局建设并启动了专利数据服务试验系统，可以提供专利检索服务。

（2）软件检索。在网络专利资源出现之前，软件检索是指通过微缩胶片、计算机磁介质（包括磁带和磁盘）及光盘这三类介质实现专利文献检索。微缩胶片与计算机磁介质凭借储存密度高、体积小、保存寿命长等优势，在专利文献检索早期得到了广泛的应用。

其中，IncoPat科技创新情报平台，是第一个将全球顶尖的发明智慧深度整合，并翻译为中文，为中国的项目决策者、研发人员、知识产权管理人员提供科技创新情报的平台。IncoPat可以提供最新的技术发展，规避专利侵权风险，了解竞争对手的研发动态甚至实现知识产权的商业价值。

（3）纸质检索。在网络化还没有为信息共享实现最大提供可能之前，专利检索主要的途径是纸质检索。

3. 检索的策略

（1）按照市场类型与目的进行检索。按照市场类型的划分有不同的分类标准，主要根据市场主体的不同以及消费客体性质的不同分为两大类。其中一类又可细分为多个类型，每一种分类标准都提供一种检索角度。

（2）按照同类竞争情况进行检索。这是指可以从同类技术竞争对手或传统类竞争对手两方面入手，可以针对机会、优势、威胁、市场分布、主要产品等方面进行检索分析。

（3）按照商业前景进行检索。可以从地理位置、固定人口购买力分析、流动人口购买力、潜在购买力分析、商业评价等方面进行检索分析。

（4）按照企业背景、企业财务能力以及企业团队进行检索。可以从企业概况、固定资产的多少、起步资金的清白以及其他的直接的个人产业等方面入手。

另外，还可以从团队目标、构成人员、团队定位、团队权限、团队计划等方面进行检索分析。

（六）技术项目市场分析与预测

技术项目市场分析与预测是技术项目是否成功的前提，是技术价值的决定基础，也是技术项目识别与分析的主要内容。

1. 技术项目市场分析

（1）技术项目市场分析是指通过必要的市场调查和市场预测手段，对技术项目产品（服务）的技术因素、需求现状和竞争对手进行分析和判断，进而分析产品（服务）在技术项目产业化实施后可预见的时间内是否有市场，以及采取怎样的战略来实现目标。

（2）技术项目市场分析的意义与价值：通过对技术项目的市场进行分析，有助于了解项目产品（服务）的市场现状和所面对的市场环境特征，并预测其未来发展趋势，进而了解市场供求结构和项目未来的市场状况，识别竞争对手，比较产品（服务）的竞争力。市场分析是技术经纪项目得以成立的必要前提，也是进行项目财务分析的主要基础。

（3）技术项目市场分析的内容：

技术因素分析：对技术因素的分析，可以通过了解技术的真实性、可用性、经济性、先进性、成熟性和适用性等方面入手。要了解和掌握项目的技术水平，一般可以通过项目的技术参数与国内外同类技术比较来加以把握。通过比较分析，了解该技术在国内外同领域内的地位。如果在同领域内技术是领先的，则要了解技术领先时间；如果技术具有创新性，则要了解该技术是否为独占技术，是否容易模仿和可替代；如果是适用技术，则要了解技术发展的动态。

① 技术的真实性。真实性是技术分析的评价基础。技术真实性存在两种情况：一种是因为技术的特定类型使得技术结果具有不确定性。例如，化学反应可能因温度、压力或添加剂等多种外在因素而导致结果失败，这并非技术提供方主观意图造成的。另一种是伪科学。提交技术成果的人为追求功名利禄而放弃科学原则，技术内容就可能不真实，对此必须作出准确的甄别，否则便会给技术受让人带来巨大的损失。

② 技术的可用性。技术的可用性是指技术转化为特定工业产品，具有使用价值，并能够投入实际应用，能够达到一定的工作目标，满足某一个方面的需要。例如，OLED（Organic Light Emitting Diode）有机发光二极管或有机发光显示器技术，事实上这种发光原理早在1936年就被人们所发现，但直到1987年OLED才作为一种可商业化和性能优异的平板显示技术而引起人们的重视。有的技术成果则可能不一定具备可用性。因此，技术经纪人必须善于对技术的可用性及可用程度进行分析判断，确保该项技术在转让后能够成功实施产业化。

③ 技术的经济性。通常情况下，技术成果转化为生产力也存在着成本-收益的问题，即一项技术实施产业化后所产生的经济效益必须大于取得该项技术所支付的成本。

技术的经济性是技术成果能够成功转让的保障。因此必须对技术项目进行经济性论证，根据相关的经济效益指标和技术商品价格比较判断该技术是否具有经济性。

技术价格与技术的内涵有关：使用该技术后产品对市场的垄断程度，如技术独占许可价格比普通价格高；技术的成熟度，如通过中试的价格比小试的高；解决技术的难易程度，如解决产业发展瓶颈的技术价格比解决普通技术高等。技术价格可以比较的相关因素有很多，如先进性、适用性、新颖性等。

④ 技术的先进性。技术的先进性是指对技术的使用、竞争能力和市场未来发展趋势的判断。先进性是随着时间的变化而不断变化的。科学技术发展速度惊人，有些技术项目会因时间的推移而失去其先进性。因此，先进性在不同时期有着不同的内容和划分标准。

⑤ 技术的成熟性。技术项目成熟性分析是指对技术的可靠性、安全性、稳定性进行全面的分析，以反映技术转化为生产力的可能性和风险大小的程度。如果技术项目的形式是新产品，要比较产品达到的成熟状态，包括小批量、小规模试生产条件下的成熟状态和在规模化生产条件下的成熟状态，具体是对产品的技术检测、分析化验的数据进行比较，检验产品质量的稳定性状态。若该项目技术的形式是新技术，要了解该技术在实际使用条件下的可靠性、安全性等情况，以及研究技术目前的主要缺陷和障碍以及克服这些缺陷和障碍的可能性和所需时间。

⑥ 技术的适用性。技术的适用性比较是指对项目的技术成果能否满足使用者生产和市场需要，能否适应使用者的生产技术条件与环境等方面的比较，并具有一定的前瞻性。有些具有科学价值的技术不一定具有市场开发价值，也就是说，这些技术成果经过生产，物化为一定社会产品后不一定为市场所接受。有些技术成果虽然有一定开发价值，但投资过高，收益过低，企业开发后无直接经济效益。

（4）市场需求分析。市场需求分析是技术产业化是否成功的前提，是技术价值的决定基础，也是技术经纪前期策划的主要内容。对市场需求的分析，可以利用市场问卷开展市场调研方式，也可以在利用商业数据库的基础上再进行补充调研的方式完成。

① 市场需求分析的内容包括以下方面：

一是需求现状及发展趋势。通过调查，全面了解当前市场上同类型产品的需求量、产品的丰富程度、市场的发展动态、国内现有生产能力等，预测技术项目产业化后产品的市场容量；根据产品的生命周期，预测市场变化趋势；根据市场的价格、技术进步分析，预测产品的社会效益和经济效益；通过全面系统的收集、分析研究，了解该产品的现实市场和潜在市场，并得出有无市场和市场大小的结论，预测出技术项目实施产业化后进入市场的发展前景。

二是竞争结构。通过调查了解所处的市场类型。按市场占有程度可划分为垄断市场、完全竞争市场、不完全竞争市场。不同的市场结构给技术产业化后所施加的竞争压力有较大的差异。必须非常清楚地了解市场的类型，才能给潜在的受让者提供合理的建议。此外，还必须了解相似或可替代技术商品的主要供给者及其竞争能力、供给分布等，通过产品竞争能力、市场竞争对手的数量和竞争能力的情况分析，结合技术本身的特点，预测产品的市场占有率,从而确定技术转让后的市场占有率水平。

三是市场需求规模。根据产品市场现状及其发展前景,以及本技术实施后可能的市场份额确定技术的需求规模,并以此来确定技术项目的经济效益水平。

② 市场需求分析的要求。双向调查与分析是市场分析的特殊要求。在技术交易中,不仅买方要选择卖方,卖方也要选择买方,这是技术交易的一个特点,是实现技术交易的必要前提。由于技术商品的使用价值具有间接性,把技术商品转化为生产力的过程存在一定的风险,因此技术交易一般不能转手买卖,而是由买卖双方直接见面。技术交易是买卖双方互动的过程。在技术交易中,除了对技术商品进行选择外,还要对交易伙伴进行选择。为技术的卖方寻找和选择合适的技术购买单位,为技术的买方寻找和选择合适的技术成果。

接受卖方的委托,为寻找和选择合适的买方,应对买方进行调研:了解买方对技术商品的接纳能力,包括消化吸收能力、购买技术商品的资金来源、现有的生产条件和规模、企业的生产和管理经营水平、管理团队等方面的情况,以及买方的市场风险承受能力、生产的布局和市场容量等方面的信息。

接受买方的委托,为其寻找和选择合适的卖方时,应根据自己掌握的知识和信息,向买方提供相关技术成果的性能水平、技术发展趋势预测等方面的信息资料,帮助买方正确选择技术,并分析买方自身的技术吸收消化能力和技术应用与生产后的经济效益。由于同一类技术可能有着不同的技术源。因此,首先要了解卖方的技术水平和综合科技实力,并结合技术性能、技术发展趋势、技术消化吸收能力,以及生产产品的特点、投资费用、生产成本、经济效益等多种因素,权衡利弊,为技术买方选择最恰当的技术引进方式及其相应的技术卖方。

(5) 市场因素分析。市场因素分析主要是指资源供给的分析,如资金、材料、人力、时间、技术、信息、交通等对市场需求的影响;政策因素对需求的影响,如宏观经济调控、产业政策导向等。技术经纪人通过大量数据采集与分析,以及国家、地方政策法规的收集与研究,分析技术项目交易和产业化过程中可能会受到何种因素的制约及影响程度、谈判的主动权策略,判断项目实施的可能性。

市场因素分析的目的是判断该技术产业化的配套环境。一项技术的市场前景无论如何好,如果缺乏相应的配套环境,也不一定能够进行产业化。因此,市场分析时还必须对产业环境、政策因素、技术交易后的影响范围、影响程度进行充分的分析。

2. 技术项目市场预测

(1) 市场预测是指根据过去的经验或市场调查的基础上,了解产品的现实市场和潜在市场,运用一定的方法预测出技术项目实施产业化后市场的发展状况。

(2) 市场预测的方法包括以下几种:

① 定性分析。定性分析是一种在日常工作中或缺乏信息的情况下广泛采用的分析方法,主要根据个人主观经验和直觉进行分析,从而确定未来事件的发展性质和发展程度。如对市场形势、消费倾向、购买力趋向等作出判断和估计,都是定性预测。实践中,一些中长期预测往往采用定性分析预测方法,如德尔菲方法、主观概率法、经验判断法、

综合意见法等都是定性分析预测方法。由于定性分析是对技术项目产品发展趋势的预测，一般很难对其发展程度作出量化分析。

② 定量分析。定量分析是指运用定量的方法来研究、推测未来预测对象的发展趋势、程度和结构关系。它主要是对与预测对象有因果关系的影响因素进行分析，所以又称为因果分析预测或因素分析预测，即分析市场供求变动各个因素中，两个或多个相关变数之间的因果关系，建立起预测影响因素之间的关系的数学公式，并据此进行预测。因果关系通常采用回归分析方法，分为线性回归分析方法和非线性回归方法。线性回归分析方法又可分为一元线性回归法、二元线性回归法和多元线性回归法等。

③ 定时分析。定时分析是对预测对象进行的进行时间的分析，进而预测未来事件的发展过程，又称为过程分析。定时分析也是一种定量的分析，如技术项目产品生命周期的分析预测、销售量的平均递增率、季节性的商品的供需变化、历年价格指数变化以及长期规划等分析预测都属于时间分析。定时分析常采用变动趋势预测法、移动平均法、指数平滑法等。

④ 定比分析。定比分析是用定比方法来研究、选择未来事件的发展结构，主要用来研究不同预测对象之间的结构关系。如部分与整体之间的关系、部分与部分之间的关系。结构分析可以用于购买力趋向分析、库存结构比例分析、费用比例分析、消费比例分析、市场占有率分析以及市场占有率转移分析等。

（3）预测评估分析是对未来的预测对象进行了定性、定量、定时和定比预测之后，有时还不能认为已经完成了预测，还必须对预测方案进行评估，对其实现的可能性进行概率评估。预测评估一般用估计均差法来研究、判断时间预测的准确程度。此外，还可以采用专家调查法和不同预测方法比较等方法进行评估分析。

市场预测的内容：根据技术项目的性质可以选择与其相应的预测内容，就一般性项目而言，要进行以下几个方面内容的预测：

① 市场需求变化的预测。市场供求变化的预测，即技术项目实施产业化后，从供给和需求的角度，对市场的供求现状和走势加以预测，包括国内和国际两个市场的供求预测。一般来说，需求现状要根据一些指标（如购买力、拥有率等）进行分析计算。就发展走势而言，更多的预测重点应放在需求预测上而不是供给预测上。

② 购买力趋向及价格走势的预测。购买力趋向预测就是市场需求结构的预测，是指购买力在各类商品之间的比例分配。预测消费结构的变化不仅要研究人们的购买力、消费偏好、生活习惯，还需要研究消费者的心理状态和社会风尚的变化。同样，还要判断项目产品的价格走势以及竞争发展趋势等。

③ 商品销售的预测。技术项目实施转化后，在预测整体市场需求量的同时，必须预测该项目产品的销售量在整体市场中可能占有的比例或份额。

④ 商品生命周期的预测。任何项目产品在市场上都有其自身的生命周期，一般分为导入期、成长期、成熟期和衰退期，不同的生命周期阶段将呈现不同的发展特征。因此，必须加大对技术项目产品生命周期的研究和预测判断。

⑤ 市场经济效益的预测。预测企业经济效益的主要指标有销售额、劳动生产率、资

金占有率及周转率流通费用及流通费用率、利润和利润率以及设备利用率等。这是一个综合的效益预测,可以选取与市场有关的一些指标加以预测,然后在此基础上对其他指标加以预测。

(七) 技术项目预测的影响因素

影响市场预测的因素可分为可控因素和不可控因素两种。

1. 可控因素

可控因素是指技术受让企业在经营活动中可以随意调整的因素,如产品的功能、质量、包装、商标、服务、品种、规格、外观造型等,以及价格、分销地点和促销方式。

2. 不可控因素

不可控因素是指技术受让企业无法控制的与企业产品紧密相关的各种外界因素,包括市场特性不可控因素和市场结构不可控因素。

(1) 市场特性不可控因素包括以下方面:

① 政治法律环境因素。包括国家有关的方针、政策,如国家对某些行业的扶持政策,价格与税收政策;政府部门的有关法律法规,如生产与流通的法律、工商、税收条例等;国家有关国民经济发展的计划和社会发展的规划,如某某地区发展规划等。

② 经济环境因素。包括国民经济发展状况、人口状况、能源和资源状况、消费结构与消费水平、物资水平和人们的收入水平等因素。

③ 技术环境因素。包括新技术、新工艺、新材料的发展趋势与发展速度;新产品更新换代的速度和新产品国内、国外的先进水平,及国家有关科研、技术开发的方针政策等。

④ 消费者因素。包括消费者的年龄、性别、职业、文化程度、民族地区分布及消费者的购买动机、购买行为和购买习惯等。

(2) 市场结构不可控因素:主要是指产品竞争对手的市场占有率,竞争对手对市场竞争的策略和手段,竞争对手的能力,即企业的规模、资金、财务状况、人才结构和技术装备等,还有潜在竞争对手出现的可能性。

(八) 技术项目财务分析

在对项目产品进行预测后,应当对预测数据(产品价格、年销售额、成本等)进行研究,分析项目的预期收益,评价分析技术项目产业化后的财务效益。

1. 技术项目财务分析的含义

技术项目财务分析是在国家现行财税制度和市场价格体系下,分析预测技术项目的财务效益与费用,编制财务分析报表,计算财务评价体指标,考察拟建技术项目的盈利能力、偿债能力等,判断项目的财务可行性,从而明确项目对财务主体的价值。

2. 技术项目财务分析的意义

技术项目财务分析为费用效益分析提供了调整上的基础,是对项目决策科学化的主要手段。

（1）财务分析是技术项目投资决策的重要依据。通过财务分析，可以考察技术项目的盈利能力、财务生存能力、偿债能力和抗风险能力等，进而判断项目方案在融资条件下的合理性，为技术受让方的投资决策提供科学依据，是方案选择、进行融资和管理者最终决定是否进行该技术项目的依据。

（2）财务分析是企业资金规划的依据。通过财务分析，可以为技术受让方制定适宜的资金规划，即为项目进行资金筹措和资金使用的安排。

（3）财务分析是银行提供贷款决策的重要依据。通过财务分析，银行可以分析项目的偿债能力，正确地作出贷款决策，以保证银行资金的安全性、流动性和营利性，也可以促使银行不断积累项目贷款的经验，提高贷款的使用效益，以实现资金的最大增值。

3. 技术项目财务分析的目标

技术项目财务分析的目标主要有技术项目的盈利能力、偿债能力、财务生存能力和抗风险能力。

（1）盈利能力分析。项目的盈利能力是指技术项目的盈利水平，项目的盈利能力分析主要评估技术项目各年度盈利能力，以及项目在整个生命期内的盈利水平。

（2）偿债能力分析。偿债能力是指项目按期偿还到期债务的能力，主要表现为基础项目利息备付率、借款偿还期的长短和偿债备付率的高低。这些都是银行进行项目贷款决策的重要依据，也是项目评价偿债能力的重要指标。

（3）财务生存能力分析。确保从各项经济活动中得到足够的净现金流量是技术项目能够持续生存的条件。应该按照财务计划现金流量表，分析项目计算期内各年的投资活动、融资活动和经营活动所产生的各项现金流入和流出，计算净现金流量和累计盈余资金，分析项目是否有足够的净现金流量来维持正常生存与运营。各年累计盈余资金不应该出现负值，出现负值时应进行短期融资，并分析项目短期借款的可靠性。

（4）抗风险能力分析。一般可以通过不确定性分析，如盈亏平衡分析、敏感性分析和风险分析，预测分析客观因素变动对项目盈利能力的影响，检验不确定性因素的变动对技术项目收益、收益率和投资借款偿还期等评价指标的影响程度，分析评价技术项目承受各种风险的能力，提高技术项目的盈利水平和可靠性。

4. 技术项目财务分析的内容和步骤

（1）选取财务分析基础数据与参数，如主要投入品和产出品的价格、税费、利率、汇率、技术项目计算期、固定资产折旧率、无形资产和递延资产摊销年限、生产负荷及财务基准收益率等。

（2）计算营业收入，估算成本费用。

（3）编制财务分析报表，主要有财务现金流量表、损益和利润分配表、资金来源与运用表、借款偿还计划表。

（4）计算财务评价指标，进行盈利能力分析和偿还能力分析。

（5）进行不确定性分析，包括敏感性分析和盈亏平衡分析。

(6) 编写财务评价报告。

（九）技术项目可行性研究与不确定性分析

技术项目可行性研究是对技术项目作出决策、进行项目策划的一系列活动的基础，是最终是否开展项目的决定性依据。不确定性分析是对项目可行性研究的补充，一项技术项目即使是可行的，但风险太大，也不应当开始该项目。

1. 技术项目的可行性研究

(1) 技术项目可行性研究的概念：可行性研究是指在调查的基础上通过技术分析、市场分析、财务分析和国民经济分析，对各种技术项目的经济合理性与技术可行性进行的综合评价。

技术项目可行性研究的意义：可行性研究不仅是作出正确决策、进行项目设计和筹措资金的重要依据，也是选取项目本身的一个工作环节。可行性研究工作就是对技术项目进行研究、分析、论证以及评价，以此来确定技术项目是否符合技术先进、经济合理等要求的行为。可行性研究可以通过对技术项目收益和风险的测算分析来判断投资和资金回收的安全性。可行性研究的结论是投资决策的重要依据。

(2) 技术项目可行性研究的主要内容有以下方面：

① 政治环境分析。需要首先了解在选择技术项目时该技术项目所在地的政治环境，其中包括技术项目的审批程序及路径、政府机构的办公效率及审批权限、政府的管理体制、有关优惠政策、区域发展规划和产业政策等。

② 经济环境分析。在决定是否启动技术项目时，良好的经济环境是深入开展项目的前提。

③ 法律环境分析。良好的法律环境，有助于在稳定投资者的投资方向的同时保护投资者的利益，尤其在特许权协议方面，应该严格根据行业政策相关法律开展工作。

④ 社会文化环境分析。主要是指对居民人数及结构、居民教育水平、价值观念等进行分析。

⑤ 自然地理环境分析。主要是分析技术项目所在地的自然资源和地理位置，考察其地理位置和交通便利程度、地质情况和气候条件等。

⑥ 财务效益环境分析。主要是利用系统和经济分析的原理对技术项目投资决策进行分析，从而在降低投资风险的基础上得到合理、满意的投资决策方案，以此保证企业获得预期的投资收益。

2. 技术项目的不确定性分析

在对技术项目进行经济评价时，需要委托方提供前三年的财务数据，最好是经审计的财务数据。同时还需要提供使用新技术后预测企业的未来收入、成本、费用及盈利。在企业预测的过程中对技术项目的分析、估算和预测存在着一定程度的不确定性，必须在财务评价的基础上通过进行不确定性分析，估算技术项目的可能需要承担的风险，从而确定技术项目财务上的可靠性。

（1）不确定性分析的含义：技术项目在实际执行过程中，由于某些因素的变动会导致技术项目经济效益指标偏离原来的预测值。不确定性分析是研究技术项目投资成本、技术项目生命周期和技术项目生产成本等不确定因素的变化，并分析它们所吸引起的技术项目各类经济效益指标的变化及变化程度。只有考虑了各种可能发生的不确定性因素的影响后，技术项目相关的经济评价指标仍然不低于基准值，才能够表明技术项目在经济效益的分析上是可行的。

（2）不确定性分析的作用有以下方面：

① 可以清晰地界定不确定性因素对技术项目投资效益指标的影响范围。由于各种不确定性因素对技术项目指标的影响也不尽相同，通过不确定性分析拟确定各种因素及其作用力度的大小，以通过各种因素变动更进一步了解技术项目总效益的变动大小。

② 能够确定技术项目的评价结论的有效范围。在明确不确定性因素的作用力度大小对技术项目投资效益指标的影响及项目总体效益的变动大小后，便能够基本确定项目评价结论的有效范围，有利于技术项目决策者、执行者充分了解不确定性因素变动的作用界限，防止出现不利因素。

③ 通过不确定性分析，可依据不确定性因素对技术项目投资效益的影响大小、指标变动范围来进一步调整项目评价的结论，从而提高技术项目的评价结论的可靠性。

（3）产生不确定性的原因有以下方面：

① 价格的波动。由于价值规律发挥作用，货币价值将随着时间的推移降低，也就是物价的趋势是上涨。技术项目原材料价格或者产品价格是影响经济效益的最基本因素，它将会通过生产成本、投资费用以及产品的价格反映到经济效益指标上。在技术项目的生命周期内，各种产品价格或者原材料的价格会发生一定的变化，所以价格的变动是技术项目评价中非常重要的不确定性因素。

② 技术装备和生产工艺的变革。在进行技术项目评估以及可行性研究时，拟定的生产工艺和技术方案有一定可能在技术项目建设和实施过程中产生一定的变化，技术项目使用的技术装备有一定概率将会被淘汰，因此根据原有生产水平及技术条件估计的产品数量、质量、价格和项目收入，也同样会由于新技术、新工艺、新产品和新设备的出现、替代产生变化，而使评价的结果具有不确定性。

③ 生产能力的变化。即所谓生产能力没有达到设计的生产能力。原材料供应、能源、动力保证的不足、管理水平和技术水平过低等都有可能会造成设计生产能力达不到指定的要求。生产能力的变化会使项目规模效益下滑，减少盈利甚至发生亏损。这是产生不确定性的另一个重要原因。

④ 建设资金和工期的变化。筹集资金的措施落实不利，将使项目建设的工期延长，推迟投产的时间。这将会造成因贷款利息增加造成建设成本提高的情况，同时也会使得销售收入和其他各种收益产生变化。建设资金或资金结构变动也会影响建设成本以及经营成本，这反映在投资效益上。另外，在评价项目时由于某些原因忽视了非定量的无形因素估计，亦会产生项目固定资产投资以及流动资金投资被低估的情况，这都会使各种效益指标发生影响。

⑤ 项目生命期的变化。技术项目使用的工艺、技术、设备都会由于无形损耗越来越快地被更新,造成整个技术项目的技术生命期缩短。同时,随着市场需求的变动和经济的发展,产品的生命周期也会缩短,因而影响技术项目的效益并产生不确定性。

⑥ 政府政策和规定的变化。由于国内外政治、经济形势与体制改革的影响,政府的各项财务制度和经济政策制定的变化会对技术项目的财务预测产生影响。这些政策,如政府的税收政策、产业政策、企业经营制度、对外经贸政策的变化在项目评价中无法控制和预测,而变化的结果会导致技术项目经济效益发生变化,给技术项目带来较大风险。

除以上主要原因外,诸如汇率的变动、自然灾害、战争、突发事件等不可预测的意外事件等,都是影响技术项目经济效益和决策的因素。在不确定性分析中,要找出对项目财务效益和国民经济效果影响较大的不利因素,分析其对技术项目的影响程度,研究应对措施,以减少和消除对技术项目的不利影响,保证项目的顺利实施。

(4) 不确定性分析的方法。不确定性在理论上具有两种可能性:一种是项目运行结果好于预期;一种是项目运行结果比预期坏,甚至项目失败,造成投资人的损失。通常把坏于预期的结果称为风险。因此,不确定性分析是风险分析的基础。通过不确定性分析从而确定不良结果,就能够具体衡量风险的大小,并制定相应的风险对策。

在技术项目评估中,由于侧重方面和分析内容的不同,不确定性分析主要使用的是盈亏平衡分析、敏感性分析以及概率分析三种分析方法。往往盈亏平衡分析只会应用于财务评价,敏感分析和概率分析可同时应用于国民经济以及财务评价。由于统计数据不齐全,概率分析还不普及,可按照技术项目的特点和实际需要,在条件具备时进行概率分析。

① 盈亏平衡分析,往往被称作收支平衡分析、损益临界分析或保本分析。该分析方法是按照技术项目处在正常情况下的生产产量、产品成本、销售价格以及缴纳税金等数据来计算分析盈利、成本和产量三个数据之间的关系,最后当生产总成本等于销售总收入时即达到盈亏平衡。企业处在盈亏平衡点时,既不会盈利,也不存在亏损。在不确定性分析中,可以通过盈亏平衡分析,判断拟建项目能够承受多大风险而不导致发生亏损。

② 敏感性分析,是分析项目不确定因素的变化对经济效益指标产生的影响,并研究其影响程度,从中找出影响程度较强的某些因素的一种分析方法。在对技术项目进行财务分析及经济分析的基础之上进一步进行敏感性分析,能够在拟建项目的经济生命期内确定其敏感性因素和敏感度,并和一些指标数据建立对应的定量关系。为了使技术项目的决策更为科学,可以对各种因素敏感性进行综合评价评估分析。

③ 概率分析,是一种定量分析过程,是通过运用数理统计、概率论来分析、预测不确定性因素对技术项目经济效益指标影响程度的方法。可以根据实际需要以及技术项目的特点运用概率分析。这样能够克服敏感性分析存在的弊端,解决技术项目评估中出现的某些问题。

概率分析的概念:概率分析往往又称为风险分析,根据分析研究不确定因素发生变化幅度的可能性大小及其对技术项目经济效益评价指标的影响,对技术项目是否可行、风险高低、方案优劣作出决策的一种不确定性分析方法。概率分析一般用于对大、中型项目的评估和决策之中。通过目标值大于或等于零的累积概率和计算技术项目目标值的期望值来确定技术项目的风险值,为投资者决策提供重要参考。

概率分析的作用:在进行技术项目的不确定性分析时,需要进一步指出这些项目的敏感性因素和不敏感因素发生的可能性有多大,更是要进一步分析由于影响技术项目经济效益的各类因素的作用,使项目的经济效益指标发生变化的可能性有多大,而不能仅仅指出技术项目的敏感因素有哪些。

要点提示

1. 技术甄别要深度理解用户真实需求,深入挖掘并精准捕捉到潜在用户、市场或产业的真实技术需求,避免"伪需求",并通过有效的用户研究和市场调研方法进行准确识别。

2. 企业技术需求包括技术咨询、技术服务、技术交流等。

3. 企业对技术人才的需求也很旺盛,尤其是研发人员、工程师、技术经理、有经验的技术特派员等。

4. 当前技术需求甄别往往涉及复杂的系统工程问题,要提供复杂系统与集成化解决方案,从单一技术转向整体解决方案,实现技术模块的有效集成与优化配置;做到个性化定制与规模化生产平衡,满足消费者追求个性化体验,兼顾个性化定制与大规模生产的成本效益,满足多样化的细分市场需求。

思考练习

1. 为什么要进行项目筛选?它有哪些作用?
2. 项目筛选的主要原则有哪些?
3. 项目筛选的方法和步骤具体是什么?
4. 有效技术搜集的来源与原则是什么?
5. 怎样进行有效技术的检索?
6. 如何进行技术项目市场分析与预测?
7. 技术项目预测的影响因素有哪些?
8. 如何进行技术项目财务分析?
9. 如何进行技术项目可行性研究?
10. 如何进行技术项目不确定性分析?
11. 在进行技术甄别时,如何实现跨领域融合与交叉创新?

二、技术评估评价实务

任务导航：技术评估评价是衡量科技进步成效的一杆秤，公正客观地衡量技术成果的品质、影响力及可行性，从而指引技术研发的方向与节奏。

学习重点：技术评估评价的目的及其多样性，技术评估评价方法，市场法、成本法、收益法、实物期权法评价及其指标体系；技术成熟度评价及其指标体系；技术价值，经济价值，实施风险评价方法；评估评价原则，评估评价流程等。

建议学时：2学时。

（一）技术评估评价的目的及其多样性

本书把技术评估评价看作一个概念，下文就以技术评估为讨论学习的对象。

1. 技术评估的含义

技术评估（technology assessment），是对技术的性能、水平和经济效益及技术对环境、生态乃至整个社会、经济、政治、文化和心理等可能产生的广泛影响，进行全面系统分析的方法。技术评估通常着重于研究该技术潜在的、高次级的、非容忍性的负影响，设法采取对策、修正方案或开发防止和解决负影响的技术。

2. 技术评估的主要内容

（1）针对某项技术或为解决某一问题而设计的方案和提出的政策，考察采用或限制该技术时将引起的广泛社会后果，尽可能科学、客观地对正负影响特别是非容忍影响作全面充分的调查分析，建立综合评估指标体系。

（2）研究相应于上述后果的政策选择，如拟定法律、税收或优惠政策，实施控制，以达到趋利避害的目的。

科研成果评价指对科研成果的工作质量、学术水平、实际应用和成熟程度等予以客观、具体、恰当的评价。对科技成果进行评价的方法是从学术价值、经济效果和社会影响三个方面进行评审。对不同类型的成果，要有不同的侧重，但不能偏废。对基础研究成果，主要侧重于学术价值；技术研究成果（应用研究成果）应侧重于经济效果和社会影响。在成果具体评价上，必须坚持科学性、客观性原则。

3. 技术评估的目的

目的是为技术决策和国家立法意向决策，并为制定政策提供依据，在技术选择和开发中趋利避害，寻求实现社会总体利益的最佳方案。技术评估是解决技术社会发展问题的方法和决策活动，也是新兴的管理技术和政策科学，具有多重价值观以及跨学科和预测性质。

4. 技术评估的多样性

从纵向划分,有企业级、国家级和全球性问题评估。企业级的问题主要围绕公司推行新技术能否获取利益开展评估活动。国家级的问题是从国家整体利益出发,对关系到国计民生的重大项目开展评估研究,包括制定有关技术评估政策、确定方向、研究评估方法和建立监控系统,并负责指导、协助地方和企业的技术评估活动。全球性问题评估就是把全球作为一个整体、一个系统,考虑各种相关因素及其后果。

(二) 技术评估评价方法

国内外资产评估界对专利资产的评估方法都是借鉴了较为成熟的有形资产评估方法而发展而来的。总体说,主要有:市场法、成本法、收益法和实物期权法等。

1. 市场法

市场法,是指在市场上选择若干相同或近似的资产作为参照物,针对各项价值影响因素,将被评估资产分别与参照物进行比较调整,再综合分析各项调整的结果,确定资产价值的方法。

应用市场法作为评估手段时应具备充分活跃的市场,以及可比参照物及公开信息。目前,我国的技术市场尚处于初级阶段,市场交易量小,市场环境不稳定,有关交易的技术信息和资料不完备。而且由于技术本身的创造性和新颖性一般较难在公开市场上找到可以参照的技术资产的交易资料,市场法的运用在技术评估中有一定的局限性。

在实际应用市场法时,虽然专利资产具有的非标准性和唯一性特征限制了市场法在专利资产评估中的使用,但这不排除在评估实践中仍有应用市场法的必要性和可能性。国外学者认为,市场法强调的是具有合理竞争能力的财产的可比性特征。如果有充分的源于市场的交易案例,可以从中取得作为比较分析的参照物,并能对评估对象与可比参照物之间的差异作出合适的调整,就可应用市场法。

(1) 具有合理比较基础的类似的专利资产,即作为参照物的专利资产,与被评估专利资产至少要满足形式相似、功能相似、载体相似及交易条件相似的要求。使用市场法评估专利资产,应注意以下要求:

① 形式相似,是指参照物与被评估资产按照专利资产分类原则,可以归并为同一类。

② 功能相似,是指尽管参照物与被评估资产的设计和结构不可避免地存在差异,但它们的功能和效用应该相同或近似。

③ 载体相似,是指参照物与被评估资产所依附的产品或服务应满足同质性要求,所依附的企业则应满足同行业与同规模的要求。

④ 交易条件相似,是指参照物的成交条件与被评估资产模拟的成交条件在宏观、中观和微观层面上都应大体接近。

关于上述要求,国际评估准则委员会颁布的《国际评估准则》中的《评估指南4——无形资产》指出:"使用市场法必须具备合理的比较依据和可进行比较的类似的专利资产。

参照物与被评估专利资产必须处于同一行业,或处于对相同经济变量有类似反应的行业。这种比较必须具有意义,并且不能引起误解。"

(2) 市场法采取的方法有以下两种:

① 横向比较。评估人员在参照物与被评估专利资产的形式、功能和载体方面满足可比性的基础上,应尽量收集致使交易达成的市场信息,即要涉及供求关系、产业政策、市场结构、企业行为和市场绩效的内容。其中对市场结构的分析尤为重要,即需要分析卖方之间、买方之间、买卖双方以及市场内已有的买方和卖方与正在进入或可能进入市场的买方和卖方之间的关系。对于完全竞争、完全垄断、垄断竞争和寡头垄断的各类情形,评估人员也应熟悉和把握。

② 纵向比较。评估人员既要看专利资产具有依法实施多元和多次授权经营的特征,使得过去交易的案例成为未来交易的参照依据,同时也应看到,时间、地点、交易主体和条件的变化也会影响被评估专利资产的未来交易价格。

收集类似的专利资产交易的市场信息是为横向比较提供依据,而收集被评估专利资产以往的交易信息则是为纵向比较提供依据。

(3) 作为市场法应用基础的价格信息应满足相关、合理、可靠和有效的要求。市场法的要求有以下方面:

① 相关是指所收集的价格信息与需要作出判断的被评估专利资产的价值有较强的关联性。

② 合理是指所收集的价格信息能反映被评估专利资产载体结构和市场结构特征,不能简单地用行业或社会平均的价格信息推理具有明显差异的被评估专利资产的价值。

③ 可靠是指所收集的价格信息经过对信息来源和收集过程的质量控制,具有较高的置信度。

④ 有效是指所收集的价格信息能够有效地反映评估基准日的被评估资产在模拟条件下的可能的价格水平。

(4) 市场法的准则。无论是横向比较,还是纵向比较,参照物与被评估专利资产会因时间、空间和条件的变化而产生差异,评估人员应对此作出言之有理、言之有据的调整。

国际评估准则委员会2005年颁布的《国际评估准则》中的《评估指南4——无形资产》强调指出:"当以被评估无形资产以往的交易记录作为评估的参照依据时,则可能需要根据时间的推移,经济、行业和无形资产的环境变化进行调整。"

2. 成本法

成本法是指在评估资产时按被评估资产的现时重置成本扣减各项贬值来确定资产价值的方法。其计算公式为

$$V = C - D - E$$

式中,V——被评估资产的评估值;C——重置成本价值;D——功能性贬值;E——经济性贬值。

技术的重置成本价值是指按现时的条件,按目前价格标准,按过去开发该技术消耗

人力、物力、资金量、检测要求及活动宣传情况计算成本值,这一成本值即为重置成本现值。其主要有以下几个要素组成,即开发成本、技术检测费用及技术宣传费用。

技术的功能性贬值指选用一个相适应的先进的参照物,将应用被评估的技术所生产的产品与应用参照物生产的产品进行比较,按成本、销售、利润综合分析,计算被评估资产与参照物之间的成本增加值或利润减少值,这一数值可视为被评估对象在可使用年限内的功能性贬值。

技术的经济性贬值主要是由国家宏观经济政策或市场环境等因素的变化所造成的。

应用成本法的场合主要是:为了摊销技术资产的成本费用;为了确定资产清查中专利的价值;为了帮助确定技术制成品的销售价格;或为了向侵权者提出索赔额等。此外,在技术资产的未来收益难以预测或风险难以量化的情况下,可以使用成本法。

(1) 专利资产成本包括研制或取得、持有期间的全部物化劳动和活劳动的费用支出。专利资产成本特性,尤其就研制、形成费用而言,明显区别于有形资产。专利资产成本特性包括以下方面:

① 不完整性。与购买专利资产相对应的各项费用是否计入专利资产的成本,是以费用支出资本化为条件的。在企业生产经营过程中,科研费用一般都是比较均衡地发生,并且比较稳定地为生产经营服务,因而我国现行财务制度一般把科研费用从当期生产经营费用中列支,而不是先对科研成果进行费用资本化处理,再按专利资产折旧或摊销的办法从生产经营费用中补偿。这种办法简便易行,大体上符合实际,并不影响专利资产的再生产。但这样一来,企业账簿上反映的专利资产成本就是不完整的,大量账外专利资产的前期成本的存在是不可忽视的客观事实。同时,即使是按国家规定进行费用支出资本化的专利资产的成本核算一般也是不完整的。因为专利资产的创立具有特殊性,有大量的前期费用,如培训、基础开发或相关试验等往往不计入该专利资产的成本,而是通过其他途径进行补偿。

② 弱对应性。专利资产的创建经历基础研究、应用研究和工艺生产开发等漫长过程,成果的出现带有较大的随机性和偶然性,其价值并不与其开发费用和时间产生某种既定的关系。如果在一系列的研究失败之后偶尔出现一些成果,由这些成果承担所有的研究费用显然不够合理。而在大量的先行研究(无论是成功,还是失败)成果的积累之上,往往可能产生一系列的专利资产,然而,继起的这些研究成果是否应该以及如何承担先行研究的费用也很难明断。

③ 虚拟性。既然专利资产的成本具有不完整性和弱对应性的特点,因而专利资产的成本往往是相对的。特别是一些专利资产的内涵已经远远超出了它的外在形式的含义,这种专利资产的成本只具有象征意义。

(2) 成本法在专利资产评估中的应用:

采用成本法评估专利资产,其基本公式为

$$专利资产评估值 = 专利资产重置成本 \times (1 - 贬值率)$$

从这一公式看出,估算专利资产重置成本(或称重置完全成本)和贬值率,从而科学确定专利资产评估值,是评估者所面临的重要工作。就专利资产重置成本而言,它是指现时市场条件下重新创造或购置一项全新专利资产所耗费的全部货币总额。根据企业取得专利资产的来源情况,专利资产可以划分为自创专利资产和外购专利资产。不同类型的专利资产,其重置成本构成和评估方式不同,需要分别进行估算。

① 自创专利资产重置成本的估算。自创专利资产的成本是由创制该资产所消耗的物化劳动和活劳动费用构成的,自创专利资产如果已有账面价格,由于它在全部资产中的比重一般不大,可以按照定基物价指数作相应调整,即得到重置成本。在实务上,自创专利资产往往无账面价格,需要进行评估。其方法主要有两种。

一是核算法。核算法的基本计算公式为

$$专利资产重置成本 = 成本 + 期间费用 + 合理利润$$

其中,期间费用=管理费用+财务费用+销售费用。

期间费用指创建专利资产过程中分摊到该项专利资产的费用。

二是倍加系数法。对于投入人力比较多的技术型专利资产,应考虑到科研劳动的复杂性和风险。

② 外购专利资产重置成本的估算。外购专利资产一般有购置费用的原始记录,也可能有可以参照的现行交易价格,评估相对比较容易。外购专利资产的重置成本包括购买价和购置费用两部分,一般可以采用以下两种方法:

一是市价类比法。在专利资产交易市场中选择类似的参照物,再根据功能和技术先进性、适用性对其进行调整,从而确定其现行购买价格,购置费用可根据现行标准和实际情况核定。

二是物价指数法。它是以专利资产的账面历史成本为依据,用物价指数进行调整,进而估算其重置成本。

从专利资产价值构成来看,主要有两类费用:一类是物质消耗费用;一类是人工消耗费用。前者与生产资料物价指数相关度较高,后者与生活资料物价指数相关度较高,并且最终通过工资、福利标准的调整体现出来。不同专利资产的两类费用的比重可能有较大差别,一些需利用现代科研和实验手段的专利资产,物质消耗的比重就比较大。在生产资料物价指数与生活资料物价指数差别较大的情况下,可依据两类费用的大致比例按结构分别适用生产资料物价指数与生活资料物价指数估算。两种价格指数比较接近,且两类费用的比重有较大倾斜时,可按比重较大费用类适用的物价数来估算。

(3) 专利资产贬值率的估算。通常,专利资产贬值率的确定可以采用专家鉴定法和剩余经济寿命预测法进行。

① 专家鉴定法,是指邀请有关技术领域的专家,对被评估专利资产的先进性、适用性作出判断,从而确定其贬值率的方法。

② 剩余经济寿命预测法,是由评估人员通过对专利资产剩余经济寿命的预测和判断,从而确定其贬值率的方法。

贬值率是运用成本法评估有形资产时使用的一个重要概念。专利资产不存在有形损耗,成本法评估专利资产时只是为了操作上的方便借用这一概念,因此它的运用也受到较大程度的限制。在评估实践中,一般选择综合考虑了被评专利资产的各种无形损耗

(功能和经济方面)后的折算比率。在确定适用的贬值率时应注意专利资产使用效用与时间的关系,这种关系通常是非线性的。

3. 收益法

收益法,是指通过估算被评估资产未来收益并折成现值,以确定资产价值的方法。

收益法是一种技术性较强的评估方法,在我国相应的标准尚未建立,因此它比前两种方法难度更大。

实践工作中,除运用上述所示的基本收益法评估公式计算外,较常见的收益法还有分成率法及割差法。下面,首先对三种收益法的基本公式及适用条件进行分析,而后,论述主要评估参数,即预期收益额、技术分成率、收益期限及折现率的选取方法,重点讨论分成率的确定问题,本书提出了运用综合评价法及层次分析法确定分成率的方法及具体操作步骤,建立了客观的评测体系,克服了分成率选取上的随意性,保证了评估结果的科学性及公正性。

(1) 超额收益法,是通过计算由专利技术单独创造的收益,得到待估技术的价值,这种方法主要应用于技术资产创造的收益易于确定的情况。

超额收益额可通过专利技术使用后的成本节约、价格提高及产销量提高三种途径计算。然而在实际经济活动中,对由技术带来的售价提高额及产销量增加额是很难直接判定的。因为企业拥有的著名商标、完善的销售网络及先进的管理制度等,都可能对售价及产销量产生影响,因此,存在相当的局限性。因此,针对这种多因素变化及多影响因素存在的情况,确定技术对总体超额收益的贡献一般需要应用其他更为复杂及先进的计算方法。

(2) 收益分成法,主要基于未来的收益是由有形资产和无形资产共同产生的,因此,收益可按一定分成率在有形资产及无形资产之间进行分成。在国际市场上,进行技术许可、技术转让等许可证贸易活动时,普遍采用按销售额提成或按利润提成作为技术的收益数额的办法。

运用收益分成法计算技术资产价值时,分成率的确定是至关重要的。

(3) 剩余法,又称整体扣减部分法,是通过在企业总体收益中,减去除技术资产外的其他资产的收益,得到技术资产的收益而确定待估技术的价值。

运用剩余法计算技术资产价值时,整体资产收益额可以通过计算纯利润而获得,已知除技术之外的资产收益则是用相应资产额乘以按照该行业或该类有形资产在社会上的正常利润率而得到。这一方法目前已广泛地应用于评估实践中。但在运用剩余法时应注意,如果该企业存在不可确指的无形资产或其他如商标、销售网络等无形资产,运用剩余法计算难以准确确定待估技术的价值。另外,按照上述评估方法,是将有形资产的投资者获得的收益等同于在其他领域的投资收益,而没有将有形资产投资在技术方面的风险报酬计算进去,从而导致应用这一方法评估的专利技术价值偏高。

4. 实物期权法评价及其指标体系

实物期权(real options)的概念最初是由Stewart Myers(1977)在MIT时所提出的,他

指出一个投资方案其产生的现金流量所创造的利润,来自目前所拥有资产的使用,再加上一个对未来投资机会的选择。也就是说企业可以取得一个权利,在未来以一定价格取得或出售一项实物资产或投资计划,所以实物资产的投资可以应用类似评估一般期权的方式来进行评估。同时又因为其标的物为实物资产,故将此性质的期权称为实物期权。

(1) 实物期权法是近年来发展起来的一种新的评估与决策新方法,由于该方法考虑了管理决策者在投资、生产以及产品研发等问题决策中的选择权,因而能充分反映实施专利时决策的选择权价值,更为合理准确地评估专利技术的价值。

在实际的实物期权评估中,评估项目的价值不仅包括项目产生的收益,而且还包括决策者的选择权所带来的收益,即期权价值,一般都是假设被评价项目是无限生命的,这样就可以得到关于项目期权价值的常微分方程,从而解方程得到具有解析形式的期权价值,该方法被认为是最复杂的专利评估方法。

实物期权法有选择将其扩张、缩减、推迟、延期和放弃的权利。实物期权法适合商业化前景还不够明朗的技术。在企业面临不确定性的市场环境下,技术战略是企业整体战略决策的重要一环,实物期权法将技术的价值和企业战略决策联系起来,凸显技术在不确定性环境下的价值。

(2) 指标体系:二项式模型是这样一种估价模型,B-S定价模型是一种欧式看涨期权,合乎技术并购企业的发展特点,该模型表示为

$$V_g = {}_sN(d_1) - xe^{-rt}N(d_2)$$

$$d_1 = \frac{\ln\left(\frac{s}{x}\right) + \left(r + \frac{\sigma^2}{2}\right)t}{\sigma\sqrt{t}}$$

$$d_2 = \frac{\ln\left(\frac{s}{x}\right) + \left(r - \frac{\sigma^2}{2}\right)t}{\sigma\sqrt{t}} = d_1 - \sigma\sqrt{t}$$

其中,V_g——特许经营权价值;s——标的资产现价;$N(d_1)$、$N(d_2)$——函数的正态分布相应的值;d_1、d_2——随机变量;x——实际投资额;r——无风险利率;t——距到期日的时间;α——标的资产价格的波动性的幅度。

二项式模型是用风险中性定价方法进行定价的。风险中性定价方法假设所有投资者都是风险中性的,在风险中性的经济环境中,投资者并不要求任何的风险补偿或风险报酬,这样就不需要估计各种风险补偿或风险报酬,省略了对风险定价的复杂内容;投资的期望收益率恰好等于无风险利率;投资的任何盈亏经无风险利率的贴现就是它们的现值。

(3) 实物期权法在无形资产价值评估中的具体运用:由于某些无形资产包含选择权,所以这些无形资产的价值实际上是由两部分组成,即常规价值和实物期权价值。常规价值可运用成本法、市场法和收益现值法等传统的无形资产价值评估方法计算得到,而实物期权价值则运用实物期权法计算得到。无形资产价值的计算公式可以表示为

无形资产价值=常规价值+实物期权价值

在运用实物期权法计算无形资产所包含的实物期权的价值时,应遵循这样的步骤:首先将无形资产看作一项期权,然后分辨出标的资产并识别标的资产的当前价格和期权的执行价格,接着分析无形资产的具体情况和标的资产的价格变动情况,最后采用适当的实物期权定价模型计算出实物期权价值。

(三)技术成熟度评价及其指标体系

技术成熟度,是指科技成果的技术水平、工艺流程、配套资源、技术生命周期等方面所具有的产业化实用程度。成熟技术就是指能熟练掌握并运用到实际生产中,无论发生什么异常情况都能轻松解决。

技术成熟度是源于20世纪70年代的概念,90年代其使用趋于成熟,它表明了一个技术相对于系统或者整个项目而言所处的发展状态,反映了技术对于项目预期目标的满足程度。

而技术成熟度评价,是确定装备研制关键技术,并对其成熟程度进行量化评价的一套系统化标准、方法和工具。技术成熟度评价已成为降低产品研制技术风险的重要手段。

科技成果成熟度评价,是指采用系统化标准、方法和工具等对科技成果的成熟度作出定性或定量评价。对科技成果成熟度作出的评价是衡量技术水平高低的标准。科技成果成熟度的高低是成果应用的门槛,是进入商业生产的门槛。

成熟技术一般都是掌握熟练的技术。对于科研工作者而言,事先了解并掌握技术的发展过程,以及可能要经历哪些困难,这是很有必要的。

技术成熟度可分为以下9个等级:

L1:基础研究,技术仍处于理论研究或初步概念阶段,尚未进行任何实验室验证。

L2:概念形成与初期分析,技术的概念开始明确,进行了初步的概念设计和原理分析。

L3:早期实验验证,在实验室环境中对关键技术、组件或原理进行了初步测试。

L4:组件与子系统级实验室验证,关键部件和子系统的技术性能已能在实验室环境下得以验证。

L5:系统级实验室验证,完成了系统集成并在接近实际操作条件的实验室环境中进行了初步演示,表明了系统的部分功能和性能。

L6:系统级实地/模拟环境验证,技术系统在接近真实应用场景的模拟或半真实环境中进行了验证,证明了其适应性和稳定性。

L7:系统原型验证,完成原型系统的设计、制造和现场试验,在目标环境中成功演示并满足了大部分性能指标。

L8:全面工程化及生产验证,完成了全尺寸系统或产品的样机生产和综合测试,具备批量生产的条件,并达到所有规定的性能要求。

L9:实际运营与服务,技术产品已投入商业运营或军事部署,实现了设计预期效果,并得到了广泛应用的认可。

技术成熟度指标体系除了关注技术本身的成熟程度外,还会涉及一系列量化指标体系,例如:原型系统开发和测试结果;技术方案的完整性;关键技术参数的实现情况;系统或产品可靠性与稳定性的数据支持;制造工艺与成本效益分析;用户体验与市场需求拟合度;法规合规性与安全性评估等。这些指标共同构成了评价一个技术是否成熟并可商业化推广的依据。

(四)技术价值

从商业角度来看,商业的本质是效率。技术的价值就是可以提升产业效率。在任何一个产业中,如果技术可以提高产业的效率,这个技术就是有价值的。

技术的价值是通过业务体现的。只有业务的价值提升了,技术的价值才能体现出来,反之,技术再先进,对业务的价值没有任何提升,就只是一种研究和理论。所以,并不是越先进的技术越好。技术的高度不重要,技术的契合度才重要。

技术的价值不在于生产方而在于需求方。技术的价值来自对需求方效率的提升。并且,能否提升需求方的效率与技术是否先进、运用技术的成本没有必然联系。正因为如此,如果能找出需求方效率提升的水平和生产方运用技术成本的差,就能评估运用新技术所带来的利润:

$$技术的价值=需求方效率提升水平-生产方技术运用成本$$

可以看出,两者之间的差值越大,技术的价值也就越大。

现实生活中,很多独角兽企业掌握了前沿的技术,这些技术的运用成本较高,技术的价值是不是就低了呢?相反,提高技术的运用成本,就产生了技术壁垒,使其他玩家难以进入,保护了企业自身,但由于这些技术可以更大地提升需求方的效率,所以仍然具有很高的技术价值。

可见,一种技术即便可以极大地提升需求方的效率,但如果技术运用成本不够高,就难以产生技术壁垒,容易被复制,反而导致技术价值难以体现。

通过衡量技术的价值,我们就可以评估一种新技术是否具有潜力;就可以有依据地选择公司的技术路线;做技术规划时,就可以选择合适的技术方向。

技术的价值还有一个因素不能忽略,就是技术的置换成本。也就是说,即便某种新技术可以提高需求方的效率、降低生产方的成本,但技术的置换是有惰性的,只有技术的价值大于技术的置换成本,改变才会发生,业务价值得以体现,技术才拥有了真正的价值。

(五)经济价值

经济价值是指任何事物对人和社会在经济上的意义。经济学上所说的"商品价值"及其规律则是实现经济价值的现实必然形式。

技术经济价值的内容包括:

(1)直接经济价值,就是可以直接得到的社会经济效益的货币表现形式。

(2)间接经济价值,就是由此引起的或衍生出来的社会经济效益的货币表现形式。

技术资产的生产投入以复杂的创造性劳动为主,基于知识的积累性和相关性,其研发过程中的劳动消耗应该通过最终研发成功的技术资产的商业化得到补偿,因此技术资产的经济价值一般不能通过其研发过程中发生的成本来衡量。

技术具有强烈的应用性和明显的经济目的性,没有应用价值和经济效益的技术是没有生命力的。而经济的发展必须依赖于一定的技术手段,世界上不存在没有技术基础的经济发展。

技术资产是以信息形式存在的知识型资产,技术含量越高,覆盖的应用场景越广泛,其经济价值也越高。

技术资产的评估方法主要是采用收益法及其衍生方法。采取收益法时,根据评估对象的特点和应用条件,可以采用现金流量折现法、增量收益折现法、节省许可费折现法、多期超额收益折现法等具体评估方法。

(六) 实施风险评价方法

风险评价的四种方法:成本效益分析法、权衡分析法、风险效益分析法、统计型评价法。

1. 成本效益分析法

成本效益分析法是研究在采取某种措施的情况下需要付出多大的代价,以及可以取得多大的效果。

2. 权衡分析法

权衡分析法是将各项风险所致后果进行量化比较,从而得出各项风险的存在与发生可能造成的影响。

3. 风险效益分析法

风险效益分析法是研究在采取某种措施的情况下,取得一定的效果需要承担多大的风险。

4. 统计型评价法

统计型评价法是对已知发生的概率及其损益值的各种风险进行成本及效果比较分析并加以评价的方法。

风险评价的方法在很大程度上取决于评价者的主观因素,不同的评价者对同样的风险有不同的评价方法。这是因为相同的损益对于不同地位、不同处境的法人具有不同的效用。

(七) 评估评价原则

技术评估必须建立综合评价的指标体系。建立指标体系一要以社会整体利益为根本出发点;二要考虑到多重价值,如技术价值和社会文化价值等;三要有针对性和具体目标。在综合评价中,要处理好技术的合理性、经济性与技术可能产生的社会、文化后果之间的辩证关系,正确解决技术目标与社会目标、眼前利益与长远影响、明显的与潜在的利弊、物质的与精神心理的影响等矛盾关系。

在进行技术评估时必须注意下列原则：

（1）系统性原则。把技术置于整个社会大系统中，考察它与各因素的相互关系，全面权衡利弊，达到整体优化。

（2）需要性原则。根据科学技术发展需要和人类社会发展需要综合评价。

（3）预测性原则。不仅考虑现实需要，还要预测未来需要；不仅考察近期后果，还要预测长远后果。

（4）可行性原则。从需要与可能、现实与未来、政治和道德因素与经济利益以及技术基础与开发能力等多方面进行可行性分析。

（5）动态性原则。技术及其相关因素具有相对稳定性，但又总是处于不同程度的变化之中，因此技术评估一般不是一次性完成的，需要根据变化情况及时调整。

（八）评估评价流程

1. 前期查新

针对待鉴定的技术项目与技术人员交流，提取核心技术点。然后对核心技术点进行技术查新。拿到查新报告后，针对查新结果与客户反馈以确定是否进行技术鉴定。

2. 撰写鉴定报告

其中包括三大部分：一是技术总结报告；二是技术工作报告；三是经济效益与社会效益分析。

第一部分具体介绍企业背景、项目背景以及项目研发工作的大体流程。

第二部分具体描述项目进度，包括这种论证过程及最终效果。

第三部分具体描述投产后该项目取得了哪些效益，如创造就业岗位多少、减少排放多少等社会效益，以及减少能耗多少、创收多少等经济效益。

3. 审核鉴定报告

将撰写好的初稿打印成册后递交给当地科技局科技成果科进行初审，初审合格即可定稿打印；初审不通过，则进一步修改直到合格。

4. 举办鉴定会

（1）在当地科技成果科进行鉴定登记，然后由科技局联系鉴定专家组成鉴定小组，由企业组织举办鉴定会。

（2）科技局领导发表会议流程—鉴定小组选出组长—企业负责人介绍项目情况—专家组与企业进行质询与答疑—形成鉴定意见。

5. 最终成果的形成

将鉴定意见及相关材料再次递交到主管部门进行最终登记盖章，然后将上述过程所有材料重新装订成册形成鉴定报告书，全部鉴定过程完毕。

要点提示

1. 在技术的三种常用评估方法中，从评估方法论的角度分析，成本法与市场法属演绎方法；成本法是对待估资产本身现在及过去的技术经济资料；市场法是用与待估资产类似的资产现在的技术经济资料，进行归纳推断出资产的评估价值；收益法属于分析方法，即对待估资产未来的使用情况进行经济分析来确定资产的评估价值。

2. 对于资产特性比较简单（比如有形资产），且侧重资产现实可用程度（市场认可）的资产，用演绎法比较适合；而对于资产特性比较复杂，强调资产未来使用效果的资产，应该采用分析方法。

3. 技术资产是一种复杂的资产且强调未来使用效果，运用收益法评估比较合适。从实践角度看，技术研制开发的成本一般难以核算，而国内的技术交易市场也不成熟，采用成本法或市场法评估专利技术存在着一定的难度，因此评估人员在评估专利资产时一般选用收益法。

4. 技术评价评估要不断更新评价理念，实行多维度综合和跨学科交叉融合评价，实现数据驱动与人工智能结合，构建更加科学合理、全面、准确的技术评价体系，在全球视野下评价技术的竞争力，并制定适应国际形势的科技发展战略。

思考练习

1. 技术评估评价的目的是什么？
2. 什么是评价的市场法？
3. 什么是评价的成本法？
4. 什么是评价的收益法？
5. 技术成熟度评价及其指标体系是什么？
6. 什么是实物期权法评价？其指标体系是什么？
7. 技术评估评价方法有哪些？
8. 评估评价原则是什么？
9. 评估评价流程是什么？
10. 什么是科技成果鉴定？
11. 如何准备科技成果鉴定的材料和联系专家评审？
12. 科技成果评价的作用有哪些？
13. 科技成果评价的意义是什么？
14. 技术的价值在哪里？
15. 专利的技术价值如何判断？
16. 技术发展过程中存在哪些不确定性因素？如何建立和完善不确定性分析模型以应对潜在风险？

17. 如何构建有利于技术创新的生态系统？如何对整个创新生态系统的运行效率和服务效能进行科学有效的评价？

三、融资渠道与金融工具

任务导航：融智与融资并举，科学规划和利用各种金融工具，能使企业在资本市场上破浪前行，铸就辉煌篇章。

学习重点：科技金融概述，我国科技金融发展现状与趋势；直接融资，间接融资，金融工具的选择及其作用，科技金融服务平台建设与运营模式；发达国家金融工具的运用等。

建议学时：2学时。

（一）科技金融概述

"科技金融"一词是中国人的独创。1993年，深圳市科技局首次提出了"科技金融"这一词语。科技金融携手合作扶持高新技术发展，但其本意仍然是"科技与金融"的缩写。1994年4月13日在广西南宁召开的首届理事会议扩大年会上认为，"我国科技金融事业是由于科技的进步与经济建设相互结合的需要，为了适应社会经济的发展，在科技和金融体制相互改革的形势推动之下成长与发展起来的"。因此，科技金融被认为是一种全新的有别于传统金融的实践领域，自此，"科技金融"这一新兴名词逐渐开始在报纸、期刊、政府通知和官员报告中频繁出现。

科技金融是一个包含广泛内容的开放式系统，是"促进科技开发、成果转化和高新技术产业发展的一系列包含金融工具、金融制度、金融政策与金融服务的创新性、系统性安排，是由向科学和技术创新等活动提供各种金融资源的政府、企业、市场和社会中介机构等各种主体以及在科技创新融资过程中的一系列行为活动共同组成的一个体系，它是国家金融体系和科技创新体系的重要组成部分"。从广义上来看，科技金融指的是科技与金融之间的互补关系，金融促进了科技的迅速发展，而科技的进步也使得金融的深度与广度不断增加。

科技金融是一种科技与金融二者之间的互动。目前，科技的发展使得信息化时代迅速到来，信息的流通速度随着网络时代的到来而不断加快，金融业的交易工具与交易方式也因此得到了巨大的创新，证券交易变得更加方便快捷，证券交易也逐渐走向全球化。与此同时，金融体系不仅通过利用各种融资渠道来满足科技型企业对资金的不断需求，而且因为其自身所特有的流动性、分散风险以及价格发现等功能，也对科技创新的发展有着巨大的作用。

总的来说，科技金融可以简化为一切服务于科技企业以及科技成果发展、创新的多方资源体系。

(二) 我国科技金融发展现状与趋势

科技金融通过提供适合科技创新的金融产品和服务,如风险投资、科技贷款、知识产权质押融资等,可以有效解决科技成果从实验室走向市场的"死亡谷"问题,引导资金流向高技术含量、高附加值、高成长性的新兴产业和技术密集型企业,从而优化社会资源在创新领域的配置效率,使初创期的高新技术企业和中小微科技企业获得关键资金支持、实现快速发展的核心动力,有助于国家在关键技术领域取得突破,增强自主创新能力,并通过金融手段保护和发展核心技术,提升国家在全球产业链中的地位和竞争力。通过支持绿色科技、低碳技术的研发与应用,对于应对气候变化、推进能源转型以及实现经济社会可持续发展目标,对于构建现代化经济体系、推动经济社会持续健康发展具有不可替代的作用。

党的十八大以来,中国科技部和中国人民银行颁布了《关于确定首批开展促进科技和金融结合试点地区的通知》,将中关村国家自主创新示范区、天津市、上海市、深圳市、江苏省、广东省等全国16个地区设为国家首批科技与金融的结合试点地区。在政府牵头领导下,科技、财税、金融办等"一行三局"共同推进科技与金融结合发展,各地区纷纷开始探索与地方实际情况相适应的具有地方特色的科技金融发展模式。

根据财政报告数据显示,截至2016年年底,全国各试点地区已出台400多项科技金融推动政策,中央政府引导基金公司和地方政府合作共建100多项创投基金。各级政府引导并带动社会资本投资超过6.5万亿元。

未来科技金融将进一步深度融合于实体经济中,尤其在支持产业升级、普惠金融、绿色金融等领域发挥关键作用。随着AI算法和算力的不断提升,智能投顾、智能客服、智能风控等将成为行业常态,极大提高金融服务效能。区块链有望成为金融科技领域的重要基础设施,特别是在数字货币、资产证券化、供应链金融、跨境支付等方面的潜在应用价值巨大。面对日益复杂的数据隐私保护、网络安全等问题,科技金融企业将在技术创新的同时加强合规建设,确保信息安全和用户权益。随着全球科技金融市场的不断开放,国际合作交流及行业标准制定将会更加紧密,共同推进全球科技金融生态系统的构建和完善。

(三) 直接融资

直接融资常表示从证券市场获得的资金。

1. 股票筹资

股票具有永久性,无到期日,不需归还,没有还本付息的压力等特点,因而筹资风险较小。股票市场可促进企业转换经营机制,真正成为自主经营、自负盈亏、自我发展、自我约束的法人实体和市场竞争主体。同时,股票市场为资产重组提供了广阔的舞台,优化企业组织结构,提高企业的整合能力。

2. 债券融资

企业债券,也称公司债券,是企业依照法定程序发行、约定在一定期限内还本付息的有价证券,表示发债企业和投资人之间是一种债权债务关系。债券持有人不参与企业的经营管理,但有权按期收回约定的本息。在企业破产清算时,债权人优先于股东享有对企业剩余财产的索取权。企业债券与股票一样,同属有价证券,可以自由转让。

(四) 间接融资

间接融资常表示从银行贷款获取的资金。

1. 银行贷款

银行是企业最主要的融资渠道。按资金性质,分为流动资金贷款、固定资产贷款和专项贷款三类。专项贷款通常有特定的用途,其贷款利率一般比较优惠,贷款分为信用贷款、担保贷款和票据贴现。

2. 融资租赁

融资租赁是指出租方根据承租方对供货商、租赁物的选择,向供货商购买租赁物,提供给承租方使用,承租方在契约或者合同规定的期限内分期支付租金的融资方式。

3. 典当融资

典当是以实物为抵押,以实物所有权转移的形式取得临时性贷款的一种融资方式。与银行贷款相比,典当贷款成本高、贷款规模小,但典当也有银行贷款所无法相比的优势。首先,与银行对借款人的资信条件近乎苛刻的要求相比,典当行对客户的信用要求几乎为零,典当行只注重典当物品是否货真价实。而且一般商业银行只做不动产抵押,而典当行则可以动产与不动产质押二者兼为。其次,到典当行典当物品的起点低,千元、百元的物品都可以当。与银行相反,典当行更注重对个人客户和中小企业的服务。第三,与银行贷款手续繁杂、审批周期长相比,典当贷款手续十分简便,大多立等可取,即使是不动产抵押,也比银行要便捷许多。第四,客户向银行借款时,贷款的用途不能超越银行指定的范围。而典当行则不问贷款的用途,钱使用起来十分自由。周而复始,大大提高了资金使用率。

4. P2C互联网小微金融融资平台

P2C借贷模式,中小企业为借款人,但企业信息及企业运营相对固定,有稳定的现金流及还款来源,信息容易核实,同时企业的违约成本远高于个人,要求必须有担保、有抵押,安全性相对更好。投资者可以受益于众筹理财的高年化收益,借款企业可以实现低融资成本和灵活的借款期限,还可使借款使用效率更为显化。同时,借款周期和项目周期更加匹配。

5. 银行承兑

融资企业为了达成交易,可向银行申请签发银行承兑汇票,银行经审核同意后,正式受理银行承兑契约,承兑银行要在承兑汇票上签上表明承兑字样或签章,这样,经银行承兑的汇票就称为银行承兑汇票。银行承兑汇票具体说是银行替买方担保,卖方不必担心收不到货款,因为到期时,买方的担保银行一定会支付货款。

银行承兑汇票融资的好处在于企业可以实现短、平、快,可以降低企业财务费用。

投资方将一定的金额比如1亿元打到项目方的公司账户上,然后当即要求银行开出1亿元的银行承兑出来。投资方将银行承兑拿走。这种融资的方式对投资方大大地有利,因为它实际上把1亿元变做几次来用。他可以拿那1亿元的银行承兑到其他地方的银行再贴1亿元出来。起码能够贴现80%。但问题是公司账户上有1亿元,银行能否开出1亿元的承兑。很可能只能开出80%～90%的银行承兑出来。就是开出100%的银行承兑出来,那公司账户上的资金银行允许你用多少还是问题,得依靠公司的级别和银行的关系。根据国家的规定,银行承兑最多可开12个月。大部分地方都只能开6个月。也就是每6个月,不超过1年就必须续签一次。用款时间长的话很麻烦。

6. 委托贷款

所谓委托贷款就是投资方在银行为项目方设立一个专款账户,然后把钱打到专款账户里面,委托银行放款给项目方。这个是比较好操作的一种融资形式。通常对项目的审查不是很严格,要求银行作出向项目方负责每年代收利息和追还本金的承诺书。当然,不还本的只需要承诺每年代收利息。

7. 贷款担保

市面上很多投资担保公司,只需要付高出银行的利息就可以拿到急需的资金。

(五) 企业融资中金融工具的选择及其作用

1. 资产融资

资产融资就是用公司拥有的资产做基础的融资方案,这是欧美中小企业重要的融资方法,可以筹来短期、中期甚至长期的资金。具体来说,中、长期资金可以用公司拥有的固定资产抵押,以分期付款、租赁、售后租回或整体性投资等方式贷出款项。短期资金,基本上以发票贴现,或者应收款项、存货循环贷款为主。具体做法是将公司的应收款项(全部或者部分)售予资产融资提供者以套取现金,有效地将信贷销售转换为现金销售,加快资金回流。销售发票则是指企业将发票按照一个双方同意的价格(一般为发票面值的60%～90%不等)定期提交给资金提供者,收到发票后,资金提供者将款项支付给企业,待收到货款后,扣除有关费用或利息,将差额退给企业。该款项可由资金提供者追收,也可由企业自行收取。这种方式的关键是找到进行这类业务的银行或公司。

2. 政府支持

资金匮乏是世界各国中小企业发展所面临的突出问题之一,许多经济发达国家和地区普遍采用各种金融手段扶持中小企业,而最常用的就是政府担保贷款。如美国的小企业管理局、英国的贷款保证计划(Loan Guarantee Scheme)等,在我国香港地区的中小企业信贷保证计划也属于此类融资等。我国从20世纪80年代末开始实施对中小企业贷款进行扶持的政策,我国政府先后推出了教育专项、863专项、火炬专项等专项贷款,国家经贸委又下发了《中小企业信用担保体系建设试点工作方案》，积极推动金融机构为中小企业的发展提供担保。以及目前各地方推出的系列项目、人才引进及扶持政策，充分利用这些政策，是中小企业解决资金缺乏的一个重要途径。

3. 创投基金

创投基金分为种子基金、天使基金、早期风险投资基金（VC）等，虽然在我国起步较晚，但发展很快，从20世纪80年代末出现，经过三十多年的发展，目前形成了主要以中国科技创业风险投资公司、中国科技国际信托投资公司为代表，各类美元基金、市场化人民币基金蓬勃发展的局面。创投基金一般投资处于开创阶段的、有良好市场和产品前景的，或者管理层收购（Management Buyouts）的企业，是处于开创阶段的高科技企业的主要资金来源。同时，创投基金的要求也比较苛刻，例如：创投基金往往要求持有公司的一定股权，要求参与董事会，要求提供详细的报告，列明发展计划、财务规划、产品特征、管理层的能力等。很多风险投资基金在股本结构上，还要求企业管理层必须投入一定比例的资金，一般在25%左右，以约束管理层对企业的承诺。目前，这样的融资方式逐渐成了科技型中小企业主要的融资方式。

4. 二级市场直接融资

受资产和资金规模的限制，中小企业不可能通过发行债券的方式直接筹集资金，目前，二级市场的创业板和科创板自然成了吸收民间游资的最佳选择。创业板和科创板是以增长潜力为定位的，对三年连续盈利的业绩要求没有那么严格、最低资本的要求也会大大降低，适合于高科技企业和其他有广阔发展空间的中小企业。

5. 租赁融资

这对于生产型的中小企业来说，却是十分有效的融资方式。具体有营业租赁、金融租赁或者分期付款、售后租回等方式。租赁的方式减轻了由于设备改造带来的资金周转压力，避免支付大量现金，而租金的支付可以在设备的使用寿命内分期摊付而不是一次性偿还，使得企业不会因此产生资金周转困难。

当然，除了以上提及的筹资方法外，中小企业还有更多的融资渠道，关键是要仔细研究自身的优势、国家的优惠政策，以及资金、资本市场的最新发展，以便充分利用各种资金，解决发展中遇到的资金瓶颈问题。

6. 预防诈骗

初创企业对于资本市场的了解是空白的，在融资过程中要警惕诈骗，目前资本市场上经常会遇到的诈骗方式有以下几种：

（1）投资诈骗，是指以投资为名，要融资企业交纳的各种考察费、立项费及保证金等。这些费用从几万元、几十万元到百余万元不等，均要求企业支付以后才能帮忙融资。正规私募股权基金公司都有自己的管理费用，当他们决定投资一家公司或将一家公司纳入考察范围时，会自行支付差旅费、管理费及聘请第三方机构进行尽职调查等费用。巧立名目收费的企业往往不是正规投资公司。同时，在有限合伙制基金里，基金管理人就是GP（General Partner 普通合伙人），所以融资企业不能存侥幸心理，因为投资里面有他自己的钱,他会非常小心地把控风险。

（2）勾结诈骗,即投资公司本身并不收取任何费用,但是在考察投资过程中会表示:"项目还是比较好的,但是需要包装、策划,要找指定的中介机构做商业计划书,或者必须找某某会计师事务所、某某评估机构进行财务处理及评估。"企业向这些中介机构"交钱"之后,中介机构会与投资公司分成,之后投资公司可能以种种理由,使投资计划不了了之。

（3）收保证金,是指利用国家金融政策,以提供大额存款、银行保函等帮助企业贷款的方式,要求企业提交订金。假投资公司提供的协议上一般会规定,《银行保函》开出并由项目方银行核保后,项目方必须一次性付清所有手续费,并要求一周最多两周内项目方银行必须放贷,如不能放贷则不负任何责任。

但事实上,大额存单、有价证券抵押贷款的陷阱利用的就是时间差,即出资方给融资方的有效时间内,银行上级部门的核准手续根本办不下来,这样出资方就堂而皇之地将融资方先期交付的保证金据为己有。在当前我国产权投资领域缺少相应法律监管的情况下,上述行骗手段有的能够诉诸法律,但有的打的是擦边球,企业追索困难。所以提醒有意进行融资的企业,在一开始就要有所警惕。

（六）科技金融服务平台建设与运营模式

科技金融服务平台是集科技金融需求者、科技金融供给者、科技金融中介机构以及各地政府的共同参与,通过运用现代信息化和大数据的技术手段,为科技型企业提供线上金融服务的网络化服务平台。该平台一般由政府主导,将各类信息资源聚集整合,通过制定一系列的规则实现科技金融资源的有效传递和充分利用,通过各类科技金融机构的在线协作互动,以及科技企业的网上递交申请和资格审核,实现科技金融产品和金融服务的创新,从而实现对科技企业的融资支持。

目前,中国已经有几十家科技金融服务平台,每个服务平台独具特色,但是所有的科技金融服务平台也具有一定的共性。

1. "政府主导型"科技金融服务平台

政府主导型科技金融服务平台由政府建设、管理和运营,以行政力量引导金融机构的参与,鼓励中介服务机构共同合作,以科技企业的融资需求为导向,建立全方位服务于科技企业融资需求的平台。政府主导型科技金融服务平台是由当地政府的工信部、科技局、财政厅、金融办、银保监会等联合承办的科技金融服务平台,主要由政府牵头,引导金融机构和科技企业参与平台的运营。政府根据科技企业的属性、发明的专利、对社会的贡献度以及所处的生命周期,给予相应的政策福利和税收优惠,同时引导金融机构的参与,为科技企业提供满足不同需求的金融产品和金融服务。在平台的运营管理过程中,政府采取统一管理的模式,建立科技企业数据库,建设企业征信系统,为投融资过程提供风险预警。该平台以科技企业的融资需求为导向,鼓励金融机构开发具有针对性的金融产品,建设全方位、多层次的科技金融服务体系,建设一站式服务平台。平台建设的目的是通过政府的力量,解决金融机构与科技企业之间的信息不对称问题,同时提高金融机构的投资效率,降低科技企业的融资成本,有效地解决科技企业融资难的问题。

政府主导型的科技金融服务平台以苏州市为代表。苏州市的科技金融服务体系主要是由科技成果转化平台、苏州市科技金融超市、科技公共服务平台以及科技孵化器等组成。政府通过科技公共服务平台,对科技企业和金融机构提供政策便利和财政资金支持;金融机构通过科技金融超市提供科技金融产品和服务;科技企业的创新产品通过科技成果转化平台对外展示;中小微科技企业主要通过科技孵化器进行融资。科技金融服务平台集聚政府、金融机构、科技企业、中介机构的资源,建立了企业数据库和企业融资征信系统。通过数据库对投融资信息的高效匹配,融资征信系统对科技企业的信用评估,实现金融机构、科技企业以及中介机构的有效对接。

政府主导型科技金融平台通常具有以下五个特点:

(1) 政策执行力强。政府颁布科技金融政策,以政治力量建设、管理科技金融平台,并引导金融机构和科技企业参与到科技金融服务平台,在平台的建设和运营中独占主角,实行统一化的规范管理。

(2) 公益性质突出。政府建设科技金融服务平台的目的是落实资本对实体经济的投入,降低金融机构与科技企业之间的信息不对称性。在平台运营过程中,政府所扮演的角色是"守夜人",维护平台的运营秩序,制定相应的规则,发布相关的科技金融政策,向参与机构提供公益性服务。

(3) 政府资金投入量大。政府主导型科技金融服务平台在建设和管理过程中的费用都由政府承担,同时政府在线下会设立政府专项资金,补充平台运营和交易风险资金需求,对于创业型科技金融项目,给予政府扶持资金。

(4) 市场化发展较弱。政府主导型科技金融平台由政府管理和运营,市场化发展受限,缺乏效率激励。

(5) 参与主体的积极性不高。政府通常采用行政手段鼓励金融机构和科技企业参与线上的科技金融服务平台,并辅以财政支持的方法,缺乏市场化竞争的积极性。

2. "政府参与型"科技金融服务平台

政府参与型科技金融服务平台是由政府下属企业或者建立专项基金,成立具有法人机构的企业,由该企业对科技金融服务平台进行运营和管理。政府负责设定平台的参与和运营规则,政府设立的下属企业负责建设和运营科技金融服务平台。该企业集聚各类资源,建立自己的企业信用体系和专门的评级部门,拥有较为专业的平台运营管理能力。同时引入中介机构的参与,为科技企业提供融资担保、融资咨询、资产评估、上市辅导等中间业务,整合天使投资、私募股权投资、创业投资、IPO等多种投资模式,形成较为完整的投融资产业链。这类科技金融服务平台的主导者具有法人资格,能够参与市场化竞争,并依靠市场力量建设满足处于不同生命周期的科技企业的融资需求的服务平台。

政府参与型科技金融服务平台以成都市科技金融服务平台为代表。成都科技金融服务平台分为网络、实体两个子平台,其中以网络平台为主,实体平台为辅。网络平台称为盈创动力网络平台,集聚了数据库系统和融资服务平台,包括投融资服务平台、共性技术支撑平台、天府之星培育平台等九大平台。其中,以"天府之星"数据库平台作为网络平台的核心,数据库系统集聚科技企业的基本信息、财务信息、融资需求信息等。

实体平台通过建设高达六十万平方米的高新区,集聚金融机构和投资管理公司,主要与成都高新创新投资有限公司、成都创新风险投资有限公司、深圳市创业投资集团有限公司(成都)、成都工投工业创新投资有限责任公司、成都银科创业投资有限公司等九家投资机构合作。通过金融资源的聚集,形成了股权融资、债权融资和增值服务三大主营业务。同时实体平台引入了民间金融机构,如小额贷款公司、信用担保公司等,形成了能够满足不同融资需求的金融产业链。通过平台的线上线下分工合作,形成了高效发展的科技金融服务平台,创建了政策服务体系、金融产品体系、中介服务体系、信息服务体系四位一体的科技金融服务体系。

政府参与型科技金融服务平台具有以下四个特征:

(1) 公益性与市场化兼容。政府通过间接性的参与,保障了平台的运营安全,降低了平台运营的风险,为平台的维护提供了公益性服务,同时通过设立法人机构,促进市场化运作,提高市场竞争力,促进科技金融高效发展。

(2) 金融资源集聚性强。通过组织企业抱团融资,解决单一企业融资量小,金融机构管理成本高问题。

(3) 集成创新能力高。通过平台服务和政府资金引导,开发复合的金融产品,在融资手段上突破单个金融机构的产品局限,实现金融产品之间和金融产品与和创业投资之间的有机组合,使企业获得更多的融资机会。

(4) 企业定价能力强。发挥企业的数据库资源优势,快速评估企业的信用状况,判断科技企业的内在价值。

3. "市场导向型"科技金融服务平台

市场导向型科技金融服务平台是由具有法人资格的企业设立,将科技金融服务平台作为公司的产品运营,参与市场的竞争。市场导向型科技金融服务平台以计算机网络技术为手段,运用各类金融工具,集聚信息、资源、技术为一体,以股权投资和债权投资业务为核心,通过搭建智慧金融服务平台,向科技企业提供专业化的金融产品和服务。平台运营的核心在于构建专业化的云计算系统和科技金融服务超市。利用互联网虚拟空间优势,突破区域限制,建设大规模的服务体系,满足处于不同生命周期的科技企业融资需求,并建立庞大的数据库系统对科技企业动态进行实时追踪,降低虚拟背景下的投资风险。

市场导向型科技金融服务平台以阿里金融、中新力合、全球网为代表。阿里金融是阿里巴巴运用其电子商务优势创办的金融机构,主要面向小微企业和个人创业者,以自有资金向从事电子商务的科技企业和创业者提供小额信贷服务,主要经营的金融产品为淘宝(天猫)信用贷款、淘宝(天猫)订单贷款、阿里信用贷款等。作为市场化的科技金融服务平台,阿里金融具有明确清晰的产权,开发的科技金融产品具有针对性,服务的对象主要是阿里巴巴的存量客户,降低了公共产品的外部溢出效应。中新力合是集金融、信息与网络为一体的综合化金融服务机构,服务于成长型企业的综合化金融服务公司,公司运营的资金来源主要是银行的信贷资金。全球网是以互联网为技术手段,联合政府、银行、专业市场、商会、协会、服务机构,搭建具有开放性、全面性、综合性的中小企业网络融资服务平台,资金来源以个人投资者为主,为创业者和科技企业提供融资贷款服务、金融配套服务链、金融产品定制、金融社交平台、信用管理等综合性金融服务。

市场导向型科技金融服务平台一般具有以下四个特点:

(1) 专业能力强。平台建立在市场化的背景下,通常具有很强的业务经营能力和专业化服务能力。

(2) 专业人才多。市场化科技金融服务平台通常要求高效率,因此对高素质的人才需求较多,对人才培养较为重视。

(3) 运营模式市场化。以市场为导向,拥有自己的主营业务,以获得可观的市场利润为平台经营目的。

(4) 增值服务低。市场化科技金融服务平台以营利为目的,其提供的公益性增值服务相对较低,在平台体系中,增值服务主要由中介机构以收费方式提供。

(七) 发达国家金融工具的运用

在大多数发达国家,货币市场主要由银行之间的短期资金交易而形成。在现代市场经济中,货币市场金融工具的品种是非常丰富的,但最为主要的是商业票据、短期政府债券和银行承兑汇票等。发达市场经济国家中,货币市场所使用的金融工具包括政府证券、商业票据、定期存款、回购协议以及银行汇票等。在传统习惯上,只有银行才是参与货币市场的金融机构,但过去十几年来,发达国家的共同基金以货币基金的形式参与了货币市场的交易,取得了显著的发展。

由于金融工具具有表外风险,国际会计准则和美国公认会计原则均要求操作金融工具的企业在财务报表的主体和附注中披露金融工具的信息。

金融工具创新通常受到金融市场供求因素的影响和推动。金融市场供求因素的变化是西方金融工具创新的动因。从金融工具创新的过程来看,西方国家的金融工具创新开始于20世纪60年代,70年代以及80年代得到了迅猛发展,其动因主要来自需求和供给两个方面。

1. 需求方面

20世纪70年代以来西方许多国家通货膨胀日益加剧,利率、汇率波动幅度增大,金融机构强烈地感受到资产价格变化给金融头寸带来的风险,于是产生了价格风险转移创新的需求。20世纪80年代以来,能源市场的衰退和严重的发展中国家债务危机,使许多国际银行信用度受到怀疑,投资者强烈地感受到金融头寸的信用恶化,于是产生了信用风险转移创新的需求。20世纪70年代后期的高利率大大增加了用传统方式进行交易的流动性的机会成本,因而要求用新的技术来提供交易的流动性,再由于投资者担心银行信誉或期望更多收益,使投资选择由存款转向流动性较小的资本市场工具,这种流动性的损失又刺激了对流动性创新的需求。一些国家金融当局对银行增加资本的要求,导致对股权融资的强烈需求,于是有了股权创造创新。对信贷需求总量的增长导致了信用创造创新的需求。

2. 供给方面

20世纪70年代以来,计算机和通信技术的改善,是导致供给条件发生变化的重要源泉,它有力地刺激了金融工具创新。因为,计算机和通信技术的进步,大大降低了金融交易的成本,使得金融机构愿意创造出更多的新的金融工具以谋求更多的盈利,金融竞争加剧。竞争主要表现在两个方面:一是不同国家的金融系统之间;二是各国金融系统中同类金融机构之间以及银行与非银行金融机构之间。竞争的加剧使各金融机构无法从传统业务中获得丰厚的利润,只有通过金融工具创新来开拓新市场,寻找新客户,通过满足客户多样化的金融需求来获取更多的盈利,从而在竞争中立于不败之地。金融管制压力,由于银行业较之于其他行业受到更为严格的管制,比如在资本充足、法定准备、存款利率等方面的要求,这使得银行业在激烈的金融竞争中处于劣势,银行为了生存和发展,不得不绕开管制,开发新的金融工具来赚取利润。

在过去的几十年间,为了顺应市场供应因素的变化,西方金融工具创新真可谓是层出不穷,种类繁多的新的金融工具的出现,不仅大大增强了金融机构的服务功能,提高了金融机构和投资者规避风险、谋求盈利的能力,而且更重要的是推动相关金融市场的产生和发展,促进了金融市场的国际化。

与此同时,改革开放以来,中国金融工具创新速度逐步加快,新的金融工具不断涌现,这大大丰富了中国金融市场上金融商品的种类,与此同时,由于国库券、商业票据、债券、股票、基金等新的金融工具的出现,带动了相关金融市场的产生和发展。当前,一个由同业拆借市场、商业票据市场、大额存单市场等货币市场以及国债市场、公司债券市场、股票市场等资本市场构成的金融市场体系已经确立。但是,也应当看到,由于中国金融工具创新受到各方面条件的限制,特别是衍生金融工具创新方面还很不够,因而,金融市场体系还不够完善。

因此,加大金融工具创新的力度,逐步丰富金融商品的种类,对于扩大中国金融市场的规模、完善金融市场的类型,进而推动中国金融业对外开放,使中国国内金融市场融入国际金融市场之中,成为国际金融市场一个重要的组成部分,实现中国金融市场的国际化有着重大的意义。

要点提示

1. 选择合适的融资渠道和灵活运用金融工具,犹如锻造一把打开资本大门的金钥匙,为企业成长提供源源不断的动力。

2. 从狭义上讲,融资是一个企业的资金筹集的行为与过程,也就是说公司根据自身的生产经营状况、资金拥有状况,以及公司未来经营发展的需要,通过科学的预测和决策,采用一定的方式,从一定的渠道向公司的投资者和债权人去筹集资金,组织资金的供应,以保证公司正常生产需要,经营管理活动需要的理财行为。公司筹集资金的动机应该遵循一定的原则,通过一定的渠道和一定的方式去进行。企业筹集资金的三大目的:企业要扩张、企业要还债以及混合动机(扩张与还债混合在一起的动机)。

3. 从广义上讲,融资也称作金融,就是货币资金的融通,当事人通过各种方式到金融市场上筹措或贷放资金的行为。从现代经济发展的状况看,作为企业需要比以往任何时候都更加深刻、全面地了解金融知识、了解金融机构、了解金融市场,因为企业的发展离不开金融的支持,企业必须与之打交道。

4. 资本市场与货币市场之间有很大的区别,其中一个显著区别就是后者的金融工具是同质的,即它代表短期的货币形式的资金;而其前者的金融工具则是不同质的,资本市场工具代表了不同类型的、异质的资本品,如股票代表企业投资形成的各种形式的资产,而政府债券则代表了政府的债务,住房抵押证券则代表了房地产等。

5. 科技金融可以带动产业结构的调整与优化,促进资源的合理配置。

6. 企业家要懂得在股权、债权、风险投资等多种融资渠道中游刃有余,并通过创新金融工具来优化资源配置,降低财务成本,把握航向,找到抵御经济风浪的关键锚点。

思考练习

1. 科技金融是如何产生的?有何作用?
2. 我国科技金融发展现状是什么?
3. 什么是直接融资?
4. 什么是间接融资,它有何特点?
5. 常见的金融工具有哪些?有什么作用?
6. 科技金融服务平台运营模式是什么?
7. 发达国家是怎样运用金融工具的?
8. 伴随着金融工具的多样化和复杂化,如何提升信用评级和风险识别能力?如何确保融资过程中的透明度和安全性?
9. 如何通过创新金融工具引导资金流向低碳环保产业来推动经济社会可持续发展?

四、技术交易商务策划

任务导航:技术交易商务策划的核心在于平衡利益、明晰权责,用策略化的眼光驾驭复杂的交易流程,为科技成果商业化插上翅膀。

学习重点:商务策划概述,商务文案撰写,技术交易模式与方式的选择,技术商品的营销策略,技术商品的竞争策略,技术商品的经纪策略;技术交易服务平台的主要功能、运行模式及其运用等。

建议学时:2学时。

(一) 商务策划概述

1. 商务策划

商务策划就是在商业活动中通过与生产、管理、战略等的紧密协作,运用广告、促销、公关、新闻等手段,综合实施运行,使商业活动达到较好的效果。为保证技术交易成功,前期商务策划必须严谨而完整,它是技术交易成功的基础和保障。

商务策划是所有项目开展企业经营的前提,被誉为经营的"首要"和企业的"首脑"。

随着信息技术的发展,"商务策划"又分为传统主张和现代主张,传统主张是:输出智慧;现代主张是:管理智慧。现代策划的显著特征是专业人员开发管理集体智慧,使个人智慧转化为集体智慧,而不是把个人智慧凌驾在集体智慧之上。

2. 商务策划的方法

一般采用的商务策划方法:

(1) 罗列细分法:即把一个商务过程分解成若干步骤,对市场进行细分。

(2) 组合求异法:可以以一个事物为出发点,联想其他并不相关的事物与之进行整合。

(3) 重点强化法,可以提升商务策划的科学性和有效性,提高企业的市场竞争力和经营效益。

(4) 借势增值法:这个很好理解,比如借助时事热点或者名人效应进行商务策划。

(5) 反向逆行法:从想要的结果逆推该怎么做。

(6) 连环伏笔法:对事件的策划要有良好的延展性和长远性,以商品为例,可以存在系列性。

(7) 移植模仿法:比如把成熟的产业流程、模式、方法作为一个模板,应用到一个新的产业设计思路中。

3. 商务策划的特征

商务策划的四大特征如下:

(1) 虚构性。商务策划需要在现实基础上进行一定程度的创新构思和设想,具有一定的虚构性。这并不是指无中生有或者脱离实际,而是强调策划者根据现有条件对未来可能的发展趋势、市场需求、商业运作模式等进行合理的预见,并尽可能设计出最佳解决方案。

(2) 新颖性。策划方案应具备独特性和新颖性,能够提出不同于传统或现行做法的观点、策略或解决方案;同时也需要精细严谨,考虑周全;对细节要有高度关注和把握能力。

(3) 超前性。策划工作通常要求前瞻视野,即策划者必须考虑到未来一段时间内市场环境的变化、行业发展趋势以及潜在机会,提前制定应对措施或发展战略,确保在变化中保持竞争优势。

(4) 可操作性。任何商务策划都必须是可行的和可执行的。策划方案不仅要有理论上的合理性,还要能够在现实中得到落实,包括资源的有效整合、具体步骤的规划、时间表的设定、预算的编制及预期效果的量化评估等。

(二) 商务文案撰写

商务文案的类型及相关撰写内容包括以下方面:

1. 项目建议书

项目建议书也称投资项目建议书,一般是由项目承接方根据有关部门要求,结合当地产业规划布局、政策、市场、技术、投资等因素,就新建或改扩建事项编撰的立项说明,多为概述性内容,也是框架性的总体设想,撰写项目建议书的目的是阐述项目启动的可行性和必要性。一般涉及国资或外资投资参与的项目均要撰写项目建议书上报给主管部门,用以前置行政审批或备案。

越来越多的项目发起方重视撰写项目建议书,一方面用于吸引潜在投资者和战略合作伙伴,另一方面作为编制项目可行性研究报告以及基本情况汇总的依据。项目初期策划阶段,相较复杂冗长的可行性研究报告,项目建议书显得更为贴切。受项目所在行业领域、地域、资金规模、筹资结构与方式等因素影响,项目建议书撰写会有不同侧重,但主体部分基本不变。根据实践经验,技术经纪活动中项目书、建议书应涉及的内容有:项目总论、市场分析、技术分析、财务估算、风险与对策。

2. 可行性研究报告

可行性研究报告是投资方开展相关经济活动(投资)之前,从生态、经济、技术、生产、销售以及法律因素、各类社会环境等方方面面进行详细而深入的调查、研究、分析,确定有利和不利条件,估算收益水平高低、项目可行性、经济效益、社会效益和环境效益,为决策者提供科学的参考依据。可行性研究是确定相关建设项目是否可行的主要参考依据,对项目分析全面而深入,从项目经济收益、技术可行性、生态收益等多方位进行科学论证,最终得出该项目是否可行的结论,为项目投资决策者提供科学依据。

相比项目建议书,可行性研究报告的研究内容更宽、更深、更透,实施操作性更强,用途也更广。既可用于上报有关部门审批或备案,也可用于市场投融资或项目合作的依据。用于上报有关部门审批立项或备案的可行性研究报告,绝大多数都要由相应资质(甲、乙、丙三类等级)的咨询机构编写。用于融资的可行性研究报告通常要求提供准确的市场分析,合理的融资方案(融资规模、融资期限、融资方式、退出机制等方案设计),详细的技术、市场与管理等运作方案。针对技术交易而带动的项目开发、转让、并购等事项,可参照一般格式撰写可行性研究报告,并根据每个项目的特点与属性进行调整。

3. 商业计划书

商业计划书,是公司、企业或项目单位为了达到招商融资和其他发展目标,根据一定的格式和内容要素而编辑整理的一份向受众全面展示全公司和项目目前情况状况、未来发展潜力的书面材料。

商业计划书的受众是潜在投资者,撰写目的是为让潜在投资者看懂项目并作出合理的评价,最终目的是获取潜在投资者的认可并实现成功融资。撰写商业计划书需有一定的技巧,注重逻辑和内容,常见主要内容包括:目标公司发展概况、目标市场分析、公司提供的产品或服务、采取的市场营销策略、市场竞争分析、目前采用的商业模式及其业绩、公司股权结构、组织结构、治理结构、未来的战略规划、拟融资计划、财务预测、潜在风险分析和其他投资者感兴趣的信息。

商业计划书撰写在技术交易、企业融资等组织发展过程中非常重要,它既是一个企业的形象展示,也是一个具体项目的概括介绍,是交易受让方或者意向投资人了解企业和项目的一个窗口,商业计划书的完成质量对技术交易或融资非常重要。撰写商业计划书既要扎实的文字功底和严谨的数据,也要简洁漂亮的版面美工设计,还要建立在掌握企业或项目真实情况的基础上。商业计划书不仅是企业或其他组织为了特定目的而进行路演展示的依据,还是企业或其他组织对自身情况和战略发展规划进行系统性梳理的结果。

4. 市场调查报告

实践中最常见的前期准备工作就是技术经纪人自己或与潜在交易受让方、成果转让方一起进行市场调查并形成市场调查报告。造成科技经济"两张皮"现象的原因之一就是科研院所的研发并不一定是基于市场需求,可能导致研发成果在市场转化环节脱节。

不同的交易主体有着不同的要求,但一般都围绕技术、工艺、产品、品牌、定价、市场、政策等信息开展,分为企业外部环境调查和自身条件与能力调查两大方面。开展调研工作过程中结合PEST分析和五力模型分析方法对企业外部的宏观环境进行深度全面剖析。运用SWOT分析方法对企业自身优劣势进行对比分析,了解企业面临的机会和挑战,有助于科学制定发展战略。

作为一个典型的项目市场调查还需要了解科技成果本身的情况,包括专利状态查询、专利技术调查、专有技术调查、技术来源调查、技术产权归属调查、研发团队主要成员调查、实验室现场设备验证、第三方检测认证、用户反馈等。

5. 技术(专利)评估报告

技术评估就是充分评价和估计技术的性能、水平和经济效益及技术对环境、生态乃至整个社会、经济、政治、文化和心理等可能产生的各种影响,在技术被应用之前就对它进行评估,进行全面系统分析,权衡利弊,从而作出合理的选择方法。

技术交易涉及的技术评估对象有专利技术和专有技术,主要围绕技术指标和市场价值开展评估。实际技术交易过程中经常会遇到技术评估,例如技术转让人聘请专家或专业机构对技术进行价值评估并给出评估报告(专利等知识产权属于无形资产,无形资产评估应由相应资质的专业机构进行操作),为下一步技术转让提供价值参考依据。潜在的技术受让人也需要聘请专家或专业机构针对潜在交易技术进行专业的技术评估,对技术的先进性(技术的指标、参数、结构、方法、特征,以及对科学技术发展的意义等)、适用性(技术的扩散效应、相关技术的匹配、实用程度、形成的技术优势等)、垄断性、经济性

（市场竞争能力、需要程度、销售渠道等市场价值；新技术的投资、成本、利润、价格、回收期等项目收益）、社会价值（如新技术的采用和推广应符合国家的方针、政策和法令,要有利于保护环境和生态平衡,有利于社会发展、劳动就业、社会福利以及人民生活、健康和文化技术水平的提高、合理利用资源等）等指标进行评估,给出合理定价,帮助顺利完成交易。

6. 科技查新报告

科技查新,是指具有查新业务资质的查新机构根据查新委托人提供的需要查证其新颖性的科学技术内容,按照《科技查新规范》进行操作,并作出结论（查新报告）。科技查新,就是对所查项目的新颖性作出评价,主要依靠文献检索即科技情报分析等手段,最终形成有明确依据、有深度分析、有准确对比的结论明确的查新报告。

实际工作中,科技成果持有人经常会认为"查新报告"等同于技术评估报告,甚至认为报告中的正面评价完全等同于市场上需要的技术先进性证明。面对这种情况需要深入判断,不能仅仅依靠这份报告或者类似技术评估报告而草率地给出观点,应当通过求助行业专家,调查同类产品与技术等手段加以综合判断,即使是最先进的技术也未必就是最适用的技术,实践证明只有适用性较强的技术才有交易价值,技术储备另当别论。

（三）技术交易模式与方式的选择

1. 常见技术交易模式与特征

科技部火炬中心在总结国内众多技术转移示范机构多年技术转移与技术交易工作经验的基础上,总结的技术交易模式有：

（1）科研成果直接转移模式,是指高校院所将自有科技成果不通过第三方机构,而直接向企业进行推广与转化的模式。这是高校院所技术转移实践中最常采用的方式,其最典型的特征是点对点地直接转移。

（2）技术熟化推广模式,是指高校院所为提供技术成熟度和适应性,通过强化共性技术、商业应用技术的研究,加强小试、中试环节的投入,以促进技术成果产业化应用的技术转移模式。随着产学研合作的不断深入,该模式已成为高校院所推动技术成果转移的重要方式。较为常见的技术熟化服务平台包括中试基地、公共技术服务平台、院地合作、校企合建研发机构等。

（3）技术集成经营模式,是以客户需求为导向,以专业的技术经营和服务能力为前提,通过购买引进、集成相关技术,进行二次开发或整合打包后进行成果转移的模式。目前,一些转制院所或有较强研究开发能力的专业技术转移机构,通过不断创新经营服务模式,注重对技术的引进和集成,大大拓展了技术转移的价值空间,成为技术转移重要的发展方向。

（4）高校院所衍生企业模式,是指高校院所依托现有科研成果,通过创办新兴企业,从而直接推动成果转移的方式。现阶段,为充分保证科研成果的产业化进程,高校院所更多的是通过技术入股方式引入有战略眼光的投资者合资成立衍生公司。

（5）平台型转移模式，是指示范机构搭建技术转移平台，面向特定技术对象、产业或区域范围，集聚技术供需双方，提供综合服务，开展的技术转移活动。现阶段各地区产业转型升级的发展，需要围绕当地特色产业集群的需求开展整体的技术转移服务，以提升产业综合竞争力。

（6）技术市场交易模式，其主要通过技术交易所、技术成果交易会、信息网络式技术市场等形式，为技术供需双方提供公共交易平台，实现技术的市场化转移。

（7）第三方经纪服务模式，是指技术转移机构以促进技术供需双方完成技术转移为重点，为企业提供技术引进、成果推介、信息咨询、技术培训等技术服务，以及政策咨询、管理咨询、融资等深层次服务的经营模式。

此外，根据技术交易服务手段与形式不同，还有一种依托互联网经营的线上技术交易市场模式，通过在线网络为技术交易双方提供信息服务、交易竞价服务、在线支付等服务。

2. 常见技术交易方式

针对技术开发和技术转让，实际工作中最为常见的技术交易方式有委托开发、合作开发、普通实施许可（普通许可）、独占实施许可、排他性许可、特许经营、专利权转让、专利申请权转让、技术秘密转让等形式。

（1）委托开发，委托方从事技术开发活动过程中往往需要借助外部力量才能完成，常见情况就是将创新任务整体打包给被委托方（外部力量），并支付一定的费用。除费用之外，委托方可能参与也有可能不参与，参与的方式可以很灵活，如提供研发场地、研发设备、参考样本以及人员配合等。双方通过签署委托开发合同约定相关事宜，包括知识产权、验收指标与方式、进度、成本等。知识产权归属问题需要当事双方协商解决，建议：一是谁出资谁享有权利；二是谁出技术谁享有权利；三是双方按约定比例共享权利（可视为合作开发）。建议双方在签署委托开发合同时形成关于拟生产专利的申请权和所有权的归属问题的一致约定，一旦产生纠纷可根据事前约定来处理。如果事前没有作出一致约定，一般来说专利申请权属于研究开发人员，当研究开发人员获得所有权之后，委托人只享有无偿实施该专利的权限。

（2）合作开发，就是基于合作双方共享权利的技术开发活动。随着国内产学研合作的不断深化与完善，越来越多的企业和科研院校采取合作开发的方式进行技术研发与创新。某个科研项目潜力很大，在完成技术难题攻关之后能迅速投入产业化并能带来非常可观的收益，科研机构一般会要求占有一定的收益期权，这份期权是基于合作研发过程中产生的科技成果产权，所以产权归属以及分配机制显得尤为重要。

（3）普通实施许可，是专利实施许可中最常见的一种类型，是指在一定时间内，专利权人许可他人实施其专利，同时保留许可第三人实施该专利的权力。根据规定，可以有多个被许可方在同一区域，其中也包括专利权人自己。在实际操作中，企业购买专利技术往往都希望是唯一被许可人，但许可方的想法恰恰相反，希望通过更多的许可来实现价值最大化。经纪人可通过分析技术、行业、市场特点以及供应体系等找出可能满足双方要求的最佳方案。

(4) 独占实施许可,简称独占许可,是指在一定时间内,在专利权的一定地域范围内,专利人只许可一个被许可人实施其专利,而且专利人自己也不得实施该专利。此类许可交易中被许可方的权利具有排他性和唯一性。从市场角度看,此类技术交易对被许可方是相对有利的,一旦交易成功,被许可人在市场享有垄断性的技术竞争优势,但同时也面临着风险,如果行业技术出现颠覆性创新并被市场接受,那么被许可人的权益可能达不到预期甚至会严重亏损。实际工作中,许可方为使得专利价值最大化,在选择技术交易方式上会比较谨慎,如果该专利技术应用范围很广,有能力实施的企业很多,显然先要比较普通实施许可和独占实施许可的预期收益再确定合适的许可方式。

(5) 排他性专利实施许可,是指受让人在规定的范围内享有对合同规定的专利技术的使用权,受让人仍保留在该范围内的使用权,但排除任何第三方在该范围内对同一专利技术的使用权。实际情形中,根据合同规定,许可方允许被许可方在指定的地域和时间内独享专利使用权,被许可方按照合同约定支付相应费用,但许可方可以保留同一地区和时间内的实施许可权利。

(6) 特许经营,是指特许经营权拥有者以合同约定的形式,允许被特许经营者有偿使用其名称、商标、专有技术、产品及运作管理经验等从事经营活动的商业经营模式。特许经营是许可证贸易的一种变体,特许权转让方将整个经营系统或服务系统转让给独立的经营者,后者则支付一定金额的特许费。商业特许经营按其特许权的形式、授权内容与方式、总部战略控制手段的不同,可以分为生产特许、产品商标特许、经营模式特许三种模式。

(7) 专利权转让,是指专利权人作为转让方,将其发明创造专利的所有权或将持有权有偿转移给受让方。专利权转让过程中,需要注意几点:一是专利是否属于职务发明;二是专利权是否属于国有资产,如果属于国资,还需要到相关部门走流程;三是如果专利权人有两个及以上,在签订实施许可合同时须经所有专利权人同意。

(8) 专利申请权转让与专利权转让类似,根据《专利法》规定,转让专利申请权的当事人应当订立书面合同,并向国务院专利行政部门登记,由国务院专利行政部门予以公告。专利申请权的转让自登记之日起生效。书面形式和登记及公告是专利申请权转让合同生效的法定条件,未签订书面形式或未经专利局登记和公告的申请权转让合同不受法律保护。同时,专利申请权的转让可以发生在专利申请人提出申请之前,也可发生在提出申请之后,但必须早于专利授权之前。

(9) 技术秘密,是指凭借经验或技能产生的,在工业化生产中适用的技术情报、数据或知识,包括产品配方、工艺流程、技术秘密、设计、图纸(含草图)、实验数据和记录、计算机程序等。技术秘密不像专利技术那样享受法律保护,只能通过订立合同享受合同法的保护。技术秘密与专利技术相比,最大的特点是技术的秘密性。而非专利技术的公开化,另外也不受时间限制,只要保护得当,理论上可以无限次交易。

(四) 技术商品的营销策略

营销原意是指企业发现或挖掘准消费需求,从整体氛围的营造以及自身产品形态的营造上去推广和销售产品,主要是深挖产品的内涵,切合准消费者的需求,从而让准消费者深刻了解该产品进而购买该产品。技术作为商品也是需要营销的,并且形成了技术营销的范式。

1. 基于供给导向的技术营销

基于供给导向的技术营销是最常见的最传统的技术营销。大学和科研院所有好的技术成果,通过营销找到合适的买家完成技术交易,也就是常见的科技成果转化与产业化。事实上,传统的基于供给导向的科技成果转化率是偏低的。

造成这种现象的主要原因:一是科技成果有技术硬伤或者不适应市场需求,成果持有人过度包装和价值夸大;二是市场调研不充分导致误判;三是营销方式与手段过于简单导致没法吸引意向买家。

针对第一种情况,可以通过事先学习相关技术资料,了解团队主要成员的技术能力(通过查看期刊上公开发表的论文、专利等资料判断技术先进性、适用性和成熟度),避免拿到含金量不高的技术成果。

针对第二种情况,首先要熟悉技术成果本身,对其特点、优缺点、适用范围、使用成本、预期收益等多角度进行分析。其次要熟悉行业和市场特点,对行业政策、主要竞争者、供应链体系、市场价格、盈利模式等多维度进行分析。

针对第三种情况,首先要丰富营销方式与手段,其次要逐步建立营销体系和网络。根据科技成果的不同特点制定不同的营销方式,如线下体验营销、线上网络营销、公益营销、会员营销、情感营销等。营销体系的建立需要紧密合作性团队、完善的激励机制,通过整合企业资源形成的对接平台,如各地政府搭建的各类企业服务平台、行业协会、商会、企业家俱乐部等等。此外还可以通过互联网/移动互联网开展线上展示与交易、中小型技术对接会、小型沙龙等,开展成果转化活动。

2. 基于需求导向的技术营销

在需求导向的技术交易活动中,通过引导企业挖出技术需求再寻求对接。需求导向的技术交易成功率远高于供给导向的技术交易成功率,但这并不意味着需求导向的技术对接就不需要营销。

需求导向的技术对接也需要强有力的营销。原因是有着强烈技术创新需求的中小企业碍于经费、设备、场地、人员、行业知名度、行业影响力、市场规模、企业形象等因素,很难找到性价比高的科研资源对接。

具有较强技术开发能力的专家一般也不愿与中小企业合作,中青年科研人员虽然要价不高,但在研发工作中难挑大梁,容易导致研发失败。解决这一问题最好的办法就是帮助中小企业推销需求,找到最合适的专家和机构。

3. 基于供给和需求双导向的营销新内涵

不仅要掌握基于科技成果供给导向的技术营销,还需掌握基于技术需求导向的"需求营销",所以完整的营销策划应该既包括技术营销策略,也包括需求营销策略。

4. 技术营销的需要

技术营销的营销对象是技术或成果。科研人员忙于日常科研与教学工作,没有精力也没有能力去推销相关科技成果,需要懂技术、懂行业、懂市场、讲诚信的技术经纪人出面营销找到合适的买家。反之,有技术创新需求而自行找不到解决方案的科技企业也需要懂技术、懂行业、懂市场、讲诚信的技术经纪人负责营销,以最终找到合适的卖家。

5. 常用营销策略

在技术交易活动中,营销策略事关成败,应该掌握高超的营销策略,以促进技术交易。常用的营销策略有:

(1) 需求策略。深入企业挖掘技术需求,根据需求选择适用技术。

(2) 供给策略。完成技术深度调查,根据成果特点选择适用企业。

(3) 价格策略。无论是成果转化还是需求对接,技术交易定价要合理。

(4) 渠道策略。建立需求征集和成果推送的传导机制。

(5) 电商策略。通过互联网/移动互联网的线上展示交易加速技术交易。

6. 技术定价策略

技术交易过程中技术定价是非常关键的环节,直接影响技术营销效果。国内外很多学者和从业者从理论模型(博弈论)和实践操作层面给出了很多方法和策略,但没有统一的定价模型可供参考并广泛使用。不同的行业领域有不同的定价规则,不同的交易方式也有不同的定价策略。

(1) 混合定价法。就是技术交易价格由定金(入门费)与提成两部分组成。运用博弈论分析技术交易双方风险承受水平来完成定价。当受让方使用技术产生效益且想拥有更多的自主管理权(承受较大的经营风险),按照风险收益相对等的原则,转让方可适当提高定金(入门费)水平,降低后续销售提成费。反之,如果技术风险较大且潜在市场效益很高,转让方可适当降低定金(入门费)水平,提高后续销售提成费来进行定价。

在上述两种情况中,转让方都可享受利润提成,但也承担部分经营风险。如果转让方不想承担经营风险而受让方恰好愿意承担全部风险,转让方可按定金(入门费)水平完成技术定价,一旦交易成功,转让方无需承担经营风险。

(2) 研发成本法。技术价格形成的基础部分是完成技术研发使用的成本。因此前期研发成本可以用来作为技术定价的参考依据,这些成本既包括看得见的用于支持研发活动的设备购置、改造与租赁费用、材料费、燃料动力费、劳务费、外协费、人员费等,还包括时间成本、财务成本甚至机会成本,转让方可根据上述成本给出合理定价。

(3) 收益定价法。技术研发成本与技术交易价格没有必然的联系,成本法可以作为定价参考依据。面对新技术的定价比较科学合理的方法就是采用预期超额收益法来完成定价。预期超额收益是指采用新技术后获得的新增超额利润,这部分超额利润来自因为采用新技术导致生产成本降低或新增的市场份额。技术交易双方可结合所在行业合作规则根据收益法来对技术进行合理定价。

(4) 案例定价法。近几年技术交易活动越来越多,可参考的技术交易案例也很多,技术交易双方可以参考成功的技术交易案例,并根据自身情况(行业、地域、技术有效使用周期、市场风险等)给出定价。

(五)技术商品的竞争策略

1. 市场进入的竞争策略

商品的技术含量越高,消费者的认知程度就越低,消费者无法凭借以往的消费知识和经验判断技术商品的潜在效用和利益。技术商品是创新尖端技术,不为消费者所熟知。因此进入市场的首要问题,不是商品的技术问题,而是消费者的认知问题。消费者认知程度高,技术商品进入市场就容易。所以,技术商品进入市场后,市场推广的重点应是知识普及。

2. 确定成本领先地位

由于技术商品的成本结构,决定其市场是规模经济市场。市场的领先者往往也是成本的领导者。要保持这种市场领先地位,一是制定合适的价格,牺牲一些短期利润,而这对潜在的市场进入者不具有太大的诱惑力。二是营销手段要强硬,让潜在的市场竞争者知道,一旦他们进入市场,肯定会引发价格大战,使后来者不得不考虑要牺牲沉淀成本来与你一决高低。

3. 商品的价格竞争策略

根据技术商品的市场特征,有以下几种价格策略:一是个人化定价。在传统行业中,个人化定价屡见不鲜。如航空公司经常在同一次航班中安排不同的费用级别,乘客支付金额的多少取决于订票时间、不同舱位和乘机历史记录。而技术商品更加容易实现个人化定价,如网上数据库供应商几乎对每位客户的要价都不同,支付的价格取决于客户是什么类型的实体(公司、企业、学术组织)、使用数据库的时间和使用数据库的量、下载还是只是在屏幕上浏览等。二是群体定价。个人化定价是把价格建立在群体特征的基础上。如果不同群体成员在价格敏感上表现出差异,向他们提供不同的商品价格就是一种竞争策略。对于长远眼光的公司来说,这样做有助于建立长期的忠诚顾客基础。三是版本划分。根据不同顾客的需求提供不同的版本,制定不同的版本价格。某一技术商品对某些顾客有极高的价值,而对其他客户则可能不太重要,不同客户对同一产品的评价不同是版本划分的依据。

4. 捆绑式销售策略

捆绑商品的价格通常比分别的商品价格之和要低,将两种商品捆绑销售就相当于向顾客销售一种商品,同时要以低于单独销售价格的增量价格向其销售另一种产品。通过捆绑销售能减少顾客支付意愿的分散程度,从而为销售商品增加收入。如微软的Office套装软件,由文字处理软件Word、电子表格Excel、数据库和演示工具PowerPoint捆绑而成。而由于其销售设计的合理性,达到了理想的销售效果。

（六）技术商品的经纪策略

技术商品的经纪策略在该部分主要体现在技术经纪人在谈判的过程中如何起到组织、指导、调和、见证、监督的作用。谈判是技术交易过程中非常关键的环节，是双方为了争取各自最大化的商业利益而通过沟通、协商、妥协、合作等方式，把潜在合作机会确定下来的活动过程。谈判要坚持平等互利原则，平等是互利的前提，互利是平等的目的。

技术商品经纪常用经纪策略有：

1. 刚柔并济策略

在交易过程，交易双方的态度既不宜过分强硬，也不可过于软弱，前者容易刺伤对方，导致双方关系劈裂，后者则容易受制于人。此时采取"刚柔并济"的策略会比较奏效。

2. 唱"红白脸"策略

交易中既要有人充当"红脸"，持较强硬态度，也要有人扮演"白脸"，持较温和态度。"红脸"是一针见血的直入式谈判策略，给对方的感觉是很强势。而"白脸"则较委婉，采取迂回战术，说话留有余地，让对方感觉到很有诚意。

3. 拖延回旋策略

交易中，时常会遇到一些态度强硬、咄咄逼人的对手，他们往往表现出居高临下、狂妄自大。对于这类趾高气扬的对手，适宜采取拖延交战、虚与周旋的策略。通过多个回合的拉锯战，迫使其感到疲惫生厌，逐渐丧失锐气，趁机扭转之前谈判中所处的被动局面，等对手筋疲力尽的时候发动总攻，这种策略往往十分奏效。

4. 以退为进策略

避免使用针锋相对的方式予以回应，选择认真倾听，听完对方所有的陈述、条件和要求后分析并抓住其致命弱点，发起进攻迫其就范。有时一方选择在局部问题适度让步以换取另一方在全局问题上的让步。

5. 设定局限策略

交易过程中常常遇到设定合作期限、合作范围、特定对象等合作条款，可以根据交易进程灵活应用这些策略以达到预期目的。例如，一方为了催促另一方尽快达成交易，往往抛出事先设定的最后期限，起到暗示提醒的作用。双方在交易的过程中，一方如果觉得交易不顺，话不投机，可以有技巧性地释放信息暗示另一方更换特定对象来改变交易进程。

6. 留有余地策略

交易中如果其中一方提出某些要求，另一方即使能全部满足也不必立即作出全面且真实的回应，而是有所选择地回应部分要求，留有一定余地，有利于在后续交易中继续占据主动地位。

7. 合作双赢策略

交易双方相互体谅，互相尊重，将心比心，在满足自身最低期望前提下估计对方期望，选择合作而非对抗，使得交易得以顺利进行并取得皆大欢喜的结果。

（七）技术交易服务平台的主要功能

技术交易服务平台能改善、加快技术交易的流程，提高技术交易的效率，缩短技术转移的周期。而网上技术交易平台正常的运营不仅要有强大的技术支撑、良好的运营模式，还要有完善的规章制度、科学的规则规范等特别要求。

近年来，网上技术交易平台在全球范围内的兴起，为技术交易的开展带来了本质变化。目前，国外网上技术交易平台经营运行大致可分为六大功能，即信息发布功能、咨询服务功能、难题解决功能、技术拍卖功能、高校成果转化功能和综合服务功能。

1. 信息发布功能

以信息发布功能为主的网上技术交易平台主要是提供技术信息，它提供的市场增值服务较少。具体的运行方式可以归纳为：

（1）免费发布信息。研发机构，如大学高校、科研院所等，可以免费注册成为用户，并可以免费在平台上发布技术供求信息。平台的工作人员也可以主动收集研发机构的技术成果，并对该类信息进行严格的审查，保证平台内的信息真实有效。

（2）缴纳会员获取增值服务。如果某公司对平台上发布的技术有兴趣，就需要在平台注册并缴纳一定的会员费，再使用平台内的数据库进行信息检索查找，当找到目标技术信息时，可直接与对方联系。

2. 咨询服务功能

以咨询服务功能为主的网上交易平台是指，那些主要为技术交易提供技术创新性、专利情况、市场分析预测等服务的平台。这基本是一些技术转移机构的门户网站，由于其有强大的专业工作队伍，因此，一般都能提供全面的面向产业化的咨询服务。

3. 难题解决功能

以难题解决功能为主的网上技术交易平台是指，在网站上发布技术难题信息，然后由已经在该网站注册的技术专家来解决该技术难题的一种模式。

4. 技术拍卖功能

以技术拍卖功能为主的网上技术交易平台是对技术进行在线拍卖，类似于eBay之类的电子商务网站。由于技术商品的特殊性，因此还涉及技术、专利的评估等许多相关方面，其拍卖过程也比普通产品的拍卖要复杂得多。

5. 高校成果转化功能

以高校成果转化功能为主的网上技术交易平台，首先走访企业，挖掘企业的技术需求，然后带着需求去高校、政府资助的研发机构。找寻能满足企业需求并具有一定市场前景的新兴技术，然后分别与双方进行谈判，最终达到成功交易，企业得到技术，高校或研发机构得到技术授权费，平台网站可以获得一定的利益分成。

6. 综合服务功能

以综合服务功能为主的网上技术交易平台,其特点是拥有较全的技术信息,提供全面的技术交易服务,还要能提供一定的市场增值服务。

总的来说,这六大类型的网上技术交易平台都有其各自的侧重点,这些独特的市场定位,也是这些平台获得成功的关键。

(八)技术交易服务平台的运行模式及运用

随着互联网技术不断发展,网络平台支持在线交易的功能日益完善,网上技术交易平台逐渐演变为科技资源配置平台和技术交易支撑平台。一般应具备以下基本结构和功能:

1. 网上技术交易平台的结构

一般来说,网上技术交易平台通过产学研各方的资源共享,解决了以往产学研结合中资源聚集方式有限、交易方式有限等问题,通过服务模式创新和技术交付模式创新,促进了科技与信息观念的转化和信用系统的建立,从而充分整合国内外的科技资源,有效地引导和支持创新要素的流通,实现科技成果向现实生产力的转化。

网上技术交易平台系统一般由三部分组成:

(1) 网上技术市场基本应用。包括信息发布、信息查询、洽谈对接、网上咨询、网上签约等。

(2) 应用平台。包括网上展示子平台、网上交易子平台和网上办公子平台。

(3) 系统平台。包括各类硬件设施和网页、数据库、应用服务器和线上会议系统,一般采用分布式网络运行环境。

网上技术交易平台不仅涵盖了传统有形技术市场的所有功能,而且在技术、组织和功能上有创新,是今后技术交易的主流平台。浙江网上技术市场就很好地体现了这种互联网技术与传统有形技术市场的有机整合。为了保证信息交流的可靠性及实时性,浙江网上技术市场结合了高速内网及互联网的优势。网络由省、地市、县电信网络组成,其中省管理中心有40多台媒体计算机(配备耳机、摄像头等),为供需双方网上在线洽谈和咨询,提供实时的集文字、声音、图像为一体的技术手段,配备2台大屏幕投影仪,用于演示网上技术市场开幕式、在线洽谈、咨询、成果交易、专家论坛、成交情况(包括地域、次数和金额等统计情况)等,并通过视频系统在网上即时报道;市级市场配备不少于20台多媒体计算机,配备1台大屏幕投影仪;县级分市场配备不少于5台以上多媒体计算机。

2. 网上技术市场的信息功能

技术交易是建立在大量、复杂、多次的信息交流的基础上,因此网上技术市场要为技术交易提供强大的信息交互交流功能,包括以下方面:

(1) 信息发布。供需双方使用者本身信息、技术需求信息、技术供给信息、科技人才信息、科技成果信息、中介服务信息等录入系统,系统即时在网上分类别进行展示。

(2) 信息查询。查询和浏览有关期刊、专利、标准和企业名录等所有平台数据的信息,为技术交易提供其他信息帮助。

(3) 洽谈对接。可直接调用系统提供的文字、音频和视频技术进行点对点实时洽谈。双方在洽谈时可以对某一项目或产品进行在线演示,也可以有预留电话或预约洽谈时间等。

(4) 网络会议。在洽谈对接的基础上扩展多方洽谈功能,突出会议特点。

(5) 咨询服务。在系统界面上会专设一个咨询栏目,技术供需双方可以通过访问网站,获得各种资讯信息,系统提供技术转移中介服务,包括科技计划项目咨询、技术转移政策咨询、技术合同登记咨询、风险投资咨询、技术评估咨询、知识产权法律咨询等。这些咨询既可以是在线即时的,也可以是留言的。

要点提示

1. 技术交易犹如一场科学与市场的交响乐,而商务策划就是那指挥棒,引领着科技资源的高效流通和优化配置。
2. 策划技术交易要有长远的眼光,充分考虑未来的发展与变化。
3. 技术交易商务策划的原则主要包括市场导向原则、知识产权保护原则、公平公正原则、风险控制原则、持续创新原则、互利共赢原则、合规性原则、战略协同原则等。
4. 商务策划的功能:① 竞争功能;② 放大功能;③ 预测功能;④ 决策功能;⑤ 创新功能。

思考练习

1. 商务策划的方法有哪些?
2. 商务策划原则是什么?
3. 商务策划的内容有哪些?
4. 怎样撰写商务文案?
5. 技术交易模式与方式有哪些?
6. 技术商品有哪些营销策略?
7. 技术商品的竞争策略是什么?
8. 技术商品的经纪策略有哪些?
9. 列举技术交易服务平台的主要功能。
10. 技术交易服务平台运行模式有哪些?
11. 商务策划中,如何满足不同国家和地区对于技术转让和知识产权保护的相关法律法规要求?如何确保整个交易过程合法合规和避免法律纠纷?

五、技术合同登记

任务导航：技术合同登记如同技术交易的准入证，它是技术进入及市场享受政策的凭证，未经登记的技术合同可能不仅无法得到法律的全面保护，还不能计入技术市场统计享受相关优惠政策。

学习重点：技术合同登记管理制度，技术合同登记的作用，技术合同登记机构的设立条件，技术合同登记员基本素质，技术合同登记流程；技术开发、技术转让、技术咨询、技术服务合同登记中的常见问题，技术合同成交额及其技术交易额确认等。

建议学时：2学时。

（一）技术合同登记管理制度

技术合同登记，是指技术合同登记机构对当事人提交申请认定登记的技术合同文本及相关附件进行审查，确认其是否属于技术合同，并进行分类登记确定属于何种技术合同，核定技术交易额（技术性收入）的工作。

为了贯彻落实《中共中央、国务院关于加强技术创新，发展高科技，实现产业化的决定》精神，加速科技成果转化，保障国家有关促进科技成果转化政策的实施，加强技术市场管理，科技部、财政部和国家税务总局于2000年共同制定了《技术合同认定登记管理办法》（国科发政字〔2000〕63号），实行技术合同登记的管理制度。

技术合同认定登记工作是指技术合同登记机构根据《技术合同认定登记管理办法》和《技术合同认定规则》要求，对申请认定登记的合同是否属于技术合同及属于何种技术合同作出结论，并核定其技术交易额（技术性收入），对符合要求的合同予以登记，并发放技术合同认定登记证明。

（二）技术合同登记的作用

技术合同认定登记工作在加速科技成果转化、保障国家有关促进科技成果转化政策的实施、加强技术市场管理等方面发挥着重要作用。技术合同认定登记的规模和质量，是一个区域科技创新能力和科技成果转化水平的风向标，反映了区域技术市场主体活跃度和技术转移转化效率。

1. 享受优惠政策

通过技术合同登记，合同主体可以享受国家对有关促进科技成果转化规定的税收、信贷和奖励等方面的优惠政策（表3.3）。未申请认定登记和未予登记的技术合同不得享受。

表3.3 技术合同优惠政策类型

优惠政策	技术开发	技术转让	技术咨询	技术服务
奖酬金(卖方)	√	√	√	√
企业所得税(卖方)		√		
增值税(卖方)	√	√		
加计扣除(买方)	√			

备注：技术合同卖方指的是技术开发合同中的技术开发方、技术转让合同中的技术转让方、技术咨询合同中的受委托方、技术服务合同中的服务提供方。

（1）增值税优惠。按照国家现行政策，四类技术合同（开发、转让、咨询、服务）中，开发和转让两类合同经认定登记，可向税务部门申请办理减免增值税的优惠（通常为6%的税率）。

（2）企业所得税优惠。经认定登记的，符合条件的技术转让所得免征、减征企业所得税，是指一个纳税年度内，居民企业技术转让所得不超过500万元的部分，免征企业所得税；超过500万元的部分，减半征收企业所得税。所得税减免可以追溯三年，专票、普票都可以享受，之前未享受的可以凭借免税单办理退税。

（3）研发费用加计扣除。经认定登记的技术开发合同中技术交易额可以申请加计扣除。

（4）奖酬金。法人和其他组织按照国家有关规定，根据所订立的技术合同，从技术开发、技术转让、技术咨询和技术服务的净收入中提取一定比例作为奖励和报酬，给予职务技术成果完成人和为成果转化作出重要贡献人员的，应当申请对相关的技术合同进行认定登记，并依照规定提取奖金和报酬。

2. 促进合同规范化

实施技术合同认定登记，有利于技术合同的规范化，以避免和减少合同争议及法律诉讼。通过对已签订的技术合同从法律和技术方面进行认定，可及时发现合同格式是否规范、条款是否完整、双方权利义务的划分是否公平、名词和术语的解释是否准确，若有问题，可立即指出，及时修改。很多法律和技术层面的问题在认定登记过程就得到了解决，能防止或减少合同纠纷，保证技术市场稳定地运行。

3. 保障合同履行

技术合同经过认定登记，取得登记证明并履行后，当事人才能凭登记证明办理减免税收、提取奖酬金手续。这样，第一能对合同的履行起到监督保证作用，第二，能有效防止逃避国家税收、滥发奖金等违法乱纪的行为，堵塞税收和现金管理上的漏洞，既严肃了财经纪律，又使信贷、税收、奖励等优惠政策真正发挥促进科技成果转化的作用，保证技术市场健康、有序地发展。

4. 决策辅助

通过技术合同认定登记，可以加强国家对技术市场的统计和分析工作，为政府制定政策提供依据。

（三）技术合同登记机构的设立条件

技术合同登记机构的设立具体条件为：

（1）登记机构须具有两名以上(含两名)熟悉技术合同相关法律法规、经专业培训后具备上岗能力的专职工作人员；一旦出现工作人员变化，须第一时间上报办公室并停用平台密钥。新增工作人员须经专业培训，具备上岗能力后方可开展工作。

（2）登记机构实行严格的岗位责任制，各机构法人是本机构合同认定登记工作规范运作的第一责任人，对此项工作负总责。分管领导、部门负责人、经办人员等分别按照工作的范围、职责等落实边际清晰的岗位责任。

（3）技术合同登记的专职工作人员应当忠于职守、廉洁公正、文明服务、严格执行《技术合同认定登记管理办法》(国科发政字〔2000〕063号)、《技术合同认定规则》(国科发政字〔2001〕253号)等文件规定，全面履行职责，提高工作质量和效率。

（4）登记机构要负责注册用户的审核、管理和培训；对注册用户提交的合同原件、扫描件和有关材料进行审核，主要事项包括是否属于技术合同；合同分类登记；核定技术性收入。

（5）技术合同认定登记工作应自登记申请之日起15个工作日内完成。其中，合同受理的时限为2个工作日。受理时认为合同不完整或有关附件不齐全等，须及时退回并明确告知需补正的资料；认为合同不符合技术合同认定要求的，退回并明确告知不予登记原因；符合认定要求的技术合同，应及时登记。

（6）认定登记机构应当严格保守技术合同中涉及的有关技术秘密，维护当事人合法权益。泄露技术合同约定的技术秘密，给当事人造成损失的，机构承担相应的法律责任。各登记机构必须严格加强相关工作人员培训教育工作，强化保密管理，与所有相关工作人员签订保密责任状。

（7）技术合同认定登记机构及时与委托单位签订工作责任书，并报省技术市场管理办公室备案。

（四）技术合同登记员基本素质

技术合同登记员应具有中专以上学历和初级以上技术职称。熟悉和掌握专业技术知识和有关法律知识，具有相应的政策水平和良好的职业道德。

技术合同认定登记员必须经过省科委培训、考核，取得合格证书后，方能从事技术合同认定登记工作。无证人员不得从事技术合同认定登记工作。

技术合同登记员实行岗位责任制。登记员应当忠于职守、廉洁公正、文明服务，正确执行法律、法规和政策，全面履行职责，提高工作质量和效率。技术合同认定登记员不得从事技术交易活动。

（五）技术合同登记流程

1. 账户注册

（1）技术合同的受委托方作为技术/技术服务的卖方在合同成立后向所在地区技术合同登记机构提出认定登记申请。

（2）卖方应通过所在地区技术合同登记机构网站提交《卖方注册信息表》、营业执照副本复印件加盖公章、法人身份证复印件材料。后台审核通过后，就可以在网上登记系统上用卖方注册信息表上的ID和密码登录。

2. 在线合同登记申请

按照实际签订的合同信息，填写合同登记申请的相关内容。在网上填报过程中，有不确定的地方，建议最好事先与审核部门沟通，以免驳回重填。可以对填写的内容进行暂存或者提交。提交之后也可以进行改动。

3. 报送合同文本

网上申报结束之后，需要将以下材料上报至企业所在地科技主管部门技术合同备案的机构。若任一方法人指定专门项目联系人来处理事务，需要一份法人签字盖章的委托说明。

进入"全国技术合同网上登记系统资料下载专区"页面，下载《技术合同登记表》并正确填写。其中登记员、合同编号、合同登记日期空着不填，其余部分如实填写即可。

合同文本原件需要盖章的三个地方：① 签订页：双方的公章，以及法人签名和手章；② 整套文本：骑缝章。科技部模板合同只要未画横线的文字部分，建议不要删除。

合同文本复印件，需要整套文本盖骑缝章。

回收文件有技术合同登记表、技术合同认定证明、合同文本原件。

4. 审核登记

技术合同受理后，技术合同登记机构对当事人提交的材料进行审查和认定，作出是否审批通过的决定，并根据决定结果制作文书，送达申请人（表3.4）。

表3.4 合同分类及审查内容

合同特征	技术开发	技术转让	技术咨询	技术服务
技术形态	双方未掌握	现有的、特定的、已经权力化的	运用科学知识和技术手段	有一定难度的现有知识、技术应用
技术特征	未知、有风险	成熟的、完整的、实用的	已掌握技术为决策服务	已掌握技术；为实施服务
成果形式	新技术、新产品、新工艺、新材料、新品种及其系统	技术本身是一项产品、工艺、材料、品种及其改进技术方案	咨询报告	具体数量、质量指标或经济效益、社会效益指标
知识产权	应有权属约定	必须约定明确	如无约定不对委托方实施后果负责	应达到合同约定的各项要求，技术知识传递不涉及知识产权

5. 办理减免税

技术合同登记办理完成之后,将以下材料上报至企业所在地税务局即可:

(1) 技术合同认定登记证明。技术合同登记证明一份企业自己留底,一份交与税务局。

(2) 技术开发(委托)合同复印件和登记证明上记录的同一份合同的复印件。如果是分期付款的合同,只需要上交新的登记证明即可,合同无须重复提交。合同需要盖上公章。

(3) 纳税人减免税备案登记表。税务部门收取合同复印件和登记证明之后,会当场进行合同的录入。录入完之后系统可生成并打印纳税人减免税备案登记表,必须带上公章。该表一式两份,税务局留存一份,公司留存一份。

6. 开具增值税免税发票

一定要开具"增值税普通发票"方能免除增值税。

实现的技术交易额部分需要开具免税增值税普通发票,非技术交易额则开具3%(小规模)或6%(一般纳税人)的增值税发票。

如果分三期付款,相当于每期都要开具技术免税和非技术不免税的2张发票,最终要开具6张发票。

尽量保证发票和技术合同登记证明在同一个月开具,及时去税务局完成登记,以免出现跨月报税的问题。

(六) 技术开发

技术开发是把研究所得到的发现或一般科学知识应用于产品和工艺上的技术活动。工业企业技术开发的对象主要有:产品的开发、设备与工具的开发、生产工艺的开发、能源与原材料的开发、改善环境的技术开发等。不同的企业可根据不同的情况选择技术开发的重点。

一个有效率的技术开发系统应由决策系统、执行系统、支持系统和信息系统四个子系统构成。

1. 决策系统

决策系统主要有两个方面的工作:

(1) 根据信息系统提供市场信息、技术进步信息以及企业系统资源信息等,适时作出技术创新的决策。

(2) 技术审核过程。技术审核过程是为技术开发提供主要框架的,包括在每一开发阶段结束时进行的一系列预先规定的项目进度审核。

在每一次审核时,高级管理层应决定技术开发是进入下一阶段,还是调整方向,或撤销该项目。

2. 执行系统

执行系统是在其他子系统的配合下,负责完成技术开发的全过程。这个系统包括几个关键点：

(1) 技术可行点的把握。在技术开发过程中，如果新技术的不确定性或风险已经到了可以控制的范围，并且可以在产品开发过程中加以解决，这个时候意味着该技术可以应用于生产，转化成生产力或新产品。

(2) 技术转化过程。技术转化过程从技术开发到产品开发的过渡过程，这一过程是从理论到实践的过程，可能遇到阻力和困难，应引起高度的重视。

(3) 项目同步性。技术开发是为企业的产品开发及其商品化服务的，因此技术开发应与企业的产品战略相一致，技术开发人员要参与产品构思。

(4) 科学的开发流程。技术开发中科学的开发流程为项目规划和实施提供框架，可以增进沟通，增强紧迫感，以及明确企业目标，减少科研经费的浪费。

3. 支持系统

支持系统包括两个方面：

(1) 为执行子系统和其他子系统提供后勤保障和服务。

(2) 协同技术开发。在进行协同技术开发管理体系设计和实施时，需要以系统工程思想为指导，各子系统之间紧密集成，将思想、人、技术有机结合，形成完整的、全方位的面向技术开发全过程。

4. 信息系统

信息系统及时为系统提供环境信息，为各子系统提供决策信息并及时为决策系统反馈各子系统的运行状态，以便决策系统及时把握整个系统的当前状态，及时调整决策。

技术开发是与新技术的研发、生产以及商业化应用有关的经济技术活动。它们关注的不仅仅是一项新技术的发明，更重要的是要将技术发明的成果纳入经济活动中，形成商品并打开市场，取得经济效益。

（七）技术转让

技术转让又称技术转移，是指技术在国家、地区、行业内部或之间以及技术自身系统内输入与输出的活动过程。技术转移包括技术成果、信息、能力的转让、移植、产业化、引进、交流和推广普及等。

技术转让是技术市场的主要经营方式和范围。技术转让是指技术商品从输出方转移到输入方的一种经济行为。对输出方来说是技术转让，对输入方来说技术市场是技术引进。以技术转让与引进为主要内容的技术贸易已成为国际上传播技术的重要方式。

此外，技术商品的转让和引进还有租赁设备、工程承包、技术培训、采用成套设备引进和转让、合作生产、补偿贸易及合资经营等多种方式。

引进世界先进的技术和设备，可以使引进方的生产力发展从更高的起点起飞，节省了研制费用，赢得了时间，从而使技术引进活动在全世界范围内，尤其是在发展中国家受到普遍重视和广泛应用。

1. 技术转让和引进的主要形式

由于转让技术的权利化程度和性质的不同,技术转让又可分为四种基本类型:

(1)专利权转让,是指专利人作为让与方,将其发明创造专利的所有权或持有权移交给受让方的技术转让形式。

(2)专利申请权转让,是指让与方将其特定的发明创造申请专利的权利移交给受让方的技术转让形式。

(3)专利实施许可,是指专利权人或者授权人作为让与方,许可受让方在约定的范围内实施专利的技术转让形式。

(4)非专利技术转让,是指让与方将其拥有的非专利技术成果提供给受让方,明确相互之间非专利技术成果的使用权、转让权的技术转让形式。

2. 技术转让中的知识产权转让

技术转让实质是知识产权的转让。它往往是含有专利、商标、商业秘密、版权等在内的综合性的知识产权利用行为。"技术"通过知识产权法律赋予其成为一种"无形资产",能够在贸易中进行有价转让,从而使其产生效益。因此,技术转让与知识产权有着密切的联系。

技术转让交易的内容就是知识产权技术转让中交易的"技术",它是一种特殊的商品,它不是物质形态,而是一种知识形态。技术转让的标的实质是某种权利——知识产权(intellectual property),它是指对科学技术、文化艺术等领域从事智力活动所创造的精神财富在一定地域、一定时间内所享有的独占权利。这种权利是通过某些法律程序(如申请、注册、登记、审查、公告、授权等)取得的,因此,受法律的保护。以专利权为例,我们通常说的"买专利",买的是专利(申请)权人对其专利的专有权,而不是该项发明创造本身。一项发明创造一旦被授予专利权,其发明内容和权利要求等相关资料都由中国专利局公开,作为文献资料,任何人可以自由查阅,本行业一般技术人员根据公开的资料就能掌握技术发明。但未经专利权人同意任何人不得为生产经营目的实施或采用。因此,对于拥有专利权的发明创造而言,任何人均可以通过公开途径得到,专利交易受方所获得的只能是该项发明创造的某种使用权或占用权。

技术贸易中的知识产权转让内容主要包括:

(1)有关专利技术的转让或许可。主要有:①专利申请权转让。②专利权转让。③专利实施许可。在实际中,所有权的转让较为少见,绝大多数是转让使用权,即专利实施许可,专利权人许可受方在约定的范围内实施专利。

(2)商标权的许可。单纯的商标转让或许可,不能视为技术转让活动。实际上,技术转让往往是各种知识产权在贸易中得到利用的一种综合行为,包含了商标的转让或使用许可。在一般情况下,只要技术供方愿意把技术秘密提供给受方,也就会同意商标的使用权提供给对方。

(3)非专利技术(也称专有技术、技术秘密、技术诀窍等)的许可。技术秘密是否属于知识产权范畴,目前在知识产权界看法不一,但是世界贸易组织的知识产权协议中对此作了肯定的回答,使之成为知识产权的新客体。

(4)计算机软件的许可。计算机软件是一种新型的无形资产,属于智力型商品,受到知识产权法的保护。我国对计算机软件的保护,是采取列入版权法保护的形式。计算机软件是当今高科技的重要载体,近年来,国际上计算机软件的许可贸易量剧增,我国的贸易量也发展很快,每年的贸易量已达到好几亿美元。计算机软件转让主要有两种形式,一种是软件与硬件一起转让,一种是单纯的软件转让。

3. 技术转让需要注意的问题

(1)要注意专利与技术秘密的有效性。专利的有效性主要体现转让的专利或者许可实施的专利应当在有效期限内;超过有限期限的,不受法律保护。技术秘密的有效性主要体现保密性上,即不为社会公众所知,是所有人的独家所有。如果是已为公众所知的技术,就谈不上是技术秘密,当然也就不存在转让问题。

(2)技术的有关情况应当约定清楚。技术是技术转让合同的标的,技术的有关情况应当在合同中详细规定,便于履行。技术的有关情况包括:技术项目的名称,技术的主要指标、作用或者用途,关键技术,生产工序流程,注意事项等。这些数据表明了技术的内在特征,是有效的,同时也是当事人计算使用费或者转让费的依据。

(3)转让或者许可的范围。转让技术或者许可他人实施技术,都应当明确范围。合同中可供选择的条款包括:专利转让的,涉及专利权人的变更,因而其范围及于全国;专利许可的,则要明确在什么区域内可以使用该专利,超过的就是违约;技术秘密转让的,让与人要承担保密责任,其使用范围可以及于全国,也可以只是某个地区。

(4)转让费用的约定。转让费用包括转让费和使用费。在专利转让情况下,受让人应当支付转让费。转让费根据技术能够产生的实际价值计算,通常规定一个比例,便于操作。在实施许可的情况下,则根据使用的范围和生产能力以及是否是独家等因素考虑转让费或者使用费的数额。受让人未按照约定支付使用费的,应当补交使用费并按照约定支付违约金;不补交使用费或者支付违约金的,应当停止实施专利或者使用技术秘密,交还技术资料,承担违约责任。实施专利或者使用技术秘密超越约定的范围的,未经让与人同意擅自许可第三人实施该专利或者使用该技术秘密的,应当停止违约行为,承担违约责任;违反约定的保密义务的,应当承担违约责任。

(八)技术咨询

技术咨询是指咨询方根据委托方对某一技术课题的要求,利用自身的信息优势,为委托方提供技术选用的建议和解决方案。技术咨询是对特定技术项目提供可行性论证、经济技术预测、专题调查、分析评价等咨询报告,它是技术市场的主要经营方式和范畴。

技术咨询服务是通过签订技术咨询合同来进行的,提出合同标的要求并付款一方为委托方,提供特定技术项目成果一方为被委托方即顾问方。技术咨询合同标的内容广泛,包括有关科学技术与经济、社会发展的软科学研究项目及专业性技术项目。

在技术咨询合同履行过程中,委托方要向顾问方提供技术资料、工作条件;顾问方以其专门的知识、信息、技能、经验,运用科学方法和先进手段,通过调查研究,写出技术咨询合同,提出建议和最佳的或几种可供选择的方案,供委托方决策时参考。

1. 技术咨询的对象

提供技术咨询的顾问方为科研机构、大专院校,而委托方通常是国家有关机构、职能部门和生产企业。

2. 技术咨询的特点

(1) 技术咨询的内容很广泛。技术咨询的内容有项目的可行性研究、效益分析、工程设计、施工、监督、监测及鉴定、设备的订购、竣工验收等。

(2) 技术咨询有利于技术落后的国家找到性价比较高的技术。一些技术比较落后的国家,由于科技力量不足或对解决某些技术课题缺少经验,聘请外国工程咨询公司提供咨询服务,可以避免走弯路或浪费资金。这是因为咨询公司掌握丰富的知识、经验和技术情报,可以帮助委托方选择先进适用的技术,找到可靠的技术出让方,用比较合理的价格购到较好质量的机器设备等。

委托方接受技术咨询要支付咨询费,但由于咨询而节约的资金远远超过支付的咨询费,因而总的来说,技术咨询对委托方仍然是有利的。

(3) 技术咨询的专业化程度比较高。在国际上,技术咨询大多由行业团体进行。目前,在发达国家大都有咨询工程师协会或联合会等,在许多发展中国家也有相当数量的咨询公司。

3. 技术咨询的内容和形式

技术咨询的内容主要包括:政策咨询、管理决策咨询、工程咨询、专业咨询和信息咨询五种类型。

技术咨询的形式有技术传授、技能交流、技术规划、技术评估、技术培训等,它是技术贸易活动中的一个基本形式。

4. 技术咨询的功能与作用

开展技术咨询的机构都具有学科专业齐全、人才荟萃、信息畅通、态度客观的特点与优势,他们从整体出发,对许多经济技术问题进行综合分析和专家会诊,提出较全面而又科学可行的方案或措施,供政府或企业决策参考。因此,技术咨询与服务是使决策科学化的一种有效形式。

技术咨询可以从规划、设计一直延伸到部署和投产后的阶段,帮助客户掌握运用中间技术构建企业应用的全面知识,节省开发时间及费用,降低应用开发的技术风险。采用新技术,开发新产品,特别是开发高新技术产品时会产生一定的风险,将有可能给现有投资成本造成损失,并决定着在新的运作环境下业务和系统功能的复杂程度。通过技术专家技术咨询会帮助客户针对新技术的特点和具体的业务需求进行详细的论证和评估,降低新技术和开发新产品的风险。

（九）技术服务合同登记

1. 技术服务合同登记中的常见问题

主要集中在以下几个方面：

（1）没有明确的技术内容。对于技术合同的认定，我国《民法典》中有着明确的规定，要求合同标的明确，如果登记人员不能了解技术合同中的技术内容，则不给予登记。但是，有些技术合同中通篇都找不到关于技术内容的相关表述，在双方签订的合同条款中只是体现了技术的名称，技术目标、技术参数等内容都没有涉及。还有的虽然在技术合同中明确了技术内容，但是要求交付的成果与技术内容却明显不符。举例来说，双方在合同中约定的是软件开发，而在交付成果栏中填写的却是工艺报告，两者严重不符。因此，在这种情况下登记人员无法通过技术合同了解到合同的技术内容，也就不予以登记。

（2）技术性收入不明确。技术性收入是判断合同是否属于技术合同的一个重要内容。技术性收入主要指技术转让、技术承包、技术服务、接受委托科研收入等几种形式，如果不是上述几种收入，则不应列入技术性收入。在除去购置设备、仪器、零部件、原材料等费用后剩余的金额就是技术性收入的金额。但是，在实际工作中有些技术合同虽然将需要购置的设备、仪器、零部件、原材料等已经列出，但是在合同金额中却并没有体现这部分费用，因此技术合同认定登记工作人员应将这部分费用在合同金额中予以扣除。按照法律要求，技术性收入不明确的技术合同不能进行认定登记。

（3）技术合同套用模板不正确。一些中小型企业的相关人员对于技术合同的相关条款并不了解，也不清楚关于技术合同方面的优惠政策。比如：在法律中规定"技术开发和技术转让合同经认定登记后可以免征增值税，而技术服务和技术咨询合同虽然可以认定，但是不免征增值税"，但是双方在签订合同时由于业务不熟练，本来是技术开发类的合同错误地套用了技术服务合同模板，由于合同条款与实际情况不相符，因此技术合同就无法认定为技术开发型合同，相关企业也就不符合免征增值税的优惠政策，在这种情况下合同只能重新签订或者放弃合同认定，给企业带来不必要的损失。而有些合同签订的时候虽然正确套用了模板，但是合同标的出现问题，受托方运用专业技术知识、经验和信息解决特定技术问题的服务性项目，在这种情况下企业同样不符合免征增值税的条件。

（4）软件版权的归属不明确。针对软件产品的开发在财税中也有着明确的规定，纳税人受托开发软件产品，如果软件产品的版权属于受托方，按照规定需要征收相应的增值税，如果版权属于委托方或者双方共同拥有，按照规定可以免收增值税。但是，在实际中很多此类合同中并没有对软件产品的版权归属问题进行明确，因此在技术合同认定时也无法作出免税认定。

（5）技术转让类合同中双方权益不清。技术转让类合同存在的问题也比较突出，主要表现在以下几个方面：

① 在合同中关于技术转让的内容表述不清，因此合同双方的权益无法明确。比如：

技术的所有权转让与技术的使用权转让是两个不同的概念,所有权的权益当然远远大于使用权。再比如:技术许可合同,如果双方在合同中约定登记方享有技术的独占权,此时受让方就不能再次转让该技术。

② 在技术合同中对技术转让的标的没有依法登记,因此就无法提供技术标的的合法证明材料。举例说明,在专利技术转让中只有取得了相关专利的授权后才可以签订专利技术转让合同,而对于软件类产品的转让则需要经过国家版权局的注册登记后才可以签订转让合同,按照规定在明确了归属问题后享受免税待遇。

2. 技术合同认定登记流程问题

在技术合同认定登记工作中经常遇到以下问题:

(1) 技术合同已经执行完毕,或者合同已经失效后来申请合同认定登记的。针对这种情况在法律法规中已经有了明确的说明,只有依法生效的技术合同才能申请认定登记,如果合同已经执行完毕或者已经失效,则不能再重新进行认定登记。

(2) 委托方(或买方)申请认定登记。这种情况也是不允许的,在法律法规中已经明确说明,技术合同的认定登记只允许技术卖方在双方签订合同后向所在地提出认定登记申请,采用的是一次登记制度。

除了上述几个问题外,在技术合同认定工作中还会遇到其他一些问题,比如:合同双方签章要素不全,只加盖了企业的印章,而缺少法人的签字,或是印章与落款处的企业名称不一致;合同的有效期不明确也是常见问题之一,主要是因为有些技术合同的结束日期不好确定。

(十) 技术合同成交额及其技术交易额确认

技术市场交易额是指登记合同成交总额中,明确规定属于技术交易的金额。即从合同成交总额中扣除所提供的设备、仪器、零部件、原材料等非技术性费用后实际技术交易额,但合理数量的物品并已直接进入研究开发成本的除外。

技术合同成交额是指只针对技术开发、技术转让、技术咨询和技术服务类合同的成交额。技术合同成交额是衡量科技成果转化的重要指标。

1. 认定标准

(1) 合同交易总额是指技术合同成交项目的总金额。

(2) 技术交易额是指从合同交易总额中扣除购置设备、仪器、零部件、原材料等非技术性费用后的剩余金额。但合理数量标的物的直接成本不计入非技术性费用。

(3) 技术性收入是指履行合同后所获得的价款、使用费、报酬的金额。

2. 技术交易额与合同成交额的差异问题

(1) 购置设备、仪器、零部件、原材料的费用:在合同中,属于技术转让、技术开发所必需的成果载体,属于样品、样机的"设备、仪器、零部件、原材料的费用",才属于技术交易额的部分。在核定技术性收入时,应该扣除其原材料费、设备购置及使用费。对于不构成技术成果载体的,而只是为扩大技术实施范围或其他目的,一并在合同中提出,要求承担方连带履行所购置的"设备、仪器、零部件、原材料的费用",不属于技术交易额。

（2）人员的交通费、住宿费,资料的印刷费:在合同中,属于直接为技术合同的履行及必要的技术交流活动所涉及的"人员的交通费、住宿费;资料的印刷费",方可属于技术交易额的部分。在核定技术性收入时,应该扣除其"一、二级管理费"。

（3）货物运输费、仓储保险费等:为使技术合同得到履行,对作为技术成果在的物资载体的交付活动所支出的"货物运输费、仓储保险费",可以属于技术交易额。在核定技术性收入时,应该作为"专用业务费"进行扣除。

要点提示

1. 技术转让是指拥有技术的当事人一方将现有技术有偿转让给他人的行为。尚未研究开发出的技术成果不属于技术转让范畴。

2. 技术合同登记是科技成果市场化之路的法律基石,规范的技术合同登记制度是保障科技创新活力、促进技术成果有效转化的关键一环。

3. 技术合同通常涉及大量敏感信息和技术秘密,在推进技术合同登记便利化的同时,有效保护企业商业秘密和个人隐私成为关键,需要构建严格的信息安全保障机制。

4. 技术合同登记可以更好地把保护知识产权和科研人员的合法权益。

5. 将技术合同登记纳入社会信用体系建设中,通过对履行合同义务情况进行记录和评价,形成有效的激励约束机制,进一步推动技术市场诚信体系的建设。

思考练习

1. 什么是技术合同登记?
2. 技术合同登记有什么作用?
3. 技术合同登记机构设立的条件有哪些?
4. 技术合同登记员要具备什么样的素质?
5. 技术合同登记流程是什么?
6. 什么是技术开发,如何保护自身的权利?
7. 什么是技术转让?
8. 什么是技术咨询?
9. 技术服务合同登记中常见的问题有哪些?
10. 怎样确认技术合同成交额及其技术交易额?
11. 如何界定技术交易额与合同成交额的差异?
12. 随着跨境技术交易增多,如何加强不同国家和地区间的合作与信息共享?如何建立协调统一的技术合同登记体系?如何降低交易成本?如何提高国际科技合作效率?

案例学习

技术合同范本（例）

甲方：

乙方：

鉴于甲方拥有技术，鉴于乙方对甲方技术的了解，愿意实施甲方的技术及专有技术，并且具备实施这些技术的物质条件、法人资格和必要的资金，双方经过充分协商，本着平等自愿、互利有偿和诚实信用的原则签订本合同，共同遵照履行。

1. 甲方所提供技术的内容、要求和工业化开发程度。
2. 乙方可使用的范围以及将来产品的销售范围。
3. 技术秘密的范围和保护期限。
4. 技术指导的内容。
5. 技术指导的人员由甲方派出，差旅费、咨询服务费由乙方承担，具体费用标准，甲乙双方另行订立协议进一步明确。
6. 技术情报和资料及其提交期限、地点和方式。
7. 验收的标准和方法。
8. 技术使用费及支付方法。
 (1) 按利润分成，按或甲、乙的比例分。
 (2) 按销售额提成。
9. 合作方式：甲方按照本协议约定提供符合要求的技术以及相关的技术咨询服务，甲乙双方应就本协议的技术所生产的产品的成本、销售、利润设立单独的账目，由双方派人共同监管。在条件成熟时，由乙方或甲乙双方设立该技术生产项目的项目公司。
10. 合作期限。
11. 后续改进的提供与分享：甲乙双方商定在生产过程中对现有技术的改良或革新以及由此技术而得到的其他技术，所有权仍然归甲方所有，但乙方在合作期限内有权免费继续使用。
12. 其他约定：甲方在与乙方就该技术进行合作时，并不限制甲方和其他有条件实施该技术的企业或个人进行合作。
13. 违约责任。
14. 争议的解决办法：甲乙双方就本协议所产生的任何争议都应该进行友好协商，协商解决不成的一致同意提交技术提供方所在地仲裁委员会进行仲裁。
15. 本协议自双方签章之日起即具有法律效力，一式二份，双方各执一份。
16. 本协议未尽事宜，双方可进一步协商后订立补充协议或变更本协议内容，补充协议或变更内容与本协议具有同等法律效力。

甲方： 乙方：

签章： 签章：

签约地点： 签约日期：

讨论：这个范本的技术合同(五技)可以通用吗？为什么？

六、案例研讨与分析

案例 一种液氢制备及储运系统的产业化

液氢技术是各国技术竞争的关键点之一。由于液氢沸点低(20.3 K)、汽化潜热小、易蒸发的特点，容器储运环节须采用严格的减小漏热的技术手段，或采用无损储运方式，将液氢的汽化程度降到最低或零，否则会引起储罐升压，导致超压风险或放空损失。从技术途径角度，液氢储运主要采用减小热传导的被动绝热技术和在此基础上叠加的主动制冷技术，以减小漏热或产生额外冷量。

液氢储罐研发能提高氢能储存效率。由于液氢的能量密度比气态氢高得多，因此液氢储罐可以在更小的空间内存储更多的氢气，从而提高氢能的储存效率。液氢的密度高，使得液氢在运输过程中的能量损失更小，从而降低了运输成本。液氢储罐的研发可以提高液氢的储存和运输效率，进一步降低氢能的使用成本。液氢储罐是氢能产业链中的关键环节，其研发和应用可以推动整个氢能产业的发展。液氢储罐的技术进步可以为氢能的广泛应用提供技术支持，促进氢能在各个领域的应用和推广。

液氢储罐的研发对于提高氢能储存和运输效率、降低成本、推动产业发展、保障能源安全以及减少环境污染等方面都具有重要意义。

某团队开始了液氢储运系统的开发。主要构想如下：

1. 技术团队

(1) ×××，项目负责人兼首席科学家，中德联合培养博士，二级研究员，国家重点实验室副主任，国家重大装备专项首席科学家。

(2) ×××，博士，某大学副研究员。主要研究领域为液氢/液氦温区制冷低温工程及其关键技术，具有丰富的低温系统集成能力以及独立的关键技术研发能力。先后参与多项国家重大科研装备研制项目，主持完成了"低温液体BOG再液化回收装备"的研制，并实现了工业化现场应用。

(3) ×××，博士，某大学副教授，国家自然科学基金项目负责人，汽车氢燃料电池项目负责人及专家。长期从事制冷与低温理论与实验以及低温装置工程化的研究，主持了某科技委重点研发项目、"低温贮箱研制"工程项目、"低温贮箱流体管理与零蒸发率控制技术研究"工程项目、国家自然科学基金等项目。

2. 运营团队

(1) ×××，英国牛津大学MBA，德国法兰克福商学院金融硕士，CFA/FRM/CAIA持证人。前波士顿咨询(BCG)LBO基金投资总监，德国博世集团(BOSCH)战略投资咨询专家。

(2)×××,法国巴黎第五大学商学院MBA,CMA持证人。曾任职于国内四大会计师事务所、国企、上市公司及私募基金,有着近10年产投经验,对股权投资、项目成果转化落地及企业合规性有良好认识和丰富经验。

3. 主要业务

(1)低温系统设计与工程交付(专注低温液氢系统的工艺设计及系统集成):定制化一揽子方案的设计优化和交付:全链路,从液氢的制备、储运到下端应用需要的透平膨胀机、低温控制阀、低温泵等,做到技术自主可控,可进口替代。

(2)工业及特种气体业务:对标林德、法液空和美国空气产品,提供液氢及空气液化过程中的其他稀有气体(如氮、氖、氩、氙、氪等);在气源地就地液化,可"承包经营",也可选择与业主进行销售分成;标准化储运产品(气罐或槽罐车)交付。

(3)运维/维保服务:人员的定期回访,配件的指导安装及维修保养服务。

(4)与合作伙伴共建氢云平台:系统/产品上线即上云;数据云端管理,通过数字孪生实现实时管理+远程运维;未来可切入能源合同管理、产用氢过程中的碳中和情况追踪与碳排放权累积、交易。

4. 市场营销

(1)市场规模:① 氢液化系统,至2030年,5TPD液氢制备系统需求量保守估计900座(加氢站需求100座,工业需求800座),预计市场总额不低于1350亿元,按照最低占份额10%,即90座,共计135亿元。② 液氢储罐,至2030年,国内市场所需槽车需求量不低于10000辆,按照保守需求的10%的份额(保守估计),即1000辆,则总产值为50亿元。③ 制氢原产地,液氢加氢站及分布式储能对大型及中型储罐有大量需求,市场规模超千亿元,预期10%市场份额,总体量超百亿元规模。④ 低温控制阀,低温控制阀的成本与阀门口径、压力等级、漏率要求、使用环境等相关,液氢低温系统中低温控制阀数量、型号较多,一般需要10~30个,阀门口径涉及DN10~DN100,国外售价在15~25万元/个。通过本项目低温控制阀的实施,实现液氢温区低温阀的国产化和商品化,同时售价至少可降低1/4。鉴于低温控制阀为液氢系统的核心零部件且需求量大,伴随着上述两项设备系统需求的大幅提升,市场规模也将成比例快速放大。

(2)商业模式:低温系统设计、方案优化(+交付);产品销售,包括空气产品和零配件销售。

(3)运维服务:云平台服务。

问题与思考

1. 补充该案例,形成完整的商业计划书。
2. 如何从科技评价的角度评判该项目?
3. 企业发展需要资金,如何规划获取基金的支持?
4. 该项目怎样形成稳定的商业模式?
5. 怎样为该项目设计企业的管理架构?

6. 该项目可以享受哪些政策支持,从国家到地方(所在地为准),做一个政策梳理,并形成规划建议。

要点提示

1. 案例分析是把学到的理论知识用于分析应用场景到真实的环境中去模拟的过程。
2. 做好案例学习,效果倍增,实践过程中心中不慌。
3. 案例能加速知识的运用,促进思考、增加分析能力,积累经验。

第四章　实务技能模块二

一、创业孵化

任务导航：创业孵化，创业就像孕育新生命，孵化器就是那个温暖的摇篮，提供养分，助力成长。创业孵化的本质是催化创新，赋能创业者，共享成功的喜悦与挑战的磨砺。

学习重点：创业孵化的特征，创业孵化链条，我国创业孵化现状与发展趋势，孵化载体平台建设与运营；创业孵化中的资源配置；科技企业孵化器的评价等。

建议学时：2学时。

创业孵化，一个能给创业成功的"蛋"提供一个条件，让它"孵出"并长大。给创业者提供这些条件的平台可以称为创业孵化基地。

（一）创业孵化的特征

1. 孵化器的发展历史

1959年，世界上第一家孵化器于美国诞生，即"贝特维亚工业中心"，由美国曼库索（Mancuso）首创。美国孵化器发展大致经历了以下几个阶段：

第一阶段从1959年贝特维亚工业中心诞生开始到20世纪80年代初，孵化器的主要目标是缓解社区高失业率的状况，主要功能集中在场所和基本设施的提供、基本企业管理职能的配备以及代理部分政府职能（如一些政府优惠政策的解读和代办）。

第二阶段为20世纪80年代中后期，孵化器作为一种有利于经济开发的新型工具得到政府的推广，专业技术孵化器和虚拟孵化器是美国政府对企业孵化支持系统化的两大重要标志。

第三阶段为20世纪90年代上半期，风险资本的触角伸入孵化器中，呈现企业化运作趋势，其主要表现是服务对象向外扩张和服务形式多样化。

第四阶段为20世纪90年代后期到现在，创业孵化集团出现，其革命性在于其解决了传统孵化器的两个基本问题：一是具备了独立的投资功能；二是解决了传统孵化器难以吸引高素质管理人才的问题。

2. 孵化器的概念

创业孵化器（business incubator或innovation center）是一种新型的社会组织，通过提供研发、生产、经营的场地，通信、网络与办公等方面的共享设施，系统地培训和咨询，政策、融资、法律和市场推广等方面的支持,降低创业企业的创业风险和创业成本以及创业门槛,提高企业的成活率和成功率,加快企业的创业速度。主要是为一些有潜力的项目提供技术、资金、管理方面的支持,等项目做大后脱离该企业自由发展。提供这些支持的企业,类似于将一个一个的公司孵化出来,即称之为孵化器企业。

3. 孵化器的特征

创业孵化器一般应具备四个基本特征:一是有孵化场地;二是有公共设施;三是能提供孵化服务;四是面向特定的服务对象——新创办的科技型中小企业。

创业孵化器一般具备三个基本作用与功能:一是降低创业门槛,提高创业成功概率;二是集聚各类创新创业资源;三是成批培育科技型企业和创新型企业家。

4. 科技企业孵化器的概念

科技企业孵化器(简称孵化器)是包括各种类型的孵化器、留学人员创业园、大学科技园、众创空间等在内的创业孵化机构的统称。

(二) 创业孵化链条

经30余年发展,我国目前形成了服务孕育期、初生期、成长期等"创业苗圃(众创空间)—孵化器—加速器—产业园区"的科技创业孵化链条,与各类孵化器共同成为面向不同创业群体、不同创业阶段的创业孵化体系,实现满足创业者需求的360度全方位服务。

1. 创业苗圃(众创空间)

苗圃(众创空间)是最初级的创业载体,一个创业者试水的地方,是传统孵化器向前端延伸的产物,又被称为预孵化器。

服务对象主要是尚未注册公司的"1到0岁"创新创业项目,为它们提供引导,并帮助潜在的创业者将创业点子转化为实业创业的预孵化服务。简单来说,苗圃承担着创业企业在被孵化之前的培育和筛选工作。

2. 孵化器

孵化器是通过给予初创期科技企业一系列服务来提高创业成功率和加快科研成果转化的(缓冲型)服务平台。它是以促进科技成果转化,培养高新技术企业和企业家为宗旨的科技创业服务载体,也是创新创业人才培养的基地。

3. 加速器

加速器是介于企业孵化器和科技园区之间的一种中间业态,进入加速器的企业和初创团队往往是经过了孵化器孵化后,进入了一个快速发展期,体现在团队、业务、收入的快速上升,所以加速器往往需要比孵化器具备更扎实的资源和服务能力,国际有名的孵化器很多,如PNP、YC、500Startups、TechStars。

4. 产业园区

产业园区作为产业聚集的载体,肩负着聚集创新资源、培育新兴产业、推动城市化建设等重要使命。

（三）我国创业孵化现状与发展趋势

1. 中国创业孵化历史

美国首先提出企业孵化器的概念,将科技企业孵化器称为企业创新中心或技术孵化器等。孵化器的概念传入中国后得到发展,我国第一家孵化器于1987年在武汉东湖创立。

第一阶段:研究实验阶段(1987—1988年)。1987年中国科技促进发展研究中心开展了在我国建立孵化器可行性研究课题,以国家科委下发的《关于开展科技创业服务中心可行性研究的通知》和武汉东湖创业中心的成立为标志,孵化器事业在我国开始兴起。

第二阶段:初创阶段(1989—1993年)。随着科技企业孵化器的工作列入火炬计划,全国形成了近40家企业孵化器,300多家企业和1000多项高新技术成果在企业孵化器接受孵化,第一批被孵化的企业已开始毕业。

第三阶段:总结提升阶段(1994—1999年)。1994年,国家科委召开了全国创业服务中心工作会议,总结了中国创业中心发展的九点主要经验和今后的主要任务。同年成立了中国高新技术产业开发区协会创业服务中心专业委员会。1996年,国家科委颁布了《国家高新技术创业服务中心认定暂行办法》,陆续制定了创业中心"九五"计划和2010年发展规划,随着一系列支持政策的出台,孵化器数量和规模有了很大提升。

第四阶段:快速发展阶段(1999年至今)。1999年全国创业服务中心工作会议召开,2000年上海召开了世界企业孵化器与技术创新大会,标志着我国孵化器发展到了一个新阶段。2001年,科技部制定并发布了《中国科技企业孵化器"十五"期间发展纲要》和《关于"十五"期间大力推进科技企业孵化器发展的意见》,提出了孵化器发展的指导思想、目标和推进措施。企业孵化器朝着形式多样化、功能专业化、投资主体多元化和组织网络化方向发展。

中国的创业孵化与国家的改革开放同步,改革开放为孵化器的产生和发展提供了条件。孵化器促进了经济社会发展,孵化器本身就是中国创新发展的缩影。

2. 中国孵化器现状

中国孵化器30多年间历经了从孵化器1.0的"二房东"身份到2.0的"服务员",而今发展成为"天使＋孵化"的3.0版本。运营主体也自上而下,由政府主导,到地方政府与大型企业合作,再到创投机构或者各类民间资本共同兴办,逐渐形成市场化的新型孵化器。

中国科技企业孵化器区域分布明显,主要集中在经济水平领先且风险投资较为密集的东南部沿海区域。

我国科技孵化器在大众创新创业方面有很好的基础。科技部火炬中心发布了《中国创业孵化发展报告2020》。《报告》显示,截至2019年年底,全国创业孵化载体数量达到13206家,其中孵化器5206家、众创空间8000家。共有国家备案的创业孵化载体3065家,国家备案的专业化众创空间73家。

"当前,创业孵化载体已成为我国实施创新驱动发展战略的重要'基础设施',为推动实体经济转型升级和经济高质量发展提供了重要支撑。"

3. 创业孵化发展趋势

(1) 科技创业苗圃预孵化趋势。尚未注册公司"0～1岁",为科技创业项目提供3～6个月的预孵化服务,帮助潜在创业者将科技创业点子转化为实业的孵化模式。

(2) 与海外机构共建孵化器。面向全球创新资源,国内多家孵化器相继在海外建立孵化基地。

(3) 创新型孵化器。① 投资＋孵化,盈利模式逐步形成,从房租物业为主向从投资与孵化器服务中获益转变。② 企业孵化＋产业孵化,探索建设产业孵化器。

4. 创业孵化的中国模式

(1) 中央政府设立了专门的组织机构——科技部火炬高技术产业研发中心(简称科技部火炬中心),是中国独特的组织安排。

(2) 科技创业中心逐渐演变为孵化器。

(3) 全链条孵化。

(4) 众创空间模式。

(四) 孵化载体平台建设与运营

1. 孵化服务体系

(1) 微观上看,孵化服务体系是单个地提供各种服务(图4.1)。

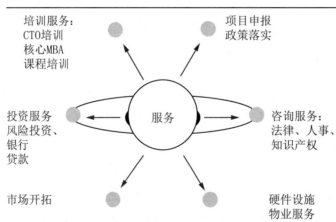

图4.1 微观层面的孵化服务体系

(2) 中观上看,孵化服务体系是地域性法规政策(图4.2)。

(3) 宏观上看,孵化服务体系是国家层面政策、法规、全球配置资源。

① 打造一批具有当地特色的众创空间,与科技企业孵化器、加速器及产业园等共同形成创新创业生态体系。

② 鼓励各地、各类主体探索支持众创空间发展的新政策、新机制和新模式,不断完善创新创业服务体系。

③以专业化服务推动创业者应用新技术,开发新产品,开拓新市场,培育新业态。

企业成长路线图

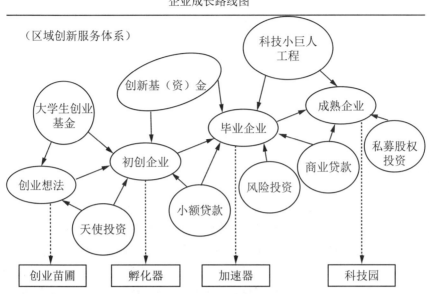

图4.2 中观层面的孵化服务体系

2. 孵化载体平台建设

在孵化载体服务体系的搭建过程中,通过不断地搜集创业者和创业企业的反馈意见,来审视各类孵化服务成效,剔除低效的服务,增加能够解决孵化企业和创业者痛点难点的服务并将服务资源向这里集聚,以此循环往复,保证孵化载体服务体系不断改进和有效解决。随着孵化载体的发展模式演化与升级,园区承载的功能日益多元化,大量城市要素和生产活动在园区内并存聚集。中小孵化载体也在向"投资共生模式""服务模式"转变。

中小孵化载体的建设与发展需要从以下三点出发:

(1)明确定位和产业支撑,产业互联网的出现让孵化载体再一次迸发出它的生命活力。信息技术的广泛应用和数据经济的植入,能够助推很多中小企业的发展速度。

(2)通过打造各种平台,工业互联网平台、产业互联网平台、能源互联网平台、消费互联网平台、科技创新平台等载体,有效对接地区发展,注重对一二三产业的统筹规划,增强彼此关联性和协同性,以"产业社区"为核心,以"产业平台"为载体,以"创新服务中心"为支撑,重点布局与发展中德工业4.0智能技术及应用、中试平台、综合能源管理等产业,精准匹配要素端、需求端、供给端,促进多种产业要素协调发展。

(3)集群发展助力增长,通过对城市和产业园发展趋势的分析把握,数字廊坊创智谷积极抓住技术升级和服务创新的市场机遇,依托区域优势,聚合共享优质资源,以创新技术行业龙头企业为标杆,为园区甄选重点产业和目标企业,吸引上下游企业聚集,通过资源载体,实现企业聚集、产业聚集和信息聚集。通过园区大数据平台的智能化运营,实现园内企业管理和供应链金融完整闭环;借助多种开放创新平台进行资源整合利用,提高产业要素与创新资源的良性互动、融合发展。

孵化载体要想在高质量发展中实现走出去,内部规划就不能再局限于简单的空间结构,而是要以开放的发展状态,构建承载能力强、发展要素齐、市场活力足的发展格局。

运营方要不断链接入驻企业、政府、人才、技术资源、金融机构等,搭建资源分享平台,通过实现"线下实体园区+线上数字园区"深度融合,为入驻企业提供不同的资源交流空间,帮助企业打通发展中的困境,加速产业孵化,提高培育成效,增强资源和项目的黏合度,实现企业与园区互利共赢。

3. 孵化载体平台服务体系

经过30年发展,中国孵化器建立了三级创业辅导体系,围绕创业企业需求,建立了全方位、全生命周期的链条式服务体系,"孵化+投资"能力不断强化,孵化服务水平持续提升。

4. 孵化载体平台运营绩效

孵化器一直在不断地进行模式创新,创业孵化内涵不断丰富提升,孵化对象范围不断拓展。孵化器类型从单一到多样化,为适应环境变化和创业需求,孵化器的建设运营模式不断演进。以下因素影响了在孵企业的成长直至成功毕业:① 新创企业的产业特征。② 创业者的人力资本特征,如创业的专才与通才特性严重影响了创业企业存续的时间。③ 孵化器的产业专注性,如专业孵化器提供了相关产业和相关技术的集聚空间,为突破技术瓶颈创造了条件。④ 孵化器提供的"软增值服务",如金融服务、创业辅导和网络通道。

(五)创业孵化中的资源配置

企业孵化器的核心任务是整合企业孵化所需的各类资源,包括资金、技术、咨询服务等。孵化器需要提供高质量的资源匹配服务。

一般性资源是指企业孵化器提供的最基本的资源,主要包括物业管理服务、工商、税收、商标注册、报关等代理服务,以及政府优惠政策落实等服务。这些服务只是为了降低新创企业的运行成本。

关键性资源,是指企业孵化器提供的资源直接有助于新创企业获得增值性的企业能力。主要包括管理咨询服务、技术服务、融资服务、中介推荐服务等,这类服务均直接形成新创企业所需的企业能力。配置一般性资源仅是企业孵化器发挥孵化功能的开始。

1. 硬件

载体空间作为企业孵化的基本硬件,配套服务作为孵化器的加分硬件。

2. 软件

孵化器的建设、运营、招商服务为孵化器的软件配置。

建设:孵化器建设与建筑规划主要涉及三个方面,一是孵化器建设规划,二是建筑规划,三是工程规划。

运营:运营规划包括物业管理、配套商业经营、公共服务平台、政府公关协调、园区管理规范化、孵化器内生发展与品牌复制经营模式。

招商:很多孵化器会忽略对招商人员的专业化培训和对招商制度的健全完善。

3. 公共服务平台

公共服务平台是为入孵化器（科技园）企业搭建的综合服务平台，诸如实验检测、技术认证、营销推广、人才培育、管理咨询、融资贷款、项目申报等园区企业发展所必需的服务项目。

公共服务平台有三种搭建方式：自行搭台、合作搭台、借台。

（1）自行搭台。一些生物医药园、软件园等专业园区和孵化器通常会自己建立专业化的公共服务平台，如生物医药园的公共实验室、化验室，软件园的软件评估中心等。

（2）合作搭台。整合社会资源与政府资源，联手中介咨询服务机构，共同搭建公共服务平台。

（3）借台。一些在城市高新区、开发区内的"园中园"自己并未建设像样的公共服务平台，而是使用区域内其他园区的公共服务平台，俗称"大树底下好乘凉"。

4. 服务机构

第三方服务机构作为创业孵化中不可缺少的一部分，孵化器需整合产业资源，引入各类中介服务机构，向园区企业提供工商注册、融资信贷、法律咨询、人才外包、资质认证、技术中介、管理咨询、知识产权服务、网络通信服务等全套的产业服务。

（六）科技企业孵化器的评价

为推动科技企业孵化器的高质量发展，发挥孵化器在加速科研成果转化、加快培育新动能、促进地方经济转型升级等方面的作用，目前科技企业孵化器评价指标体系中的考核指标如下：

1. 服务能力

主要有投融资服务、公共技术服务、创业导师服务、资源整合能力、孵化器链条建设等7项指标。

2. 孵化绩效

主要有孵企业收入和融资情况、科技含量、在孵企业成长性、创业带动就业等方面。

3. 可持续发展

主要从孵化器收入增长、收入结构、服务团队建设3个方面设置目标。

4. 加分项指标

孵化器在区域工作中开展的特色工作、承担的社会责任、对产业带动作用设计等为加分项。

> **要点提示**
>
> 1. 创业孵化是指导和帮助初创企业从"实验室"到成功上市的战略进程。
> 2. 孵化企业要清晰地介绍自己的创业项目、资源、目标、市场和远景规划等。

3. 孵化是创新的推动者，为企业提供指导和经验分享以及整合资源，包括资金、技术、人才等。

4. 创业孵化器的核心价值在于将创业者的想法转化为可行的商业模式，它提供了一个集资源、知识、经验和机会于一体的共享空间，让创业者在试错中学习，在合作中共赢，在挑战中蜕变。

思考练习

1. 什么是孵化器？
2. 创业孵化的特征是什么？
3. 创业孵化链条指的是什么？
4. 我国创业孵化现状与发展趋势是什么？
5. 如何建设与运营孵化载体平台？
6. 创业孵化中的资源如何配置？
7. 孵化器的评价指标有哪些？
8. 科技孵化器如何从传统的场地提供、基础服务向深度孵化和价值增值转变？
9. 科技孵化器如何有效整合政策资源、技术资源、金融资源以及市场资源？如何构建开放共享的创新创业生态体系？如何提高资源配置效率？

实践学习

1. 实地参观、调研一家孵化器，看看他们是如何盈利的。
2. 孵化器案例研究。

案例一

"一站集成"式孵化的生动演绎——上海莘泽，先后设立或参与多只基金，2015年被科技部认定为科技创业孵化链条建设示范单位，2015年莘泽股份挂牌新三板（代码834636）。

案例二

孵化器＋大企业＋高校北京首钢，企业型平台，资金与市场资源雄厚。

1. 如以"BAT"(阿里、百度、腾讯)等互联网公司成立的平台为代表。
2. 以三一重工、光明集团等产业龙头为依托与孵化器合作(云部落、麦腾)。
3. 宝武集团探索大企业创新与新兴产业孵化。

高校研发服务，拥有着丰厚的校友资源和学校资源，形成产业链，方便对接资源。以大学科技园为载体。

讨论：这两个案例分别代表了什么？其成功有何意义？

二、中试熟化与技术集成

任务导航：中试熟化是科技成果跨越实验室与市场鸿沟的桥梁，它是将创新理念转化为生产力的关键步骤，通过对产品进行大规模、连续生产的试验，确保其具备商业化生产条件；而技术集成则像一位高明的指挥家，将多项成熟或新兴的技术有机结合，共同奏响产业升级的交响曲，实现从单一到整体性能的飞跃提升。

学习重点：中试熟化概述，中试熟化的实施条件与要求，中试熟化平台建设；技术集成与技术集成创新，二次开发与集成服务，技术联盟与联合开发，高新技术产业技术联盟，技术集成的有效性和增值性等。

建议学时：2学时。

（一）中试熟化概述

1. 中试的含义

中试是中间性试验的简称，中试是相对于小试来说的。小试，也就是根据试验室效果进行放大，意思是小加试验考试。中试就是产品正式投产前的试验，是产品在大规模量产前的较小规模试验。

中试是科技成果向产生力转化的必要环节，成果产业化的成败主要取决于中试的成败。科技成果经过中试，产业化成功率可达80%；而未经过中试，产业化成功率只有30%。

中试的三个阶段：

（1）小量中试：主要针对硬件、结构、软件设计验证，初步验证可生产性，可能包含一次或者数次生产，直到无重大硬件、结构、软件问题为止。

（2）放量中试：主要针对硬件、结构、软件、工艺、测试、维修、物料的验证，主要验证设计遗留问题以及批量可生产性验证，直到无重大可生产性问题为止。

（3）小批量生产：主要对硬件、结构、软件、工艺、测试、维修、物料、质量以及相关生产文件进行全面验证，以可生产性验证为主；直到生产质量管理成本、合格率达到企业目标为止。

企业在确定一个项目前，第一要进行实验室试验；第二步是"小试"，也就是根据实验室效果进行放大；第三步是"中试"，就是根据小试结果继续放大。中试成功后基本就可以量产了。

2. 熟化的含义

熟化原是化学概念，也称固化，各要素相互进化的过程。熟化的主要目的就是把实验过程中涉及的各项要素有机地融合在一起，形成成熟的工艺和流程。

3. 中试熟化的作用

"中试熟化"是创新成果向生产领域转移和延伸的关联部分,也是整条科创价值链上最"值钱"的一环。

在成果转化中,中试熟化并未发挥真正作用。有一种错误思想认为好的科技成果就一定能成功地进行产业化、商品化。另外,我国的国有企业对于科技成果的转化缺乏热情和动力,高校承担了不必要的成果转化压力。这些正是造成"中试空白"的症结所在。

中试熟化的作用主要体现在以下几个方面:① 技术验证与优化。中试熟化阶段是在实验室小试成功后,进行较大规模的试验验证,通过模拟实际生产环境下的连续操作,检验科技成果的实际可行性,优化反应条件、工艺参数和设备选型,确保技术在工业化生产条件下仍能保持稳定、高效和安全。② 工程化转换。将实验室成果转化为适合大规模生产的工程技术方案,解决从实验室到生产线的关键技术问题,比如物料输送、自动控制、节能降耗、环保处理等问题,实现工艺流程的合理化和标准化。③ 降低成本与提高效率。通过中试熟化可以发现并改进潜在的问题,减少工业化生产的风险,降低单位成本,提高整体生产效率和产品质量。④ 起到风险评估与控制作用,评估科技成果在实际生产过程中的经济性和安全性,预测并控制可能的技术风险和市场风险,为后续的大规模投资决策提供科学依据。⑤ 做好市场对接准备。中试熟化过程不仅关注技术本身,还会考察产品的市场接受度、竞争力以及商业模式的可行性,帮助科技成果更加顺利地融入市场,实现商业化推广。⑥ 政策合规性检验。确保整个中试过程及最终的产品符合国家的行业标准、环保法规、安全生产等各项规定,为产品上市和大规模生产扫清障碍。

中试熟化解决了投资者关注的"技术成不成熟""产品有没有市场"两个关键问题。中试熟化通过技术中试与市场中试,打通了技术转移瓶颈,是科技成果走向产业化必不可少的中间过渡阶段,也是科技成果技术完善的过程,更是科技成果市场化、产业化的关键节点,在科技成果产业化过程中起到至关重要的作用。

(二) 中试熟化的实施条件与要求

中试产品的条件是指经初步技术鉴定或实验室阶段研试成功的科技成果,为验证、补充相关数据,确定、完善技术规范(即产品标准和产品工艺规程)或解决工业化、商品化规模生产关键技术而进行的试验或试生产阶段的产品。中试实施条件包括:

(1)经初步技术鉴定或实验室阶段研试成功的样机(或样品),为了稳定、完善、提高性能而进行的试验或试生产阶段的产品。

(2)经初步技术鉴定或实验室阶段研试成功的新工艺、新材料、新设备等科技成果,为了用于工业化生产而进行的试验或试生产阶段的产品。

(3)为了消化、吸收、推广国外先进技术(系指能填补国内空白的)而进行的试验或试生产阶段的产品。

(4)对原系统的性能有较大改进的系统性项目,经初步技术鉴定后所进行的试验或试生产阶段的产品。

(5) 农、林、牧、渔、水利、医药卫生、社会福利、能源、环保等科技成果,经初步技术鉴定或实验室阶段研试成功后在试验场、基地、室、车间(农业包括小面积试验成功后区域试验、生产试验,医药包括临床试验)进行的试验或试生产阶段的产品。

要实现中间性试验需要专业试验基地,需要必要的资金、装备条件与技术支持,才能完成对科技成果进行成熟化处理和工业化考验。

实施中试的基地分为专业中试配套基地和综合性中试配套基地。专业中试配套基地是专门从事某个行业类项目的中试配套;综合性中试配套基地是以加工、生产一般工业产品为主要经营业务,同时承担同类技术项目中试和产业化配套协作工作。

(三) 中试熟化平台建设

1. 资金扶持

目前,大多数高校及中小企业,由于人力、物力和财力的限制,要独立建立中试基地是不可能的。高校与高校之间,高校与企业之间,企业与企业之间建立行业性的中试基地,政府支持从科技开发经费中拨出一定比例的款项作为中试资金。另外,也可以建立政府或民间形式的中试机构,让他们去承担样品生产、技术鉴定、小批量试制、产品鉴定等一系列工作。

2. 分类建设专业中试基地

分类别如生命健康、新材料、智能制造、节能环保等重点产业领域,让高校、科研院所、企业中介机构等,通过升级、自建、协同合作等方式,建设一批专业中试基地,开展样品生产、技术鉴定、批量试制、工艺熟化等服务。

3. 规范管理

制定中试基地管理办法,对中试基地予以验收、认定、挂牌,对中试机构的建设运行予以扶持。

符合重点产业发展需求的,直接引进或联合企业、高校、院所组建功能测试评价认证中心,专业提供功能认证、应用场景实测等服务。

鼓励高校、科研院所以技术入股的形式加入认证平台运营合作,为平台建设和运行提供技术支撑,政府对平台的建设和运行给予资金支持。

(四) 技术集成与技术集成创新

1. 技术集成

自熊彼特提出技术创新概念以来,提高技术创新效果的关键在于处理好企业技术创新过程中的相互作用的各要素匹配关系,发挥协同作用,在此过程中,"集成"的思想已逐渐明朗,并逐渐在技术创新实践中得到推广和应用。

技术集成是指按照一定的技术原理或功能目的,将两个或两个以上的单项技术通过重组而获得具有统一整体功能的新技术的方法。

它是对那些在研究阶段被开发出的,并将在开发阶段中被采用的一系列技术的研究、评价和精练过程,这个过程形成了一个由问题选择、潜在问题解决方案选择、试验设计、执行和选项排除等组成的重复循环。

"技术集成"概念仅仅集中于单个组织的产品开发过程,侧重于创新的技术端。集成实际上是个组合的观念,集成过程中强调多部门之间的交流、协作和合作。它往往可以实现单个技术实现不了的技术需求目的。

(1) 技术集成开发。实际上就是企业根据企业现有的技术,抓住产品的市场特性,同时引进已有的成熟技术或参照技术资料进行学习,依据产品的特性,使各项分支技术在产品中高度融合,在短时间内进行集成开发,以最快的时间领先进入市场,充分获得产品的市场占有率的手段和方法。通过系统集成的方法评估、选择适宜的新技术,并将新技术与企业现有技术有机地融合在一起,从而推出新产品和新工艺的一种创新方法。

(2) 技术集成能力。技术集成能力是构建、整合、重构企业内外部技术资源以满足技术系统需求从而适应动态变化环境的能力。技术集成能力的量化研究一直是集成创新领域的重点及难点问题。技术集成能力由产品构建能力、技术选择能力、技术吸收能力及技术重构能力四个维度构成。企业集成能力主要体现在:信息集成能力、知识集成能力、技术集成能力、组织集成能力和战略集成能力五个方面。

(3) 技术集成的实现形式。在技术集成的实现形式上,研发活动的方式可分为渐进式(evolutionary)和革命式(revolutionary)两种。

渐进式过程是增强在技术和组织(战略、结构和文化)之间的融合和匹配性的过程,而革命式的过程则会减少这种融合和匹配。因此,提高项目绩效可以通过在技术集成中提高技术潜力或提高技术产出两种途径达到。这两种途径的选择则意味着技术集成两种形式的选择。提高技术潜力即意味着对技术本质的提升,是一种革命式的技术集成形式;而提高技术产出,则是在技术本质未改变的情况下,加强它与制造环境的融合程度,是一种渐进式的技术集成形式。

2. 技术集成创新

技术集成创新是指将公知技术、有效专利和部分自创技术,系统化地组合集成为一个新的具有创造性的技术方案直至获得实际应用,并产生良好的经济效益和社会效益的商业化全过程的活动。

技术集成创新是自主创新的一个重要内容,它通过把各个已有的技术单项有机地组合起来,融会贯通,集成一种新产品或新的工艺生产方式。

技术集成创新的主体是企业,其目的在于有效集成各种技术要素,提高技术创新水平,为企业建立起真正高层次的竞争优势,是集成创新系统中重要的组成部分。

(五) 二次开发与集成服务

1. 二次开发

对原有科技成果的进一步开发利用,也称作"技术的复用",是技术转移人员经常遇到的问题。

在原有的基础上再进行的开发就是二次开发了,它是创新的一种方法。如改善工艺、提高质量控制标准、改变剂型,达到便于应用的目的等等都属于二次开发。

对软件行业来说,二次开发就是在现有的软件上进行定制修改,扩展功能,然后达到自己想要的功能,一般来说都不会改变原有系统的内核。

2. 集成服务

集成服务是把不同的技术模块或单元,集成到一个新产品,形成新的流程的过程。

集成服务是用于生成高性能产品集成和工作流(包括针对仓库的提取、转换和加载操作)的解决方案。

(1) 集成服务的五大要素:

① 客户行业知识。要求对客户所在行业的业务、组织结构、现状、发展,有较好的理解和掌握。

② 应用系统模式和技术解决方案。以系统的高度为客户需求提供应用的系统模式,以及实现该系统模式的具体技术解决方案和运作方案,即为用户提供一个全面的系统解决方案。

③ 产品技术。对原始厂商提供的产品的技术掌握。系统集成商自有研发产品,包括应用系统软件的开发。

④ 项目管理。对项目销售、售前、工程、售后服务过程的统一的进程和质量的管理。

⑤ 服务。随着行业的健康发展和规范化,系统服务的质量已逐渐成为重要参考点。

(2) 系统集成商的发展。

随着系统集成市场的规范化、专用化的发展,系统集成将向以下三方向发展:

① 产品技术服务型。以原始厂商的产品为中心,对项目具体技术实现方案的某一功能部分提供技术实现方案和服务,即产品系统集成。

② 系统咨询型。对客户系统项目提供咨询(项目可行性评估、项目投资评估、应用系统模式、具体技术解决方案)。如有可能承接该项目,则负责对产品技术服务型和应用产品开发型的系统集成商进行项目实现招标,并负责项目管理(承包和分包)。

③ 应用产品开发型。表现在与用户合作共同规划设计应用系统模型,与用户共同完成应用软件系统的设计开发,对行业知识和关键技术具有大量的积累,具有一批懂行业知识又懂计算机系统的两栖专业人员。为用户提供全面系统解决方案,完成最终的系统集成。

从当前系统集成市场的结果看,用户均看中应用产品开发型的系统集成商。能够提供组织合理、管理有效、技术有保障的系统集成是成功的关键。

(3) 系统集成策略:

① 分销与系统集成的区别。销售产品和系统解决方案的过程是相似的,但其策略和着重点相对各有不同。分销的产品技术应用要求较低,应用层次不高,大众化市场的产品。系统集成的产品则相反。产品分销以产品为中心,侧重于产品行销的大众宣传,市场分销渠道的建立。系统集成则以系统解决方案为中心,强调技术,有明显的行业市场特征。

② 管理的系统化和规范化。从自然经济到社会化大分工,工业模式、经济模式、企业管理模式、人与人的协作关系,都不断发生着变革。工厂的生产流水线要保持高效的运作取决于两大要素:一是,各组成部分对局部生产技能的专而精;二是,合理的分工划分和各部分的协调管理。

如果把系统集成的运作比作工业流水线,它同样面临着三个要点:专而精、分工划分、协调管理。其管理的关键在于责、权、利。

③ 系统集成的组织职能划分。

依功能划分为市场、销售、售前、工程、售后服务、产品开发、专家机构等。

市场:系统行销市场的分析、策划、管理,并对新产品的研发提出市场性指导意见。

销售:总负责与具体客户的商务人员的接触、跟踪、关系。

售前:对销售人员负责,为具体客户的技术人员提供产品技术介绍、具体系统解决方案。

工程:对项目组负责,完成项目的工程实施。

售后服务:对项目组负责,完成项目的售后持续性技术维护和服务。

产品开发:负责软硬件产品的具体开发实施。

专家机构:研究跟踪新产品、新技术,提出系统模式和具体系统技术解决方案;对售前为客户提供的系统方案进行评审;对产品开发提供系统模式、开发平台的评审和指导。

依行业性市场划分,要求各级人员除了对本职工作的专而精,还要有对行业关系、行业业务知识的深入了解。可以结合以上内容要求,以行业结合具体情况划分系统集成的各职能部门。

④ 协调管理。一是塔式管理体制。形成塔式管理体制,各层各部门责、权明确,逐层上行协调管理,决策逐层下行发布实施。二是项目组。系统集成的外在行为表现为项目,具体客户的项目、产品研发的项目等。项目组应由该项目相关的各平行部门指派相应的人员组成,由项目经理全权负责该项目的管理。

行业性销售项目的项目经理要对该行业销售部门负责,并直接对各平行部门的上级管理部门负责。应以塔式管理体制和项目工作组相结合。分工管理的层次性可充分适应企业未来的规模化发展,项目组的灵活性平面化管理可以避免多层次管理可能带来的僵化和平行部门协调的低效。

⑤ 系统集成的行业性特点与市场定位。大企业占据优势。目前,在国内有一些行业如金融、电信、邮政、税务、保险、制造等关系国计民生,是国家重点投资的行业;商业是投资周期短、见效快且资金比较充裕的行业;政府办公行业规模大,需求旺盛,系统集成可以直接完善国家管理体系,提高办公效率。进入这些行业的系统集成领域,有的可得名,有的可得利,有的更可名利双收。

中小公司在系统集成领域起步较晚。在金融、邮电、保险、税务等突出行业,从行业市场占有率、产品技术、资金投入、行业关系、行业经验等方面与大型系统集成商相比差距较大。

系统集成的市场是广阔的,然而市场机遇也是稍纵即逝的。我们应分析行业市场,集中有限的人力、物力、资金,抓住并吃透几个行业,那样将起到事半功倍、名利双收的作用。如果不考虑实际实力,全面出击,将分散有限的投入力量,事倍功半,不利于我们在该领域的长期发展。

⑥ 系统集成的长期性。目前,我们在系统集成领域力量较弱,管理和运作水平有待提高,行业市场和技术力量有待投入和培养。我们在该领域之所以能获得短期的高速增长,其源于各级员工的敬业精神、奋斗不息的企业文化、行业信息化带来的广阔市场。如果只注重短期行为的急速效益,不注重培养和投入,我们不仅会丧失掉可能抓住的市场机遇,而且将很难在该领域得到长期的持续的效益增长,无法做到从量变到质变。系统集成商的一个责任是创造需求和引导需求。在系统集成前期做好咨询服务,使客户了解信任公司的能力、技术;对具体人员的要求应该具有行业知识和技术背景。对系统集成商要求有长期投入,做到要控制市场,引导市场,而不是拥有某一个项目。

(六)技术联盟与联合开发

1. 技术联盟

科技的飞速发展和竞争的日益激烈化,动态、复杂及不确定性已成为企业技术研发所处环境的常态,众多企业在创新过程中出现了技术资源短缺现象,于是以借助外部技术资源来进行合作研发的技术联盟随之产生。

技术联盟是两个或两个以上具有独立法人地位的企业联合致力于某一技术或产品的研发的行为,是为适应技术快速发展和市场竞争需要而产生的优势互补或加强的联合。旨在实现技术资源互补、减少单个企业的开发风险及投入成本、促进技术创新,从而在竞争中处于有利地位。

技术联盟也是一种超企业形态的创新组织,它强调通过联盟实现技术的突破,强调通过联盟使合作者发挥各自在技术创新过程中的优势。技术联盟被认为是20世纪80年代以来最重要的组织变革。企业组成技术联盟,可形成技术研发的合力,从而规避研发风险、扩大技术影响,更新创造市场,形成更强的竞争优势,是市场经济发展不可避免的趋势。

2. 联合开发

联合开发是指为了实现各自的战略目标,公司与其合作伙伴采取联合的方式共同参与市场竞争的一种战略取向,这种战略形势可以使他们相互协作,优势互补,能够解决由于资源和能力不足所产生的很多问题。

联合开发具有一定的风险。在联合开发中,技术诀窍将不可避免地泄露给合作伙伴,而后者在将来可能会变成竞争对手。联合开发意味着要与陌生的伙伴在一起工作,要适应新的工作方法,这将花费一定的时间,也会产生文化方面的冲突,发生额外的协调费用。最后,在联合开发协议中,不可避免地存在着不明确的授权要求,当面对具有清晰的决策界线、采取内部开发战略的对手时,这就可能变成一种劣势。

适合进行联合开发的情况主要有:

（1）活动具有中等的或很高的战略重要性，但是公司的能力处于低的水平。

（2）活动具有中等的战略重要性，而相对于行业中的最佳水平，公司的能力仅仅是一般水平。

（七）高新技术产业技术联盟

国家建立以企业为主体、市场为导向、产学研相结合的技术创新体系，提升产业技术创新能力，构建技术创新战略联盟，它的重要意义是推动产业技术创新战略联盟的构建就是加强产学研合作。

它的运行紧紧围绕设立高新技术产业技术联盟预期实现目标而开展相应的活动。高新技术产业技术联盟的有效运行，是指相应活动的过程中已取得了明确且可核查的目标性的运行效果。高新技术产业技术联盟的有效运行，与运行期间的内在因素、外在因素、宏观因素和微观因素有关。

1. 运营策略

推进高新技术产业技术联盟有效运行，最重要的是应超前选择集成性的策略。根据内容不同可分为以下类型：

（1）基于合同订立质量应选择的策略包括：确保联盟成员主体资格的合法性；提高合同意思表达的真实性、约定权利义务的平衡性；增强目标实现的可能性；加强违约责任的公正性。

（2）基于组织制度建设质量应选择的策略包括：合理设置联盟的组织机构，优化管理人员结构；健全保障制度；提高应急处理能力。

（3）基于资源投入质量应选择的策略包括：提高研究研发资金、人员和设备的配置质量。

（4）基于高新技术研究质量应选择的策略包括：积极获得外部辅助性技术和竞争性技术的研究进展信息；提高联盟自身的查新能力；加快技术研究速度；优化研究技术获得知识产权的适时性。

（5）基于高新技术产品研发质量应选择的策略包括：增强联盟的市场分析能力以提高目标研发产品的可行性；提高联盟的产品研发能力；及时获取外部替代产品的研发进展信息。

（6）基于高新技术产品市场化质量应选择的策略包括：提高产品市场化的可行性；增强销售团队的市场营销能力；积极关注替代产品的营销动态；健全市场化的效益评价体系。

2. 技术开发联盟

具体形式多样化，如技术商业化协议，即是在资金、营销力量和提供新产品研制计划、技术开发方面各负其责；联合制造工程协议，即由一方设计产品，另一方设计工艺。

3. 产业技术创新战略联盟

由企业、大学、科研机构或其他组织机构，以企业的发展需求和各方的共同利益为基础,以提升产业技术创新能力为目标,以具有法律约束力的契约为保障,形成的联合开发、优势互补、利益共享、风险共担的技术创新合作组织。

以国家战略产业和区域支柱产业的技术创新需求为导向,以形成产业核心竞争力为目标,以企业为主体,围绕产业技术创新链,运用市场机制集聚创新资源,实现企业、大学和科研机构等在战略层面有效结合,共同突破产业发展的技术瓶颈。

各地方要把推动区域性产业技术创新战略联盟建设作为加强产学研结合,加快技术创新体系建设的紧迫任务。紧紧围绕本地经济发展规划确定的支柱产业,推动构建区域性联盟,促进区域创新体系建设和经济社会又好又快发展。

(八) 技术集成的有效性和增值性

1. 实现有效技术集成的关键

(1) 有效技术集成应该是起始于R&D项目的最初阶段。美、日等成功企业技术集成实践经验表明,有效的技术集成是起始于R&D项目的最初阶段,它为后期的产品设计、工程、制造等活动提供线路图,并详细说明研究开发、产品制造及产品应用等领域之间的相互作用。而且,有效的技术集成不是在企业战略层面执行的,而主要是在项目层面,它需要集成小组成员明确他们的方向和范围,并投入于每天的解决问题活动中。

(2) 有效技术集成过程中必须对各种可选的新技术进行评估,并进行有效选择。在产品的生命周期变得越来越短、市场不确定性不断增加的情况下,企业竞争的优势在于企业能够在众多的可选技术中能否作出合理的选择,而不是创造这些技术。因此,在技术集成过程中,一个非常重要的步骤是在确定最终的技术路线前,对各种可供选择技术进行评估,并作出选择,其中心内容包括试验设计、原型开发、试验仿真等。美、日、韩等国半导体产业发展经验表明,仅仅研发和发现新技术是不够的,只有那些善于选择技术,并善于使这些技术在越来越复杂的产品系统中共同发挥作用,即进行有效技术集成的企业,才可能是成功的企业。如微软、英特尔这样的公司,研究一项新技术并不是太大问题,公司内部的一些研究机构或外部供应商都可以为他们提供许多新的可能,他们的主要挑战是如何在众多的技术中作出科学的选择。

(3) 有效技术集成过程实际上就是一个新技术与企业现有技术交叉融合的过程,在这一过程中,R&D项目成功的关键是把新技术与企业现有技术紧密结合起来。当企业需要现有技术基础上引入新技术,以实现技术的不连续发展时,引入新的技术,并进行内部和外部的集成,这对项目绩效至关重要。在这里,新技术的产生可以是在企业内部,也可以在企业外部的其他创新主体。在企业内部进行技术集成,强调的是内部职能部门之间的并行合作,而不是从一个部门到另一个部门的技术细节都联系起来。技术集成就是通过组织过程把好的资源、工具和解决问题的方法进行应用,它为提高R&D的绩效、性能提供了巨大的推动力,可使企业更加有能力应对不连续的技术变化。

技术集成是对那些在研究阶段被开发出的、并将在开发阶段中被采用的一系列技术的研究、评价和精练过程,这个过程形成了一个由问题选择、潜在问题解决方案选择、试验设计、执行和选项排除等组成的重复循环。

2. 技术集成的增效

从技术集成实践来看，美国企业较倾向于革命式技术集成，而日本企业更倾向于渐进式技术集成，但这两种技术集成方式都曾经取得很好的绩效。

WTO通过TRIPS（《与贸易有关的知识产权协议》）把专利纳入国际贸易框架，对知识产权的保护日益严格。所以通过技术集成，合理而有效地利用已有知识产权的技术，在技术集成的基础上创新，是企业进行技术创新的重要途径。

任何一项创新，包括根本性的重大创新，都不可能完全脱离现有的生产技术，都会尽可能多地利用已有的或成熟的技术成就。技术集成创新实际上就是企业根据现有的技术，抓住产品的市场特性，同时引进已有的技术（通过与高校和科研机构、其他企业的合作获得），参照技术资料进行学习，依据产品的特性，使各项分支技术在产品中高度融合，在短时间内进行集成开发，以最快的时间领先进入市场，充分获得产品的市场占有率的手段和方法。

企业可以通过渐进式和革命式的方式来进行技术集成活动，这两种方式会并存于每个企业之中，企业总是在某些方面采用渐进式，而在另外一些方面则采用革命式，只可能有更偏向于哪一种的情况，但不可能是完全的革命式或完全的渐进式。革命式方式（通过技术潜力的提高来衡量）是依赖于研究，并且通过大量的并行试验对许多技术选择进行验证。强大的实验能力能够保证企业可以确认新技术的潜力。而对于渐进式方式（通过技术产出的提高来衡量）而言，项目团队拥有大量的有同类产品和过程开发经验的工程师则是最重要的。当然，实验能力也发挥了重要的作用，但与在革命式中的作用不同的是，实验是经过团队成员依据经验对技术选择进行了挑选后进行的，并且往往是沿着过去项目的路径和方向的进一步发展。

要点提示

1. 中试要全方位跟踪，以便找到问题，总结经验。

2. 中试阶段一般归为研发环节，而不是简单地认为初步的生产，中试放大、批量生产是中间环节。

3. 技术集成也是一种创新，可批量生产和复制，但难以满足个性化需求。

4. 中试熟化通过模拟真实环境下的反复验证，使技术更加成熟稳定，从而具备大规模生产和市场化推广的基础。

5. 建立和完善中试阶段的风险识别、评估与防控机制，预防潜在的技术风险、市场风险以及环境安全风险。

思考练习

1. 什么是中试？什么是熟化？

2. 中试分几个阶段？中试的作用是什么？

3. 如何建中试平台?
4. 什么是二次开发？它的作用是什么?
5. 集成服务的五大要素是什么?
6. 什么是技术联盟？什么是联合开发?
7. 实现有效技术集成的关键是什么?
8. 技术集成的成效是什么?
9. 如何在中试过程中持续优化技术路线和生产工艺来提高产品的性能？如何降低成本并满足环保要求?
10. 在复杂系统或跨界技术领域，如何整合多学科优势来推动跨领域的中试熟化进程？如何解决复合型科技难题?

三、企业并购与技术作价入股

任务导航：企业并购是市场经济的重组乐章，它以战略的眼光谱写出商业竞争的新旋律；而技术作价入股则是创新价值的华丽转身，将无形资产转化为撬动企业发展的有力杠杆。

学习重点：技术并购的目的和方式，并购中的知识产权尽职调查及报告撰写；技术作价的方式与选择，股东结构与股权比例，技术并购与作价入股风险防控等。

建议学时：2学时。

企业增强技术创新能力有两种基本途径：一是内源式发展，即企业通过内部研发资源的积累而实现自我发展；二是外源式发展，即企业通过获取外部研发创新的战略资源和核心能力实现企业的持续发展。

技术创新是高投入、高风险和高收益的活动，随着产品周期的不断缩短、技术更新迭代速度的不断加快，为了获得持续的、高质量的增长，在全球范围内进行技术和创新资源的整合是企业获得持续的、高质量发展的重要手段。外源式技术整合的主要方式包括：技术并购(转让)、技术许可和技术入股。

（一）技术并购的目的和方式

技术并购(technology merger and acquisition)也可以称为技术获取型并购，是企业立足于市场竞争需要和自身技术发展状况，为了获取持续的、高质量的发展，以技术创新能力为导向，选择具有技术优势的标的，从外部获取新产品、新工艺，提升技术能力和生产效率，对技术资源进行整合利用，技术转移重构为企业自身资源和能力，并对核心技术加以改进的战略并购行为。技术并购的标的包括高技术企业，成熟或在研的技术项目等。

权威调查机构数据显示，2020年全球并购交易总额达到2.8万亿美元，其中技术并购占比达到30%。BCG在其报告中预测，技术并购的比重增加是未来发展的大趋势，已经成为推动全球并购市场发展的主要驱动力。

1. 技术并购的目的

技术并购是以获取目标方技术资源为目标的并购活动,技术并购后收购方获得了目标方的控制权,可以根据企业发展战略对目标方的技术资源重新整合,是技术转移的最彻底形式,通过技术并购,将组织外部的技术资源转化为组织内部的技术资源。技术层面的知识转移是我国企业海外并购的重要方面,其成功与否关系着并购的成败。当下处于知识经济时代,企业仅仅依靠自主创新难以保持持续的成长,同时也难以较好地适应复杂多变的外部环境。因此,近年来利用技术并购整合外部创新资源来弥补企业技术创新和能力不足,优化内部创新路径,紧跟行业技术变革已经成为一种重要的战略选择。

2. 技术并购的方式

技术并购是通过所有权变更的形式将外部技术知识内部化,根据收购方与目标方在技术知识上的相关性,可以将技术并购分为获取新的技术知识、优化现有技术知识和强化现有技术知识三种策略。

(1) 获取新技术的技术并购策略。企业根据战略发展需要在进入一个新的或者关联性不太强的技术领域时,为了在较短的时间内获得这些技术而选择技术并购,这样可以突破技术壁垒进入新的发展领域。如美国第二大化学公司——陶氏化学公司以55亿美元兼并马里恩实验室,从而获得该实验室生产特种医药的专利权,进入了生物工程高科技领域。

(2) 优化现有技术的技术并购策略。技术通常都具有很强的专业性,通过不同但是相关的技术整合往往会实现新的技术突破或者强化现有的技术优势,企业可以通过技术并购获取相关技术,优化现有技术和目标方的技术,提高技术优势。微软公司为了充分利用其软件开发能力,1998年收购了一家电话公司——奎斯特公司,使电脑技术、软件开发和电话网络经营融合起来,进入具有广阔前景的网络电话和网络服务领域。

(3) 强化现有技术的技术并购策略。由于技术创新呈现出多样化、分散化和加速化的趋势,企业仅仅依靠自己的技术难以在竞争中立足,这时资本力量比较强的企业可以通过技术并购获取竞争对手或者专业研发机构的技术力量。1995年赫斯特以71亿美元收购了道化学的马乐道尔公司。通过这次兼并,一大批专利产品和关键技术一举并入赫斯特,大大增强了赫斯特的科研实力。

(二) 并购中的知识产权尽职调查及报告撰写

1. 知识产权尽职调查的目的

并购中的知识产权尽职调查的目的是通过调查被收购方的相关信息来发现问题和潜在风险。其调查目的是确认知识产权的以下主要事项:

(1) 权属关系和权利内容。

(2) 权属关系有无瑕疵及法律问题。

(3) 在行业内的竞争力。

(4) 对企业的经济价值及战略价值。

(5) 对业务发展可能带来的不确定因素。

(6) 为收购价格提供参考。

(7) 为实施收购的条件及与收购的相关合同提供参考。

2. 知识产权尽职调查的范围

随着经济全球化和网络信息化的飞速发展,现代企业可能拥有的知识产权范围已经不只包括商标、专利、著作权等传统内容了,企业经营生产活动中涉及与知识产权有关的内容:① 商标。② 商号。③ 企业名称。④ 发明。⑤ 实用新型。⑥ 外观设计。⑦ 著作权。⑧ 半导体集成电路的布图设计权。⑨ 技术秘密。⑩ 原产地名称保护。⑪ 与企业/商品相关的网络域名。⑫ 植物新品种的新品种权。⑬ 商誉。⑭ 掌握核心技术的重要人物。⑮ 作为企业出资部分的知识产权。这些成为尽职调查的对象。

掌握核心技术的技术人员是评价一个企业整体价值不可或缺的重要因素。尤其在企业的竞争就是人才的竞争这样的时代,掌握一项关键技术的开发人员和技术人员对企业来说是至关重要的宝贵财富,也是调查的重要对象。

3. 知识产权尽职调查的重点

(1) 所有权的确定。对诸如专利权、商标权等权属关系的审查,不但包括权利证书上的登记状况、权属关系(有无共有人、担保、授予第三人许可使用权等)的确认,还需要调查权力的期限、可能发生无效、被取消的风险、有无第三人侵权、权利被保护的范围、企业准备申请的发明、商标等相关的信息。

与第三人合作开发的专利及员工的职务行为,合同条款有没有可能因为在行使权利的时候出现可能的纠纷,权力行使有没有设置了限制条款。如果被收购方的知识产权是被许可使用他人权利的情况,则要重点查看许可合同中被许可的权利范围、使用费支付条件等条款。另外,还需要提防权利人如果出现破产或将相关权利转让给第三人时无法行使权力的情况出现。

被收购方作为申请人或专利权人申请的专利,可能是其员工发明的,需要审查劳动合同中对此是否有约定:如果有约定,就根据劳动合同中的约定来确定谁拥有专利;如果没有约定,就应根据《专利法》的相关规定来看其是否属于职务发明并确定其归属。有时也需要审查发明人与被收购方的关系(发明人不是被收购方职员的情况),也许发明人才是真正的权利人,而表面上的专利权人并不真正拥有该专利。对于合作开发和委托开发的专利技术,首先审查是否有双方约定,有约定从其约定,无约定的委托开发其专利权属于受托方,无约定的合作开发其专利权属于合作各方共有。对于共同拥有专利的情况,一定要审查双方的合作合同,审查相互之间的权利义务,尤其是对专利转让是否有限制性的规定。

版权的归属与专利权有一些差别,仅仅是职务作品,其版权由作者享有,公司只有权在业务范围内优先使用。只有当主要是利用公司的物质技术条件创作,并由公司承担责任的工程设计图、产品设计图、地图、计算机软件等职务作品,或者是有合同约定时,职务作品的版权才属于公司。合作作品的版权由合作作者共同享有,不能通过合同来约定由其中的一方享有。

委托开发和合作开发中知识产权的归属问题。由于著作权不需登记注册就生效,有时企业并不拥有著作权却误以为自己是著作权人,因此,公司是否真正拥有著作权,往往还需多方核查。如果某产品是与他人合作开发,合作合同中关于著作权归属又无清晰的界定,就存在发生纠纷的可能。

(2)权利内容的确定。尽职调查时不仅要看被收购方是否拥有发明专利,有时还要研究发明专利的保护范围。由于专利的权利要求书写得不完备,而令收购方放弃收购的事例也并不少见。权利要求书不完备会使专利保护范围过窄,竞争者很容易绕过该项专利,在市场上形成激烈的竞争。遇到这种情况,该专利预期的长远经济价值和战略价值就并不会像并购时的市场表现那样好。一旦竞争对手通过研究已经公开的专利说明书,找到替代专利的方法,其竞争优势将不复存在。另一方面,对于并购中特别需要的专利或待颁专利,不但要研究其授权状态或授权后被宣告无效的可能性,还要弄清楚,即使拥有该项有效专利后,该专利的实施是否仍然需要从竞争企业获得其他核心专利的许可。如果存在这种可能性,就必须对收购价格乃至收购的必要性重新作出评估。

商标的审查重点在于审查被收购方的商标所核准注册的商品范围是否覆盖了客户所要从事的商业,被收购方是否拥有客户所期望开拓的海外市场的商标专用权。要区分目标公司拥有的是商标专有权还是从第三方处获得的商标使用权。如果是后者,一定要审查被收购方是否有再许可的权利,如果没有,就要设法从原始商标持有人处获得商标许可,否则并购可能流产。即使是在股权收购时也要注意,在商标许可协议中是否有股东变更后,商标许可将会收回等类似条款。

假设某公司并购联想公司下属的某子公司的资产,其目的就是使自己的计算机标上"联想"的商标出售,但事实上该子公司只有"联想"商标许可使用权,并没有权利许可他人使用"联想"商标,这时并购的目的就不能实现。

4. 知识产权尽职调查的一般内容

(1)所有由目标公司及其附属机构拥有或使用的商标、服务标识、商号、版权、专利和其他知识产权。

(2)一种非法律的技术性评估和特殊知识构成的并在市场上获得成功的知识性集成,如被采纳使用的可行性研究报告。

(3)涉及特殊技术开发的作者、提供者、独立承包商、雇员的名单清单和有关雇佣开发协议文件。

(4)列出非专利保护的专有产品的清单,这些专有产品之所以不申请专利是为了保证它的专有性秘密。

(5)所有目标公司知识产权的注册证明文件,包括知识产权所有境内和境外的注册证明。

(6)足以证明下列情况的所有文件:
① 正在向有关知识产权注册机关申请注册的商标、服务标识、版权、专利的文件。
② 正处在知识产权注册受理机关反对或撤销程序中的文件。

③ 需要向知识产权注册受理机关申请延期的文件。

④ 申请撤销、反对、重新审查已注册的商标、服务标识、版权、专利等知识产权的文件。

⑤ 国内或国外拒绝注册的商标、服务标识、版权、专利或其他知识产权的文件。

⑥ 所有由目标公司或其附属机构作为一方与他方签署的商标、服务标识、版权、专利、技术诀窍、技术或其他知识产权使用许可协议。

⑦ 由目标公司或其附属机构转让或接受转让的商标、服务标识、版权、专利、技术诀窍、技术或其他知识产权的协议。

⑧ 由目标公司或其附属机构在商标、服务标识、版权、专利、技术诀窍、技术或其他知识产权上提出权利主张包括法律诉讼的情况。

⑨ 由第三者对目标公司或其附属机构使用或拥有的商标、服务标识、版权、专利、技术诀窍、技术或其他知识产权提出权利主张包括法律诉讼的情况。

（7）涉及目标公司或其附属机构与知识产权注册受理机关之间就上述"（6）"中所列项目互相往来的函件。

（8）其他影响目标公司或其附属机构的商标、服务标识、版权、专利、技术诀窍、技术或其他知识产权的协议。

（9）所有的商业秘密、专有技术秘密、雇佣发明转让或其他目标公司或其附属机构作为当事人并对其有约束力的协议，以及与目标公司或其附属机构或第三者的专有信息或知识产权有关的协议。

5. 知识产权尽职调查的局限性

专利类的知识产权，比如发明，即使在调查期间是有效的，也会因新技术的发展失去其新颖性和创造性而被法院判定无效。所以收购方在决定收购时，应该有选择性地挑选生命力较强的专利作为收购目标。而对于为收购方提供尽职调查服务的律师来说，也必须事先提醒收购方尽职调查的局限性。

在公司并购过程中，知识产权的尽职调查除了需要上述的与法律相关的调查以外，往往还需要从商业、技术、财务、税务等各个层面来分析和评价知识产权在企业中的价值。知识产权是一种无形资产，这一显著区别于其他有形资产的特征，更需要我们在进行公司并购过程中应该有别于其他有形资产进行调查。

对于有形资产，收购方可以比较直观地通过财务报表反映出来的数据来判断企业的价值，但是对于知识产权存在于企业中的价值，则更应该由一支专业团队经过细致的调查和研究，把调查的结果作为收购方的谈判筹码及降低收购风险和减少收购成本的重要参考和依据。

6. 知识产权尽职调查的一般流程

（1）知识产权尽职调查的一般流程包括以下方面：

① 组建尽调团队。由公司内部或委外的形式，组成包括技术、商务、财务、法务在内的人员组成尽职调查团队。

② 制定尽调方案。根据技术交易的特点及侧重点，制定尽职调查的方案。

③ 资料收集。根据买家提供的信息需求清单，由卖方提供相应资料或开放尽调资料室。

④ 开展尽调工作。以案头调研、现场资料查阅和管理层陈述或访谈的形式，开展尽职调查工作。

⑤ 完成尽调报告。以公司内部和外部顾问相配合，完成尽职调查报告的撰写。

（2）详细的尽职调查计划至少应该包括以下内容：

① 被调查主体对象，包括目标公司本身、母公司、子公司、分公司等关联主体，发明人、设计人、企业中高级管理人员等影响企业知识产权归属和掌握企业技术秘密的相关人员，最终制作被调查主体报告书。

② 被调查权利对象，明确调查哪些知识产权。例如明确专利权、商标权、版权、商业秘密等知识产权的一项、多项或者全部范围等无形资产，最终制作目标企业知识产权登记清单（包括正在申请的知识产权清单）。

③ 调查时间进度。

④ 被调查对象的知识产权运营状况，影响知识产权存续的各种制度、协议、诉讼、决议，并制作知识产权稳定性报告。

⑤ 重点调查事项，企业人员管理制度、企业供应商管理制度、企业客户商管理制度、企业经营模式、企业发展前景。

⑥ 调查团队内部人员分工。

⑦ 沟通日程计划。

在实施过程中，调查团队的基础性工作为检索、整理、审核有关知识产权的书面文件资料。同时，调查团队还需进行实地调查，以便核实知识产权权利的实施、使用情况和保密保管情况。

尽职调查报告应当载明知识产权调查的时间节点、范围、对象、步骤、方法、知识产权现状、存在问题、潜在风险、市场价值等内容；调查报告须对上述各分项知识产权进行分项评估，并对终极并购的知识产权安排做专项评估；调查报告最终应提出专业性建议和解决方案。

（三）技术作价的方式与选择

技术作价投资指合资合作企业中的任一方，将知识和技术抵冲股本进行投资，包括收集文献、情报信息资料，实地调查费用，新技术引进费用，试验装置和科学研究费等。这种投资方式在合营企业中是一种无形资产，在有效期内进行摊销。在当前信息与知识爆炸时代，这类投资方式随技术进步和企业竞争不断扩大。特别是发达国家与发展中国家的合营企业中，发达国家的投资部分多采用技术作价投资。发展中国家可以不需立即支付价款，通过合营达到吸收和利用先进技术目的。

技术出资作为一种无形资产，不同于货币出资，技术出资是以技术人员的知识来作为资本的一种出资方式，所以相对而言比较难以确定价值，一般来说，要根据技术对公司的预期贡献和未来价值总和评估,经过其他股东的协商,确定其实际价值。也可以通过资产评估机构等外部评估方来协助评估。

《公司法》规定,股东可以用货币出资,也可以用股权、实物、知识产权、土地使用权等可以用货币估价并可以依法转让的非货币财产作价出资;但是,法律、行政法规规定不得作为出资的财产除外。对作为出资的非货币财产应当评估作价,核实财产,不得高估或者低估作价。法律、行政法规对评估作价有规定的,从其规定。

1. 技术入股的方式

(1) 卖方以其智力和研究、开发项目作为股份向企业进行技术投资,联合研制、开发新产品,共同承担风险,分享效益,这种技术入股叫作研究开发中的技术入股。

(2) 卖方自己掌握的现成的技术成果折合成股份,向企业进行技术投资,然后分享效益,这种形式叫作技术转让中的技术入股。

随着《公司法》和国家科委《关于以高新技术成果出资入股若干问题的规定》(简称《若干问题规定》)等法律、政策的出台,客观上已为技术成果的价值化提供了良好的前提,其有利于提高技术出资人的入股积极性,并能够有效调动技术出资人积极实现成果的转化。但是,技术成果的出资入股不同于货币、实物的出资,因为技术成果不是一个客观存在的实物,要发现其绝对真实价值相当困难,而且对其过高过低的评价均会损害出资方的利益,引起各种纠纷。

2. 技术成果作价

(1) 评估作价。采用评估作价方式确定的技术价值具有较强的法律效力,其价值被确定在技术成果价值评估作价文件中,出资各方不能随意进行改动,从而能够有效防止各种纠纷的发生。同时,这种作价方式弥补了当事人对技术成果价值认识不足,可能导致过高或过低确定价额,从而损害其他出资人利益并损害公司资本制度的问题。我国《公司法》和许多地方性法规如厦门市、四川省相关地方性法规,均明文规定技术出资入股应当采用评估作价,特别是当涉及国有资产时,鉴于国有资产流失的可能性和其后果的严重性以及防止在实践中出资方低估国有资产,损害国家利益,法律则规定必须采用评估方式。但是,在不涉及国有资产时,绝对强求评估作价在实践中并不现实,尤其是目前我国在技术评估作价方面还不规范,不少问题有待进一步解决。

(2) 协商作价。协商作价方式是出资各方通过协商确定技术的价值。当前,这种作价方式在不少地方性法规中都得到了反映。这不仅避免了评估作价方式繁琐、复杂的作价程序,而且也无需设立专门的技术评估机构、确定专门的技术评估标准,只要通过协商方式即可确定技术价值。其灵活性不仅在于克服评估作价的困难,解决实务上的操作,更在于充分通过市场,实现资源的合理流动和优化配置。而且,协商作价方式是当事人意志的体现,通过出资人自己的处分,决定自己财产的命运,对技术出资具有极其重要的意义,其不仅有利于公司最大可能地引进先进技术,而且减少了技术出资的成本。同时,采用协商作价方式确定的技术价值可以根据企业目的,按照各个出资人技术的"使用可能性"进行评价。只有这样,方能使"必要性""有益性""无用性"这类技术的质的类别及范围还原为量的类别及评价额,并且此种价值类别,无论对公司还是对出资者来说,都可以成为一种适当的处置。

(四)股东结构与股权比例

1. 股权结构

股权结构的形成决定了企业的类型。股权结构中资本、自然资源、技术和知识、市场、管理经验等所占的比重受到科学技术发展和经济全球化的冲击。随着全球网络的形成和新型企业的出现,技术和知识在企业股权结构中所占的比重越来越大。社会的发展最终会由"资本雇佣劳动"走向"劳动雇佣资本"。人力资本在企业中以其独特的身份享有经营成果,与资本拥有者共享剩余索取权。这就是科技力量的巨大威力,它使知识资本成为决定企业命运的最重要的资本。

股权结构有不同的分类。一般来讲,股权结构有两层含义:

(1)股权集中度。即前五大股东持股比例。从这个意义上讲,股权结构有三种类型:① 股权高度集中,绝对控股股东一般拥有公司股份的50%以上,对公司拥有绝对控制权。② 股权高度分散,公司没有大股东,所有权与经营权基本完全分离、单个股东所持股份的比例在10%以下。③ 公司拥有较大的相对控股股东,同时还拥有其他大股东,所持股份比例在10%至50%之间。

规范的股权结构包括三层含义:①降低股权集中度,改变"一股独大"局面。②流通股股权适度集中,发展机构投资者、战略投资者,发挥他们在公司治理中的积极作用。③股权的流通性。

(2)股权构成。即各个不同背景的股东集团分别持有股份的多少。在我国,就是指国家股东、法人股东及社会公众股东的持股比例。从理论上讲,股权结构可以按企业剩余控制权和剩余收益索取权的分布状况与匹配方式来分类。从这个角度,股权结构可以被区分为控制权不可竞争和控制权可竞争的股权结构两种类型。在控制权可竞争的情况下,剩余控制权和剩余索取权是相互匹配的,股东能够并且愿意对董事会和经理层实施有效控制;在控制权不可竞争的股权结构中,企业控股股东的控制地位是锁定的,对董事会和经理层的监督作用将被削弱。

2. 股权比例

股权比例是衡量长期偿债能力的指标之一。这个指标是所有者权益总额与资产总额之比率,也叫作股权比率。

技术作为一种无形资产,与其他资产一样应享有同等的待遇和权利。技术投资是一种无形资产的投资,技术股份的股权和其他资产股份的股权一样按照股份的多少来决定,技术股份占股权比例不应有限定。技术投资和资金投资合作开发新产品,两者的风险不同,资金投资的风险较技术投资风险更大。技术股和资金股股权不管各占多少比例,不应完全套用股份制的管理规定,控股权应由风险相对较大、以资金投入为主的投资者掌握。

《关于促进科技成果转化的若干规定》指出:"以高新技术向有限责任公司或非公司制企业出资入股的,高新技术的作价金额可达到公司或企业注册资本的35%,另有约定的除外"。"技术的作价金额可达到公司或企业注册资本的35%",认定技术作为一种无形资产,限定其在公司或企业所占资本金的比例,以保证国家税收、保证金融部门减少坏账,具有十分重要的意义。同时不能把"无形资产所占资本金的比例"与"知识资本所占股权的比例"混为一谈。

技术是一种无形资产,与其他形式的资产享有同等的待遇和权利,技术股权的比例是依据技术股份的比例决定的,股权是利益分配的依据,限制股权也就等于限制了技术的价值,限制了技术股权的分配比例,这对技术这一无形资产来说是不公平的。技术以投资形式入投占股比例是不应有上限和下限的,它只能根据技术的价值和公司或企业开发生产这一技术的投资以及将产生的效益来分析和协商各自所占比例。

技术投资和资金投资两个不同投资的利益分配完全按照相同投资的利益分配办法实施,没有考虑资金固有增长率、资金投入的一般回报率和投资的多向性,也没有考虑技术固有价值下降率和技术投资的固定性。

(五)技术并购与作价入股风险防控

因为技术本身具有无形性、非物质性,技术开发本身存在着不确定性,所以相比于实物交易而言,技术并购和技术入股存在着更大的风险,其所涉及的风险大概包括以下几种类型:

1. 信息不对称

由于技术本身的无形性,导致买方对于技术详细情况,技术可实现性、先进性、技术优势,相关知识产权保护情况没有充分的了解,从而带来技术交易双方信息不对称。

2. 技术开发风险

由于技术交易中新技术、新产品的基本特点尚未经过市场和生产过程的充分检验,因此导致技术可行性在预期与实践之间可能存在偏差,具体表现为:转化风险,即在商业化、产业化过程中暴露出来一定程度上不可预期的风险;配套风险,技术产业化过程中因为配套条件不成熟也容易引起风险。

3. 批量生产风险

在生产阶段,由于生产能力与新引进的技术不匹配造成的风险,主要有以下几种原因:工艺不匹配、设备精度或水平不达标、生产管理体制不匹配、原材料与零部件不配套等。

4. 市场风险

根据大量的实践经验,市场风险是导致新产品、新技术后续商业化过程中失败的核心风险之一。新技术是否适应了市场的实际需求,是否能被消费主体接受等,存在着一定程度的不确定性。

5. 知识产权风险

标的技术背后是否存在知识产权支撑、权属是否清晰、权利是否稳定、是否有涉诉或纠纷等。

6. 其他外部风险

包括社会的、政治的、自然环境所引起的风险,统称为外部风险,这种风险是技术交易双方不可控制的。

这些可能涉及的风险类型,需要企业加强风险意识,在并购的每一个环节上把风险降到最低。

要点提示

1. 成功的技术并购不仅是资产的叠加,更是知识、人才和战略资源的有效整合与升华。

2. 技术并购不仅是获取竞争优势的战略手段,更是推动行业进步、促进产业链优化升级的关键举措。

3. 技术作价入股,不仅是科研与市场的深度融合,更是对创新价值的认可。它为科技创业者提供了一条从创新到创富的有效路径。

4. 技术的价值量化是准确、公正地评估技术成果的实际价值,是首要问题。这需要综合考虑技术创新程度、市场潜力、生命周期、替代品威胁以及知识产权保护等多种因素。

5. 目前尚无统一的技术成果作价入股定价机制和详细标准,各地实践存在差异,需要探索建立科学、规范且具有操作性的作价规则体系。

6. 技术入股风险最大的是:技术入股的范围界定带来的风险;入股技术的瑕疵带来的风险;技术价值变动后的股权调整范围带来的风险。

思考练习

1. 什么是技术并购?
2. 技术并购应当遵循哪些法律法规?
3. 技术并购的一般流程是什么?
4. 什么是技术入股?
5. 技术入股应当遵循哪些相关法律法规?
6. 技术入股的一般流程是什么?
7. 技术并购或技术入股的常见风险有哪些?
8. 技术交易的尽职调查的内涵及目的是什么?
9. 知识产权尽职调查如何开展?

10. 技术入股的方式有哪几种？

11. 技术成果如何作价？

12. 技术并购怎样处理人才保留与培养的问题？并购后，如何有效整合双方的人才资源？如何解决企业文化冲突？怎样确保技术研发团队的稳定性和创新能力？

13. 如何通过合理的股权结构和激励措施来激发技术提供方的积极性？怎样确保他们持续投入技术研发和改进来提升企业长期竞争力？

四、资本募集与基金运营

任务导航：资本募集如同播种阳光，聚集各方力量以期收获丰硕果实；基金运营则负责精心耕耘这片沃土，让每一份投入都能茁壮成长，绽放价值之花。

学习重点：资本募集概述，资本募集的设立方式和特点，资本募集的程序；基金的设立与组建，基金运营与管理；技术转移机构与技术转移基金，技术转移基金发展现状等。

建议学时：2学时。

（一）资本募集概述

资本募集，又称股本募集，亦称资本的发行，指公司创立时通过一定方式筹集其所需资本。具体来说，是以一定的条件向投资者发行资本，由投资者出资认购并取得股权或股份，公司获得相应的资产。公司资本的形成必须通过募集行为和过程，公司设立的主要行为就是资本的募集。

按公司企业的组织方式，资本募集有发起人出资和向社会公众募集两种形式，其资本形式也相应地分为出资凭证和股票或股权证。一般地说，有限责任公司的设立均采取发起设立的方式，其股本由发起人全部认足，而不可向社会公开募集，其股本也只体现为出资凭证。而现代的股份有限公司，是通过募集设立的，即除了发起人认购外，可向社会公众公开募集资本。

1. 一般有限责任公司的资本筹集

从目前国际通行的准则看，一般有限责任公司的资本筹集具有以下规定：

（1）公司注册资本或股本总额由发起人或股东一次认足，不得向社会募集。

（2）发起人或股东可以用货币出资，也可以用实物、工业产权、非专利技术、土地使用权作价出资。但各国对非货币的出资比重均有限制，其比例各国有所差异。非货币形态的出资均须经过有关部门的检验与评估。

（3）股东的认购股份，现金出资须在公司注册时一次足额存入公司账户，实物出资则须办理转移手续；公司注册后即向股东签发出资凭证。

（4）股东已出资本可以转让，但须经股东大会或董事会同意方可转让，否则只能由其他股东认购。

2. 公开募集设立的股份有限公司

通过公开募集设立的股份有限公司,其资本筹集形式与上述有限公司存在着差异,主要规定有以下几点:

(1) 股份公司的注册资本划分为若干的等额股份。

(2) 公司的发起人必须首先认购部分股份。依据惯例,发起人认购的最低限额在 20%~30%。

(3) 发起人出资认购的股份,可以是货币现金,也可以是实物、工业产权、非专利技术和土地使用权,但必须是公司必需的建筑、设备和其他实物及专利技术,非货币现金出资比重也要受到相应限制。

(4) 发起人认购以外的部分股份,向社会公开募集。这种募集一般采用由投资银行和证券公司代理发行的方式。根据公司与投资银行或券商的协议,股票销售可采取代销和包销两种方式,现在国际上也允许企业自己销售股票。向社会公开募集的资本均为货币现金。

(5) 在实行代销方式公开募股时,如不能募足全部资本,则剩余部分必须由发起人认购。

(6) 公众认购股份后,须在规定期限内缴足股款,所认股份不可退还,而只能通过证券市场进行转让。

(二) 资本募集的设立方式和特点

募集设立又称"募股设立"或"渐次设立",是指发起人认购公司首期发行的部分股份,其余部分通过向社会公开募集。在实行授权资本制的国家,股份有限公司可采用此种方式设立。

1. 募集设立的形式

我国公司法对募集设立没有作出进一步的规定,但根据《股份有限公司规范意见》的规定,募集设立可分为定向募集和社会募集两种形式。

(1) 定向募集,是指股份有限公司发行的股份除由发起人认购外,其余股份向其他法人发行,经过批准,也可以向公司内部职工发行部分股份。具体而言,以下三种方式均属于定向募集方式:① 只向法人定向募集股份。② 只向内部职工定向募集股份。③ 既向法人也向内部职工募集股份。

(2) 社会募集,是指股份有限公司发行的股份由发起人认购外,其余股份向社会公众公开发行。本公司内部职工也可以公开认购一定比例的股份。采用募集方式设立的股份有限公司,公司的股份除了由发起人认购外,其他法人直至社会公众都可以参股,其股东人数比发起设立要多得多,发起人承担的风险也相对分散。

2. 募集设立的特点

与发起设立相比,募集设立有三个特点:

(1) 募集设立是通过社会募集部分股份而进行的设立,也称募股设立,而发起设立完全由发起人认购股份。

(2) 募集设立时,首先由发起人认购股份,余者向社会募集,发起人认购与社会公众认购有时间前后的顺序,又称渐次设立。

(3) 募集设立的程序比较复杂,具体步骤不限于认足股份、缴纳股款和选任公司机构,故称复杂设立。很难评判两种设立方式的优劣,应该说各有所长,特别对于设立规模较大的公司来说,募集设立有重大意义。

3. 募集设立的主要程序

(1) 制定公司章程。为了事先确定公司的类型、宗旨等重大事项,为公司的设立活动提供基本的行为规范,全体发起人应共同制定公司章程,并以要式方式载明法定或约定的必要事项。

(2) 认领部分股份。为防止发起人完全凭借他人的资本开办公司,各国法律一般要求发起人必须先认领首期发行的部分股份。其比例大多为不低于发行总额的1/4。

(3) 制定招股章程。为招募其余股份、募足公司资本,发起人必须依法制定招股章程、公开招股的有关事项,以便公众了解及主管机关审核。

(4) 申报审核。为保护社会公众利益,防止发起人以不正当手段募集资本,发起人在向社会公开募股前,一般应先向主管机关报送有关文书。经审核批准后,才可公开募集股份。

(5) 招认股份。由发起人公告招股章程、备制认股书,自行或委托特定机构公开募股。公众可自行按章程认股。认股人必须在认股书上写明自己的姓名、住址及所认股份的种类和数额,经签名盖章后方可生效。

(6) 催缴股款。公司首期发行的股份认足后,发起人应向各认股人催缴股款。认股人应在规定期限内缴足股款。否则,即丧失其权利,发起人可另行招募。

(7) 召开创立会。创立会是由全体认股人组成的决议机关,由发起人负责召集。其主要职责是听取设立报告、审查设立工作、修改公司章程、选举公司的管理机关等。其表决方式,各国规定不同,应依法进行。

(8) 进行设立登记。由选任的公司管理机关依法向主管机关申请设立登记,办理登记注册手续。经主管机关核准登记注册,依法领取营业执照或注册证书后,公司即为设立。

(三) 资本募集的程序

公司设立是指公司设立人依照法定的条件和程序,为组建公司并取得法人资格而必须采取和完成的法律行为。

1. 公司设立募集的流程

(1) 发起人签订发起人协议,明确各自在公司设立过程中的权利和义务。

(2) 发起人共同制定公司章程。

(3) 由发起人认购不少于35%的股份。

(4) 发起人公告招股说明书,并制作认股书。

(5) 与证券经营机构和银行分别签订股票承销协议和代收股款协议。

(6) 认股人认股并缴纳股款。

(7) 法定机构验资并出具证明。

(8) 召开创立大会。

(9) 申请设立登记。

(10) 领取营业执照并公告。

2. 私募基金募集流程

(1) 开始准备注册××股权私募基金(以下简称为基金)。

首先,准备发起基金的人(自然人或者法人)选择独立或者联合朋友共同成为基金的发起人(人数不限,法人、自然人均可,但至少有一名自然人)。然后,发起人在一起选定几个理想的名称作为该基金未来注册成立后的名称,选定谁来担任该基金的执行事务合伙人、该基金的投资方向以及该基金首期募集的资金数量(发起人需要准备募集资金总额1%的自有资金),最后确认该基金成立后的工作地点(以能够获得地方政府支持为宜)。

(2) 上述资料准备完成后,发起人开始成立私募基金的招募筹备组或筹备委员会,落实成员及分工。

(3) 确定基金募集的对象和投资者群体,即基金将要引入的投资者(有限合伙人)范围。

(4) 制作相关的文件,包括但不限于:初次联系的邮件、传真内容,或电话联系的内容;基金的管理团队介绍和基金的投资方向;拟定基金名称并制作募集说明书;准备合伙协议。

(5) 与基金投资群体的联系和接触,探寻投资者的投资意愿,并对感兴趣者,传送基金募集说明书。

(6) 开募集说明会,确认参会者的初步认股意向,并加以统计。

(7) 与有意向的投资者进一步沟通,签署认缴出资确认书,并判断是否达到设立标准(认缴资金额达到预定募集数量的70%以上)。

(8) 如果达到设立标准,基金招募筹备组或筹备委员会开始向指定地区的工商局进行注册预核名。在预核名时按照有限合伙企业归档,最终该基金在工商营业执照上表述为:××投资管理中心或××投资公司(有限合伙)。

(9) 预核名的同时,如果基金合伙人愿意,可以开始策划与当地政府主管金融的部门进行接触,从而争取当地政府对该基金的设立给予支持(无偿给予基金总额的10%~20%的配套资金)。

（四）基金的设立与组建

1. 基金的概念

基金（fund）属于会计学术语，广义是指为了某种目的而设立的具有一定数量的资金。主要包括信托投资基金、公积金、保险基金、退休基金，各种基金会的基金。

本书所指的基金不是广义上的基金，准确全称应为"私募股权投资基金"（private equity fund），简称PEF或PE基金，也可称作"私人股权投资基金"，指从事私人股权投资的基金，主要包括投资非上市公司股权或上市公司非公开交易的普通股、依法可转换为普通股的优先股和可转换债权。

在我国，目前只能以非公开方式募集股权投资基金。

2. 基金成立的条件

开放式基金自招募说明书公告之日起三个月内，在基金净认购金额超过人民币2亿元，且认购户数达到或超过100户的条件下，基金发起人依据《试点办法》及招募说明书可以决定停止基金认购，并宣告基金成立；否则本基金不成立。本基金成立前，投资者的认购款项只能存入商业银行，不得动用。认购款项在设立募集期内产生的利息将转化成基金份额归投资者所有。

如基金不成立，基金发起人承担全部募集费用，将已募集资金并加计银行同期活期存款利息在设立募集期结束后30天内退还基金认购人。

3. 基金的募集方式

股权投资基金的募集，是指股权投资基金管理人或者受其委托的募集服务机构向投资者募集资金用于设立股权投资基金的行为。募集行为包括推介基金、发售基金份额、办理投资者认购或申购（认缴）、份额登记、赎回（退出）等活动。基金的募集分为自行募集和委托募集。

自行募集是指基金管理人自行拟定基金募集推介材料寻找投资人的募集方式。需遵守合格投资者制度，不得向合格投资者之外的单位和个人募集资金。应根据投资者适当性管理要求，采取问卷调查等方式，对投资者的风险识别能力和风险承担能力进行评估。

委托募集是指基金管理人委托第三方机构代为寻找投资人并完成募集工作的募集方式。基金管理人应当委托具有合格基金销售资质的机构代为募集，并与代销机构签署书面协议。代销机构应获得中国证监会基金销售业务资格且成为中国证券投资基金业协会会员。

4. 基金的募集对象

股权投资基金的募集对象，也就是投资者，作为基金的出资人和基金资产的所有者，按其所持有的基金份额享受收益和承担风险。国内股权投资基金的募集对象主要包括：母基金、政府引导基金、社会保障基金、金融机构、工商企业、个人投资者等。

基金的募集对象应为合格投资者。合格投资者是指达到规定资产规模或者收入水平,并且具备相应的风险识别能力和风险承担能力,其基金份额认购金额不低于规定限额的单位和个人。根据中国证监会的规定,股权投资基金的合格投资者投资于单只股权投资基金的金额不低于100万元。对于单位投资者,要求其净资产不低于1000万元;对个人投资者,要求其金融资产不低于300万元或者最近三年个人年均收入不低于50万元。

5. 基金成立的流程

(1)前期准备:成立基金之前需要选定法人、基金执行事务合伙人,确定该基金的投资方向、基金的首期募集的资金数量、工作地点,并且基金筹募的发起人或组织,需要准备募集资金总额百分之一的自有资金。

(2)明确分工:等到第一步中的准备工作都做完以后,基金负责人成立私募基金的招募筹备组或筹备委员会,明确分工。确定面向群体,拟定投资协议;

(3)寻找目标群体,开始进行基金募集,等到募集的资金达到之前拟定计划的百分之七十的时候,募集发起人就可以去工商局进行注册。

(4)资金募集成功,并且注册成功之后,基金发起人就可以举行基金股东会了,在会上,需要确认基金设立和发展的各种必要法律文件。

(5)选定基金托管的银行,与银行签署托管协议。

另外,如果基金募集不成立,基金发起人承担全部募集费用,并且需要将已募集资金按照银行活期存款利息一同在设立募集期结束后30天内退还基金认购人。

(五)基金运营与管理

私募股权投资基金运作中的关键要素包含:基金规模及出资方式、管理方式、投资范围、投资策略、投资限制和收益分配方式六大类。

1. 基金规模及出资方式

基金规模是基金计划及实际募集的投资资本额度。计划募资规模是指基金合同约定的基金总体计划募资规模,实际募资规模是指截至某一时点基金实际募集到位的资本规模。股权投资基金通常要求全部用货币资金出资,一般不接受实物资产、无形资产等非货币资金出资。在股权投资基金实务运作中,更多地实行承诺出资制,即投资者承诺向基金出资的总规模,并按合同约定的期限或条件分数次完成其出资行为。

2. 基金的管理方式

基金的管理方式主要分为自我管理和受托管理两种。自我管理指基金自建投资管理团队并负责基金的投资决策,自我管理方式常见于公司型股权投资基金;受托管理指基金委托第三方管理机构进行投资管理,随着第三方管理机构管理品牌的形成,受托管理正逐渐成为主流的基金管理方式。

3. 基金的投资范围

基金的投资范围,是基金投资对象选择所指向的集合,通常依据目标投资对象的行业、地域、发展阶段等属性来确定。

4. 基金的投资策略

基金的投资策略，是指基金在选择具体投资对象时所使用的一系列规则、行为和程序的总和。基金投资策略的确定，通常依据基金的投资目标以及投资者对风险和期望收益的偏好来进行。

5. 基金的投资限制

基金的投资限制，是指基金管理人不得从事或需依一定程序得到投资者许可后才能从事的投资决策行为。投资限制的确定，通常服务于保护投资者利益这一目标。

6. 基金的收益分配方式

基金的收益分配主要在基金投资者与基金管理人之间进行。通常情况下，基金的收入取得后需要先扣除各项费用税收，再返回基金投资者的投资本金，剩余部分为基金的利润，可按照合伙协议、发起协议、公司章程等相关约定进行分配。一般来说，管理人因为其管理业绩可以获得相当于基金利润一定比例的业绩报酬，但有时候管理人需要先让基金投资者实现某一门槛收益率，之后才可以获得业绩报酬。

（六）技术转移机构与技术转移基金

1. 技术转移机构

技术转移机构（technology transfer offices，简称TTO）是指为实现和加速从技术供给方向技术需求方转移过程提供各类服务的机构，包括技术经纪、技术集成与经营和技术投融资服务机构等。技术转移机构是以企业为主体、市场为导向、产学研相结合的技术创新体系的重要组成部分，是促进知识流动和技术转移的关键环节，是区域创新体系的重要内容。

技术转移机构的主要职能是促进知识流动和技术转移。

（1）技术转移机构的业务范围包括以下方面：① 对技术信息的搜集、筛选、分析、加工。② 技术转让与技术代理。③ 技术集成与二次开发。④ 提供中试、工程化等设计服务，提供技术标准、测试分析服务等。⑤ 技术咨询、技术评估、技术培训、技术产权交易、技术招标代理、技术投融资等服务。⑥ 提供技术交易信息服务平台、网络，受托承担技术合同登记认定及统计等。⑦ 其他有关促进技术转移的活动。

（2）技术转移机构的性质。

TTO是技术转移中介机构的一种，在科研成果从大学、研究机构向企业转移的过程中发挥着中介作用。

其职能包括大学、研究机构科研成果的披露与评估，专利的申请，知识产权转让，收取并分配转让费以及人员培训等。TTO根据规模大小和技术性质差异，其职能会有所不同，规模较大或者进行突破性技术转移时的TTO职能更为丰富。

技术转移机构是一种技术转移中介机构，它将技术创新成果从实验室转化到工业应用中，主要是起到技术中间人的作用，需要负责对新发明的披露进行评估和估价，为技术寻求法律保护，向企业出售许可证协议，收取版税，监督并执行与许可证持有者的合同。

TTO划分为传统大学组织结构、非营利研究机构和盈利私人企业三种。我国于2008年颁布的《国家技术转移示范机构评价指标体系(试行)》也体现了TTO的中介性质,将技术转移机构定义成"为实现和加速技术转移提供各类服务的机构,包括技术经济、技术集成与经营和技术融资等服务机构等,但单纯提供信息、法律、咨询、金融等服务的除外"。

2008年8月7日,科技部根据《国家技术转移促进行动实施方案》和《国家技术转移示范机构管理办法》,确定清华大学国家技术转移中心等76家机构为首批国家技术转移示范机构。科技部希望通过不同技术转移模式的探索,带动全国技术转移工作的深入开展。

诞生一批国家技术转移示范机构,推动若干国家重大计划项目、行业共性和关键技术的转移;围绕《国家中长期科学和技术发展规划纲要(2006—2020年)》和关系国计民生问题的重点领域,在农业、制造业、能源资源、海洋、交通发展、现代服务业、人口与医药卫生、环境保护等八大领域,包括区域技术转移及服务联盟、区域综合性技术转移机构、行业或专业性技术转移机构、大学及科研机构内设技术转移机构等,推动一批国家重大计划项目和行业共性技术、关键技术的技术转移和扩散。

2. 技术转移基金

国家科技成果转化引导基金,是国家为加速推动科技成果转化与应用,引导社会力量和地方政府加大科技成果转化投入的鼓励性基金。遵循"引导性、间接性、非营利性、市场化"的原则。

主要用于支持转化利用财政资金形成的科技成果,包括国家(行业、部门)科技计划(专项、项目)、地方科技计划(专项、项目)及其他由事业单位产生的新技术、新产品、新工艺、新材料、新装置及其系统等。

为贯彻落实《国家中长期科学和技术发展规划纲要》,加速推动科技成果转化与应用,引导社会力量和地方政府加大科技成果转化投入,科技部、财政部设立国家科技成果转化引导基金,充分发挥财政资金的杠杆和引导作用,创新财政科技投入方式,带动金融资本和民间投资向科技成果转化集聚,进一步完善多元化、多层次、多渠道的科技投融资体系。

转化基金支持科技成果转化的方式包括:设立创业投资子基金,贷款风险补偿和绩效奖励等。设立创业投资子基金是指转化基金与符合条件的投资机构共同发起设立创业投资子基金,为转化科技成果的企业提供股权投资。贷款风险补偿是指转化基金对合作银行发放的符合规定条件和程序的科技成果转化贷款,给予一定的风险补偿。绩效奖励是指转化基金对于为转化科技成果作出突出贡献的企业、科研机构、高等院校和科技中介服务机构,给予资金奖励。同时,科技部、财政部还按照"统筹规划、分层管理、开放共享、动态调整"的原则,建立国家科技成果转化项目库,库中的科技成果摘要信息,除涉及国家安全、重大社会公共利益和商业秘密外,向社会公开,为与转化基金合作的创业投资机构、银行以及社会各界的参与者提供信息支持。

（七）技术转移基金发展现状

用基金价值投资的思维支持企业进行技术创新,是解决企业技术创新的一条重要途径。《中华人民共和国2021年国民经济和社会发展统计公报》显示:2021年,国家科技成果转化引导基金累计设立36只子基金,资金总规模624亿元。

以下为近十年的基金发展大事:

(1) 2021年12月7日,批复设立6只创业投资子基金。

(2) 2021年10月24日,财政部、科技部联合印发《国家科技成果转化引导基金管理暂行办法》。

(3) 2019年12月23日,批复设立第五批7只创业投资子基金。

(4) 2019年11月13日,召开国家科技成果转化引导基金第二届理事会会议。

(5) 2018年12月20日,批复设立第四批7只创业投资子基金。

(6) 2018年9月11日,召开国家科技成果转化引导基金第二届理事会第一次会议。

(7) 2017年10月24日,批复设立第三批5只创业投资子基金。

(8) 2017年9月1日,召开国家科技成果转化引导基金第一届理事会第五次会议。

(9) 2016年12月22日,批复设立第二批6只创业投资子基金。

(10) 2016年9月25日,召开国家科技成果转化引导基金第一届理事会第四次会议。

(11) 2015年12月29日,批复设立第一批3只创业投资子基金。

(12) 2015年12月14日,召开国家科技成果转化引导基金第一届理事会第三次会议。

(13) 2015年12月4日,科技部、财政部印发《国家科技成果转化引导基金贷款风险补偿管理暂行办法》。

(14) 2014年12月17日,召开国家科技成果转化引导基金第一届理事会第二次会议。

(15) 2014年9月26日,科技部、财政部召开国家科技成果转化引导基金启动推进会,开通了转化基金官方网站和国家科技成果转化项目库网站。

(16) 2014年9月26日,召开国家科技成果转化引导基金第一届理事会第一次会议。

(17) 2014年8月8日,科技部、财政部印发《国家科技成果转化引导基金设立创业投资子基金管理暂行办法》。

(18) 2011年7月4日,财政部、科技部联合印发《国家科技成果转化引导基金管理暂行办法》(财教〔2011〕289号)。

要点提示

1. 不管是封闭式基金还是开放式基金,如果为了方便大家买卖转让,就找到交易所(证券市场)这个场所将基金挂牌出来,按市场价在投资者间自由交易,就是上市的基金。

2. 私募股权投资基金主要由基金的几个当事方(人)构成,包括基金投资者、基金管理人和基金托管人,其中基金投资者和基金管理人是基金必然的构成部分。

3. 资本募集的关键在于洞见未来,吸引志同道合者共享发展成果;基金运营的核心则是精准投资,稳健增值,为投资者打造长期共赢生态。

4. 资本募集不仅是寻找合作伙伴,更是寻求共同成长的盟友;基金运营则以专业和审慎的姿态,守护每一笔投入的安全与回报。

5. 基金运营不仅追求短期利润,更注重长期价值创造,不断优化投资组合,让时间成为财富的朋友。

6. 作为基金运营人,应深知每一笔资金背后都承载着投资者的信任与期待,因此必须敬畏市场、尊重规律、精耕细作。

思考练习

1. 什么是募集设立?
2. 资本募集的方式有哪些?
3. 资本募集的程序是什么?
4. 基金是如何设立与组建的?
5. 基金是怎样运营与管理的?
6. 基金的投资流程是什么?
7. 私募基金募集的程序包括哪些内容?
8. 有哪些著名的技术转移机构?
9. 什么是技术转移基金,为什么要设技术转移基金?
10. 基金投资的特点是什么?
11. 转化项目如何获取基金投资?
12. 基金投资的注意事项是什么?
13. 如何利用区块链、大数据、人工智能等技术提高募资效率?如何运用这些技术实现投资者精准匹配和资金透明管理?
14. 面对不断变化的国内外金融法规,如何在符合监管要求的条件下合法合规地灵活开展资本募集活动?
15. 如何吸引长期限的养老基金、主权财富基金等参与构建更稳定的投资基金资金来源?如何设计合理的基金退出机制,满足不同期限投资人需求?
16. 如何在全球范围内有效配置基金资源?如何通过设立离岸基金等方式吸引国际资本?如何应对各国监管政策差异带来的挑战?

五、专利申请

任务导航:一份精心准备的专利申请,如同科研成果的荣誉勋章,既是科技进步的见证,更是市场竞争中无可替代的战略武器。

学习重点：专利的类型与定义，专利申请所需文件和要求，专利的申请流程；专利申请的优惠政策；专利代理机构，专利申请工具和服务平台的作用等。

建议学时：2学时。

（一）专利的类型与定义

在我国，专利的类型包括发明专利、实用新型专利、外观设计专利。各国专利类型根据其专利法各有差异，比如德国、日本专利类型与我国相同；美国专利分类为发明专利、外观设计专利、植物专利，与我国存在差异。

除了专利类型外，专利经纪人还需要注意各国在专利申请原则上的不同，专利申请原则主要分为先申请原则和先发明原则，先申请原则是指两个以上发明人就同样发明创造申请专利的，专利权授予最先申请人；先发明原则是指两个以上发明人就同样发明创造申请专利的，专利权授予最先发明人。我国专利制度是先申请原则，以美国为代表则是先发明原则。

1. 专利和专利权的区别

专利和专利权是不同的两个概念，前者侧重于发明创造本身，后者侧重于权利特性。通常所说的专利，是指符合法律法规，经依法审查被授予规定时间内享有专有权的发明创造；专利权是指国家根据发明人或设计人的申请，以向社会公开发明创造的内容，以及发明创造对社会具有符合法律规定的利益为前提，根据法定程序在一定期限内授予发明人或设计人的一种排他性权利。

2. 三类专利的定义及其保护范围

发明，是指对产品、方法或者其改进所提出的新的技术方案。实用新型，是指对产品的形状、构造或者其结合所提出的适于实用的新的技术方案。外观设计，是指对产品的整体或者局部的形状、图案或者其结合以及色彩与形状、图案的结合所作出的富有美感并适于工业应用的新设计。

（1）发明专利保护的具体内容。从保护客体来说，发明专利也分为产品发明和方法发明。产品发明比如电子器具、仪器、新材料等；方法发明指制造某种产品的方法，比如一种除草剂的制备方法。

（2）实用新型专利保护的具体内容。实用新型对产品的形状要求必须是确定的，没有确定形状的产品不能获得实用新型保护，比如液体、气体、颗粒状等没有确定形态的产品；产品的构造也包括机械构造和线路构造，比如电动车的机械传动构造和电路控制结构；产品的结合，比如螺栓与螺帽、锁和钥匙等。

（3）外观设计专利保护的具体内容。外观设计保护形状、图案、色彩必须与产品相结合，一张普通白纸上画一个图案不能说是外观设计；其保护产品装饰性和艺术性的设计，不保护功能目的的设计。

（4）不受专利保护主题。违反国家法律、社会公德或妨害公共利益的发明创造，不授予专利权，例如赌博工具、吸毒工具等。违反《专利法》第二十五条排除的五类主题，科学发现、智力活动的规则和方法、疾病诊断和治疗方法、动物和植物品种、用原子核方法变换获得的物质。

（二）专利申请所需文件和要求

专利申请应向国家知识产权局提交请求书、说明书、权利要求书、摘要、附图、优先权请求，其中部分文件不是必须提交，本章节主要对各部分文件做简单介绍，具体要求在撰写部分重点讲解。

1. 请求书

请求书是指申请人向国家专利局提交的请求授予专利权的一种文件。请求书应当写明发明或者实用新型的名称、发明人或者设计人的姓名、申请人姓名或者名称、地址以及其他事项，请求书按照国家知识产权局统一格式进行填写。

2. 说明书

说明书是对发明内容的详细介绍，权利要求是在说明书记载内容的基础上，用构成发明技术方案的技术特征来定义专利权的保护范围。说明书包括发明名称、技术领域、背景技术、发明内容、附图说明、具体实施方式几部分。

（1）发明名称，需要清楚、简明，写在首页上方的居中位置，它与请求书中内容一致，反映发明要求保护的技术方案的主题和类型，一般不超过25个字。

（2）技术领域，指发明或实用新型直接所属或直接应用的技术领域，既不是所属或应用的广大技术领域，也不是其相邻技术领域，更不是发明或实用新型本身。

（3）背景技术，是指对申请日前现有技术进行的评论和描述。

（4）发明内容，包括要解决的技术问题、技术方案、有益效果三部分。其中技术方案是说明书的核心，需要清晰完整地写明技术方案。

（5）附图和附图说明。说明书有附图的，应给出附图说明，其中实用新型的说明书中必须有附图，机械、电学、物理领域中涉及产品结构的发明说明书也必须有附图。当零部件较多的情况下，允许用列表的方式对附图中具体零部件名称列表说明。

（6）具体实施方式，指的是实现发明的优选的具体实施方式，它的作用是用于充分公开、理解和实现发明，同时也用于支持和解释权利要求。

3. 权利要求书

权利要求书是在说明书记载的内容的基础上，用构成发明技术方案的技术特征来定义专利权的保护范围。在权利要求书、说明书和摘要中，权利要求书是撰写的重点，因为判断新颖性和创造性是以权利要求所限定的技术方案为准，而不是以说明书记载的内容为准。

（1）权利要求的分类。权利要求按性质分可分为产品权利要求和方法权利要求；按撰写形式可分为独立权利要求和从属权利要求。

（2）权利要求要清楚。依照《专利法》规定，权利要求还应当以说明书为依据，清楚、简明地限定要求专利保护的范围。清楚，指的是权利保护的客体要清楚；权利保护的范围要清楚;构成权利要求书的所有权利要求作为一个整体也应当清楚。

(3)权利要求的用词。技术用语应当含义清楚、确定;不得使用含义不确定的用语:厚、薄、强、弱、高温等;尽量避免使用通常会使权利要求的保护范围不清楚的用语:约、接近、等或类似物等;不得出现会在一项权利要求中限定出不同的保护范围的用语:最好、例如、特别是、必要时等。

4. 摘要和优先权请求

(1)摘要。摘要是说明书公开内容的概述,它仅是一种技术情报,不具有法律效力,摘要的内容不属于发明或者实用新型原始公开的内容,不能作为以后修改说明书或权利要求书的根据,也不能用来解释专利权的保护范围。

(2)优先权。专利优先权可分为本国优先权和国际优先权。

本国优先权,是申请人就相同主题的发明或者实用新型在中国第一次提出专利申请之日起12个月内,又以该发明专利申请为基础向专利局提出发明专利申请或者实用新型专利申请的,或者又以该实用新型专利申请为基础向专利局提出实用新型专利申请或者发明专利申请的,可以享有优先权。

国际优先权,是专利申请人自发明或者实用新型在外国第一次提出专利申请之日起12个月内,或者自外观设计在外国第一次提出专利申请之日起6个月内,又在中国就相同主题提出专利申请的,依照该国同中国签订的协议或者共同参加的国际条约,或者依照相互承认优先权的原则,可以享有优先权。

5. 专利申请中的法律手续文件

专利申请中的法律手续文件包括:发明专利请求提前公布声明、实质审查请求书、撤回优先权声明、撤回专利申请声明、费用减缴请求书、补正书、意见陈述书、意见陈述书(关于费用)、放弃专利权声明、改正译文错误请求书、著录事项变更申请书、恢复权利请求书、终止程序请求书、协助执行财产保全通知书、专利权评价报告请求书、实用新型专利检索报告请求书、更正错误请求书、其他证明文件。

下面是几种重要的法律手续文件值得注意的事项。

(1)发明专利请求提前公开。依照《专利法》第三十四条和《专利法实施细则》第四十六条规定,发明专利可以请求提前公布。申请人在提出专利申请时,在发明专利请求书中勾选该声明即可;提出申请之后,需提交发明专利请求提前公布声明;该项声明不能附带任何条件。

(2)实质审查请求书。依照《专利法》第三十五、三十六条和《专利法实施细则》第五十条,专利实质审查请求书是指专利申请人自申请日起3年内,提出实质审查请求时的书面材料,国务院专利行政部门可以根据申请人随时提出的请求,对其申请进行实质审查。

(3)撤回专利申请。依照《专利法》第三十二条和《专利实施细则》第三十六条,专利申请人可以在专利授权前提交撤回专利申请声明,委托代理人的则由代理机构提交撤回声明,声明不得附件任何条件。

(4)专利费用减缴。依照《专利费用减缴办法》,可减缴的费用种类包括申请费(不包括公布印刷费、申请附加费);发明专利申请实质审查费;年费(自授权起6年);复审费。

(三) 专利的申请流程

在提交专利申请文件,缴纳相关费用后,专利进入申请审查流程,我国发明进行形式审查和实质审查(图4.3),实用新型和外观设计进行形式审查(图4.4)。

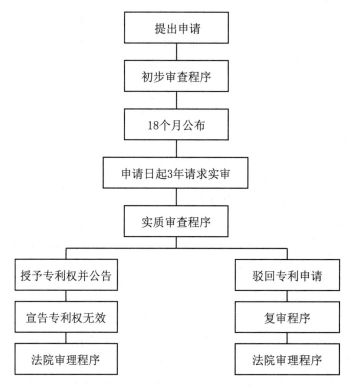

图4.3 发明专利申请审查程序简图

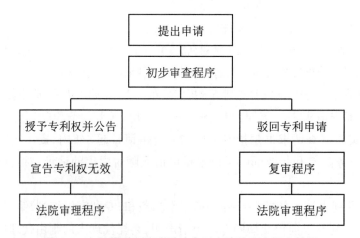

图4.4 实用新型和外观设计专利申请的审查程序简图

（四）专利申请的优惠政策

现行减缴政策依据为2016年9月1日生效的《专利收费减缴办法》，办理符合条件的专利费用减缴业务均须提前在专利费减缴备案系统中办理备案。

1. 减缴费用种类

可以减缴的费用种类包括：申请费（不包括公布印刷费、申请附加费）；发明专利申请实质审查费；年费（自授权起6年）；复审费。

2. 减缴条件

经2019年7月调整，符合费用减缴的条件（具备其一即可）为：上年度月均收入低于5000元（年收入低于6万元）的个人；上年度企业应纳所得额低于100万元；事业单位、社会团体、非营利性科研机构。

3. 减缴比例

当事人为一个个人或单位的，所有可减费用统一减缴85%；当事人为两个或两个以上个人或单位的，所有可减费用统一减缴70%。

（五）专利代理机构

专利代理机构是经国家知识产权局批准设立，可以接受委托人的委托，在委托权限范围内以委托人的名义办理专利申请或其他专利事务的服务机构。

专利代理机构以及专利代理师依照《专利代理条例》进行专利代理行为，此外《专利代理管理办法》也对专利代理行为进行规范。

1. 专利代理机构的组织形式及其条件

依照《专利代理条例》第七条规定，专利代理机构的组织形式应当为合伙企业、有限责任公司等。合伙企业、有限责任公司形式的专利代理机构从事专利代理业务应当具备下列条件：有符合法律、行政法规规定的专利代理机构名称；有书面合伙协议或者公司章程；有独立的经营场所；合伙人、股东符合国家有关规定。

（1）合伙企业形式的专利代理机构需要具备的条件：除了前文中提及《专利代理条例》第七条给出的规定，合伙企业形式的专利代理机构还应当有两名以上的合伙人，合伙人具有专利代理师资格并有两年以上专利代理师执业经历。

（2）有限公司形式的专利代理机构需要具备的条件：除了前文中提及《专利代理条例》第七条给出的规定，有限公司形式的专利代理机构还应当有五名以上股东，五分之四以上股东以及公司法定代表人具有专利代理师资格证，并有两年以上专利代理师执业经历。

（3）合规的专利代理机构的查询：可通过国家知识产权局网站进行查询，登录国家知识产权局官方网站并进入专利代理管理系统后，可以对专利代理师和专利代理机构的信息进行查询。此外还可以在板块中查询到经营异常名录、严重违法失信名单、风险名单信息。

2. 专利申请工具

除了传统的纸件申请外,专利申请一般使用更为高效便捷的电子申请,电子申请通过中国专利电子申请网下载的"电子申请客户端"进行,以下介绍客户端的一些特点。

(1)电脑客户端配置。客户端需安装 Windows 或 Windows Vista 操作系统,Internet 浏览器(推荐 IE7),Microsoft Office 2003 以上。

(2)电子申请的请求书内容补正。根据国家知识产权局《关于电子申请的规定》要求,电子申请的请求书内容需要补正的,审查员应当要求申请人仅针对缺陷部分提交补正书或者陈述意见,不再要求申请人提交请求书替换页。

(3)需要用纸件方式递交的文件。实用新型检索报告请求、退款请求(缴款人为非电子申请提交人)、恢复权利请求、专利权评价报告请求、中止请求、法院保全、无效请求、行政复议请求、由第三方或社会公众提出的意见陈述不属于第57号局令第七条规定的申请人应当以电子文件形式提交的相关文件。

(六)专利申请工具和服务平台的作用

专利申请的服务平台主要包括:一是国家知识产权局官方网站,中国专利电子申请网是官方指定的在线提交专利申请的平台,用户可以直接在此平台上按照指引完成专利的新申请、中间文件提交以及后续程序等操作。二是第三方服务平台,如知了网(www.izhiliao.com.cn),提供一站式的专利申请自助服务,包括智能推荐代理机构、专利文件模板、技术交底书撰写指导等服务。三是其他专业知识产权服务平台,如 CNIPR 专利信息服务平台(vip.cnipr.com),提供了专利检索、分析、预警、信息管理及机器翻译等多种功能,同时也可以协助专利申请流程。四是国际专利申请平台,PCT(Patent Cooperation Treaty)体系下的国际专利申请,可通过世界知识产权组织(WIPO)的官方网站提交。网上专利申请工具很多,下面例举常见的几例。

1. 懒人之家

懒人之家成立于2011年12月,是一家专门提供专利实务和电脑办公中的精华技巧整理与分享的互动网站,旗下共有专利质检助手、CPC案卷助手、专利查询助手、专利流程助手、专利案卷管理助手、懒人工具箱以及专利撰写助手等多款专利事务辅助软件,极大地方便了申请人的专利申请事务。

2. 专利撰写助手

专利撰写是专利代理人的日常工作,在撰写时,每篇专利都或多或少会涉及一些专业术语,比较常见的如装置类专利的零部件技术名称(如:涡轮蜗杆传动副),一篇专利中会经常出现上述技术名称,若每次都要将该技术名称打出来的话便显得比较麻烦,而且若一篇专利中类似技术名称有多个乃至上百时,其效率更低。若是用输入法造词解决此问题,其缺陷在于:其一,不能实时更新词组,添加较麻烦;其二,可能会对平时生活使用造成影响。而且在撰写专利时,由于格式需要,可能会有大量重复篇幅,每次复制粘贴也很麻烦。另外,一般来说专利都是在 Word 中撰写,而撰写专利时经常需要查阅相关技术资料,这便使得代理人经常在 Word、资料或者浏览器页面中来回切换,影响效率。而运用撰写助手,撰写专利的效率则会提升一倍以上。

3. M-Trends

M-Trends 具有强大的专利数据库检索系统、最专业性的专利分析工具、采项目式的管理功能、整合亲切性的操作界面,让用户轻松使用,快速上手。M-Trends 能产出最有价值的专利信息,帮助用户提高决策质量,强化竞争优势。

M-Trends 设计与各国站台一致性之专利检索接口,方便用户应用的维持性。本产品可检索 USPTO Issued、USPTO Appl.、TW-TWPAT、SIPO、EPO、WIPO PCT、JPO-PAJ、KIPO-KPA 等专利数据库,是全球最具竞争的专利数据库检索服务平台。

M-Trends 为增强专利检索效能,提供检索项目条件句自动更新服务,强调自动化使用机制,让分析项目得到定期专利服务,保持项目正确性与完整性。满足专利作业完整性,提供专利全文影像文档下载,强化专利作业效率,优化专利作业质量,最具全面性与专业性的服务功能,是用户从事专利工作的最佳伙伴。

M-Trends 提供丰富性并与各国网站一致性的专利检索服务平台。在线检索专利数据库有 USPTO Issued、USPTO Appl.、TW-TWPAT、SIPO、EPO、WIPO PCT、JPO-PAJ、KIPO-KPA 等各国专利数据库。轻松、简易式的全球整合专利数据查找,发挥最大的价格功能比,是单位组织最不可或缺的专利检索平台。

M-Trends 提供个人化权限控制管理机制,通过个人账号申请管理,维持个人作业平台。并提供项目式管理机制,使用者透过项目管理机制,进行多项专利个案分析,提升专利作业效益。

M-Trends 设计整合性、作业性的项目管理功能,提供异质版本的整合机制,以及多项目的合并功能等,并且自由设定最佳化工作模式,借以提升项目工作效率、强化专利产品的质量。优化的管理设计、人性化的作业功能和专业化的流程规划,完全展现 M-Trends 的整合能力,是用户从事专利工作最佳的辅助产品。

4. 易唯思

Evalueserve 简称 EVS,中文名称为易唯思。公司的口号:"您的全球知识伙伴(Your Global Knowledge Partner)";公司愿景:"成为全球第一的高质量的增值服务供应商"。

易唯思是知识流程外包理念(Knowledge Process Outsourcing)的开创者,并取其首字母缩写 KPO 作为简称。易唯思是知识流程外包(KPO)服务的领先供应商。易唯思通过位于智利、中国、印度和罗马尼亚的全球研究中心,提供市场调研、商业研究、数据分析、投资研究、知识产权研究、市场营销支持和知识技术服务等客户化服务。此外 Evalueserve Circle of Experts(易唯思的子公司)还提供各种领域专家的全球网络。

易唯思公司是全球知名的知识外包(KPO)公司,也是进入中国的第一家知识外包公司。易唯思商务咨询上海有限公司于 2005 年正式在中国上海运营,正在为来自全球的客户提供涉及中国及日本、韩国的定制服务。在公司现有人员构成中,20%的员工是外籍员工,90%的员工毕业于中国及国外的顶尖学府,75%以上的员工具有研究生学历,是典型的知识型团队。随着中国经济模式从劳动密集型向知识密集型转型,知识外包行业在中国,尤其是上海具有明显广阔的发展空间。易唯思公司在2006年荣获当年度香港《红鲱鱼》亚洲创新百强,被认为具有良好的企业创新能力、盈利能力,是新兴以及创新企业中"最为耀眼的明星"。

知识流程外包(KPO)是业务流程外包(BPO)的高智能延续。KPO更加集中在高度复杂的流程。这些流程需要有广泛教育背景和丰富工作经验的专家们完成。工作的执行要求专家们对某一特殊领域、技术、行业或专业具有精准、高级的知识。

易唯思的业务范围包括:知识产权研究(专利申请撰写、专利使用权转让、前案检索、专利地图研究等);股票、财务和保险研究;数据收集、整合及管理;SPO-销售流程外包(推销、会议和报价资料、销售机会、市场细分研究、竞争情报、对手简介、客户满意度研究、营销分析研究、销售员招聘支持、客户关系管理等);分析法(数据分析、财务分析、风险分析)和数据挖掘服务;商业研究和商业智能(市场细分研究、市场规模分析、竞争情报、商业计划书撰写、创新性鉴定等);市场调研(电话调研、网络调研、客户满意度研究、品牌研究、客户偏好研究、消费者调研等);财务研究(基本面研究、定量研究、建模、贷款发放研究、交易研究等);LPO-法律程序外包(律师助理工作和服务)。

5. Gold fire Innovator

Gold fire Innovator软件是IMC公司的一套完整的实现计算机辅助创新的开发软件,同时,它也是一个强大的PKM(产品知识管理)平台。它以DFSS(六西格玛设计)为核心,以TRIZ/ARIZ为工具,内嵌有超过9000条各个领域的科学原理,外挂全球70多个(>1500万条)专利库,并与全球3000多个专业网站实时相连,并且,该环境还提供了功能强大的语义分析工具,为设计师和工艺师们提供了一个功能强大、使用方便,并与世界同步的创新平台。

Invention Machine公司的Gold fire Innovator软件是非常有用的知识管理应用程序,集中帮助工程师解决了大量的技术问题。问题解决是大多数创新的根源——也是最普遍的形式,现有产品或服务进一步创新,Gold fire Innovator软件 将为现有的PLM/NPDI(产品生命周期管理/新产品开发引进)提供更为有效的动力。

要点提示

1. 获得专利意味着掌握了一种市场话语权,它为企业在激烈竞争中树立起技术壁垒,保障长期竞争优势。

2. 专利申请不是简单的文书工作,而是洞察未来、布局全球市场的战略性投资,每个细节都关乎竞争优势的构筑。

3. 将思想的力量烙印在法律的基石上,专利申请是对发明人智慧结晶的最高礼赞和最坚实保障。

4. 利用区块链技术实现专利权属证明、公开透明的交易记录和权利流转的可能性研究,建立基于区块链的新型专利管理系统。

5. 需要通过技术创新推动专利审查机构的工作流程优化,缩短审查周期,提高专利权确认的时效性。

思考练习:

1. "专利"和"专利权"有什么区别?
2. 发明专利具体保护什么?
3. 权利要求要清楚,清楚指什么?
4. 权利要求的用词应当注意什么?
5. 实用新型专利具体保护什么?
6. 外观设计专利具体保护什么?
7. 说明书的内容是什么?
8. 实质审查请求书是什么时候提出的?
9. 申请专利有哪些实用的工具软件?
10. 申请专利有哪些服务平台?
11. 国际申请进入中国国家阶段需要做的准备工作是什么?
12. 旁路申请是什么?
13. 美国专利申请的特色程序有哪些?
14. 如何对涉及人工智能、机器学习、大数据等新兴技术领域的创新成果进行有效保护?如何界定软件算法和模型的可专利性?
15. 如何促进专利制度从追求数量转向追求质量转变?如何提高授权专利的含金量和社会经济效益?
16. 如何在确保搜索引擎盈利技术(SEP)所有者权益的同时避免滥用市场支配地位?如何使此事满足各国反垄断法规的要求?

六、商务谈判技巧

任务导航: 商务谈判不仅是技巧的运用,更是人格魅力和道德品质的体现,诚信、公正、公平的原则是谈判桌上的永恒灯塔,引领各方驶向共同的成功彼岸。

学习重点: 谈判前的准备阶段,开局阶段的谈判技巧,报价阶段的谈判技巧,磋商阶段的谈判技巧,成交阶段的谈判技巧;商务谈判的沟通技巧,商务谈判僵局处理的技巧等。

建议学时: 2学时。

商务谈判是在商务活动下产生和发展起来的,在社会生活中扮演着越来越重要的角色,已成为现代社会不可缺少、无法替代的组成部分。

没有商务谈判,经济活动便无法进行,小到生活中的讨价还价,大到企业法人之间的合作、国家与国家之间的经济技术交流,都离不开商务谈判。

商务谈判是买卖双方为了促成(商务)交易而进行的活动,或是为了解决买卖双方的争端,并取得各自的经济利益的一种方法和手段。

(一) 谈判前的准备阶段

1. 准备工作

准备工作包括谈判时间和谈判前活动的合理安排、谈判室的布置等。做好迎接工作,并安排好对方的食宿、交通、游览、休息和馈赠等事项。注意运用正式谈判前的场外非正式接触,谈判室应布置得整洁干净,材料在谈判桌上要摆放整齐,准备好谈判期间的饮用水,投影等设备要事先调试好。使谈判代表在一个好的环境中开展工作。

2. 组织谈判小组

商务谈判班子中要有谈判小组的领导人、懂行的专家或专业人员以及必需的工作人员。谈判人员要遵守谈判职业准则、专业知识要精,交际能力、表达能力和判断能力要强。

3. 信息收集

(1) 充分地搜集各类信息。商务谈判之前要充分搜集各类信息,包括市场信息、谈判对手的信息、科技信息和政策法规方面的信息。在商务谈判准备过程中,及时地收集、筛选和分析有关信息和资料,是十分必要的。准确而全面的信息能帮助己方在谈判中走向主动和成功,不准确和片面的信息则会使己方在谈判中陷于被动和失败。

商务谈判信息资料的特点:首先,商务谈判资料无论是资料来源还是资料构成都比较复杂和广泛。在有些资料的取得和识别上具有相当难度。其次,商务谈判资料是在特定的谈判圈及特定的当事人中流动,谈判者对谈判资料的敏感程度,是其在谈判中获取优胜的关键。最后,商务谈判涉及己方和谈判对手的资金、信用、经营状况、成交价格等,具有极强的保密性。

(2) 信息情报搜集的方法和途径。在日常的经贸往来中,企业都力求利用各种方式搜集大量的信息资料,为谈判所用,这些方法及其途径主要包括:

① 直接派人去对方企业进行实地考察,搜集资料。在现实经济生活中,人们把实地考察作为搜集资料的重要形式,企业派人到对方企业,通过对其生产状况、设备的技术水平、企业管理状况、工人的劳动技能等各方面的综合观察、分析,可以获得有关谈判对手生产、经营、管理等各方面的第一手资料。在实地考察之前,应有一定的准备。带着明确的目的和问题,才能取得较好的效果。

② 通过各种信息载体搜集公开情报。企业为了扩大自己的经营,提高市场竞争力,总是通过各种途径进行宣传,这些都可以提供大量的信息。如企业的文献资料、统计数据和报表,企业内部报刊、各类文件,广告、广播宣传资料,用户来信、产品说明和样品等,

从对这些公开情报的搜集和研究当中,就可以获得所需要的情报资料。

4. 商务谈判计划及方案拟定

(1) 谈判计划。它是谈判人员在谈判前事先对谈判目标、具体内容和谈判议程、进度作出较周密的假想。谈判人员对谈判工作心中有数,方能有效地组织和控制谈判。

在制定谈判计划时,要遵循以下五点要求:

① 文字表述简明扼要,主题突出,高度概括,使每个谈判人员都能清楚地记住谈判的议题、方案和主要内容,从而保证整个谈判都围绕主题方向来展开。

② 内容要具体。所谓具体,是指谈判要具体规定每项谈判目标实施的步骤、实施的对策和每个谈判人员的具体分工和任务,具体规定每项谈判实施中人员、时间、经费的要求,以便把握重点、关键及一般问题。值得注意的是,"具体"不等于把有关谈判的细节都包括在内,不要事无巨细,样样俱全,否则操作起来必然困难。

③ 有一定的灵活性。计划是主观的事先预想,不可能把影响谈判过程的各种随机因素都估计在内,故在整体计划安排上,必须具有应变能力,要有一定的灵活性,以便应付那些不可控因素。

④ 要有预见性。这种预见性必须是建立在科学的预测基础之上,切不可盲目臆断,随心所欲。

⑤ 要有指导性。应能对谈判人员的行为具有规范作用,能够指导谈判人员开展谈判活动。

(2) 谈判方案。一般应包括以下内容:

① 确定谈判的基本策略。基本策略的确定是建立在对双方谈判实力及其影响因素的细致而认真的研究分析的基础上的。通常分三步来确定:

第一,要分析对方在本次谈判中的具体目标层次,了解对方最想得到什么,对方可能在哪些方面作出让步,他实现目标最有力的支持因素是什么,不利于对方的因素有哪些等。通过了解对手的这些情况,我方可以促使对方为了得到最想要的东西而付出更多,也可避其有利而攻其不利。总之,在正确判断对方谈判实力的基础上,提出我方的谈判目标,并在谈判中把握好利益界限,采取正确的进攻方式,取得最佳的谈判效果。

第二,要分析在我方争取最需要的利益时,将会遇到对方哪些阻碍,对方会提出什么样的交易条件。

第三,要确定对策。明确我方可以在哪些条款上让步,哪些不能让步。对于坚决不让步的条款,如果对方也不肯让步的话,应该采取什么对策来解决。如此这样一些问题,在结合具体业务谈判时,应落到实处,将对策制定得有理有据。

② 交易条件方面的内容。在制定谈判方案时,要对对方可能提出的方案作预测,并提出自己的应对谈判方案。只有这样,对手提出方案时,关键的交易条件问题就不会漏掉分析和研究,才能应付自如。在研究和分析时,应从政策、法律、经济效益等不同的角度进行衡量,彻底弄清其文义,从而分辨出哪些条款是可以接受的,哪些是经过双方协商决定的,哪些是必须按我方意愿改变的。通过区分这三种情况,我方再提出具体的修改或改动意见,以便在谈判中予以贯彻和实施,力争实现。

③ 价格谈判的幅度问题。商务谈判的核心内容往往是价格问题。价格是谈判的中心环节，也是争论最多的问题。在拟定谈判方案时，要对价格掌握的幅度有明确的看法和意见，并要设计出争取最佳结果的策略和具体措施。

谈判方案应尽量切实可行，并且留有现场发挥和见机行事或者必要调整的空间，还要设计每一阶段谈判的策略方案，充分估计对手的反应和各种可能出现的情况，对各种僵局的化解要找出有力的对策，要有适当的替代方案可供选择。所有成员都应谙熟谈判方案，争取达到最理想的效果，还要绝对保守谈判方案的秘密，否则将会造成谈判的失败。

（二）开局阶段的谈判技巧

开局是谈判的首要环节，直接决定了整个谈判的成败。开局是谈判双方刚一见面，寒暄并开场陈述的很短时间。在开局阶段，双方所持的态度直接影响以后谈判中的行为，从谈判开始双方便相互信任是谈判成功的基础；双方所采用的谈判模式为以后谈判确定了框架，具有定调的作用；在开局阶段，双方信心最强，都怀有使谈判成功的愿望，都处于精力和注意力的最佳状态。

1. 注重谈判礼仪

注重商务礼仪，能给合作方留下良好的第一印象，营造轻松、和谐的谈判气氛，更有可能为企业争取更大的经济利益。

（1）仪容整洁。在互相介绍的同时，我们最先观察到的是对方的仪容仪表，谈判人员的仪容不仅仅是个人精神风貌、形象气质的直观反映，还间接代表了整个企业的形象。

简单来说，男士应该不留长发，给人以利落爽快的第一感，保持面部整洁，定时剃须，保持洁净口气；女士应该化淡妆，以示对对方的尊重，穿戴应该以简洁大方为主，严禁喷过于浓烈的香水，严禁化大浓妆。

在谈判正式开始前，谈判人员最好不要食用有强烈刺激性气味的食物，如果自己有口气应该定时喷口气清新剂，防止口臭。谈判人员应该勤于洗澡和换衣，避免出现身体有汗味、狐臭味等尴尬情况，应该定期修剪指甲，保持双手清洁，避免双方握手时出现意外情况。

（2）以礼待人。在谈判开局阶段，谈判人员更应该学会以礼待人，充分体现对对方的尊重。如果自身职位较低，更应该做好充分的准备，理清谈判思路，最好提前到场半小时。

在整个谈判过程中，不可以随意打断别人的说话，这不仅不能有效加快谈判进程，还可能造成对方心里不痛快，谈判效果大打折扣。

2. 塑造轻松愉快的氛围

谈判开局阶段，素不相识的人走到一起，往往容易出现停顿和冷场，一开始就进入正题会使气氛显得紧张尴尬。因此，谈判人员应在进入正题前，就一些非业务性的、轻松的话题进行交流，以缓和气氛，缩短双方心理上的距离。在实际谈判过程中，由于双方利益冲突可能会造成谈判氛围的不断变化,直接影响谈判结果,对此,谈判人员应该积极塑造轻松愉快的谈判氛围,有意识地回避一些尴尬问题,保持整场谈判的高效性。

(1)必要的寒暄。在谈判开始时,不宜采取单刀直入方式或首先提出棘手敏感的问题,而应运用可以引起双方感情共鸣、交流的轻松话题和语言来开启谈判之门。

(2)真诚的态度。在与人交谈的过程中应该持有真诚的态度,让对方感受到你的合作诚意,这不仅能够客观反映个人良好的思想道德修养,还可以赢得对方的信任,为下一步的深入合作打下坚实基础。

(3)环境营造。在商务谈判过程中,环境布置很重要。选择谈判环境,一般看自己是否感到有压力。不利的谈判场合包括:嘈杂的环境,极不舒适的座位,谈判房间的温度过高或过低,不时有外人搅扰,环境陌生引起的心力交瘁感,以及没有与同事交谈的机会等。

3. 摸底、修正谈判计划与方案

在开局阶段,谈判双方较多地把注意力放在摸底上:考察对方诚意与诚信;了解对方多大程度的合作意向,对方的真实需要;对方成员的态度、作风,是否可以加以利用对方所担心的方面;对方在此次谈判的原则,以及在哪些问题上可能会作出让步;等等。双方必然都会以十分巧妙的"听话",领会对方谈话的潜在信息方式,进一步去发现双方共同获利的可能性。在这一阶段,应尽量避开两方可能形成分歧和冲突的问题,而着重强调双方已达成的一致意向,为以后的谈判留出充分的磋商余地。谈判中还有一个容易被忽视却又很重要的问题,就是应该密切注意自己在谈判发展过程中的地位变化。

(三)报价阶段的谈判技巧

谈判双方在结束了非实质性开局交谈之后,就开始将话题转入到有关协商内容的正题上。从报价阶段开始,谈判便进入了实质性谈判阶段。报价是商务谈判的一个重要正式阶段,它不仅表明了谈判者对有关交易条件的具体要求,集中反映着谈判者的需要和利益,而且通过报价,谈判者可以进一步地分析、把握彼此的意愿和目标,以便有效地引导谈判行为。报价是商务谈判中一个必不可少的重要阶段。在任何一次谈判中,谈判双方的报价,以及随之而来的磋商(还价)是整个谈判过程的核心和最重要的环节。因为报价直接决定着谈判能否达成协议,以及达成协议后双方各自的利益如何。

首先,报价前应准备充分、了解充分。要了解自己谈判的底气所在、谈判的报价,提前有心理准备与应对措施,并充分了解谈判对方的经济政治、国家政策等方面,做到知己知彼。

报价不要超出对方预期太多,以免谈判破裂。这需要长期商务谈判的经验积累与总结,从而形成一套行之有效的方法论,否则第一次定价超出对方预期太多,很可能导致谈判直接破裂,这样开展商务谈判就失去了它本身的意义与作用,双方无法合作共赢,自然于双方而言都有损失,所以在第一次谈判前要给谈判对方留一些余地,避免谈判破裂。

知晓对方有谈判决定权的人是谁。商务谈判中我们会接触很多人,但是这些人的地位在谈判中所起到的作用都不一样。因此我们要规避与对方谈判营中没有谈判决定权的人进行谈判,否则只会浪费自己的时间,同时也要注意避免事先将自己的底线等要素透露给对方,避免给己方造成损失。

常见的报价技巧有以下方面:

1. 狮子大开口法

在谈判中,精明的谈判者为了压低谈判对手的要求,在报价时往往采取喊价要狠,或者还价要低的方法,又称"报高价"法。它的主要作用在于可以通过喊高价或还低价来改变谈判对手的最初期望值,使其降低要求,最终使自己的谈判需求能够得到更多的满足。

总的来说,报高价一般只适用于一次性谈判,或垄断性供求关系(指无竞争对手),或时限较宽的谈判中。这种谈判即使成功了,双方代表的感情往往比较对立,以后很难再进行这方面的合作。

2. 汉堡包报价法

这是根据客户的购买心理所采取的一种报价策略。它是指谈判报价时先谈产品的价值,待对方对产品的使用价值有所了解以后,再谈产品的价格。所谓"汉堡包",就是把价值当作两片松软的面包置于外层。把价格这块硬碰硬的"牛肉"夹在中间,以使整个报价变得松软可人,适宜客户在心理上接受。对客户来说,判断贵与不贵的标准,来源于他对该物品价值的评估。

3. 单刀直入法

这种报价方法的核心就是谈判者在报价时省掉繁文缛节,直指主题:坦言自己对交易行情已有相当的了解,心中已有一个底价,为了省掉不必要的麻烦,只允许对手开一次价,如果对方作为卖方的开价低于(或作为买方的出价高于)底价,则直接成交。在只有一次开价机会的压力下,对方将被迫重新计算自己的成本,将利润压到报价方愿意接受的最低标准,然后报出一个价格来。它容易使谈判者迅速了解对方的要求,最后本着各自满意、双方获益的原则达成协议。

使用这种报价法的先决条件是:

(1)己方居于市场优势(买方或卖方市场),手中拥有的是热门的抢手货。

(2)对行情与商品不如对方熟悉。

(3)本人不擅长或没时间谈判。

4. 鱼饵报价法

商务谈判的特点是"利己"和"合作"兼顾,因此,如果谈判者想要顺利地获得谈判的成功,而且还维系和发展同谈判对手之间的良好关系,那么在尽可能维护自己利益的基础上,还要照顾和满足谈判对手的需要和要求。

5. 中途变价法

此法是在报价的中途,改变原来的报价趋势,从而争取谈判成功的报价方法。所谓改变原来的报价趋势,是指买方在一路上涨的报价过程中,突然报出一个下降的价格,或者卖方在一路下降的报价过程中,突然报出一个上升的价格来,从而改变了原来的报价趋势,促使对方考虑接受自己的价格。"中途变价法",即改变原来的报价趋势,报出一个出乎对方意料的价格来,从而遏制对方的无限要求。

(四) 磋商阶段的谈判技巧

磋商是指谈判双方在原先报价的基础上进行讨价还价的行为过程,它既是双方求同存异、协商确定交易条件的过程,也是双方斗智斗勇,在谈判实力、经验和勇气等方面展开全面较量的过程。磋商阶段是商务谈判的核心环节,磋商的过程及其结果将直接关系到谈判双方的所获:利益的大小,决定着双方各自需要的满足程度。

1. 让步的谈判策略

在任何一项商务谈判中,谈判双方都必须作出某些让步,可以说,没有让步,也就没有谈判的成功。

让步的一般原则包括以下方面:

(1) 只有在最需要的时候才作让步。让步通常意味着妥协和某种利益的牺牲。它对让步一方来说,作出让步承诺无疑是痛苦的。因此,不是迫不得已(如不做某些让步会使谈判无法继续下去,不作让步无法使谈判向预定目标推进,不作让步就无法使对方作出更大的让步等),绝不要轻易让步。

(2) 让步应有明确的利益目标。让步的根本目的是保证和维护己方的欲得利益。如通过让步从对方那里获得利益补偿;或者是"放长线钓大鱼",换取对方更大的让步;或者是巩固和保持己方在谈判全局中的有利局面和既得利益等。无谓的让步,或者是以让步作为赢得对方好感的手段都是不可取的。

(3) 让步要分轻重缓急。让步是一种极有分寸的行为。有经验的谈判人员,为了争取主动,保留余地,一般不首先在原则问题、重大问题,或者对方尚未迫切需求的事项上让步。明智的做法是尽量让对方在原则问题、重大问题上先让步,而己方则在对方的强烈要求下,在非原则的、次要的、较小的问题上作适当让步。

(4) 把握"交换"让步的尺度。谈判中双方"交换"让步是正常的。但应注意,"交换"让步不能停留在"愿望"上,要保证"交换"的现实性,可以在让步后,等待和争取对方让步,在对方作出相应让步前,绝不再让步。

(5) 让步(即使是很小的让步)要使对方感到是艰难的。从一方面来说,谈判中不可毫无异议地轻易接受对方的让步,因为这些让步常常是不到"位"的。从另一方面来说,千万别让对手轻而易举地得到己方的让步。因为按照心理学的观点,人们对不劳而获或轻易得到的东西通常都不加重视和珍惜。

(6) 严格控制让步的次数、频率和幅度。一般来说,让步次数不宜过多,过多不仅意味着损失大,而且影响谈判信誉、诚意和效率;频率也不可过快,过快容易鼓舞对方的斗志和士气;幅度不可太大,太大反映了己方条件太虚,会使对方进攻欲望更强,程度更猛烈。

（7）让步要避免失误。一旦出现让步失误时，在协议尚未正式签订以前，可采取巧妙策略收回。这个问题从法律角度看，是允许的；从商誉角度看，应尽量避免。如果出现，要掌握处理技巧加以收回。

2. 阻止对方进攻的谈判策略

商务谈判中，任何一方都可能受到对方的攻击，承受各种直接或间接的压力，并可能在压力之下作出某些让步。固然如前所述，适当的让步是必要的，但是，一味地让步又会直接损害己方的利益。因此，在对方的进攻面前，谈判者应善于运用有关策略构筑起有效的防线，以保护自己的利益。

（1）权力极限策略。这是利用控制己方谈判人员的权力来限制对方的自由，防止其进攻的一种策略。一般来说，谈判者拥有的权力支配着他的行为，权力的大小直接决定了谈判者可能的决策范围与限度。在权力有限的情况下，对方的讨价还价只能局限在我方人员权力所及的范围与限度之内，任何试图超出这一范围与限度去谋求更多利益的努力，都将是徒劳的。如果你告诉对方："我没有权力批准这笔费用，只有我们的董事长能够批准，但目前他正在国外出差，无法与他联系。"那么，对方立刻就会意识到，在这一事项上要求你作出让步将是绝无可能的了。不过，这种策略只能在少数几个关键时刻运用，使用过多，对方会认为你缺乏诚意，或没有谈判的资格而拒绝与你作进一步的磋商。

（2）政策极限策略。这是己方以企业在政策方面的有关规定作为无法退让的理由，阻止对方进攻的一种策略。这一策略与权力极限策略如出一辙，只不过用于限制对方行动自由的不是权力，而是己方所在企业和政策。通常，每一个企业都制定了一些基本的行为准则，这些政策性的规定对企业和生产经营活动具有直接的约束力，企业的谈判人员也必须以此来规范自己的行为。既然谈判者不能偏离企业政策的要求来处理他所面临的问题，那么，对方就只能在本企业政策许可的范围内进行讨价还价，否则，其要求便无法得到满足。

（3）财政极限策略。这是利用己方在财政方面所受的限制，向对方施加影响，以达到防止其进攻目的的一种策略。比如买方可能会说："我们非常喜欢你们的产品，也很感谢你们提供的合作，遗憾的是公司的预算只有这么多。"卖方则可能表示："我们成本就这么多，因此价格不能再低了"，等等。

向对方说明你的困难甚至面临的窘境，往往能取得比较好的效果。在许多情况下，人们对弱者持有怜悯与同情之心，并乐于提供帮助，使他们能够实现自己的愿望。当对方确信根据你目前的财政状况，已经难以作出更多让步时，他可能会放弃进一步发动攻势的想法。

（4）先例控制策略。所谓先例，是指过去已有的事例。引用先例来处理同类的事物，不仅可以为我们节省大量的时间和精力，缩短决策过程，而且还会在一定程度上给我们带来安全感。在商务谈判中，谈判的一方常常引用对他有利的先例来约束另一方，迫使其作出不利的让步。在这种情况下，谈判者就必须采取一些控制措施，以遏制对方的进攻。

谈判中先例的引用一般采用两种形式。一是引用以前与同一个对手谈判时的例子，比如,"以前我们与你谈的都是三年租借协定,为什么现在要提出五年呢?"二是引用与他人谈判的例子,如"既然本行业的其他厂商都决定增加20%,你提出的10%就太低了。"

先例控制的目的在于消除对方欲强加给你的种种限制,从而保护己方的合理利益。你应该向对方说明,他所引用的先例是一种与目前的谈判无任何关系的模式,因为环境或者某些条件的变化,已经使以往的模式变得不再适用。你可以告诉对方:"如果答应了你的要求,对我们来说等于又开了一个先例,今后我方对其他客商就必须提供同样的优惠,这是我方所无法承担的。"至于这次的所谓"先例"是真是假,对方是无从考查的。

(5) 以攻为守策略。实际上,主动的进攻才是最好的防御。在许多情况下,我们必须对对方的进攻予以反击,单一防守往往难以遏制对方的攻势。

以攻为守策略的具体做法是多样的。比如,你可以通过不断地质询或提问,迫使对方作出回答或解释,从中判断对方的意图、弱点及其关心的核心问题,进而要求对方作出让步,或者提出自己的条件和建议。也可以断然拒绝对方的所有要求;或者运用与对方相同的策略回击对方,等等。谈判者可以根据现实情况灵活地作出决策。

(五) 成交阶段的谈判技巧

成交是指谈判双方达成合同,交易得以实现。成交的前提是双方对交易条件经过多次磋商达成共识,对全部或绝大部分问题没有实质上的分歧。成交方式是双方签订具有高度约束力和可操作性的合同书,为双方的商务交易活动提供操作原则和方式。由于商务谈判内容、形式、地点的不同,因此成交的具体做法也有区别。

谈判结束时,首先要向对方表示祝贺。优势的谈判高手总是希望自己的对手感觉自己赢得了这场谈判,只有谈判者感到自己是赢家,他们才会接受谈判结果,未来的交易才可能一直延续。即使谈判最终没有成功,也不能意气用事、恶语伤人,应不愠不怒、大度宽容,以便于日后有机会再合作。其次,积极主动起草合同是至关重要的,无论谈判双方沟通多么详细,总会遗漏一些细节性问题,需要在起草合同的过程中详细阐明。在拟定合同条款时,尤其要注意合同条款的准确、严谨、完整,合同条款的严密性与准确性是保障谈判获得各种利益的重要前提。

在进入谈判的结束阶段后,谈判者应认真回顾并总结前期谈判的情况,总结取得的成绩,发现存在的问题并对最后阶段存在的问题作出决策。在谈判结束时,一定要尽快让谈判双方在谈判备忘录上签字,并且确保对方能充分理解协议,如果中间耽搁时间越长,越有可能忘记双方在谈判中达成的共识,从而产生怀疑,影响交易的达成。

通常,在发出成交信号、最终报价和达成交易的会谈之前,有必要对下列问题进行最后的回顾和总结:

(1) 搞清是否所有的内容都已谈妥,是否还有一些未得到解决的问题,以及这些问题的最后处理。

(2) 明确所有交易条件的谈判结果是否已达到己方期望的交易结果或谈判目标。

(3) 最后的让步项目和幅度。

(4) 决定采用何种特殊的结尾技巧。

(5) 着手安排交易记录事宜。

（六）商务谈判的沟通技巧

商务谈判要想实现谈判双赢,双方必须进行有效的沟通。主要从谈判中的肢体语言行为、沟通技巧、言语礼貌方面来分析商务谈判中提高有效沟通的策略,以期对商务谈判的有效进行。

1. 肢体语言在商务谈判中的运用

在商务谈判中,作为一个优秀的商务谈判者,除了具有丰富的有声语言技巧外,还应该具有丰富的行为语言技巧,所以,在商务谈判中,肢体语言有着有声语言所无法替代的作用。

(1) 目光语。"眼睛是心灵的窗户"道出了眼睛具有反映内心世界的功能,通过眼视的方向、方位不同,产生不同的眼神,传达和表达不同的信息。在谈判过程中,谈判组员之间可能会相互使眼色,这样,谈判者就必须注意眼睛对信息传递的观察和利用。因此,有一些企业家在谈判中之所以喜欢戴上有色眼镜,就是因为担心对方察觉到自己瞳孔的变化。

(2) 微笑语。面部表情之一就是你的笑容。愿不愿、会不会恰到好处地笑,实际上能反映社交和谈判的能力如何。微笑应发自内心,自然坦诚。在谈判桌上,微微一笑,谈判双方都从发自内心的微笑中获得这样的信息:"我是你的朋友""你是值得我微笑的人"。微笑虽然无声,但它道出了很多意思:高兴、欢悦、同意、赞许、尊敬。作为一名优秀的谈判者,请时时处处把笑意带在脸上。

(3) 手势。手势是人们在交谈中用得最多的一种肢体语言,主要通过手部动作来表达特定含义。手势的运用要自然大方,与谈话的内容,说话的语速、音调、音量及要表达的情绪密切配合,不能出现脱节的滑稽情况。例如:两手手指并拢架成耸立的塔形并置胸前,这种动作多见于西方人,特别是会议主持人和领导者多用于这个动作表示独断或高傲,以起到震慑与会者或下属的作用。

2. 商务谈判中倾听、提问、应答技巧的运用

商务谈判中听、问、答贯穿始终,并对谈判中赢得主动,获得满意的谈判效果至关重要。因此要取得谈判的成功,必须掌握以下几方面的技巧。

(1) 倾听技巧。首先,一个成功的谈判人员,要把50%以上的时间用来倾听;其次,倾听要全情投入,付出真诚和专注,做到恭听。这样会使对方感到自己的主体地位,有利于交易的达成。在听的过程中充分表达出对对方发言的尊重、关注和兴趣,积极作出回应。切忌漫不经心,显出不耐烦的样子。在对方讲话中,不要中途打断对方,这会让对方体会到你不尊重他。最后,要做到"善听",综合运用全部感官,追求倾听中获取信息的全方位最大化,努力挖掘言语背后的隐含意思、对方的心理状态等。做到由点到面、由表及里、由言及色。

(2) 提问技巧。向对方提问是商务谈判中最基本的相互沟通的方法。巧妙的提问可以在获得对方有效信息的同时,促进双方沟通,还能给对方的思考和回答规定方向,达到知己知彼、有的放矢、掌握主动的作用。因此,谈判者要灵活、艺术地运用提问技巧。具体需注意如下五个方面:

① 灵活运用提问类型。提问分为开放式、封闭式、婉转式、探索式、强迫选择式等。为达到提问的目的,需灵活运用各项提问方式。例如:"贵公司对本公司的产品价格有什么看法?"这是一种开发式提问,可以启发对方的思考,能够使对方畅所欲言。"您同意这项条款吗?"这是一个封闭式问题,有利于更有力推动谈判进程,但容易引起对方的不愉快,需适时使用。

② 注意把握提问的时机。提问的时机很重要。过早的提问会让人摸不着头脑,或感到为难。有时过早或过晚的提问也会打断对方的思路,而且显得不礼貌。"何时问",一般可以掌握四个时间段:对方发言完毕后;发言停顿、间歇时;自己发言正题前后;规定议程时间内。

③ 有备而问。有可能的话,尽量事先准备好一些容易涉及的问题。最好是一些对方不易迅速反应和回答的。这样可以让自己在适当的时机赢得主动,扭转局面。

④ 注意提问的语气和速度。提问语气不要含有敌意,否则将有损双方的关系。提问时说话速度不要过快,否则容易让对方感觉是在审问,引起对方反感。如果太慢也容易造成气氛沉闷,影响提问力量。

⑤ 应答技巧。有问必答,来而不往非礼也。应答的要诀是基于谈判的需要,准确地把握该答什么,不该答什么及怎样答。要思维敏捷,抓住表面上的关联,不留痕迹地闪避实质问题。

(七) 商务谈判僵局处理的技巧

在商务谈判过程中,经常会因各种各样的原因,使谈判双方僵持不下、互不相让。诸如相互猜疑、意见分歧、激烈争论等现象,在争取利益的较量中比较常见,但是,对这些现象如果处理不当,谈判双方无法缩短彼此的距离,形成僵局,就会直接影响谈判工作的进展。一般来说,谈判僵局有以下应对策略:

1. 间接应对潜在僵局的技巧

所谓间接处理技巧,就是谈判人员借助有关事项和理由委婉地否定对方的意见。具体的办法有以下几种:

(1) 先肯定,后否定。在回答对方提出的意见时,先对意见或其中一部分略加承认,然后引入有关信息和理由给予否定。

(2) 先利用,后转化。它是指谈判一方直接或间接利用对方的意见说服对方。

(3) 先提问,后否定。这种方法是谈判者不直接回答问题,而是提出问题,使对方来回答自己提出的反对意见,从而达到否定原来意见的目的。

这种方法的优点是可以避免与对方发生争执,是一种比较好的方法。需要指出的是,在使用这种方法时,首先,必须了解对方提出反对意见的真正原因和生产经营情况,然后层层深入地进行提问,才能取得预期的效果。其次,提问时不要以审讯、质问式的谈话方式进行,要采用委婉的方式提问。如果不注意以上两点,就会激怒对方,使此法失去作用。

(4) 先重复,后削弱。这种做法是谈判人员先用比较婉转的语气,把对方的反对意见复述一遍,再回答。复述的原意不能变,文字或顺序可颠倒。

(5) 条件对等法。直截了当地拒绝对方必然会恶化双方的关系。不妨在拒绝之前,先要求对方满足你的条件,如对方能满足,则你也可以满足对方的要求;如对方不能满足,那你也无法满足对方的要求。这就是条件对等法。

以上方法对解决潜在僵局是行之有效的,但是,由于它们本身具有的局限性,在使用时,要结合实际谈判过程的具体情况,权衡利弊,视需要而定,尤其是注意研究分析对方心理活动、接受能力等,切忌不分对象、场合、时间而千篇一律地使用。

2. 直接应对潜在僵局的技巧

这是直接答复对方反对意见的一种处理技巧,一般可采用的方法有如下几种:

(1) 列举事实法。事实和有关的依据、资料、文献等具有客观标准,因而在谈判过程中大量引进事实和数据资料文件,能使对方改变初衷或削弱反对意见。在我国,各级职能部门颁布的文件具有一定的权威性,很少有人对它产生怀疑。因此,这也是一种力量。面对潜在的僵局,谈判人员不妨利用它展开有力的攻击。但切忌引入复杂的数据和冗长的文件,否则便会作茧自缚。

(2) 以理服人法。即用理由充分的语言和严密的逻辑推理影响或说服对方。但是,在运用时也要考虑对方的感情和"面子"问题。

(3) 以情动人法。人人都有恻隐之心。当谈判出现僵局时,一方可在不失国格、人格的前提下,稍施伎俩,如说可怜话,从而博取对方的同情心,感动对方促成协议达成。

(4) 归纳概括法。这种方法是谈判人员将对方提出的各种反对意见概括为一种,或者把几条反对意见放在同一时刻讨论,有针对性地加以解释和说明,从而起到削弱对方观点与意见的效果。

(5) 反问劝导法。谈判中,常常会出现莫名其妙的压抑气氛,这就是陷入僵局的苗头。这时谈判人员适当运用反问法,以对方的意见来反问对方,可以防止陷入僵局,而且能够有效地劝说对方。

(6) 以静制动法。在对方要价很高而又态度坚决的情况下,请其等待我方的答复,或者以各种借口来拖延会谈时间。拖延了一段时间后,对方可能耐心大减,而我方乘机与对方讨价还价,达到谈判目的。

(7) 幽默法。谈判中本来轻松、和谐的气氛可能因双方在实质性问题上的争执而突然变得紧张,甚至剑拔弩张,一步就跨到谈判破裂的边缘。在这种情况下,诙谐幽默无疑是最好的调节剂。运用幽默的语言,委婉地对对方进行批评,可以避免谈判气氛的激化。运用幽默的语言可以把说话者的本意隐含起来,话中有话,意在言外。

(8) 站在对方立场上说服对方。在谈判中,站在对方的立场上讲清道理,使对方确实感到他原来所坚持的意见必须改变才行,从而扭转谈判的僵局。

（9）适当馈赠。在谈判中，当对方就某一问题与我方争执不下时，我方可避开其锋芒，从侧面了解对方的个人喜好，投其所好地馈赠小礼品，让对方从细微处体会我方对此次谈判工作的真心实意，从而在双方之间营造出一个良好的气氛。

（10）场外沟通。正规的谈判场所，容易给谈判者心理上带来压力。所以，当谈判双方在场内因某些问题剑弩相对而不得解时，可尝试着换个轻松的环境，在场外的玩乐中消除彼此间的隔阂，增进友谊，就僵持的问题重新交换意见，以促成谈判成功。

3. 打破现实僵局的技巧

对潜在僵局采取以上技巧处理无效时，潜在僵局就发展成现实僵局。这时应该面对现实，采取有效的办法打破僵局，使谈判继续下去。

（1）荣辱与共。在谈判出现僵局的时候，从共同利益着眼强调双方的共损共荣是一条行之有效的技巧和策略。

（2）推迟答复。在谈判中，有时碰到一些问题，当双方僵持不下时，可以把它暂时搁置起来先讨论别的问题，等条件成熟后再回头解决这个问题。以下情况应用这一技巧是合适的：

① 如果你不能马上给对方一个比较满意的答复，应先放置一边。
② 反驳对方的反对意见缺乏足够的例证时，应暂时搁下。
③ 立即回答会使己方陷入矛盾之中，最好不要马上回答。
④ 对方的反对意见会随着谈判的深入而逐渐减少或削弱，己方可以不要立即回答。
⑤ 对方提出的反对意见离题甚远，己方可以不迅速回答。
⑥ 对于谈判人员由于心情不佳而提出的一些借口或反对意见，最好不予答复。

（3）推心置腹。面对谈判双方"你死我活"的争论，人们一般认为只有法庭才能解决。其实有些僵局不必麻烦第三者，双方只要推心置腹地交换一下意见，就可化解一场冲突。

（4）休息缓冲。当谈判双方精疲力竭，对某一问题的谈判毫无进展时，可建议暂时休息，以便缓和一下气氛，同时双方可借此机会养精蓄锐，准备以良好的心情继续谈判。

一般来讲，休息是一个有很大潜在影响的策略和技巧，适当地运用这一技巧，可以帮助谈判者渡过难关，达到共同获利的目的。

（5）权威影响。当谈判遇到僵局时，可请出地位较高的领导者出席，表明对处理僵局问题的关心和重视；或是运用明星效应，向对方介绍社会知名人士使用本产品后有利于己方的言论。对方就有可能"不看僧面看佛面"，放弃原先较高的要求。

（6）改变谈判环境。正规的谈判场所，容易给人带来一种严肃的气氛。当谈判双方话不投机时，这样的环境就更容易使人产生一种压抑、沉闷的感觉。遇到这种情形，作为东道主，可以首先提出把争论问题放一放，组织双方人员搞一些轻松的活动，如游览观光、出席宴会、运动娱乐等。在轻松愉快的环境中，双方可以不拘形式地对某些僵持的问题继续交换意见，寓严肃的讨论和谈判于轻松活泼的气氛之中。作为谈判的另一方可邀请对方到自己家去玩，以便达到更换谈判地点的目的。

（7）变换谈判成员。在现代生活中，人们更加重视自己的面子和尊严。所以，谈判一旦出现僵局,谁都不肯先缓和或做些让步。及时变换谈判组成员是一个很体面的缓和式让步技巧。需要指出的是,变换谈判组成员必须是在迫不得已的条件下使用,其次是要取得对方的同意。

(8) 注意疏导。当谈判双方出现意见对立的僵局以后,双方除了要注意冷静地聆听对方对自己观点的阐述,还要变换自己谈话的角度,善于从对方的角度解释我方的观点,或寻找双方共同的感受,鼓励对方以利己的动机,从共同的信念、经验、感受和已取得的合作成果出发,积极、乐观地看待暂时的分歧。

(9) 改变交易形式或营销组合。改变交易形式是指将大家不愿意接受的交易形式改为能接受的方式。例如,把竞争的形式改为协作的形式;或者扩大谈判人员范围,可把双方的领导、工程技术人员和管理人员吸收进来,共同想办法解决问题。

改变营销组合策略是指改变谈判双方对产品、价格、渠道、促销四个方面的组合内容。

(10) 巧妙让步。借鉴古今中外的谈判经验,当谈判陷入僵局时,一般最好是耐心等待对方主动提出,如果双方都不主动提出,可以用一种保全面子的方式向对方示意,若还不行又不愿放弃,那就只好让步了。其实,明智的让步是一种非常有力的谈判工具,应学会运用。有关让步的一些原则与技巧,我们在前面章节的有关部分已做了比较详细的阐述,这里就不再做过多的说明了。

(11) 专门研究。当谈判陷入困境,最有效的策略之一是成立特别研究小组。比如,当交换问题陷入僵局,就需要由供货方的生产管理人员与购货方的成员组成一个特别研究小组,为了双方的共同利益,讨论具体的交货问题。

成立特别研究小组的最大好处在于,可以把妨碍会谈横向铺开的因素单独抽出来。通过研究小组,把那些与问题有关的人员组织起来,进行专门的研究。优秀的洽谈小组领导人经常采用这个策略。这样做,也给研究小组成员一个压力:他们必须全权代表整个谈判班子解决这个问题,使之能有效地消除在此之前双方在某一议题产生的不愉快。与此同时,谈判双方的其他成员可以将注意力集中在别的议题上,或者考虑其他需要处理的问题。

(12) 中止谈判。在谈判一时无法进行下去时,可考虑暂时中止谈判。在双方决定退席之前,可向对方再重申一下己方所提的方案,使对方在冷静下来后有充分的时间去考虑。此外,还要明确下次再谈的时间、地点等。

(13) 转移话题。在谈判中,当对方固执己见,并且双方观点相差甚大,特别是对方连续提出反对意见、态度十分强硬等不良情况出现时,常常需要采用转移话题技巧,即为转移对方对某一问题的注意力或控制对方的某种不良情绪,而有意将谈话的议题转向其他方面的方法。

谈判中,最忌将话题钻入牛角,以致进退维谷、不能自拔。出现这种情况多半因对方受偏见影响所致。遇到这种谈判对手,谈判者应当机立断,转移话题,改变对方先入为主的偏见,使其解除心理自卫反应,促进谈判的成功。

转移话题时,只有选用对方感兴趣的话题,才能使风向转变。例如,在工业界用户中,与客户休戚相关的因素有质量差异、价格、售后服务等,应该根据客户的不同情况,选择不同的话题,转移谈判的进程。在谈判中,如果对方反对意见强烈,并不愿继续谈下去时,谈判人员此时最明智的做法就是装聋作哑,不去直接反驳对方,努力使谈判继续下去,用别的话题淡化对方的心理自卫反应。

（14）变换议题。在谈判过程中,由于某个议题引起争执,一时又无法解决,这时谈判各方为了寻求和解,不妨变换一下议题,把僵持不下的议题暂且搁置一旁,等其他议题解决之后,再在友好的气氛中重新讨论僵持的议题。

（15）寻求第三方案。谈判各方在坚持自己的谈判方案互不相让时,谈判就会陷入僵局。这时破解僵局的最好办法是,各自都放弃自己的谈判方案,共同寻求一种可以兼顾各方利益的第三方案。

（16）多方案选择。当对方坚持条件而使谈判陷入僵局时,已方可以将是否接受对方的条件改为让对方选择自己的条件来打破僵局。可以提出多种方案。

（17）利益协调。双方在同一问题上发生尖锐对立,并且各自的理由充分,双方均不能说服对方,从而使谈判陷入僵局时,可采用利益协调技巧,即让双方都能够从短期利益与长期利益的结合上看问题。使双方共同意识到,如果只追求眼前利益,可能会失去长期利益,这对双方都是不利的。只有双方都诚意合作和作出让步,才能保证双方的利益都得到实现。

（18）以硬碰硬。当对方通过制造僵局,给已方施加压力,妥协退让已无法满足对方的欲望时,应采用以硬碰硬的技巧向对方反击,让对方放弃过高的要求;可以揭露对方制造僵局的用心,让对方自己放弃所要求的条件;必要时可以离开谈判桌,以显示自己的谈判立场。如果对方真想与你谈成这笔交易,他们还会来找你。这时,他们的要求就会降低,谈判的主动权就掌握在你手里了。

（19）回顾成果。当谈判双方就某一问题发生冲突时,谈判双方都应冷静下来,回想以往的合作历史,多强调双方之间的共同点,这样就会削弱自己的对立情绪,化干戈为玉帛。

（20）问题上交。当谈判陷于僵局后,采用上述方法又不能奏效时,谈判双方可将问题提交各自的委派者或上级主管部门,由其提供解决方案,或亲自出面扭转僵局。如卖方只给集成度为3万个晶体管的集成电路技术,而买方要求可做8万个晶体管的集成电路技术,双方相持不下,谈判无法继续进行。此时双方均请示上级,并由政府的高级领导出面谈。在他们之间讨论并决定问题后,双方谈判人员再继续谈。

（21）调解。当谈判出现严重对峙,其他方法均不奏效时,可运用调解技巧。它们都是借助第三者的工作解决僵局问题的手段。如某技术转让项目的谈判中,卖方主谈采取强硬态度,玩边缘政策,买方拂袖而去,使谈判中断。该公司所在国驻买方所在国使馆商务参赞可出面拜会买方主谈的上级,使谈判得以恢复,这里外交官就成了中间周旋人。

要点提示

1. 成功的商务谈判不仅依赖恰当的话语，更需要深入了解对方需求，灵活调整策略，并始终抱持诚实、公正和互利的态度。
2. 商务谈判的核心是清晰沟通、理解和尊重对方的利益，并在此基础上寻求共享价值的最大化。
3. 商务谈判中保持专业、礼貌和积极的态度，是取得良好谈判结果的关键。
4. 在复杂多变的商业环境中，传统的交易模式和合同条款可能不再适用，谈判者需探索新型的合作方式和商业模式，比如利润分享、风险共担等灵活机制。
5. 由于全球经济形势变化无常，谈判者需要具备更强的风险意识，尤其在面临供应链波动、贸易政策变动等不确定因素时，要提前识别潜在风险并制订相应的应急预案。

思考练习

1. 开局阶段的谈判技巧有哪些？
2. 信息情报搜集的方法和途径有哪些？
3. 怎样拟定商务谈判计划及方案？
4. 常见报价技巧有哪些？
5. 阻止对方进攻的谈判策略有哪些？
6. 在商务谈判中如何运用肢体语言？
7. 商务谈判中倾听、提问、应答的技巧有哪些？
8. 直接应对潜在僵局的技巧有哪些？
9. 打破现实僵局的技巧有哪些？
10. 在招商和经济合同中比较容易出现的错误有哪些？
11. 商务谈判中，如何运用大数据和人工智能进行市场分析、竞争对手评估、客户需求预测？如何合理利用数据分析来支持自己的主张并制定更有竞争力的谈判策略？
12. 跨国谈判中，如何有效处理文化差异？如何遵守国际规则？如何确保各方利益平衡？

七、盈利模式与案例分析

任务导航：盈利模式是企业航船的舵，决定了航行的方向与速度，它将商业模式、市场策略和创新思维融为一体，指引企业穿越经济海洋，驶向利润彼岸。

学习重点：盈利模式定义与概念，盈利模式分析框架，盈利模式的案例研究等。

建议学时:4学时。

(一) 盈利模式

盈利模式(profit model)是管理学的重要研究对象之一。盈利模式指按照利益相关者划分的企业的收入结构、成本结构以及相应的目标利润。

盈利模式是对企业经营要素进行价值识别和管理,在经营要素中找到盈利机会,即探求企业利润来源、过程以及方式的系统方法。它是企业通过自身以及相关利益者资源的整合形成的一种实现价值创造、价值获取、利益分配的组织机制及商业架构。

盈利模式分为自发的盈利模式和自觉的盈利模式两种,前者的盈利模式是自发形成的,企业对如何盈利,未来能否盈利缺乏清醒的认识,企业虽然盈利,但盈利模式不明确不清晰,其盈利模式具有隐蔽性、模糊性、缺乏灵活性的特点;后者,也就是自觉的盈利模式,是企业通过对盈利实践的总结,对盈利模式加以自觉调整和设计而成的,它具有清晰性、针对性、相对稳定性、环境适应性和灵活性的特征。

在市场竞争的初期和企业成长的不成熟阶段,企业的盈利模式大多是自发的,随着市场竞争的加剧和企业的不断成熟,企业开始重视对市场竞争和自身盈利模式的研究,即使如此,也并不是所有企业都有找到盈利模式的幸运。

盈利分析主要通过分析盈利模式,对现有的盈利方式进行改进。

(二) 案例分析

中马孵化器(中马技术转移中心)承接的服务

1. 中科资源

与中国科学院院所合作,针对诸多细分行业(如:传感器、机器人、无人机、虚拟现实等),提供该领域个性化全球市场、金融、技术的前瞻性分析和解读,是目前北京市辖技术转移/孵化平台中唯一可提供此类服务的平台。也为广大创新创业机构提供京籍中国科学院院所资源对接,如公益平台、科技成果以及实验室合作等服务。

2. 投融资孵化服务

与百余家投资机构建立起密切的合作伙伴关系,为产业化技术项目提供最大程度的资本、市场、技术等资源对接,为地方政府科技成果落地提供从规划到落地的一揽子服务。

3. 科技支撑、知识产权及相关认证服务

(1) 知识产权布局。

(2) 标准布局。

(3) 商标、软件著作权、版权、专利等基础知识产权服务。

(4) 高新技术企业认证(全国)。

(5) 新产品新技术认定。

4. 企业管理及科技支撑

（1）顶层设计。

（2）商业模式设计。

（3）股权激励设计。

（4）互联网营销设计。

（5）互联网营销和运营系统工具。

尤其擅长整合商业模式设计和互联网营销运营，通过系统化的商业逻辑梳理、构建，辅之以移动互联网营销工具的系统支撑，给中小微企业提供最落地的孵化服务。

阅读以上材料思考：

1. 中马孵化器怎么盈利？

2. 中马孵化器未来怎么发展？

要点提示

1. 盈利模式是企业获取收入并实现利润的方式，它描述了企业如何创造价值、传递价值以及从中捕获价值的核心逻辑。

2. 盈利模式中最重要的因素是关键合作伙伴、客户关系管理、渠道通路和核心资源等。

3. 运用数字思维，计算毛利率、净利润率等指标，可以评估盈利模式的实际效果。

4. 盈利模式有直接销售、中介费模式、授权模式、订阅模式、广告模式等。

思考练习

1. 如何根据企业战略、产品特点及市场需求来设计新的盈利模式？

2. 如何运用盈利模式的结构化方法来识别和分析收入来源（收入流）、成本结构以及价值主张？

3. 如何从成功企业的盈利模式中去了解其背后的商业逻辑、实施策略及其适应的市场环境？

第五章　实务技能模块三

一、专利撰写

任务导航：撰写专利如同绘制一幅科学地图,细致描绘每一处创新亮点,精准界定边界,确保发明的价值在法律框架下得到公正体现和充分保护。

学习重点：专利撰写文件的特点与要求,技术发明点的甄别与提炼,技术发明的特点与表述方式,说明书的撰写,权利要求书的撰写,专利布局与专利保护,常见的主要问题等。

建议学时：3学时。

专利申请文件撰写的好坏会直接影响到专利审批的过程,也同样会影响授权后的专利稳定性。

（一）专利撰写文件的特点与要求

讲到专利撰写文件的特点及要求,就需要弄清专利申请文件的组成及其作用,对专利申请文件(请求书、权利要求书、说明书、说明书附图、说明书摘要、摘要附图、其他文件)进行研究,把握专利撰写的要求。

1. 请求书、说明书附图、说明书摘要、摘要附图的特点

（1）请求书的基本要求是按专利局提供的格式填写,作用是记载与申请相关的著录项目信息。

（2）说明书附图的基本要求是应当包含要保护产品的形状、构造及其组合,发明有附图的需提交说明书附图。

（3）说明书摘要的基本要求是能够概述说明书技术内容。

（4）摘要附图是说明书附图中选出的一张图,两者都只是技术情报,不具有法律效力。

2. 权利要求书和说明书特点对比

权利要求书与说明书关系紧密,依照《专利法》第五十九条规定,发明或者实用新型专利权的保护范围以其权利要求的内容为准,说明书及附图可以用于解释权利要求的内容。

在实务撰写中,说明书是对发明内容的详细介绍,权利要求是在说明书记载内容的基础上,用构成发明技术方案的技术特征来定义专利权的保护范围,表5.1将进行对比。

表5.1 权利要求书与说明书的特点对比

	组		成	基本要求	作　　用
权利要求书	按撰写形式划分	独立权利要求	前序部分	应当记载发明/实用新型的技术特征 以说明书为依据 清楚 简要	(1) 以说明书为依据,保护要求专利保护的范围; (2) 作为解释专利保护范围的法律依据; (3) 原始权利要求书作为修改申请文件的依据
			特征部分		
	按性质划分	方法权利要求			
		产品权利要求			
说明书		名　　称		清楚 完整 以所属领域技术人员能够实现	(1) 充分公开申请的发明,使所属领域技术人员能够实施; (2) 作为审查程序中修改的依据和侵权诉讼时解释权利要求的辅助手段; (3) 作为可检索的信息源,提供技术信息
	正文	技术领域			
		背景技术			
		发明内容	要解决的技术问题		
			技术方案		
			有益效果		
		附图说明			
		具体实施方式			

(二) 技术发明点的甄别与提炼

技术发明点的甄别与提炼是专利撰写的前提,当收到发明人提供的技术方案(专利申请)后,如何从中甄别和提炼技术发明点,需通过专利申请前新颖性预判、专利申请前创造性预判、基于专利文献的专利挖掘三种方法来判断。

1. 专利申请前新颖性预判

专利申请前新颖性预判,是指通过将拟申请专利的技术方案与现有技术进行对比,判断其是否具备新颖性要求。

(1) 新颖性:依照《专利法》第二十二条第二款规定,新颖性,是指该发明或者实用新型不属于现有技术;也没有任何单位或者个人就同样的发明或者实用新型向国务院专利行政部门提出过申请,并且记载在申请日以后公布的专利申请文件中或者公告的专利文件中。

(2) 申请日和现有技术:申请日指的是国务院专利行政部门收到专利申请文件之日,如果申请文件是邮寄的,以寄出的邮戳日为申请日。现有技术指的是申请日以前在国内外为公众所知的技术。

(3) 新颖性判断的基本原则:新颖性判断遵循单独对比原则,也就是判断技术方案是否具有新颖性,只能通过一个对比文件进行对比。

(4) 新颖性判断的具体方法有以下几种:

① 对比技术特征。先将拟申请专利的技术方案拆分为技术特征,然后与检索到的

现有技术进行比对,筛选出已公开的技术特征和未公开的技术特征。

② 判断拟申请专利的技术方案与对比文件的技术方案是否实质上相同。实质上相同是指所属领域技术人员根据两者的技术方案可以确定两者能够适用于相同的技术领域,解决相同的技术问题,并且具有相同的预期效果。

③ 根据结果选择开展下一程序。如果在单独对比原则下,拟申请专利的技术方案与现有技术实质相同则不具有新颖性,应当考虑调整技术方案(调整完成后再回到本环节),如果不相同则可进入创造性判断阶段。

2. 专利申请前创造性预判

专利申请前创造性预判,是指拟申请专利的技术方案通过新颖性环节预判后,将其技术特征进一步与现有技术进行对比,判断其是否具备创造性要求。

(1) 创造性:创造性是指与现有技术相比,该发明具有突出的实质性特点和显著的进步,该实用新型有实质性特点和进步。

突出实质性特点,是指现有技术不能通过合乎逻辑的分析、推理或者有限次的实验得出发明;显著的进步,是指相比现有技术,具有更好的技术效果、提供不同的构思、代表新的技术发展趋势、某些方面有负面效果但其他方面有积极效果。

(2) 创造性判断的基本原则:创造性判断的基本原则是整体,通过多个现有技术的结合判断发明创造是否具有创造性。

(3) 创造性判断的具体方法有以下几种:

① 确定最接近的现有技术。要检索出现有技术中与要求保护的发明最密切相关的一个技术方案,此技术方案是后续对比的基础。最接近现有技术,主要是指技术领域相同、所要解决的技术问题相同、技术效果相近、公开技术特征最多四个方面。四个方面不要求全部具备,应当优先考虑技术领域相近。

② 确定与现有技术相比较,发明的区别技术特征和区别技术特征实际解决的技术问题,这一步骤通过对比归纳就可以完成。

③ 判断要求保护的发明对本领域技术人员来说是否显而易见。判断现有技术是否给出将上一步骤中区别技术特征应用到最接近现有技术,以解决其存在技术问题的启示。

(4) 发明的常见类型:白炽灯的出现,就是一种开拓性发明;蒸汽机,则是将已知蒸汽动力原理和机械组合起来的组合发明;青蒿素治疗疟疾,属于产生了预料不到的技术效果的选择发明类型;此外还包括专用发明、已知产品新用途发明、要素变更发明等。

3. 基于专利文献的专利挖掘

当发明人提供的技术方案不具备新颖性、创造性,如果需要完成专利申请,就需要发明人修改技术方案,专利撰写人可以通过基于专利文献的专利挖掘为发明人提供技术思路。

(1) 专利挖掘:一般是指在技术研发或产品开发中,对所取得的技术成果从技术和法律层面进行剖析、整理、拆分和筛选,从而确定用以申请专利的技术创新点和技术方案。简言之,专利挖掘就是从创新成果中提炼出具有专利申请和保护价值的技术创新点和方案。

(2) 基于专利文献进行挖掘可以更准确把握现有技术的研发趋势。专利文献中公开的技术信息涵盖了绝大多数的技术领域。WIPO的统计表明,世界上每年创造成果的90%~95%可以在专利文献中查到,而且有80%左右的发明成果仅通过专利文献公开。

(3) 基于专利文献的专利挖掘思路有以下步骤:

① 基于发明人提供的技术方案,确定技术领域及技术路线细分,确定要解决的技术问题。

② 检索该领域解决该技术问题的专利文献,在此过程中要分析各专利文献的创新点和关联性。

③ 对上述步骤形成的创新点进行梳理,例如按时间梳理可以得出技术方案的发展趋势,再通过对比发明人提供的技术方案,调整技术方案(或形成新的技术方案)。在挖掘过程中,要重点关注各创新点的关联性,在发明人提供的技术方案基础上分析关联因素可以得到新的技术思路。

(三) 权利要求书的撰写

权利要求是在说明书记载的内容的基础上,用构成发明技术方案的技术特征来定义专利权的保护范围。在权利要求书、说明书和摘要中,权利要求书是撰写的重点,因为判断新颖性和创造性是以权利要求所限定的技术方案为准,而不是以说明书记载的内容为准。

权利要求按性质可分为产品权利要求和方法权利要求;按撰写形式可分为独立权利要求和从属权利要求。

1. 权利要求书的实质性要求

权利要求书的实质性要求需要满足以下五点:

(1) 发明创造不属于法律不授予专利权的客体。

(2) 同样的发明创造只能授予一项专利。同样的发明创造只能授予一项专利。例外是,同样的发明创造同时申请实用新型和发明的,在授予发明专利之前,声明放弃还有效的实用新型专利权的,可以授予发明专利权。

(3) 独立权利要求要完整。独立的权利要求应当从整体上反映发明或者实用新型的技术方案,记载解决技术问题的必要技术特征。

(4) 符合专利"三性"要求。授予专利权的发明和实用新型,应当具备新颖性、创造性和实用性。

(5) 符合与说明书关联性要求。权利要求书应当以说明书为依据,清楚、简要地限定要求专利保护的范围。

2. 权利要求书的形式要求

权利要求书的形式要求需要满足以下五点:

（1）符合单一性要求。一件发明或者实用新型专利申请应当限于一项发明或者实用新型。属于一个总的发明构思的两项以上的发明或者实用新型,可以作为一件申请提出。

（2）符合权利要求书的结构样式。权利要求书应当有独立权利要求,也可以有从属权利要求。

（3）符合权利要求的撰写样式。权利要求的编号、术语、标记等几方面规定。

（4）符合独立权利要求撰写样式。独立权利要求撰写样式,在后文会提到如何撰写。

（5）符合从属权利要求撰写样式。从属权利要求包括引用部分和限定部分,从属权利要求只能引用在前的权利要求。引用两项以上权利要求的多项从属权利要求,只能以择一方式引用在前的权利要求,并不得作为另一项多项从属权利要求的基础。

3. 权利要求书撰写常用技巧

（1）撰写权利要求的主要步骤如下:

① 根据技术方案确定发明请求保护的技术主题和类型。

② 通过专利检索确定最接近对比文件。

③ 确定发明要解决的技术问题以及解决技术问题需包括的全部必要技术特征。

④ 比较发明全部必要技术特征与最接近对比文件,对独立权利要求进行划界。

⑤ 分析其他附加技术特征,撰写从属权利要求。

（2）独立权利要求一般采用两段式写法:前序部分+特征部分,在前序部分写明要求保护的发明的主题名称和发明主题与最接近现有技术共有的必要技术特征;在特征部分使用"其特征是……""其特征在于……"或者类似的用语,写明发明区别于最接近的现有技术的技术特征。

（3）两段式权利要求适用情况:开拓性发明、用途发明或化学物质发明;难分主次发明点在于组合的组合发明;方法或产品的改进发明就可能出现不适用两段式权利要求的情形。

（4）一个权利要求中可以有多个独立权利要求:存在两个以上独立权利要求的,可以使用并列独立权利要求进行撰写,在后的独立权利请求可以与第一独立权利请求同类型或者不同类型(比如第一独立权利请求是产品,第二独立权利请求是方法)。

（四）说明书的撰写

简单来说,说明书就是为获得专利权,申请人应当向国家知识产权局,继而向社会公众提供为理解和实施其发明创造所必需的技术信息。

1. 说明书的实质性要求

说明书的实质性要求是对说明书公开内容的要求,《专利法》规定,说明书应当对发明或实用新型作出清楚、完整的说明,以所属技术领域的技术人员能够实现为准;必要的时候,应当有附图、摘要,应当简要说明发明或者实用新型的技术要点。

相应的,从审查指南也可以反映出这一要求,审查指南第二部分第二章第一节规定,说明书对发明或者实用新型作出的清楚、完整的说明,应当达到所属技术领域的技术人员能够实现的程度。

总体来说,说明书应当满足充分公开发明或者实用新型的要求。

2. 说明书的形式要求

《专利法实施细则》明确了说明书的形式要求,第十七条明确了说明书的各部分及其内容,前文的专利申请章节已经做了介绍,此处不再赘述;第十八条明确了附图的要求。

3. 说明书的撰写要点和常见问题

(1) 说明书中的技术领域:一般依照国际分类表确定其直接所属技术领域,尽可能确定在其最低的分类位置上。不能依照国际分类表确定的,应当采用相近的表述方式描述。

(2) 说明书中的背景技术:说明书中背景技术部分,可以按照三部分来撰写,首先注明所对比背景技术的出处(比如给出对比文件或者说明公知情况);其次客观说明背景技术的技术原理;最后客观说明背景技术存在的问题和缺陷。

(3) 说明书中发明或实用新型内容的撰写:首先是解决技术问题部分,要直接指出要解决的技术问题,描述要直接、清楚、客观,不得包含技术方案的具体内容,不得使用广告宣传式用语;其次是技术方案部分,文字要清晰完整,以所述技术领域技术人员能够理解为准,并能够解决技术问题;最后是有益效果,要能够分析发明创造的技术方案,有理有据,最好能够与现有技术对比。

(4) 附图说明的撰写要求:需要按照机械制图国家标准对附图的图名、图示的内容作简要说明,附图多于一幅时,按顺序进行说明。

(5) 具体实施方式的撰写方法:至少具体描述一个具体实施方式,要求本领域技术人员根据具体实施方式不需要付出创造性劳动即可重现技术方案。已知技术特征可以不做赘述,主要针对权利要求中概括技术特征进行描述。

(6) 说明书附图常见的问题:实用新型的说明书中必须有附图,机械、电学、物理领域中涉及产品结构的发明说明书也必须有附图;多幅附图用阿拉伯数字编号;说明书中未提及的附图标记不得在附图中出现;附图大小及清晰度应该保证该图缩小到2/3时仍能清晰辨认;附图集中放在说明书文字部分之后。

(五) 专利布局与专利保护

专利布局与专利保护关系密切,对企业来说,做好专利布局才能够为后续专利运用提供专利保护,对国家来说,中国企业做好海外知识产权合理布局能够通过专利保护化解法律风险、维护国家核心利益。

1. 专利布局的基本原则

专利布局应当具备目的明确、灵活准确、科学持续三个原则。

(1) 目的明确。以企业为代表的专利权人,都是以自身实际情况,为解决自身实际问题而采取针对性策略,谋求具备实际运用价值的专利资源。所以企业对自身定位以后未来发展预判,决定了该采取何种战略。

当企业以自身特色或者产品技术领先时,通常会选择保护式专利布局,以此确保企业在产品和成果上的先进性,增加竞争对手的规避难度。以核心产品为保护主体,同时对部分技术手段替换的衍生产品进行保护就是一种保护式专利布局。

当企业在行业中具备一定创新成果与实力,但存在他人抢先布局的时候,可以选择对抗式布局,绕开对方技术封堵,在自己有优势的产业链节点开展技术创新。例如,不同手机企业针对芯片、操作系统、手机制作工艺的差异性就是对抗式布局的体现。

此外还有储备式布局,储备式布局就是针对未来市场提前储备技术优势,当未来该技术得到推广应用后可以迅速控制市场。移动通信技术标准的抢先研发就是储备式布局的体现。

(2) 灵活准确。与企业的商业战略一样,知识产权战略同样具有很强时效性,机遇往往稍纵即逝,比如当企业已经在对抗性竞争中取得技术优势时,仍采用对抗性布局而未及时调整为保护性布局,企业占据技术优势的时间可能会大幅缩短。

此外,企业以追求效益为目的,如果一味脱离企业经营现状而大量开展专利申请,将消耗企业大量的人力物力,得不偿失。

所以,企业专利布局应当首先进行前瞻,结合自身特点和未来预期配置专利工作预算、专利工作人员;其次在预算资源范围内快速开展既定专利布局;当企业在领域内获得或丧失技术优势时,迅速调整专利布局战略并迅速调配资金和人员。

(3) 科学持续。科学,是指企业专利布局应当符合科学发展的技术路线与趋势,不能盲目设立与能力不匹配或者远离科学发展趋势的技术目标。对于传统产业,需要正视已经形成的技术壁垒,寻求在衍生领域或未来趋势进行突破;新兴产业需要快速确定能够形成技术优势的技术路线开展研发。

持续,是指专利布局需要长期开展。一方面,专利的价值不仅在于自身个别价值,还在于专利形成整体的综合价值,在企业放弃有效专利时需要充分评估;另一方面,企业通过专利布局获得技术优势需要足够长的时间才能显现,伴随企业产品结构的丰富,专利同样也会逐渐形成体系。

2. 围绕技术标准进行专利布局

企业要通过专利获得最大限度的商业效益往往需要通过标准,如储备式专利,当企业研发出通信技术某一核心技术并使其成为通信标准中必然要用到的专利时,企业就获得了巨大效益。

(1) 标准必要专利:专利和标准的结合,称为标准必要专利,通常是指实施标准必须使用或很可能使用的专利。不同的国际标准化组织对标准必要专利的定义不同,以中国通信标准化协会为例,指的是实施标准所需的专利或专利申请,即专利或专利申请的保护范围覆盖了标准中规定的技术方案。

(2) 专利拆解:要将专利融入标准,首先需要将专利进行拆解,产品专利拆解按照产品部件特征和组合方式进行;拆解方法专利按步骤进行拆解即可。

(3)在标准中对应专利:在拆解完专利后,专利特征与标准特征应当相对应,在标准中,可以在文字描述中与专利特征完全一致或实质一致;也可以不完全对应,但可以从上下文推导得出。

作为特例,少数情况下可以对专利进行专利法许可的修改,通过修改后的权利要求来匹配标准。

(4)常见的标准布局:在传统行业中,通常使用补全标准,就是关注行业内少有关注、缺少标准的领域,同时在该领域合理进行专利布局;新兴产业中,通常根据行业趋势引领布局;此外还可以根据企业已有的专利技术进行拆解,构建相应的标准。

3. 海外布局

海外布局是指企业根据自身海外经营的策略,适时确立专利布局战略。首先需要对海外环境下自身竞争力进行定位,其次需要确定该市场的法律环境,最后结合上述情况确定专利获取途径。

(1)自身竞争力定位:企业进行海外布局时,自身竞争力定位需要考虑两个方面。一方面是所进入国家的市场中,自身技术所处状况,优势情况可以进行防御性甚至是垄断性布局,竞争情况则进行对抗性布局;另一方面是资金和人力资源定位,是否具备足够的专业人员和资金决定了是否有能力进行专利诉讼。

(2)注意法律环境:中欧美日韩等大多数市场以司法保护为主,有的市场还存在地方保护主义的法律制度,目前中欧美日韩仍存在法律保护制度的差异,所以在企业进行海外布局时一定要注意市场法律环境。

比如说,按照我国《专利法》规定,由原子核变换方法获得的物质不能作为专利申请的主题,但是在欧洲和俄罗斯是可以申请专利。如果要在欧洲或俄罗斯申请该类型专利,要考虑在中国首次申请包含该内容,以便获得优先权。

(3)海外专利布局的专利获取途径:海外专利布局中专利获取包括申请、收购、许可三种,其中申请是主要方式,专利申请可以通过巴黎公约和PCT申请两种途径;对于研发周期长、创新成本高的技术领域通过购买专利可以快速取得技术优势;也可以通过专利权人将其所拥有的专利许可实现。

要点提示

1. 专利写作的关键是要清楚、准确、完整地描述你的发明,同时强调其新颖性、创造性和实用性。

2. 对于人工智能、生物科技、纳米技术、区块链等前沿领域,准确描述创新点并界定保护范围成为一大难题。这些技术往往具有高度复杂性、抽象性和交叉性,使得专利权利要求的撰写更为困难。

3. 随着国际间知识产权交流日益频繁,各国在专利制度上寻求更多的一致性,例如PCT体系下的协调、国际专利分类(IPC)更新以及统一专利法院(UPC)等举措的影响,这也给专利撰写带来了新的要求和挑战。

4. 撰写专利时，请确保每个技术特征都被清晰明确地描述，并且充分强调了发明的新颖性和创造性。

5. 随着信息技术的发展，软件相关发明和商业方法的专利申请越来越多，但各国对于这类专利的法律标准有所不同。在符合法律规定下有效撰写此类专利申请文件，确保其新颖性、创造性和实用性，并能通过严格的审查，是一个值得关注的问题。

思考练习

1. 专利撰写文件的特点与要求是什么？
2. 如何提炼技术发明点？
3. 技术发明的特点与表述方式是什么？
4. 说明书的撰写要求是什么？
5. 权利要求书的撰写要注意哪些关键点？
6. 什么是专利保护与专利布局？
7. 什么是标准必要专利？
8. 什么是专利拆解？
9. 如何在标准中对应专利？
10. 海外专利布局的专利获取途径有哪些？
11. 根据不断变化的市场竞争态势和技术发展趋势，如何调整专利撰写策略使得所申请的专利既能有效防御竞争对手，又能保持自身业务发展的灵活性和竞争优势？
12. 如何提高专利的质量以增强其法律稳定性？如何避免因撰写不当导致专利权无效或难以执行的问题？
13. 撰写专利时，如何清晰划定权利边界？如何减少未来潜在的侵权纠纷？

二、商业计划书撰写

任务导航：撰写商业计划书就如同塑造企业灵魂的过程，清晰的战略定位、翔实的市场分析和稳健的财务规划，共同编织出通往成功的路径。

学习重点：商业计划书的含义，商业计划书的基本内容，商业计划书的前期准备，商业模式，商业风险与对策，融资方案与投资回报，管理团队，常见问题等。

建议学时：3学时。

（一）商业计划书的含义

商业计划书(business plan)，是公司、企业或项目单位为了达到招商融资和其他发展目标,在经过前期对项目科学的调研、分析、搜集与整理有关资料的基础上,根据一定的格式和内容的具体要求而编辑整理的一个向投资者全面展示公司和项目目前状况、未来发展潜力的书面材料。商业计划书是以书面的形式全面地描述企业所从事的业务。它详尽地介绍了一个公司的产品服务、生产工艺、市场和客户、营销策略、人力资源、组织架构、对基础设施和供给的需求、融资需求,以及资源和资金的利用。在投融资场景中,BP的本质就是一份"招股书"。

项目方的目标是吸引投资人来投资、销售公司股份。

投资人的目标是寻找与自己投资方向契合的投资标的;发现此前没有觉察到的投资机会。

(二) 商业计划书的基本内容

1. 一份商业计划书的注意事项

(1) 产品与服务介绍清晰准确。
(2) 商业模式清晰。
(3) 目标市场分析清楚。
(4) 本项目的目标市场定位有效。
(5) 团队组合具有能实现计划书所称之目标的能力与要素。
(6) 资金运用合理,现金流分析令投资人信服。
(7) 项目估值合乎行业规矩,融资出价公允,要为投资人安排合理的退出渠道。
(8) 项目风险分析详细,风险规避措施合理有效。
(9) 文字处理精要准确,错误的地方要少,包装简洁大方,体现职业精神。

2. 创业阶段的商业计划书的现实要求

(1) 投资亮点:指项目的最大特色,也有BP中缺少这一部分,对创始团队来说投资亮点主要是行业机会,因此展示投资亮点主要看两点,第一是否符合逻辑,第二是否与自己的行业理解契合。

(2) 团队情况:风险投资中最为看重团队,不同投资机构对于优质团队有不同的判断标准。在BP中展示团队的时候,要注意体现团队成员的履历的真实度,团队成员的履历是否能说明其与项目的契合度,团队成员的分工是否合理。

(3) 项目概况:项目开始的时间,发展的阶段,基本的运营成果等。

(4) 市场情况:市场共计与需求、销售业绩、销售增长水平、产品或服务差异化特点。

(5) 行业痛点与趋势:创始人应依据对行业的理解,分析判断发展趋势和解决的痛点。

(6) 商业模式:商业模式的各个组成部分是相互联系的,应交叉关联去展示。

(7) 竞争格局与主要对手团队:应对竞争格局有充分研究。不存在竞争对手的项目几乎是不存在的。对于竞争的分析要多维度细分。

(8) 经营现状:展示粗略且必要的经营数据,包含规模、覆盖区域、团队成本等。

(9) 发展规划：建议有一个3年的大规划和1年的细致规划，要符合实际、可实现。

(10) 融资计划：融资金额、资金用途、预计带来什么样的里程碑业绩，释放多少股份。

（三）商业计划书的前期准备

撰写商业计划书是典型的"台上十分钟，台下十年功"。

创始团队在撰写BP之前，应该针对行业痛点、国内外主要竞争对手做充分的实地调研，了解相关的政策、法规，梳理清楚自己的商业模式。深入地想明白，这个行业到底有什么问题？机会在哪里？你自己及你的团队为什么在其中有一席之地？你具体打算怎么做？怎么解决这些实际存在的问题？

要实事求是、实地考证、反复论证，不要依据自己的想象撰写商业计划书，很多BP中列出的问题和要解决的需求，后期一验证都是伪需求，这就非常不专业。

（四）商业模式

企业在同一个细分行业中，商业模式的差异基本来自价值链的各个环节：研发生产、销售营销、用户定位、产品交付上的差异。商业模式不同意味着企业未来的发展空间差异，采用的竞争策略差异，收入规模差异，利润水平差异。以医药行业为例，在医药行业，因为每款新药需要较长的研发周期和大量的资金投入，有很高的进入壁垒。所以，最常见的分类就是原研药企业和仿制药企业，也形成了很多不同的商业模式。具体选择什么样的商业模式，需要创始团队自己在真实的商业环境中摸索调整。

1. 商业模式内涵

企业与企业之间、企业的部门之间乃至与顾客之间、与渠道之间都存在各种各样的交易关系和联结方式，称为商业模式。

任何一个商业模式都是一个由客户价值、企业资源和能力、盈利方式构成的三维立体模式。

"客户价值主张"，指在一个既定价格上企业向其客户或消费者提供服务或产品时所需要完成的任务。

"资源和生产过程"，即支持客户价值主张和盈利模式的具体经营模式。

"盈利公式"，即企业用以为股东实现经济价值的过程。

2. 商业模式特征

长期从事商业模式研究和咨询的公司认为，成功的商业模式具有三个特征：

第一，独特价值。这个独特的价值可能是新的思想，也可能是产品和服务独特性的组合。这种组合要么可以向客户提供额外的价值，要么使得客户能用更低的价格获得同样的利益，或者用同样的价格获得更多的利益。

第二，难以模仿。企业通过确立自己的与众不同，如对客户的悉心照顾、无与伦比的实施能力等，来提高行业的进入门槛，从而保证利润来源不受侵犯。比如，人人都知道戴尔公司是直销的标杆,但很难复制戴尔的模式,原因在于其背后,是一整套完整的、极难复制的资源和生产流程。

第三,脚踏实地。企业要做到量入为出、收支平衡。这个看似不言而喻的道理,要想年复一年、日复一日地做到,却并不容易。现实当中的很多企业,不管是传统企业还是新型企业,对于自己的钱从何处赚来,为什么客户看中自己企业的产品和服务,乃至有多少客户实际上不能为企业带来利润、反而在侵蚀企业的收入等关键问题,都不甚了解。

(五) 商业风险与对策

1. 商业风险

商业风险是指在商业活动中,由于各种不确定因素引起的,给商业主体带来获利或损失的机会或可能性的一切客观经济现象。

商业风险是指由于交易双方中的某一方,或与之关联的某一方的原因导致的风险:比如款式过时,价格过高,质量投诉,商业机密泄露都属于商业风险。

现实中的商业风险无处不在,比如市场价格的波动、物价的波动、消费者价值观的变化等,都能导致市场经济条件下的商业风险。

在合同履行过程中,引起商业风险的原因可能与事情变更的原因相同。事情变更属于作为合同成立的基础发生了异常变动所造成的风险,属于意外的风险;而商业风险属于从事商业活动特有的风险,作为合同基础的客观情况的变化未达到异常的程度,如一般的市场供求变化、价格涨落等。

2. 商业风险管理

商业风险管理是以复杂多样的商业风险为研究对象,要求风险主体树立风险意识,制定风险对策,以最少的管理费用去获取满意的风险收益或使风险损失减轻到最低的限度。其实质就是要提高风险主体的竞争能力、应变力与自我发展能力,使其在激烈竞争和不断变化的市场经营环境中求得生存发展。

3. 商业风险对策

(1) 树立风险意识。这是加强风险管理的前提。风险虽是看不见、摸不着的东西,但是它又是客观存在的。

(2) 对因市场环境变化而引起的商业风险,主要依靠市场评价来解决。

一是市场风险调查。它是指首先搜集人口变化、经济发展、自然环境要求、技术革新、政治法律管理文件、社会文化变动等方面的资料,过去记录的情况;然后预测今后社会经济发展的趋势,并对调查的资料进行分类整理和分析;再根据企业的购销活动状况,寻找可能产生的风险过程和环节,以便采取相应的策略。

二是市场风险评估。这是指对已调查分析的风险进行定量描述。应主要明确风险事件发生的概率和该事件发生可能产生的收益或造成的损失程度。评估的方法有很多,在实际工作中主要采取数理统计的方法和经验估计的方法,测试风险的可能性、发生期与风险度,从而制定风险管理策略。

(3) 因商品损伤、丢失而带来的纯粹商业风险,主要依靠完善保管设施、实行科学管理和加强保卫工作来管理和控制商业风险。

(4) 对因火灾、风灾、水灾、地震、战争、运输事故等自然灾害和意外事故造成的纯粹商业风险(或静态商业风险),主要依靠投保的方法来管理和控制,以防止在经营过中因出现这类风险而蒙受损失。具体投什么险别,视具体经营情况而定。但基本上或主要是投财产保险。

(5) 对因不正当交易、不信用行为、侵犯专利等行为造成的风险,主要可以通过资产、信用调查、评估的方法,慎重的交易态度及充分地运用法律手段来管理和回避,如在签订商务合同时,可以订立一些预防性的条款,如对方违约可以诉至工商行政管理部门等。

(6) 对因价格波动与汇率波动而引起的商业风险,可以通过签订远期合同或利用期货套期保值交易方式转嫁风险。

4. 创业风险与对策

创业过程中有很多确切的风险,譬如股权分配不均、商业模式错误、管理混乱、利益分配不均等,也有更多不确定的风险,譬如政策突变、国内外局势变化都对科技型初创企业有较大影响。

对此,开始尽可能做得小而精、保有充足的现金流、用现代化的企业管理治理手段去分配利益能规避一定程度的风险。

(六) 融资方案与投资回报

初创型企业因为没有重资产加持,很难采取债权融资的方式,更多采取股权融资及落户地方拿一些政策性补贴,后期用企业纳税额进行回报。

具体融资方案设计、融资金额与股权释放比例:一要按照实际需求,二是对比国内外同赛道、同阶段的企业融资来确定本项目的融资金额和股权释放比例。我们在工作中经常碰到初创团队用自己同门师兄弟的创业企业融资来进行参照,认为同门师兄弟的创业企业融资相差不应该过大,但如果不在同一细分赛道,或是在不同阶段甚至不同时期都完全不具备参照性。

投资回报:即投资人投资一个项目,项目退出最终让投资人收回投资并享受的股权增值。

现实中,在项目没有退出之前,谁都不会知道投资回报是多少。团队融资时可根据项目所在细分赛道、团队最初的设想给出一些退出的参考路径,譬如:IPO上市、被大企业并购或者管理层股权回购等。

(七) 管理团队

把一个思想转化为一个成功的企业,其关键的因素就是要有一支强有力的管理队伍。这支队伍的成员必须有较高的专业技术知识、管理才能和多年工作经验。管理者的职能就是计划、组织、控制和指导公司实现目标的行动。在商业计划书中，应首先描述一下整个管理队伍及其职责，然后再分别介绍每位管理人员的特殊才能、特点和造诣，细致描述每个管理者将对公司所做的贡献。商业计划书中还应明确管理目标以及组织机构图。

1. 团队

创业团队需要技能互补、分工合适。事实上，对于创始人来说，初创项目最重要的就是找合适的人，融到钱，用好钱，分好钱。在投资人眼中，最初的创业团队如果由以下几部分组成，就是非常理想的：创始人曾经有过创业成功的经验，团队中有技术权威人士，有来自产业端工作经验丰富的合伙人，有具备丰富市场渠道、商业拓展能力、丰富商务经验的合伙人。如果没有以上的豪华配置，那么初创团队尽可能做到职能全面也可以。

2. 创始人

创始人是创业团队的灵魂。成功的企业家特质：对成功的渴望、对自治力和权利的强烈需求、充分的自信和掌控欲、对未明之事有高度的容忍度、善于分析风险、采取中等风险的要求、很强的意志力、足智多谋、完成事情的紧迫感、知道什么是真的、旺盛的精力、思维的持久力、很强的沟通能力、诚信。

以上特质在不同的企业家身上程度不一，但缺一不可，怎么去考察验证一个创始人身上是否具备这些特质，只能靠不断地复盘总结经验。

（八）常见问题

业务模式介绍不清：内容没有重点、夸大其词、过于强调概念、商业模式混乱、逻辑关系混乱、过于强调人脉。

核心竞争力不突出：产品类的东西在国内几乎不存在任何壁垒，更多的是模式上的创新。核心竞争力可以包含团队、先发优势、经验等多方面，要结合自己团队实际情况，总结发现自身具有差异化的核心竞争力。千万别说自己什么都能干，拒绝"大而全"，要体现"小而精"，要针对自己的当前业务进行描述，并让投资人知道他投的钱只会用在这一个业务上。另外，任何的技术不落实到产品上，都只是空话。商业计划书要强调计划和实施步骤，比如从技术转化到产品的计划，再从产品到用户的计划等，不要过分强调技术本身。

早期融资不突出团队：早期项目中"人"才是"核心竞争力"。要单独介绍团队核心成员，包含创始人与团队成员的关系、团队成员的股权利益分配、团队成员技能互补的地方。

长篇赘述市场空间：最多一页内容介绍市场空间，重要的是强调在市场里能拿到多少市场份额，一个被垄断的市场，再大也和你没有关系。

融资历史遮遮掩掩：部分创业者在融资时不提自己的过往融资历史，但是投资人在后期沟通中，很容易会了解到之前的情况，这样会给投资人留下不好的印象，对自己的融资很不利。在过往融资历史中，如果出现钱没到账、创业公司送出了一些干股、融资被拒等情况,均是正常情况,融资经历越丰富,越证明创业者有信心,对行业的了解越深。

融资计划模糊不清:早期团队投资后最让投资人头疼的问题之一就是创始人不知道怎么花钱,怎么合理支配融资资金。

文件形式不便传输:文件大小控制在10MB以内,排版简洁大方即可,辅助音视频单独发送,整体页数控制在15页左右。

大篇幅文字排版:一个投资人每天少则几份BP,多则十几份、上百份,全部是文字的BP看起来很累。能用图标表示,就不要用文字描述;能用单个词语描述,就不要用一整句话描述;能用一句话描述,就不要用一整段话描述。

没有联系方式、地址:BP内要有联系方式和地址,方便投资人联系创业者,也方便去实地考察。

要点提示

1. 商业计划书是创业者对市场的深度剖析、对战略的严谨规划、对执行的坚定承诺,它用逻辑和数据说话,以创新和决心动人。

2. 一个有效的商业计划书能够唤醒潜在机会,规避可能风险,明确发展路径,并最终化理想为现实,引领企业在商海中乘风破浪。

3. 撰写商业计划书就像雕刻雕塑,每一笔都应精准有力,既要展示商业模式的独特之美,又要体现创业者对于细节的严谨把握。

4. 面对全球经济形势和市场需求的不确定性增加,需要制定能够快速调整、具有弹性的商业计划,以应对潜在的风险和挑战。

5. 商业计划书不再仅关注传统的财务预测和市场分析,而应该更加全面地反映出企业在当今复杂多变环境下如何运用创新思维和方法实现持续、健康的发展。

思考练习

1. 什么是商业计划书?
2. 商业计划书的基本内容有哪些?
3. 如何进行商业计划书的前期准备工作?
4. 基本的商业模式有哪些?
5. 一般的商业风险有哪些?如何应对?
6. 融资方案如何规划?
7. 什么是投资回报?
8. 优秀的管理团队有哪些特征?
9. 商业计划书中常见的问题有哪些?
10. 商业计划书中,如何体现企业在数字化、智能化技术应用上的战略规划,以及对传统商业模式进行颠覆式创新的方案?

11. 如何构建敏捷型组织,以确保商业计划中的产品开发、营销策略等可以快速迭代,及时响应市场需求变化?

社会实践

撰写一份商业计划书。

三、知识产权资本化与专利运营

任务导航:知识产权资本化,是将无形的智慧宝藏转化为有形资产的过程,它如同炼金术一般,把专利、商标和版权等创新成果转变为推动企业成长的强大动力;专利运营不仅是法律权益的保护与维护,更是对技术创新价值深度挖掘与高效利用的策略棋局,通过许可、转让、质押等方式激活沉睡的知识财富。

学习重点:知识产权资本化的含义、特征与法律依据;专利运营概念的界定,专利权运营,专利技术运营,专利信息运营,专利的资产性运营,专利的形象性运营,专利运营的功能扩展;我国专利运营体系现状,专利运营服务平台等。

建议学时:3学时。

(一) 知识产权资本化的含义、特征与法律依据

1. 知识产权资本化的含义

知识产权资本化是指将知识产权作为一种生产要素直接参与到生产、经营活动中,并量化为资本,作为一种资本进行价值增值的过程。具体为充分利用知识产权资源,对其进行价值评估,实现知识产权价值和资本的转换,以资金需求方、供给方和中介服务机构为主体,采用出资、质押、证券化、信托和产业基金等模式完成对知识产权资本化的过程,包括利用知识产权进行融资(如股权融资、债权融资),对知识产权进行保险等。

2. 知识产权资本化的特征

知识产权资本化,也是知识产权价值和使用价值的完成以及收益分配的过程。它在法律特征上,包括无体性、专有性、期限性和地域性四个特征。

在证券化中,底层资产的金融本质是未来持续现金流,这也是知识产权之所以能证券化的关键因素。知识产权在证券化操作过程中,折射出其法律上特有的债权特点:

一是公开性,传统的债权是特定主体之间的隐蔽的法律关系,进入证券化之后,公开的只是在证券市场上流动的证券,强制信息揭露只能及于"证券"而非最底层的债权资产,即使投资者进行尽调,也是在特定主体间的信息披露。

而知识产权在获得权利之时,就处于公开状态(亦有少数专利权所有人选择不公开),故此在保护投资者方面比一般债权作为底层资产更具有优势。

二是不确定性。一般债权作为底层资产,其理论收益规模是确定的,而知识产权衍生债权则与一般债权相同,可以计算同理论上的未来现金收入。而风险更高的知识产权装入底层资产,由于资产估值的方式选择导致现金收入极不稳定,故而会产生更大的投资风险。

3. 知识产权资本化的法律依据

在证券化的法律思想上,以保护知识产权、促进流通为主线,从而消除阻碍流通的障碍。

在法律的价值取向上,体现促进创新和投资者保护并重的理念,进而培育出健康的知识产权证券化市场。一方面鼓励知识产权的运用、维护,发掘知识产权的动态效益;另一方面以金融消费者保护为基础目标、以市场功能确保为核心目标的金融法内在价值体系,避免将证券化制度异化为"圈钱"工具。在监管制度上,重点完善发行主体资格、SPV构建要求、信息披露制度、中央登记及交易系统建立等方面,以加强知识产权资本化金融风险的防范。

4. 我国的知识产权资本化现状

十八大以后,我国明显加强了知识产权保护和运营的政策支持力度,越来越多的企业从知识产权运营和资产化的过程中受益。

(1) 知识产权质押融资:知识产权质押是债务人或第三人将其依法拥有或控制的知识产权中的财产权作为债权的担保,来督促债务人履行偿债义务,以保障债权人权利的实现;当债务人不履行债务时,债权人有权依法以该专利折价或以拍卖、变卖专利的价款优先受偿。据国家知识产权局知识产权发展研究中心发布的《2019年中国知识产权发展状况评价报告》统计,2019年,我国专利、商标质押贷款总额达到了1515亿元,同比增长23.8%,著作权质押担保金额73亿元,有效解决了科技型中小微企业的融资难题。

(2) 知识产权证券化(securitization of intellectual property):通常定义为发起机构(通常为创新型企业)将其拥有的知识产权或其衍生债权(如授权的权利金),移转到特设载体,再由此特设载体以该资产作担保,经过重新包装、信用评价等,以及信用增强后发行在市场上可流通的证券,借以为发起机构进行融资的金融操作。作为一种重要的金融创新,知识产权证券化对于建设多层次金融市场、发展自主知识产权具有重要意义。

2015年,《中共中央 国务院关于深化体制机制改革加快实施创新驱动发展战略的若干意见》(中发〔2015〕8号)发布,提出探索开展知识产权证券化业务,此后,我国先后制定实施多项政策,知识产权证券化发展进入快车道。据中国技术交易所发布的《中国知识产权证券化市场统计报告(20182021)》统计,截至2021年底,在深交所和上交所设立发行的知识产权证券化产品共59单,累计发行规模149.18亿元,为超过800户企业提供了融资服务,平均融资额度为1800万元/户。

(二)专利运营概念的界定

专利运营是将专利作为一种权利进行经营,主要包括转让、拍卖、许可、质押、诉讼、专利保险、专利证券化等形式。专利运营是优化专利的市场配置,提升和实现专利价值的商业方法和经营策略。

专利运营是打造企业核心竞争力的重要手段。在美欧等西方发达国家,专利运营已经形成一个相对完善的产业链条,其中有中大型发明投资基金,也有中小型专利运营公司,还有知识产权管理服务提供商以及综合性的专利交易平台等。

专利运营的本质是专利权的资本化。也指优化专利权的市场配置,提升和实现专利权价值的商业方法和经营策略。专利运营的概念与专利利用、专利运用、专利实施等相关概念存在较大区别,不能相互替代使用。

在企业经济活动中,依法利用专利并将其与企业经营战略结合起来,形成企业专利战略,而实施和推进专利战略就是专利运营过程。

专利运营特征为通过专利实施、专利产业化、专利许可与转让、专利维权和投资等方法实现专利的市场价值。与单纯用于创新成果保护目的不同,专利运营基于商业价值的实现,更多地注重对于市场的控制,希望通过有利的固化实现对于技术的垄断,其运营方式包括专利实施许可、专利转让、专利交叉许可、专利战略联盟、专利诉讼、专利质押贷款、专利证券化、专利孵化以及企业并购、专利标准化等。

专利运营是专利与资本结合的产物,专利运营的本质是专利权的资本化。专利运营体现了专利资产与市场资本的交易,用资本换资产者的专利,以资产换资本者的融资。专利运营围绕专利权价值的产生、提升和实现过程,包括三个主要环节,即向专利权投资—专利整合—专利收益三个主要环节。

通过专利运营实现专利权资本化,让专利资源成为资本,使专利资本在流动中保值和实现价值增值,使市场配置资源的速度更快,配置的效率更高,配置的成本更低,配置带来的专利权价值增值更高。专利运营是将专利资源进行优化配置从而在市场上实现专利价值的重要途径和方式,是提升企业等市场主体竞争力的重要途径。

(三)专利权运营

1. 专利权

专利权是指专利权人在法律规定的范围内独占使用、收益、处分其发明创造,并排除他人干涉的权利。专利权具有时间性、地域性及排他性。此外,专利权还具有如下法律特征:① 专利权是两权一体的权利,既有人身权,又有财产权。② 专利权的取得须经专利局授予。③ 专利权的发生以公开发明成果为前提。④ 专利权具有利用性,专利权人如不实施或不许可他人实施其专利,有关部门将采取强制许可措施,使专利得到充分利用。

2. 专利权运营的内涵

① 专利运营的对象是"专利权"自身,而非含有专利权的产品;② 专利运营的根本目的在于专利权价值最大化;③ 专利运营的内容贯穿于专利权价值的形成(专利投资)、提升(专利整合)和实现(专利流转)等全过程中,而不仅仅限于通过专利权运用实现专利权

收益;④专利权的主体是市场主体而非政府行政管理部门;⑤专利运营的方法既包括专利运营的战略,也包括专利运营的策略。尽管专利运营的战略和策略都是具体的,企业等市场主体可以通过模仿而习得,但根据不同企业、行业和区域的不同特点,专利运营的模式各不相同。

在新商业环境中,围绕着专利权运营的竞争逐渐从幕后走向前台,成为企业间相互角力的重要竞争形式。

(四)专利技术运营

1. 专利技术

专利技术是指被处于有效期内的专利所保护的技术。根据我国《专利法》对专利的分类,主要是包括发明专利和实用新型专利所保护的技术。发明,是指对产品、方法或者其改进所提出的新的技术方案。属于专利技术范畴。

外观设计专利因为保护的是新设计,而非技术,所以,严格意义上说,应称为专利设计,而不是专利技术范畴。通常所说的,有宽泛外延的专利技术一词是把发明专利、实用新型专利和外观设计专利都包括在内的。

2. 专利技术的运营

(1) 从企业内部进行挖掘。很多企业家或技术人员通常会有一个错误的认识,以为只有是技术水平比较高,有比较大的革命性的突破或者是有系列的研究发明才可以申请专利保护。这种想法无疑是错误的,只要是技术上的突破,能够解决一类问题并且带来效益的就可以申请专利,这样会避免延误专利申请的最佳时机,给企业造成无法挽回的损失。

(2) 从竞争对手的角度看问题。如果无法避开他人的核心专利来研发技术,那么就可以围绕这一核心专利,申请诸多相关的外围专利,逼迫竞争对手在开发上无法正常进行,从而达成双方合作,获得利益。

(3) 要完善创新机制。深入了解现有客户和潜在客户的需求,从而进行有目的性的技术研发。这是专利挖掘的一个明智方法,即"别人要什么,我们提供什么"。

专利技术是企业技术创新和个人决定投资方向、决定创业项目的首选,专利技术因其超前、垄断性强而利润回报丰厚。

(五)专利信息经营

专利信息经营是专利利用的一种非物态的形式,即信息形式。它采用市场经营的方式,通过创意性活动,将承载的信息资源转变为经济价值。因此从性质上来说,这种商用化活动是属于基于专利的现代服务业。

专利信息经营在我国刚刚起步,软、硬件条件都不是很好,供需双方都缺少经验,市场环境也不成熟。这个时候推进专利信息经营战略,需要各种各样的条件。

1. 专利信息经营的基础

我国专利信息经营的基础条件包括人力资源、技术装备、业务模式、产业政策。

（1）人力资源。专利信息经营是一个复合型、融合型、国际化的行业，需要方方面面的人才。

从知识的角度看，专利信息经营需要技术知识、法律知识、信息技术知识、信息产品知识等。从能力的角度看，专利信息经营需要用商业语言表达技术和法律知识的能力、信息产品开发和销售的能力、专利技术信息收集和评价能力等。

一个团队或者是一个专利信息经营领域中比较优秀的企业应该具备这样的人力资源。

（2）技术装备。我国目前的专利信息产品提供企业的技术装备离专利信息经营的要求还有很大的距离，这里的技术装备有硬件设备和软件技术两方面的含义。

在我国信息产品提供企业中，信息技术只处于支持和辅助地位，可是对于专利信息经营企业来说，信息技术是安身立命之本。因为，第一，专利的信息量大、更新周期短、数据库字段复杂，一个在信息收集、处理和整合方面有缺陷的企业很难在其中立足。第二，市场需求多样，跨国企业、国内大企业和中小企业的需求相差甚远。不能利用信息技术快速满足多样性需求的企业在竞争中很难成长。第三，信息技术日新月异，企业不在信息技术上做相当的投入，就很难享受到快速发展的信息技术带来的好处，因而不能持久保持大的利润空间，失去资本市场的兴趣。

专利信息经营企业保持对信息技术的高投入，重视信息技术，使用新的信息技术。只有这样，才有可能在日趋国际化的专利信息经营市场上占据一席之地。专利信息得到活用，基本上是通过计算机网络实现的。大容量的服务器和安全、快速的网络是保持专利信息产品内容实时更新的必要技术手段。

（3）业务模式。在信息产品领域，业务模式有两种，一种是和信息技术捆绑在一起的业务模式。跨国的信息产品企业进入我国都是把其信息技术和业务模式镶嵌在一起，我国本土的信息产品企业在与外国企业合资时也都引进了外国企业的信息技术和业务模式，外国企业也通常把组合在一起的信息技术和业务模式作为投资在我国寻找合作伙伴。

另外一种是和产品形式密切相关、为了产品销售方便而开发的业务模式。这种业务模式和本地的市场环境、用户习惯紧密联系。比如，因为专利信息有时会涉及企业秘密，一些企业认为利用网络更新专利信息产品可能会带来失密问题，进而要求专利信息产品提供企业上门更新服务，这就会对专利信息产品企业的业务模式造成影响。

用户参与创新是信息技术给创新模式带来的一个重大改变。专利信息产品企业应该正视这个改变，并以此为契机，积极主动开发满足用户个性化要求的业务模式，以求基业长青。

（4）产业政策。目前，我国还没有从产业的高度和角度对专利信息的开发、利用给予应有的关注。政府有必要运用产业推进手段、制定专利信息产业政策，全面促进专利信息经营的发展。

我国专利信息产业的规模还比较小,制定专门的政策发展这样的产业是不是有所不值。其实,规模并不是产业政策考虑的唯一因素,重要性也是产业政策必须考虑的因素。换一个角度看,我国产业政策的一个评价标准是产业的核心竞争力,专利信息经营可以促进专利技术的应用,提高产业的核心竞争力,完全应该给予特别支持。

2. 专利信息经营的价值

专利信息是专利的有机组成部分,专利信息经营理应成为国家专利制度、政策和战略的有机组成部分。我国现阶段推进专利信息经营,有以下几个方面的战略意义。

(1) 专利信息经营是增强自主创新能力、建设创新型国家的坚实基础。专利信息经营的目的是用现代科学技术手段、市场调研方法、产业促进政策开发、利用专利信息,服务于专利创造、保护和运用。有效利用专利信息资源,高起点、高效率、高水平创新,才能多快好省地提高自主创新能力。

(2) 专利信息经营是实施国家知识产权战略的重要保障。研究和制定国家知识产权战略是我国政府应对复杂、激烈的国际竞争形势采取的一项重大措施,这项重大措施的实施需要很多保障条件,专利信息经营就是重要的保障条件之一。作为知识产权信息最重要一类的专利信息的经营将会为我国知识产权战略的顺利、有效实施提供基础性的保障。

(3) 专利信息经营是促进"以企业为主体、以市场为导向、产学研相结合的技术创新体系"建设、促进专利商用化的有力工具。以企业为主体、以市场为导向、产学研相结合的技术创新体系建设的前提是明确、稳定的权益关系,专利信息经营将会通过对专利技术、法律等方面信息的开发与评价,更有效地帮助产学研各方确立明确、稳定的权益关系。

(4) 专利信息经营是我国各类创新单元主动参与国际创新竞争、争取更多优质创新资源落户我国的必要条件。在国际创新竞争日益激烈、国际创新资源快速流动的今天,专利信息在帮助竞争参与者取胜、引导创新资源流动方面发挥着越来越大的作用,各类创新单元在决策时对专利信息的倚重也越来越大,以至于有些跨国企业把一个国家的专利信息服务情况当作决策的前提性参考,而我国的一些大企业在考虑"走出去"时也越来越重视目标市场的专利信息服务。

(5) 专利信息经营是进一步健全和完善我国创新生态系统的有益环节。专利信息经营会大力促进技术、法律、经济等各方面信息的发掘、传播、扩散和公开,改善创新体系的信息条件。同时,专利信息产业是本地特征强、技术含量高、对决策影响力度大的产业,会丰富和增强我国现代服务业的有机成分,推动我国现代服务业的创新生态环境的完善。

(6) 专利信息经营会有力促进企业整合专利战略、技术战略和经营战略。企业不以经营战略整合专利战略和技术战略、不以专利战略和技术战略来支撑经营战略,将很难在竞争中取胜。有效整合专利战略、技术战略和经营战略,这样才可能在竞争和发展中取胜。而专利信息经营会有力促进全面、深入地认识专利的经营价值,帮助企业整合专利战略、技术战略和经营战略。

（六）专利的资产性运营

专利运营是一种特殊的资产和资本运营,指专利这种无形资产的所有者或经营者凭借专利资产进行包括资本运作在内的各种经营性活动,使资产增值或者取得收入。专利运营的典型运作模式有:出售、许可、质押、出资、信托、证券化。

专利运营可分为:资产运营,指产生实体产业经营性收益的实体运营;资本运营,指产生虚拟资本性收益的虚拟运营,性质上是以专利实现融资。

资产实体运营是技术和专利实现价值的根本,应当予以积极发展,其中的关键是产出高价值专利。资产运营中的实施式运营对推动技术和经济的发展最有力,其最主要的运营者是实体企业、院校、科研机构等。对于资产实体运营中的维权式运营,应予以积极保护,但应防止专利权过度滥用。

资产实体运营可以进一步分成实施式运营和维权式运营,分别主要对应并依赖专利的技术属性和法律属性。这两种运营从根本上依赖于产生实际价值的专利技术的实体性产业化实施,其是专利实际价值的源泉。

资本虚拟运营在积极发展的同时应适度控制,避免过度脱实就虚。此外,企业应谨慎控制专利资本运营中核心技术资产失控而可能带来的潜在风险。

对于企业而言,高价值专利和高质量专利可以统一,指在专利稳定性、保护范围、商业价值三方面取得了利益最大化平衡的专利。取得高价值专利的基础在于企业面向专利的商业价值完成高质量的专利挖掘和布局,并在专利撰写和申请过程中,确保代理人贯彻好了专利布局意图,最终获得专利稳定性、保护范围、商业价值三方面取得了利益最大化平衡的高价值专利。

（七）专利的形象性运营

专利虽然在普遍意义上被认为是一类无形资产,但其价值却无法仅以资产的收益属性来衡量,专利在市场实践中所发挥的作用更多的是形象价值:

（1）提高公司的市场评估值,吸引住投资。
（2）构建技术的壁垒,提高与竞争者的抗衡能力。
（3）获取话语权,提高技术性合作中的影响力。
（4）自我防御,在专利诉讼中提高谈判和解的筹码。
（5）进行宣传包装,提高产品形象。
（6）获取政府相关的资助。
（7）在税收和融资等层面获取实惠等。

专利对于企业的价值和意义更多的是其形象,更多体现在助力于商业竞争的层面。

从形象的价值意义上出发,提及专利运营时,或许我们不应该再陷入专利价值评估、专利资产折现率、专利风险报酬率及其投资回报率等一系列复杂的分析模型和理论之中,而重归于直观性清晰的市场竞争层面,一切可借助于专利提高企业商业竞争力的行为皆可被视作专利形象性运营。这也使得专利运营的模式更加广泛性和多元化。

（八）专利运营的功能扩展

1. 专利保险

专利和保险是两大优秀的现代社会和制度，是现代文明的产物。现代专利和保险制度，在经历了数百年发展后，各自都形成了一套缜密周全、专业性很强的制度体系。

专利保险是指以专利的财产权和专利侵权赔偿责任为标的的保险，主要解决由于持有专利并进行专利产品化发生损失和因专利侵权造成赔偿和财产损失的问题。

从2011年起，国家知识产权局启动了专利保险试点和探索，正式从顶层制度上推广专利保险。到目前为止，专利执行保险、侵犯专利权责任保险、海外展会侵犯专利权责任保险、专利授权保险等险种已作为成熟产品推向市场。

2. 专利联盟/专利池

专利联盟是组织或机构之间以专利技术为纽带达成的合作模式，专利池是由一个或多个专利权人为实现专利运营的目的将与某产品有关或在技术上相互关联的专利进行组合而形成的专利集合体。二者均是以专利防御、专利经营为目的。

3. 实施式运营

该种运营下，通常实施方或被许可方采取主动，以某项技术和相关专利的产业实施为目的，接触运营方，即技术和专利的所有者，通过购买、许可等方式单独或合作来实现技术、专利的产业实施，达成最终商业目的。除了一般性购买或许可，实施方也可以通过公司并购，邀请运营方技术入股或通过其他技术、专利资本化等方式达成目的。

实施式运营下，实际的运营对象为运营方的技术项目，当运营方的技术项目布局了一定专利时，相应的专利作为技术项目的附属品一并达成专利运营。技术项目未能恰当布局专利将带来极大的经营风险。企业从专利运营的维度对待实施式运营，需要从技术产业化实施和专利布局的角度规划和处理相应工作。实施式运营的运营方以实体企业、院校、科研机构等为主，实施式运营须以高价值专利为基础。

4. 维权式运营

该种运营下，通常运营方即专利权人采取主动，接触未取得授权的专利实施方，要求实施方就专利技术的实施向专利权人提供补偿。实现补偿的常见方式是专利许可或出售。当实施方拒绝给予专利权人恰当补偿时，维权式运营很可能发展成维权诉讼。正常的维权是实现技术和专利价值的基本保障，有利于社会技术进步、经济发展；而当专利权人滥用权利而开展维权式运营时会构成专利权滥用，从而对经济造成伤害。维权式运营尤其需以高价值专利为基础。

（九）我国专利运营体系现状

专利运营是指基于专利权的资本管理与资本运作，具体如专利转让、许可、质押融资和专利作价入股等。

我国专利运营特点主要体现在以下几个方面：

1. 中国专利申请总量增加，亟待转化

随着我国知识产权保护意识的不断增强和专利制度的不断发展，我国专利申请总量近年来持续增长。根据CNIPA公布的数据，近年来，我国专利申请量与授权量一直高速增长（图5.1）；根据WIPO在2019年发布的数据，2018年中国发明专利申请数量达到154万件，占全球总量的46.4%，排名第一（图5.2）。

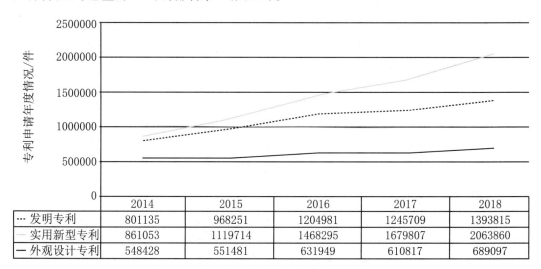

图5.1 中国专利申请年度申请总量趋势图

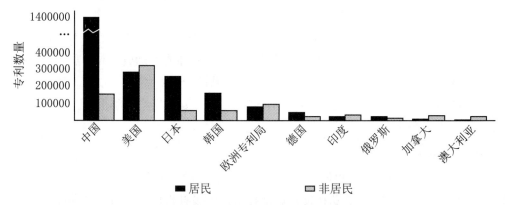

图5.2 发明专利申请量排名前十的国家/地区

综合考虑到高校/科研院所的专利转化率长期处于较低状态等因素可知，我国专利转化空间仍然较大。

2. 政策引导的利好

近年来，我国持续通过制定相应法规政策、搭建知识产权运营服务体系等方式，以促进专利运营的发展。主要相关的政策法规及服务体系搭建情况如表5.2所示。

表5.2 促进专利运营的相关政策法规及服务体系搭建情况

时间	政策法规及服务体系	主要内容
2014	全国知识产权运营公共服务平台	由国家知识产权局和财政部投资建设
2014	面向创业投资的知识产权运营特色分平台	
2014	军民融合知识产权运营特色分平台	
2014	《关于开展市场化方式促进知识产权运营服务工作的通知》(财办建〔2014〕92号)	提出"2014年支持在北京等11个知识产权运营机构较为集中的省份开展试点,采取股权投资方式,支持知识产权运营机构"
2015	《2015全国专利事业发展战略推进计划》	提出"高标准建设知识产权运营体系","按照'1+2+20+N'的建设思路,建设1家全国性知识产权运营公共服务平台和2家特色试点平台,在部分试点省份以股权投资的方式支持一批知识产权运营机构"
2015	《关于新形势下加快知识产权强国建设的若干意见》(国发〔2015〕71号)	提出"构建知识产权运营服务体系,加快建设全国知识产权运营公共服务平台",并将知识产权投融资、知识产权证券化、知识产权信用担保机制、知识产权众筹和众包模式等作为知识产权运营的重要内容
2015	《促进科技成果转化法》(修改)	明确规定的科技成果转化五种方式中,就包括了转让、许可、作价投资、自行实施或合作实施等主要知识产权运营模式
2016	《实施〈中华人民共和国促进科技成果转化法〉若干规定》	从体制机制和业务体系上对知识产权运营进行了规定或指导
2016	《科技成果转化行动方案》	
2017	深圳南方知识产权中心	为促进区域和产业知识产权运营工作,由国家知识产权局批复建设
2017	中国汽车产业知识产权投资运营中心	
2018	2018年深入实施国家知识产权战略 加快建设知识产权强国推进计划	发挥国家知识产权运营公共服务平台枢纽作用,深入推进知识产权运营服务体系建设;推广专利权质押等知识产权融资模式,加大专利保险险种开发和推广力度。探索开展知识产权证券化业务。推动知识产权出口;等

续表

时间	政策法规及服务体系	主 要 内 容
2019	国务院关于推进国家级经济技术开发区创新提升打造改革开放新高地的意见	鼓励国家级经开区对区内企业开展专利导航、知识产权运营、知识产权维权援助等给予支持
2019	《关于开展2019年知识产权运营服务体系建设工作的通知》	2019年,财政部、国家知识产权局继续在全国选择若干创新资源集聚度高、辐射带动作用强、知识产权支撑区域发展需求迫切的重点城市(含直辖市所属区、县),支持开展知识产权运营服务体系建设

3. 专利运营机构的蓬勃发展

从类型角度来说,目前,我国专利运营机构类型涵盖企业、科研院所、联盟、交易和服务平台/第三方机构等。企业运营机构例如华为、海尔等,通过知识产权部门牵头,进行专利布局、许可、诉讼和国际标准制定等;许多高校/科研院所也成立了技术转移中心和知识产权运营管理中心,国内也出现了很多专利池的建立,例如中彩联专利联盟、中国地板联盟。

从数量角度来看,据不完全统计,目前,国家专利运营试点企业(包括生产型企业以及服务型企业)约200家,生产型企业覆盖通信、半导体、新材料能源等领域;服务型企业包括知识产权代理所、律所和知识产权交易所等。另外,在国家知识产权局备案在册的产业知识产权联盟约有84个,其中北京、山东和江苏的数量较多。

4. 产业化、多元化发展态势

由于专利运营主体的类型逐渐多样化,随之专利运营的模式也从单纯的转让、许可的交易模式逐渐向产业化、多元化和金融化方向发展。主要体现在,相关企业基于国家专利导航进行专利运营,围绕研发的重点进行专利布局、专利组合和专利托管等;基于各类资本的参与,金融与知识产权结合的运营模式不断多元化,例如知识产权金融从单一的专利质押贷款向专利保险、专利担保和出资入股等方向发展(图5.3)。

总的来说,我国的专利运营市场仍在不断发展之中,且仍具有较大的上升空间。当然我国专利运营在近几年得到了相对较大的发展,但我们仍然要正视我国专利运营的不足。由于起步较晚、发展时间短,总体与国外成熟的专利运营体制相比,我国专利运营体制还存在着较大差异和不足之处,例如运营模式不成熟、知识产权金融市场尚未健全和专利运营机构间缺乏协同合作等。

中国专利运营市场仍然存在无限的机会,中国的专利运营大有希望。

图5.3 专利运营模式示意图

(十) 专利运营服务平台

为了有效促进知识产权与创新资源、产业发展、金融资本融合,自2014年以来,国家知识产权局会同财政部以市场化方式开展知识产权运营服务试点,确立了在北京建设全国知识产权运营公共服务平台(1),在西安、珠海建设两大特色试点平台(2),并通过股权投资重点扶持20家知识产权运营机构(20),示范带动全国知识产权运营服务机构(N)快速发展,初步形成了"1+2+20+N"的知识产权运营服务体系。下面着重介绍几个有代表性的知识产权运营平台:

1. 全国知识产权运营公共服务总平台

该平台由华智众创(北京)投资管理有限责任公司建设和运营,目前正在快速、有序、稳步建设中。

2. 国家知识产权运营军民融合特色试点平台

2017年2月24日,该平台线上交易平台正式上线,核心内容包括五大功能模块和三大线下体系。其中五大功能模块包括:"知识产权交易运营线上平台""云服务知识产权大数据中心""线下服务大厅及运营服务体系""知识产权运营转化基金""军民融合知识产权研究院";三大线下体系包括:"专利技术经理人协会""中国军民融合知识产权运营联盟""一带一路知识产权联盟"。

3. 位于珠海的国家知识产权运营横琴金融与国际特色试点平台

2014年12月,国家横琴平台获批成立,它是国家知识产权局会同财政部以市场化方式开展的知识产权运营服务试点之一,致力于提供以知识产权金融创新、知识产权跨境交易为特色的全方位、一站式的知识产权资产交易和服务交易,开创知识产权与资本市场密切结合的知识产权运营新模式。其旗下的七弦琴知识产权资产与服务交易网已推出8种主要产品:知识产权资产(专利、商标、版权)交易,知识产权服务(代理、诉讼、分析、咨询、培训)交易,知识产权创业项目(以知识产权为核心的创业项目)交易,知识产权运营(受托、收购、专利池、标准化)服务,创业辅导及投融资服务,研发服务,设计产业服务,知识产权支撑型商品交易。

以上三个平台是政府投资建设的"1+2+20+N"知识产权运营体系中的"1+2"。另外,目前社会资本投资的平台(N)有:以麦知网和尚标知识产权为代表的专注于商标交易的平台;高航网等专注为客户提供知识产权设计开发、转让交易和授权许可的综合解决方案的业务平台;峰创智诚等企业知识产权托管或者辅助管理(如知识产权人力资源中介业务)、专利池等业务的平台;IPRdaily等以媒体为主作为入口,深耕产业服务的信息平台;思博等专利撰写、贯标培养等业务平台;汇桔等知识产权电商的专利转让平台;广州高鑫科技等扎根某一领域的技术转移平台;智慧芽等检索类平台。

据《中国知识产权运营年度报告(2020年)》显示,2020年中国专利实施状况稳步提升,全国专利转让、许可、质押等运营次数达到40.5万次,知识产权运营活动持续活跃,商标品牌培育工作取得积极成效,重点城市有力发挥了引领带动作用。"十三五"期间,全国专利运营次数达到138.6万次,是"十二五"的2.5倍,知识产权价值最大化的运营理念不断深入人心,以转化为目标的知识产权运营导向牢固树立,各类知识产权运营政策和项目密集推进,知识产权金融服务不断深化和拓展,逐步构建起规范有序、充满活力的知识产权运营服务体系,为知识产权强国建设提供了有力支撑。

知识产权运营平台建设的快速推进是我国知识产权运营体系建设的一个缩影,这些平台的建立促进和加速了知识产权交易价值的实现。但这些平台的利用率并不高,导致这些平台的生存比较艰难,有的靠母体支持(如大学、科研院成立的内设机构),有的靠其他业务的盈利间接支持知识产权运营业务,有的甚至靠成立时获取的政府财政拨款的利息或政府投资所建的办公楼出租的租金生存,真正靠知识产权运营业务自身获得生存发展的机构很少。

由此可见,我国知识产权运营仍处于起步阶段,可行的商业模式或盈利模式并不明晰,多靠政府的资金、物质、项目投入维持基本生存。但知识产权运营靠政府扶持难以持续,未来的发展方向必然逐步走向市场化、企业化,这中间需要一个过程和过渡期。

要点提示

1. 专利是一种法律赋予的一定时间空间范围内的垄断权利。
2. 知识产权资本化是知识经济时代的炼金术,将科研成果、品牌价值、技术秘密等无形资产巧妙转译成商业竞争力与经济效益。
3. 在全球化背景下,企业要在不同国家和地区进行有效的专利布局,同时处理好跨国专利申请、维护、许可转让等事务,以应对日益复杂的国际竞争环境。

4. 专利转让可分为专利申请权转让和专利所有权转让。

5. 专利实施许可也称专利许可,是指专利技术所有人或其授权人许可他人在一定期限、一定地区、以一定方式实施其所拥有的专利,并向他人收取使用费用。

6. 将专利资产有效转化为商业收入,是通过直接转让、授权许可、专利质押融资、参与专利诉讼赔偿、开展专利协同创新等方式的优化来实现的。

7. 专利池是由一个或多个专利权人为实现专利运营的目的,将与某产品有关或在技术上相互关联的专利进行组合而形成的专利集合体。

8. 专利不仅是法律赋予的无形资产,更是企业战略博弈中不可或缺的核心竞争力。有效的专利运营,是将知识产权从纸上权益变为商业价值的关键所在。

思考练习

1. 什么是知识产权资本化?
2. 什么是专利运营?
3. 专利运营包括哪几种类型?
4. 知识产权资本化在国外有什么成熟经验?
5. 我国专利运营体系现状如何?
6. 如何把握各国和地区针对知识产权特别是专利的最新政策动态,充分利用税收优惠政策促进专利运营活动?
7. 如何通过建立专利池实现专利集合化管理和许可?
8. 如何合理处理涉及行业标准的许可费率设定?
9. 如何应对FRAND原则(对标准的专利权利的限制中公平、合理和非歧视的条款)?

四、国际技术转移

任务导航:国际技术转移不仅是一种商业交易,更是一场思想的交融、文化的碰撞和价值的共享,为全球经济一体化注入了持续发展的新动力。

学习重点:国际技术转移概述及其特征,影响国际技术转移的主要因素;发达国家知名技术转移机构运营模式与成功经验,国际技术经理人及其作用;跨国技术转移的路径选择与风险,跨国技术合同的签订与限制性条款;"一带一路"与国际技术转移。

建议学时:2学时。

(一) 国际技术转移概述及其特征

国际技术转移是指技术在技术领域之间或地理地域之间的流动和渗透,是一种重要的技术开发手段,最早是由美国为把其空间技术向民用部门扩散而提出的。技术转移包括技术在国与国之间的流通,其转移方式是多种多样的,有的是单项技术输出,有的是合作研制,有的是互通科技情报等。

国际技术转移大致可分为三种类型:

1. 技术转移与运作

(1) 国际先进技术及其高新项目的转移与嫁接。
(2) 技术转让与技术转移代理。
(3) 项目的市场调研、筛选、分析、评估与论证。
(4) 外国技术专家引进、产品和技术的本土化。

2. 咨询及商业服务

(1) 与技术转移相关的法律法规、技术及其投资、市场调研和行业分析等咨询服务。
(2) 帮助国内外中小企业寻找合作伙伴、技术项目、产品代理等。
(3) 跨国企业兼并及企业合作顾问。

3. 工程、方案与设计

(1) 专业技术诊断及技术服务。
(2) 生产工艺改进及委托研发。
(3) 项目产业化实施方案研究与工程设计。

(二) 影响国际技术转移的主要因素

国际技术转移的过程大致可分为:转移诉求与沟通;相关信息验证;知识产权审验;技术评价;商业策划;技术推介;技术供需对接;双向考察;沟通洽谈;签约准备;完成签约;项目实施;跟踪服务;争议解决等环节。

其中关键影响因素为:技术供方发展战略决定的合作意愿与技术能力;技术受方发展战略决定的合作意愿与技术接受能力;技术转移的机会,即政治、经济、技术环境;技术选择,转移方式;外汇平衡和投资利益保护。值得强调的是,合作双方战略目标中的一些共同点是技术转移成功的基本保障。

另外,技术成果质量、成熟度和价值;科学的技术评价;授权专利质量;需求精准挖掘;优质商业策划和市场开发;相关数据库功能和水平;专业服务团队水平及经验;国际化技术转移网络等因素对国际技术转移的成功也有不同程度的影响作用。

(三) 发达国家知名技术转移机构运营模式与成功经验

1. 发达国家技术交易服务机构

(1) 美国国家技术转移中心(NTTC)。它是1989年经国会批准成立的国家范围的技术转移机构,有110名全时工作人员。它的经费主要来自航空航天局、能源部、联邦小企业局等,其他政府部门和机构也提供部分资助。它的主要任务是将联邦政府每年拨出700多亿美元资助的国家实验室、大学等的研究成果迅速推向工业界,使之尽快成为产品,增强美国工业的竞争力。

美国国家技术转移中心主要服务内容是技术转移"入门服务"、"商业黄金"网络信息服务、专业培训服务和发行技术转移出版物服务。

NTTC在全国建立了6个区域技术转移中心:① 南部中心——南部技术应用中心;② 中部技术转让中心;③ 东北部中心——技术商品化中心;④ 中大西洋区中心——大西洋技术应用中心;⑤ 中西部中心——大湖工业技术中心;⑥ 西部中心——区域技术转移中心。

NTTC及区域技术转移中心工作范围:技术转移信息网络;为用户寻找技术,并帮助技术发明单位与用户建立联系;为用户做技术需求评估;技术创新过程的形势分析;市场评估;经济可行性研究;开展技术成果商业化策划,确定商品化任务;推动合作双方谈判并签署技术转移协议;寻找资金的咨询;为企业提供诊断服务;向从事商品化的管理人员提供培训。

(2) 美国联邦实验室技术转移联盟(FLC)。它成立于1974年,是一个由700多家联邦实验室及其上级部门所组成的全国性技术转移网络组织。成立FLC最初的主要目的是推动国防部系统研究成果向工业部门和地方的转移。

1986年国会通过的《联邦技术转移法》,要求大部分联邦政府的研究机构也加入该联合体,并正式向FLC授予特许状。它的宗旨是要为缔造联邦实验室技术、特长与市场需求间的联系开发策略和创造机会。现有700多个成员,几乎所有雇员中10人以上的联邦实验室、中心及它们所隶属的联邦部门和机构都是FLC的成员。它的运转经费来自各联邦实验室的预算抽成,在第一财年的一开始,各实验室划拨其所得预算(包括管理费用)0.008%用作联合体的活动经费。

(3) 美国国家技术信息中心(NTIS)。其主要任务是整合国家相关研究计划、各类实验室以及大学专利、技术发明、可转移技术,建立资料库,为中介机构提供信息查询服务。

(4) 日本中小企业事业团。隶属于日本通产省,本部在东京,在日本各大区均有分支机构。其主要职能是:对企业现代化发展的投融资;人才培养;对企业进行技术指导和信息指导;中小企业业主的退休保障;帮助中小企业稳定经营、防止企业破产等。

2. 大学和研究机构创办的科技中介机构

(1) 美国大学技术许可办公室(TLO)。1980年美国国会通过《拜尔杜尔法案》(专利与商标修正法)以来,美国的研究型大学对技术转移表现出越来越高的积极性。各研究型大学通过建立技术许可办公室,积极推进技术创新成果向私营公司的技术转移。目前在研究型大学已建立了240个技术许可办公室。

美国大学技术转移活动的高涨有三方面原因:

① 1980年《拜尔杜尔法案》的实施。《拜尔杜尔法案》被誉为促进"大学技术转移的大

宪章"。几乎所有的研究型大学都以前所未有的热情投入了技术转移工作。

② 生物技术等新兴产业对学术研究及由它产生的专利的依赖。

③ 一些赚了大钱的技术对大学形成的吸引力。

(2) 德国弗劳恩霍夫应用研究促进协会(FHG)。它是德国久负盛名的研究机构和应用研究组织，拥有56家研究所，雇员11000人，年度研究经费约为9亿欧元。研究项目基本上是针对企业的创新需求安排的，它的任务就是要通过进行面向市场和需求的应用研究，架起联系基础研究和工业开发的桥梁，是一家特殊的技术转移机构。

3. 各种协会设立的科技中介机构

(1) 德国工业研究联合会(AIF)。它是全德工业合作研究机构的总部，包括30多个行业的105家工业合作研究机构。这些工业合作研究机构的成员均是企业，主要是中小企业。其中部分经费来自联邦政府经济部。

(2) 德国工程师协会(VDI)。其成立于1856年，是欧洲最大的工程协会，拥有正式会员(工程师和自然科学家)约13万人，主要从事技术的发展、监督、标准化、权利保护和专利方面的工作。承担工程师的培养、继续教育以及向政府、议会和社会提供咨询的任务，近期又增加了技术转让的工作。

4. 民间独立的科技中介机构

(1) 德国史太白经济促进基金会(STW)。它是民办官助全国性技术转移组织，私营企业。成立于1971年，总部设在巴登符腾堡州斯图加特市，基金会主席由州政府科技协调官兼任。基金会的基金最初是私人出资，以后政府也注入资金。在40多个国家有分会(分公司)，包括专兼职人员在内共有4000多人，发展到现在已成为全世界最活跃的技术转移机构之一。

基金实行公司化运作。设立德国史太白技术转移有限公司，该公司由三部分组成：第一部分是参股公司；第二部分是子公司；第三部分是技术转移中心(480多个)。技术转移中心有8个中心设在大学；193个中心设在专业学校；26个合作教育中心；9个专门中心；有100多个与企业有关的中心。实际技术工作是在各个技术转移中心进行。

技术转移中心运作方式，推行10项原则：① 利用已有研究开发基础设施；② 为顾客谋利益；③ 作为政府与企业联系界面；④ 有用性；⑤ 通用性；⑥ 全面服务；⑦ 非集中化和级别平等；⑧ 精练的机构；⑨ 国际化；⑩ 财务独立。

服务项目有：① 咨询服务，是中短期的项目；② 科研开发，是中长期的项目；③ 评估；④ 培训；⑤ 国际合作。

所有技术服务项目都是有偿的，收费没有统一标准，一般要与服务对象商定。

有规模技术转移中心436个。项目21253个，员工4111人。技术转移中心新建58个，共有470个，遍布40多个国家。

(2) 日本民营私营机构有：① 先进科学技术孵化中心；② 关西TLO公司；③ 东北技术使者；④ 日本大学国际产业技术商务育成中心；⑤ 早稻田大学外联推进室；⑥ 筑波"联络"研究所。

5. 商业化的科技中介机构

以英国技术集团(BTG)为例：

英国技术集团原来是国家所有的科技中介机构，于1949年建立，主要负责把政府资助的科研成果转化到市场上去。1991年被私有化，卖给了英格兰银行和英国风险投资公司。有180名职员，多半是科学家、工程师、专利代理、律师和会计师。英国技术集团长期致力于从市场需要出发挑选技术项目，通过有效的手段把技术推向市场，实现技术的商业化应用。BTG属于科技中介股份有限责任公司，它的运行机制就是通过自身卓有成效的工作，充分利用国家赋予的职权，同国内各大学、研究院所、企业集团及众多发明人有着广泛的紧密联合，形成技术开发—推广转移(销售)—再开发及投产等一条龙的有机整体，利润共享，BTG真正起到联结开发成果转化为现实生产力的桥梁和纽带作用。BTG不仅通过转让技术使用获取价值，而且通过建立新的风险投资企业，把获得的巨大报酬返还给它的技术提供者、商业合伙人和股东。所以，众多国内外发明人或企业都纷纷把自己的专利、发明等成果委托给英国技术集团，英国技术集团经审议后替发明人支付专利申请费用和代办申报，颁发许可证，真正使发明者得到知识产权的法律保护。然后，即可对专利等开发成果进行转让，利润分成。

该公司是个典型的、经营规范的股份制科技中介的上市公司。主要业务是从世界各地的大学、研究机构和企业寻找具有市场前景的技术，帮助技术发明人申请专利，进行技术转让评估和实施专利授权。

BTG整个业务工作程序：

① 评估。每年在世界范围内从公司、大学和研究机构等预选400项技术和专利，从中筛选和评估出100项具有较大市场价值的技术项目，帮助实现专利申请或实施专利授权。

② 市场化。BTG目前拥有8000多个专利，400多个专利授权协议。把这些科技成果和专利变成实实在在的市场产品，是BTG的主要目标。

③ 监督。合同签订，BTG有配套的监督组织和人员来监督合同的实施，对违反合同者，可寻求法律手段。

④ 分享利润。主要是通过专利授权的方式与专利所有者、授权生产企业一道共享专利产品市场利益。

BTG开拓业务特点：

① 不急于求成，着眼于长期的技术转移。
② 独辟蹊径，开发非核心专利。
③ 扩展已有专利的价值，获得源源不断的市场利益。

（四）国际技术经理人及其作用

国际技术转移经理人是指从事国际技术贸易、大学技术转移、知识成果转移转化的专业人员。

国际技术转移经理人的工作涉及技术转移的各个环节，包括市场分析、知识产权、财务计划、商业计划、许可、衍生公司、协作研究、谈判和影响评估,还有技术性和交易性技巧,同时也包含了其他一些软技能,比如团队建设、业务网络扩展、理解商业环境下人们行为背后的心理动机。

目的是衔接国际技术资源,提供优质的国际技术转移相关服务工作,最终使命是促成国际技术转移和技术交易。

(五) 跨国技术转移的路径选择与风险

国际技术转移的方式有以下方面:

(1) 商品贸易,特别是通过高技术产品贸易所带来的技术转移。

(2) 技术贸易,包括技术转让、技术咨询服务、成套设备和关键设备的进出口、技术服务与协助、工程承包与交钥匙工程、特许专营、设备租赁、补偿贸易等。以许可证转让方式(包括专利和非专利科技成果)所进行的技术转移,是目前技术转移中最受关注和最为重要的方式之一,通常称之为技术转让。这是一种有偿的转移方式,技术以商品的形式在技术市场中进行交易。通过购置设备和软件获取所需要的技术也是常见的技术转移方式,这种方式的优点是能最快地获取现有的技术,卖方可能会提供培训,投产获利较快,风险较小;缺点是新设备可能不适应企业现有的环境,企业需要在组织上进行变化,成本较高,不能从根本上提高技术能力,随着技术的变化需要不断购买。

(3) 直接投资,比如合作经营、合资经营、独资经营等。

(4) 战略联盟,这是联盟各方实现技术、知识资源共享的一种特殊形式,技术转移在其中是双向或者多向的,联盟各方共用研究开发设施,可以减少资源压力和开支,共担风险,抑制竞争。

(5) 产学研结合,这是技术转移中效果较好和最有前景的途径之一,包括合作研究、合作开发、合资生产等形式。其主要优点是能充分利用合作伙伴的知识技能和资源,发挥自己的优势,补充自己的不足,有利于迅速获取技术,可以减少成本和风险;主要缺点是组织之间的目标不同,有时难以形成良好的合作关系,管理过程和利益分配有时会出现矛盾。

(6) 创办新企业,由成果拥有单位或由科技人员自己创办企业是技术转移最为直接的方式。其优点是转化速度较快,技术拥有单位或个人可能获取更大的收益,但是风险大,难以获得风险投资,不易形成规模经济。特斯拉在上海建立生产工厂是其典型案例。

(7) 科技合作,派遣学者、专家到国外或者其他地区的高等学校、研究机构或者生产企业,与对方的学者、专家合作进行研究设计;或者双方学者、专家轮流到对方学校、研究机构或者企业进行研究。

(8) 科技交流,国家之间或者地区之间、企业之间的科研、教学,以增进智力、技术和信息为内容的,以促进各自技术进步为目的的交流活动,比如聘请讲学、座谈、举办讲习班、参加会议等;这种通过信息传播的方式获取所需技术,其优点是成本低、速度快、简单易行,缺点是无法获取较完整的、系统的技术知识,特别是难以获得技术诀窍,要求企业自身具有较强的技术能力或模仿能力才行。

（9）技术援助，向受援方提供成套的先进设备，以及提供全部或者部分设备所需的零部件、原材料，甚至派遣技术专家负责组织和指导施工、安装和试生产，帮助受援方学会管理生产和操作技术。"技术转移的关键是人而不是技术文件"，这是近几年西方管理界十分流行的说法，关键技术人才的流动常常伴随着技术成果的流动，技术知识随着这种人员的交流得到转移。

（10）技术情报，这种方式渗透到经济技术的各个领域和各个层面，或者窃取有关的技术情报和商业秘密，或者通过中立国或中间商，从一方买入技术再卖给另一方，逃避有关法律法规控制，获得技术秘密。这种方式有的介于合法与非法的灰色领域内，有的则是一种非法活动，但在客观上带来了技术的流动，尤其在国际技术转移领域，是国际技术转移的一种方式。

（六）跨国技术合同的签订与限制性条款

国际技术转让的方式多种多样，最基本的有两种，一种是非商业性的技术转让，是无偿的；另一种是商业性的技术转让，是通过商业交易按商业条件而进行的有偿技术转让。

国际上商业性的有偿技术转让合同又有两种主要方式：一是技术贸易，二是技术投资。与国际技术转让方式的多样性相适应，国际技术转让合同也是多种多样的，各国法律对此有不同规定。

(1) 我国的国际技术转让合同分为五种：

① 工业产权转让或者许可合同（仅涉及商标权转让的合同除外）。

② 专有技术许可合同。

③ 技术服务合同。

④ 含工业产权的转让或者许可、专有技术许可或者技术服务任何一项内容的合作生产合同和合作设计合同。

⑤ 含工业产权的转让或者许可、专有技术许可或者技术服务任何一项内容的成套设备、生产线、关键设备进口合同。

(2) 国际许可合同，一般称为国际许可证协议。它是指营业地在不同国家的当事人，一方准许另一方使用自己所拥有的工业产权无形财产或专有技术的使用权，并收取使用费，而另一方获得该项使用权并支付使用费的书面协议。合同的主体是指这种合同的当事人，一般是不同国家的法人和自然人。合同的客体，主要有3种，即专利技术使用权、商标使用权和专有技术使用权，都具有"独占性"，而且有一定的地域限制。

根据供方授予使用权的大小以及受方在生产经营范围和地域上所受到的限制，可以把国际许可合同分为以下几种：

① 独占许可合同。即在一定的地域和期限内，受方对受让的技术享有独占的使用权，供方和任何第三方在规定的期限内都不得在该地域使用该种技术制造和销售其产品。

② 排他许可合同。即在一定的地域和期限内，受方对受让的技术享有排他的使用权，供方在规定的期限内不得在该地域再将该项技术转让给任何第三方使用，但供方自

己仍然保留在该地域内使用该项技术制造和销售其产品的权利。

③ 普通许可合同。即在一定的地域和期限内,受方对受让的技术享有使用权,同时,供方在该地域内不仅自己有权继续使用该项技术,制造和销售合同中规定的产品,而且还有权将该项技术的使用权转让给任何第三方,也叫作非独占许可合同。

(七)"一带一路"与国际技术转移

技术转移是一个没有国界的科技服务领域,无论是引进国际先进技术成果,还是促进国内先进技术向国外市场转移,都需要技术转移机构有强大的国际化技术转移网络构建能力,在全球加速一体化背景下,技术转移机构的服务能力更是与汇聚全球科技创新服务资源的能力成正比。

近年来我国发起的"一带一路"倡议,也对技术转移机构的国际化服务网络布局能力提出了更高的要求。如近年来全国技术转移公共服务平台运营机构不断扩大国际合作,最大限度地吸纳、聚合国际科技创新资源,拓展技术转移全球合作网络,有效提升了国际技术转移综合服务实力。

目前平台已与韩国、日本、意大利、匈牙利、德国、芬兰、美国等国相关机构建立了合作关系,或建立了技术转移海外分支机构,携手开展国际技术转移服务,是世界著名技术转移公司——德国史太白中国区主要合作伙伴,拥有世界各国1000多个国际技术转移合作点资源。

建立适应"一带一路"新形势的国家技术转移体系,形成互联互通的技术市场,发展壮大市场化的技术转移机构、专业化的技术转移人才队伍,使技术、资本、人才等创新要素有机融合,技术转移渠道更加畅通,面向"一带一路"沿线等国家的国际技术转移广泛开展,有利于科技成果资本化、产业化的体制机制基本建立;全面建成结构合理、功能完善、体制健全、运行高效的国家技术转移体系,使科技成果的扩散、流动、共享、应用更加顺畅。采取的举措有:

(1) 优化国家技术转移体系基础架构,推动形成紧密互动的技术转移网络。激发创新主体技术转移活力,强化需求导向的科技成果供给。建设统一开放的技术市场,构建互联互通的全国技术交易网络。发展技术转移机构,加强高校、科研院所和社会化技术转移机构建设。壮大专业化技术转移人才队伍,完善多层次的技术转移人才发展机制。

(2) 拓宽技术转移通道,放大技术转移体系的辐射和扩散功能。依托创新创业促进技术转移,深化军民科技成果双向转化,推动科技成果跨区域转移扩散,拓展国际技术转移空间。

(3) 完善政策环境和支撑保障,保障体系高效运行。树立正确的科技评价导向,推动高校、科研院所完善科研人员分类评价制度,建立以科技创新质量、贡献、绩效为导向的分类评价体系。强化政策衔接配套,健全国有技术类无形资产管理制度,高校、科研院所科研人员依法取得的成果转化奖励收入不纳入绩效工资,统筹研究科技成果转化奖励收入有关税收政策。完善多元化投融资服务,加强知识产权保护和运营,强化信息共享和精准对接,营造有利于技术转移的社会氛围。

（4）紧扣"创新、协调、绿色、开放、共享"五大发展理念，围绕"汇聚全球之智、共谋创新发展"主题，按照"创新战略、前沿趋势、要素整合、产业发展"四大板块，聚焦"一带一路"科技创新合作，汇集多个国家和地区的科技部门、技术转移机构代表及高新技术企业家，打造技术转移与创新合作国际平台，关注前沿创新技术，推动创新主体融入全球创新体系，使"一带一路"建设成为具有全球影响力的科技创新品牌。

要点提示

1. 国际技术转移不仅是科技成果的跨境流动，更是创新价值的全球共享和产业能力的协同升级。

2. 不同国家和地区的文化背景、商业习惯以及法律法规差异，可能增加技术转移过程中的沟通成本和风险，需要寻求跨文化理解与交流的策略。

3. 国际技术转移的核心在于知识产权的保护和合理利用，建立公正透明、互利共赢的技术价值评估体系和利益分配机制，解决技术提供方和接受方在技术定价、许可费用、成果共享等方面的矛盾。

4. 国际技术转移不仅仅是硬件设备的迁移，更是包含研发能力、管理经验在内的软实力的整体传递。

5. 在国际技术转移中，要通过多边或双边协议保护我国企业的合法权益，防范技术封锁、强制性技术转让等问题，同时积极寻求国际合作，引进先进技术并消化吸收再创新。

6. 国际技术转移的成功实践，实质上是知识产权保护、技术研发合作、市场规则衔接以及人才交流互动等多维度战略融合的结果。

思考练习

1. 国际技术转移的特征是什么？
2. 影响国际技术转移的主要因素是什么？
3. 美国知名技术转移机构运营模式与成功经验是什么？
4. 技术经理人及其作用是什么？
5. 跨国技术转移的路径选择与风险是什么？
6. 跨国技术合同的签订与限制性条款有哪些？
7. "一带一路"与国际技术转移有何特点？
8. 影响国际技术转移的主要因素有哪些？
9. 国际技术转移的方式主要有哪些？
10. 如何在国际技术转移过程中确保知识产权的有效保护，避免侵权行为？如何在不同国家和地区之间顺畅地转让和使用知识产权？
11. 数字化、人工智能、区块链等新兴技术的发展带来哪些新的技术转移形式和法律政策难题?

12. 如何制定适应新技术特点的法规和标准来促进安全有效的国际技术转移?

五、实践案例分析

任务导航:无论是创业创新还是企业管理,实操案例都是检验理论、启发思考的重要载体,它们凝聚了先行者的实践经验,引领后来者避开暗礁,驶向成功的彼岸。

学习重点:案例背景介绍;问题识别与界定;解决方案探讨;改进措施建议;汇报演示;跨学科融合。

建议学时:5学时。

案例一

某大学院士团队计划将微梁传感技术应用于临床诊断试剂盒的研发与生产。由该校教授的学生出面向学校申请赋权,同时该市的各大基金公司跟进尽调,项目进行初期非常顺利。尽调过程中也发现该团队组合不够合理,缺乏市场和产业方的核心成员等问题,后来补齐了短板,项目仍在继续推进。该公司的核心技术是基于微梁传感器原理开发了一款高灵敏度的生物分子检测平台。具体实现上,通过在微梁表面修饰特定生物探针(如抗体或核酸适配体),当样本中的目标生物分子(如疾病标志物)与探针结合时,会引起微梁形变,这种形变可以通过光学干涉、电容检测或压电效应等方式进行量化测量。由此,可以精确测定样本中目标分子的浓度,进而实现对疾病的早期筛查和诊断。该公司正准备拿到基金后,经过实验室研究阶段的突破后,将微梁传感器产品进入工程化开发及批量生产阶段时,学校的赋权被搁置,原因是项目负责人之前开设的公司没有清理完成,并且还存在知识产权的瑕疵。基金方听到消息后,也中止了投资计划,由于缺乏足够的资金保障,没有办法通过严格的临床验证和国家相关医疗器械认证。最终,即将转化为市场上的便携式即时检测设备,能被广泛应用于医院检验科、疾控中心以及家庭自我健康管理等多个场景,能显著提升检测效率、准确性和推动精准医疗的发展的好的成果转化项目,被彻底被搁置。微梁传感技术的实际应用价值未得到实现,在从基础科研到产业化生产的过程中遇到了困难,科技与产业的深度融合成了明天的希望。

问题与思考

1. 该项目为什么不能顺利转化,反映了什么?
2. 怎样做才能成功?谈谈你的计划和步骤。

案例二

某省某建设集团下属机械制造厂参加亚洲开发银行贷款本省一级公路养护设备摊铺机的投标。在此次国际招标中,招标文件规定投标语言为英语,具体规定为:"投标书和投标人与业主之间有关投标书的来往函电和文件均使用英文。由投标人提供的证明文件和印刷品可为其他语言,但其中相关段落应附有准确的英译文,并且,为解释投标书,应以英译文为准。"然而,上述机械制造厂提供的投标文件中,报价表使用了英文,商务资料表使用了中文,技术资料表则使用了法文(该厂摊铺机生产技术从法国引进),并且其中,法语言部分没有相应的英译文。结果是,该厂因为投标书书写语言与招标文件规定不符而未通过商务审查。

讨论:
1. 请分析此案的教训。
2. 在引进国外技术的时候还应注意哪些问题?

案例三

下文将介绍国际知名的技术转移创新模式相关案例。

一、德国史太白(Steinbeis)技术转移中心——将有效知识与成功应用联系

史太白中心是一个由约1100家转化公司组成的全球协会,业务遍及研发、咨询、培训、转移等各环节,形成了在全球范围内具有重要影响的技术和知识转移网络。

1. 组织架构高效完善

组织架构自上而下为技术转移发展建言献策。理事会由政府经济部、科技部、工业联合会、高校、科研机构、工商会的20名代表组成,政府代表占半数以上。董事会主席兼任基金会主席,同时担任技术转移公司总经理,负责日常运转。技术转移公司为基金会的全资子公司,管理技术转移、咨询中心、研究中心及其他下属公司(图5.4)。

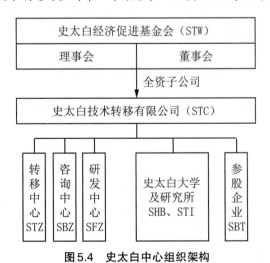

图5.4 史太白中心组织架构

2. 推行扁平化管理

总部与技术转移中心之间建立灵活高效的运作机制。基金会制定服务准则,指导和督促下属技术转移中心按基金会章程提供服务。各技术转移中心按照市场化原则自主

运营,在涉及经营、管理的具体事务中有独立决策权,无需请示董事会同意。这种外松内紧的管理模式充分发挥各技术转移中心的积极性,最大程度上实现了技术拥有者、史太白以及企业之间的共赢合作。

二、美国斯坦福大学技术转移办公室(OTL)模式——首创技术经理人的成果转化模式

从20世纪90年代开始,斯坦福大学首创的OTL模式受到大多数美国大学的认可,成为当代美国大学技术转移的主流模式。在OTL模式中,专利发明人向OTL提交"发明和技术披露表",之后技术经理(technology manager)将负责此后的全过程,包括是否要将此发明申请专利,以及之后的技术评估、申请专利、营销谈判等。

1. 均衡的利益共享和收入分配制度

在该模式下,专利权主体享有所在大学知识产权独占经营权利,拥有较高的自主权,给予了充分的权限。同时在利益和收入分配制度方面,技术经理人一般占15%(自收自支),学校占85%,其中技术发明人、院系和学校各占1/3。合理的利益分配和激励机制既吸引了许多技术专才和工商管理人才加入OTL成为技术经理人,也促进了科技成果转化的良性循环。

2. 专业的技术经理人人才队伍

技术经理人是懂科研、懂法律、懂商业的团队,胜任一项技术从披露到转让的全过程(图5.5)。

图5.5 技术从披露到转让的全过程

三、韩国技术保证基金(KOTEC)——通过技术担保解决科技与金融的融合难题

随着研究成果的逐步增加,韩国出现了大量成果结题后束之高阁的情况,"韩国技术保证基金"应运而生,成为韩国科技金融机构的代表。KOTEC承担政策引导、专业支持和技术金融担保职责,针对科技型中小企业的无形资产进行评价评估,通过技术担保解决科技与金融的融合难题(图5.6)。

1. 构建研发技术评价系统

为降低金融担保风险,KOTEC成立了中央技术评价研究院、未来创新研究室,对产业发展和技术价值进行全方位研究,构建了适用于中小企业技术成果评价的技术鉴定体系、技术评级体系(KTRS)、技术信用鉴定人证书制度,为其担保活动提供可靠性依据,在

金融机构中获得较高信用度。

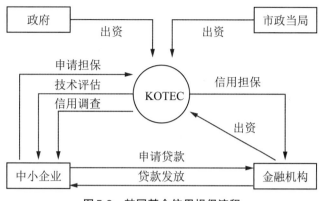

图 5.6　韩国基金信用担保流程

2. 推动新兴技术研发

KOTEC打通了金融机构、风投企业、创业企业的资金流动瓶颈,提升了社会资本对国家关注领域的技术投入,推动了新兴产业的技术研发。获得担保的中小企业经营收益率普遍高于一般企业,风险投资企业和创业企业的产品附加价值率也普遍高于一般企业。

同时KOTEC所构建的技术评级体系,解决了金融机构信用贷款过程中的担保难题,金融机构对创业企业的信贷资金反过来又对技术研发的持续和升级提供了支持。

讨论:

1. 从上述案例中,发达国家的技术转移机构有何特点?
2. 如何借鉴应用到我国的技术转移机构上?

要点提示

1. 有效的实践案例分析能精准解剖问题的本质,揭示成功背后的逻辑与规律。

2. 实践案例分析能够提升实际问题解决能力,锻炼批判性思维,培养理论联系实际的工作习惯,也有助于积累专业领域内的实践经验,提升职业素养和决策水平。

3. 在案例的海洋里畅游,我们学会以全局视角审视局部现象,用动态思维理解静态结果,把每一次实战经历转化为宝贵的财富。

第六章 能力提升模块

一、经济学基础知识

任务导航:"在经济世界中,看不见的手往往比看得见的干预更为有力。"(亚当·斯密)

学习重点:宏观经济学,衡量宏观经济的主要指标,商品市场与货币市场,宏观经济政策等。

建议学时:3学时。

(一)宏观经济学

宏观经济学是微观经济学的对称,是现代经济学的一个分支。宏观经济学是以国民经济总过程的活动为研究对象,着重考察和说明国民收入、就业水平、价格水平等经济总量是如何决定的、如何波动的,研究经济中各有关总量的决定及其变动,以解决失业、通货膨胀、经济波动、国际收支等问题,实现长期稳定的发展。故其又被称为总量分析或总量经济学,或总体经济学、大经济学。宏观经济学包括宏观经济理论、宏观经济政策和宏观经济计量模型。

宏观经济学问题包括:为什么经济会经历衰退和失业不断增加的时期?为什么在长期内有些经济体比其他经济体增长得快得多?政府干预能否降低衰退的严重性?

宏观经济学具体内容主要包括:经济增长、经济周期波动、失业、通货膨胀、国家财政、国际贸易等方面。涉及国民收入及全社会消费、储蓄、投资及国民收入的比率,货币流通量和流通速度,物价水平,利息率,人口数量及增长率,就业人数和失业率,国家预算和赤字,出入口贸易和国际收入差额等。

宏观经济理论包括:国民收入决定理论、消费函数理论、投资理论、货币理论、失业与通货膨胀理论、经济周期理论、经济增长理论、开发经济理论。

宏观经济政策包括:经济政策目标、经济政策工具、经济政策机制(即经济政策工具如何达到既定的目标)、经济政策效应与运用。

宏观经济计量模型包括理论验证、经济预测、政策制定以及政策效应检验模型。

现代宏观经济学是为国家干预经济的政策服务的。如何保证经济持续健康增长是宏观经济学在研究长期问题时的核心任务。

短期宏观经济学的目标是如何保证经济稳定增长,具体有四大目标:经济增长、物价稳定、充分就业和国际收支平衡。这四大目标都与国民收入有密切关系,比如物价上涨会导致通货膨胀,减少人民的实际收入;失业会使失业者的收入急剧下降;净出口减少会使本国的收入下降,出口型企业破产。所以说短期里的经济波动也是直接影响国民收入的。

(二) 衡量宏观经济的主要指标

宏观经济指标是体现经济情况的一种方式,主要指标有国内生产总值、通货膨胀与紧缩、投资指标、消费、金融、财政指标等。具体包括GDP总额、经济增速、外贸进出口数据与增速、固定资产投资总额与增速、国内消费总额与增速、通货膨胀率、PPI、预算赤字、新增贷款额、外汇储备额、三大产业的数据与增速、人均收入等指标。宏观经济指标对于宏观经济调控起着重要的分析和参考作用。

(1) 国内生产总值(GDP):是某一国在一定时期其境内生产的全部最终产品和服务的总值。反映一个国家总体经济形势的好坏,与经济增长密切相关,被大多数西方经济学家视为"最富有综合性的经济动态指标"。主要由消费、私人投资、政府支出、净出口额四部分组成。国民生产总值简称"GNP",它由国内生产总值和国际收入两部分组成。国际上判断一国宏观经济形势的好坏,最常见的经济指标就是国内生产总值和经济增长率(GDP增长率)。

(2) 工业生产总值:某国工业生产部门在一定时间内生产的全部工业产品的总价值。在国内生产总值中占有很大比重。

(3) 就业率:就业率,也会被引述为失业率,其高低往往是由经济增长率和通货膨胀率的高低决定的,政府往往根据就业率的高低来制定各项财经政策,而这些政策又会对股市产生直接和间接的影响。

就业率是经济发展的晴雨表,与经济周期密切相关。数据上升说明经济发展受阻,反之则看好。对于大多数西方国家来说,失业率在4%左右为正常水平,但如果超过9%,则说明经济处于衰退。

(4) 国际收支:是一国对其他国家在一定时期进行的商品、劳务和金融资产交易的记录。国际收支包括经常项目收支和资本项目收支两部分。经常项目收支主要包括贸易、劳务和单方面转移。一国国际收支状况最直接的作用结果是汇率。一国国际收支顺差,则该国货币坚挺,有升值潜力;反之长期逆差则货币疲软,货币有贬值可能。

(5) 通货膨胀:是指用某种价格指数衡量的一般价格水平的上涨。为了抑制通货膨胀,政府往往会采取紧缩型的货币和财政政策。就宏观经济形势好坏而言,最佳状态是温和通胀,即在经济高增长的同时保持通货温和膨胀。

(三) 商品市场与货币市场

1. 商品市场

商品市场是指有固定场所、设施、有若干经营者入场经营、分别纳税、由市场经营管理者负责经营物业管理,实行集中、公开交易有形商品的交易场所。

这一概念有三层含义：

（1）商品市场是由交易主体、交易客体、交易载体等多种要素构成的商品交易场所。

（2）商品市场是提供服务的场所，这是一个给生产者、消费者提供一个有一定服务质量的交易场地。

（3）商品市场是提供感觉体验的场所。因此，商品市场是商品经济发展到一定阶段的产物。

商品市场是商品经济运行的载体或现实表现。

它有四层含义：一是商品交换场所和领域；二是商品生产者和商品消费者之间各种经济关系的汇合和总和；三是有购买力的需求；四是现实顾客和潜在顾客。

劳动分工使人们各自的产品互相成为商品，互相成为等价物，使人们互相成为市场。社会分工越细，商品经济越发达，市场的范围和容量就越扩大。同时，市场在其发育和壮大过程中，也推动着社会分工和商品经济的进一步发展。市场通过信息反馈，直接影响着人们生产什么、生产多少，以及上市时间、产品销售状况等；联结商品经济发展过程中产、供、销各方，为产、供、销各方提供交换场所、交换时间和其他交换条件，以此实现商品生产者、经营者和消费者各自的经济利益。

2. 货币市场

货币市场是指期限不满一年的金融资产进行交易的市场。市场的主要功能是保持金融资产的流动性，使其随时可以转换为流通货币。它的存在，一方面满足了借款人的短期资金需求，另一方面为暂时闲置的资金找到了出路。

货币市场也指买卖短期信用工具的市场，如国库券、商业票据、银行承兑汇票、可转让存单和回购协议。它具有期限短、流动性强、风险低的特点，在货币供给水平的划分中被置于现金货币和存款货币之后，被称为"准货币"，因此市场被称为"货币市场"。

一个有效的货币市场应该是一个具有广度、深度和灵活性的市场。它市场容量大，信息流动快，交易成本低，交易活跃、持续，能吸引众多投资者和投机者。

货币市场由六个子市场组成：同业拆借市场、票据市场、存单市场、国库券市场、消费信贷市场和回购协议市场。货币市场就其结构而言，包括同业拆借市场、票据贴现市场、短期政府债券市场、证券回购市场、大额可转让定期存单等。

货币市场的管理功能主要是指通过其业务活动的开展，促使微观经济行为主体加强自身管理，提高经营水平和盈利能力。

3. 货币市场现状

（1）同业拆借市场。银行间同业拆借市场是货币市场的核心组成部分。在拆借市场上，商业银行等金融机构通过短期信用融资方式进行流动性管理。由于我国实行法定存款准备金制度，存款机构必须向中央银行交纳准备金，而临时性大额支付会使存款机构出现暂时的准备金不足，从而形成拆借资金的需求。中国的同业拆借市场现实行的是"统一计划、划分资金、时贷时存、相互融通"的信贷管理办法。

目前，银行间同业拆借交易数额较小，而商业银行仍然保持了较高的超额准备金水平,其原因是多方面的。由于支付系统的原因,商业银行的法定准备金均由其总行在所在地人民银行集中交纳,而商业银行分支行又需要保留部分超额准备金以保证在当地的大额支付,这是超额储备较高的重要原因之一。由于超额准备水平较高,为了减少商业银行的财务负担,人民银行对超额准备金付息,目前超额准备金的利率为2.07%,这构成了拆借利率的下限。因为超额准备金利率较高,因此商业银行缺乏减少超额准备金的动机,从而使同业拆借,特别是隔夜拆借的需求下降。因此拆借市场的发展,还有待于进一步改革准备金制度并提高中央行支付系统的效率。

(2) 回购市场。近年来,随着风险管理的加强,金融机构普遍需要更为安全的短期融资方式和工具。依托于银行间债券市场的发展,债券回购也得到了迅速的发展。为了规范管理,1995年8月9日,人民银行、财政部、证监会联合发布了《关于重申进一步规范证券回购业务有关问题》的通知,严禁回购交易中的买空卖空行为和非金融机构参与回购市场,证券交易所开办回购交易必须经人民银行批准,回购证券限于国债和金融债券,并且还确立了参与者登记和交易情况申报制度。

目前,参加银行间债券市场回购业务的市场成员已包括中资商业银行及授权分行、在华外资银行分行、中外资保险公司、证券公司、基金公司、农村信用社联社。全部成员金融资产总额占中国金融体系的95%以上。由于参加银行间债券市场成员比拆借市场的机构更为广泛,债券回购的风险又低于信用拆借,且与拆借相比,回购交易更为活跃,回购利率也更加稳定,因此,在反映金融市场流动性松紧方面的代表性也更加充分。由于拆借和回购已成为商业银行等金融机构之间流动性管理的主要方式,银行间市场的同业拆借和回购利率开始成为货币市场的基准利率。

(3) 商业票据市场。票据市场是我国货币市场的重要组成部分,商业汇票的承兑、贴现、再贴现是目前我国票据业务的主要形式。

近年来,以银行承兑汇票为主的商业票据业务发展较快。2000年11月9日,我国在上海开办了内地第一家专业化票据经营机构——中国工商银行票据营业部,标志着票据市场的发展进入了专业化、规模化和规范化的新阶段。票据业务的较快发展,为拓宽企业融资渠道,缓解企业间债务拖欠问题,改善商业银行信贷资产质量,加强中央银行间接调控功能都发挥了积极作用。特别是在目前中小金融机构和中小企业对外融资困难的情况下,票据业务正逐步成为它们的重要融资渠道。

今后,人民银行将继续推动票据市场发展。在规范票据行为、整顿票据流通秩序、防范票据风险的同时,以发展具有贸易背景的交易性票据为重点,尝试发行融资性票据,促进票据市场工具从单一化向多样化转变。

(4) 大额可转让定期存单市场。我国开办此项业务始于交通银行业务运营初期。随后,其他各行也相继开办了此项业务,其中个人大额存单发展最为迅速。为了规范其进一步发展,人民银行总行于1989年先后下发了《大额可转让存单管理办法》和《关于大额可转让存单转让问题的通知》,对大额可转让存单的发行对象、金额、期限、利率给予了统一的明确规定,为其健康发展奠定了基础。

我国的大额可转让存单目前绝大部分是记名式的,不通兑,名为"转让存单"事实上流通困难,不利于持单人调整投资结构;存单利率与同期存款利率基本持平,缺乏弹性,从而通过存单市场反映货币供求状况的利率机制未能形成。

(5) 短期政府债券市场。目前,我国的债券种类主要是国债和政策性金融债,银行间债券市场已构成中国债券市场的主体,而商业银行等金融机构已成为国债和政策性金融债的主要投资者。1997年6月以前,商业银行主要通过证券交易所进行国债买卖。在这之后根据新的管理规定,商业银行全部退出交易所的债券交易,并通过新建立的银行间债券市场进行债券交易。2000年,财政部在银行间债券市场上发行的国债全部采用市场化招标方式发行。在银行间债券市场上,债券的发行利率和买卖价格都已由市场决定,这对货币市场的发展具有重要意义。国债市场在西方发达货币市场上是一个最活跃的市场,是中央银行据以进行公开市场业务操作的主要场所。

但在我国,一方面国债总体规模不大,中央银行公开市场缺乏物质基础;另一方面由于国债期限单一,加之中期国债的交易活动主要是在各证券商之间进行,中央银行未能参与进去,带有明显的自循环性质,因而国库券市场作为货币市场的一种重要形态,无论在政府的短期融资管理方面,还是在作为中央银行参与货币市场运作的手段方面,均未发挥应有的效应。

(四) 宏观经济政策

1. 宏观经济政策的理论基础

宏观经济政策的理论基础是凯恩斯主义的经济学的总需求决定国民收入的理论,即IS-LM模型(图6.1)。该模型说明了商品市场和货币市场同时达到均衡时利息率和国民收入是如何决定的,并且指出了模型中的 IS 曲线和 LM 曲线的位置变动会对均衡的利息率水平和国民收入水平产生何种影响。该模型是分析财政政策和货币政策效应的工具。

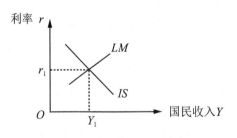

图6.1　IS-LM模型

宏观经济政策是指政府有意识有计划地运用一定的政策工具,调节控制宏观经济运行,以达到一定的政策目标,也指国家或政府运用其能够掌握和控制的各种宏观经济变量而制定的指导原则和措施。

严格地说,宏观经济政策是指财政政策和货币政策,以及收入分配政策和对外经济政策。除此以外,政府对经济的干预都属于微观调控,所采取的政策都是微观经济政策。

2. 宏观经济政策的选择原则和主要目标

(1) 宏观经济政策的选择原则:急则治标、缓则治本、标本兼治。

急则治标是指运用财政、货币等宏观经济政策处理短期经济问题,如刺激经济增长,防止通货紧缩、应对外部冲击等;缓则治本是指通过结构政策与经济改革处理长期经济问题,如调整经济结构、促进技术进步、提高经济效益、实现持续发展、积极参与全球经济。因为中国经济发展前景在很大程度上取决于中远期战略相一致的政策组合。

(2)宏观经济政策的主要目标:持续均衡的经济增长;充分就业;物价水平稳定;国际收支平衡。

① 经济增长,是指在一个特定时期内经济社会所生产的人均产量和人均收入的持续增长。它包括:一是维持一个高经济增长率;二是培育一个经济持续增长的能力。一般认为,经济增长与就业目标是一致的。经济增长通常用一定时期内实际国民生产总值年均增长率来衡量。

② 充分就业,是指包含劳动在内的一切生产要素都以愿意接受的价格参与生产活动的状态。充分就业有两种含义:一是指除了摩擦失业和自愿失业之外,所有愿意接受各种现行工资的人都能找到工作的一种经济状态,即消除了非自愿失业就是充分就业。二是指包括劳动在内的各种生产要素,都按其愿意接受的价格,全部用于生产的一种经济状态,即所有资源都得到充分利用。

就劳动就业而言,充分就业并不是指所有的劳动者都能就业,在充分就业的状态下,也有可能存在失业。政府关心的是由于经济周期所造成的非自愿失业。发展经济是扩大就业的根本措施,其他就是各种就业培训、信息发布等。

③ 物价稳定,是指物价总水平的稳定。一般用价格指数来衡量一般价格水平的变化。价格稳定不是指每种商品价格的固定不变,也不是指价格总水平的固定不变,而是指价格指数的相对稳定。稳定物价的措施就是适量发行货币,特殊时期调节好物资供应。

④ 国际收支平衡,具体分为静态平衡与动态平衡、自主平衡与被动平衡。国际收支平衡是指一国净出口与净资本。一国的国际收支状况不仅反映了这个国家的对外经济交往情况,还反映出该国经济的稳定程度。

3. 宏观调控

宏观调控就是国家对国民经济总量进行的调节与控制,它是政府促进经济稳定的最主要的调控手段,是社会再生产协调发展的必要条件,也是社会主义国家治理经济的重要职能。

(1)宏观调控的目的:

① 实现经济稳定增长。保持经济总量平衡,抑制通货膨胀,促进重大经济布局优化,实现经济稳定增长。经济增长是经济和社会发展的基础。持续快速的经济增长是实现国家长远战略目标的首要条件,也是提高人民生活水平的首要条件。促进经济增长是宏观调控的最重要的目标,促进经济增长是在调节社会总供给与社会总需求的关系中实现的。为了促进经济增长,政府必须调节社会总供给与社会总需求的关系,使之达到基本平衡。

② 增加就业。这是人民群众改善生活的基本前提和基本途径。就业的情况关系到

人民群众的切身利益,关系到改革发展稳定的大局,关系到全面建成小康社会的宏伟目标,关系到实现全体人民共同富裕,促进充分就业是政府的责任。

面临严重的就业形势的原因:一方面劳动供给数量庞大,另一方面劳动力需求显得有限,因此必须坚持实行促进就业的长期战略和政策。长期将增加就业的宏观调控目标落到实处,并严格控制人口和劳动力增长,就业的增加取决于经济增长速度和经济增长的就业弹性。要增加就业,首先要促进经济持续快速增长,这是增加就业的基础,同时还必须提高就业弹性。为了提高就业弹性,要积极发展劳动密集型产业、第三产业、中小企业、非公有制企业,要大力推进城镇化,加快小城镇建设。要稳定物价,价格的波动是价格发挥调节作用的形式,但价格的大幅度波动对经济生活是不利的。假如物价大幅上升和通货膨胀,片面追求数量扩张,则经济效益下降;假如物价下降和通货紧缩,则会抑制投资。在社会主义市场经济条件下,绝大多数商品和办事的价格由市场决定,但政府可以运用货币等经济手段对价格进行调节。

(2) 宏观经济政策工具:宏观经济政策工具是用来达到政策目标的手段,常用的有需求管理、供给管理、国际经济政策。

① 需求管理,是指通过调节总需求来达到一定政策目标的宏观经济政策工具。它包括财政政策和货币政策。需求管理政策是以凯恩斯的总需求分析理论为基础制定的,是凯恩斯主义所重视的政策工具。

需求管理是要通过对总需求的调节,实现总需求等于总供给,达到既无失业又无通货膨胀的目标。它的基本政策有实现充分就业政策和保证物价稳定政策两个方面。在有效需求不足的情况下,也就是总需求小于总供给时,政府应采取扩张性的政策措施,刺激总需求增长,克服经济萧条,实现充分就业;在有效需求过度增长的情况下,也就是总需求大于总供给时,政府应采取紧缩性的政策措施,抑制总需求,以克服因需求过度扩张而造成的通货膨胀。

② 供给管理,是通过对总供给的调节,来达到一定的政策目标。在短期内影响供给的主要因素是生产成本,特别是生产成本中的工资成本。在长期内,影响供给的主要因素是生产能力,即经济潜力的增长。

供给学派理论的核心是把注意力从需求转向供给。供给管理政策具体包括控制工资与物价的收入政策、指数化政策、人力政策和经济增长政策。

a. 收入政策,是指通过限制工资收入增长率从而限制物价上涨率的政策,因此,也称工资和物价管理政策。之所以对收入进行管理,是因为通货膨胀有时是由成本(工资)推进所造成的。收入政策的目的就是制止通货膨胀。它有以下三种形式:一是工资与物价指导线。根据劳动生产率和其他因素的变动,规定工资和物价上涨的限度,其中主要是规定工资增长率。企业和工会都要根据这一指导线来确定工资增长率,企业也必须据此确定产品的价格变动幅度,如果违反,则以税收形式以示惩戒。二是工资物价的冻结。即政府采用法律和行政手段禁止在一定时期内提高工资与物价,这些措施一般是在特殊时期采用,在严重通货膨胀时也被采用。三是税收刺激政策。即以税收来控制增长。

b. 指数化政策,是指定期地根据通货膨胀率来调整各种收入的名义价值,以使其实际价值保持不变。主要有:一是工资指数化;二是税收指数化,即根据物价指数自动调整个人收入调节税等。

c. 人力政策,又称就业政策。是一种旨在改善劳动市场结构,以减少失业的政策。主要有:一是人力资本投资。由政府或有关机构向劳动者投资,以提高劳动者的文化技术水平与身体素质,适应劳动力市场的需要。二是完善劳动市场。政府应该不断完善和增加各类就业介绍机构,为劳动的供求双方提供迅速、准确而完全的信息,使劳动者找到满意的工作,同时企业也能得到其所需的员工。三是协助工人进行流动。劳动者在地区、行业和部门之间的流动,有利于劳动的合理配置与劳动者人尽其才,也能减少由于劳动力的地区结构和劳动力的流动困难等原因而造成的失业。对工人流动的协助包括提供充分的信息、必要的物质帮助与鼓励。

d. 经济增长政策主要有:一是增加劳动力的数量和质量。增加劳动力数量的方法包括提高人口出生率、鼓励移民入境等;提高劳动力质量的方法有增加人力资本投资。二是资本积累。资本的积累主要来源于储蓄,可以通过减少税收,提高利率等途径来鼓励人们储蓄。三是技术进步。技术进步在现代经济增长中起着越来越重要的作用。因此,促进技术进步成为各国经济政策的重点。四是计划化和平衡增长。现代经济中各部门之间协调的增长是经济本身所要求的,国家的计划与协调要通过间接的方式来实现。

③ 国际经济政策。国际经济政策是对国际经济关系的调节。现实中每一个国家的经济都是开放的,各国经济之间存在着日益密切的往来与相互影响。一国的宏观经济政策目标中有国际经济关系的内容(即国际收支平衡),其他目标的实现不仅有赖于国内经济政策,也有赖于国际经济政策。

要点提示

1. 宏观经济政策目标用GDP衡量物价稳定;用CPI衡量充分就业。
2. 宏观经济政策的理论基础是凯恩斯主义的经济学的总需求决定国民收入的理论,即IS-LM模型。
3. 所有经济学的问题都可以归结为两个问题:如何生产以及为谁生产(阿尔弗雷德·马歇尔)。
4. 产品市场和货币市场是相互联系、相互作用的,收入和利率只有在这种相互联系、相互作用中才能确定。
5. 宏观经济政策的四大目标是充分就业、价格水平稳定、经济增长和国际收支平衡。
6. 宏观调控主要运用价格、税收、信贷、汇率等经济手段和法律手段及行政手段。
7. 宏观经济政策的选择原则:急则治标、缓则治本。
8. 在宏观经济政策工具中,常用的有需求管理、供给管理、国际经济政策。

思考练习

1. 为什么讨论宏观经济学问题时,要分长期和短期?
2. 货币市场的现状是什么?
3. 如何实现宏观经济政策的四大目标?
4. 结合宏观经济政策四大目标,谈谈政府如何稳定经济。
5. 宏观经济政策目标用什么指标来衡量?
6. 为达到宏观经济政策的目标可采用的政策工具有哪些?
7. 宏观调控工具有哪些?
8. 宏观经济在哪些方面会影响技术转移或成果转化?
9. 如何设计有效的碳定价机制、绿色技术投资激励措施以及全球气候治理方案?如何应对全球变暖等环境挑战?
10. 可持续发展路径下的经济增长模式和能源转型策略是什么?如何协调资源稀缺性与经济发展之间的关系?
11. 技术创新对产业结构、就业结构以及企业竞争格局的重塑作用体现在哪里?它如何促进科技创新成果的转化和应用?

二、金融基础知识

任务导航:金融基础知识如同航海图,帮助我们在资本市场的海洋中把握方向,规避暗礁,最终安全抵达财富增值的目的地。

学习重点:金融市场的概念,金融市场的功能,中国的多层次资本市场,金融机构,金融风险管理;国际金融等。

建议学时:3学时。

(一) 金融市场的概念

金融是信用货币出现以后形成的一个经济范畴,金融不包括实物借贷而专指货币资金的融通,除了通过借贷货币融通资金之外,还以发行股票的方式来融通资金。

金融是以货币本身为经营标的、目的,通过货币融通使货币增值的经济活动。金融的内容为货币的发行与回笼,存款的吸收与付出,贷款的发放与回收,金融、外汇的买卖,有价证券的发行与转让,保险、信托、国内国际的货币结算等。

从事金融活动的机构主要有银行、信托投资公司、保险公司、证券公司、投资基金,还有信用合作社、财务公司、金融资产管理公司、邮政储蓄机构、金融租赁公司以及证券、金融、外汇交易所等。

1. 金融行业

金融行业包括：银行、证券公司、保险公司、担保公司、信用卡公司、消费者金融公司等。所有的这些被统称为金融机构。下面是各类金融机构的特征和内部结构。

(1) 银行，是依法成立的经营货币信贷业务的金融机构，是商品货币经济发展到一定阶段的产物。

我们日常生活经常打交道的银行，它以存款的方式为客户代管财产，又以返利的方式向客户支付利息。

存款的大部分会以融资的方式被银行贷给企业或个人，用以赚取利息。这中间所产生的贷出利息和存款利息之间的利息差正是银行的主要收益来源。

银行是金融机构之一，银行按类型分为：中央银行、政策性银行、商业银行、专营机构、投资银行、世界银行，它们的职责各不相同。

① 中央银行：即中国人民银行，是我国的中央银行。

② 国有政策性银行：包括中国进出口银行、中国农业发展银行、国家开发银行。

③ 国有商业银行：包括中国工商银行、中国农业银行、中国银行、中国建设银行、中国邮政储蓄银行、交通银行等。

④ 专营机构：指商业银行针对本行某一特定领域业务所设立的、有别于传统分支行的机构。

⑤ 投资银行：包括高盛集团、摩根士丹利、花旗集团、富国银行、瑞银集团、法国兴业银行等。

⑥ 世界银行：用于资助国家克服贫困，各机构在减轻贫困和提高生活水平的使命中发挥独特的作用。

(2) 证券，是多种经济权益凭证的统称，也指专门的种类产品，是用来证明券票持有人享有的某种特定权益的法律凭证。证券主要包括资本证券、货币证券和商品证券等。狭义上的证券主要指的是证券市场中的证券产品，其中包括产权市场产品如股票，债权市场产品如债券，衍生市场产品如股票期货、期权、利率期货等。

① 证券作为表彰一定民事权利的书面凭证，具有以下几个基本特征：证券是财产性权利凭证；证券是流通性权利凭证；证券是收益性权利凭证；证券是风险性权利凭证。

② 证券的风险性表现为：由于证券市场的变化或发行人的原因，使投资者不能获得预期收入，甚至发生损失的可能性。

证券投资的风险和收益是相联系的。在实际的市场中，任何证券投资活动都存在着风险，完全回避风险的投资是不存在的。

③ 按证券所载内容，证券可以分为：

一是货币证券，是指可以用来代替货币使用的有价证券，是商业信用工具，主要用于企业之间的商品交易、劳务报酬的支付和债权债务的清算等，常见的有期票、汇票、本票、支票等。

二是资本证券，是指把资本投入企业或把资本供给企业或国家的一种书面证明文件，资本证券主要包括股权证券（所有权证券）和债权证券，如各种股票和各种债券等。

三是货物证券(商品证券),是指对货物有提取权的证明,它证明证券持有人可以凭证券提取该证券上所列明的货物,常见的有栈单、运货证书、提货单等。

证券业是从事证券发行和交易服务的专门行业,主要经营活动是沟通证券需求者和供给者之间的联系,并为双方证券交易提供服务,促使证券发行与流通高效地进行,并维持证券市场的运转秩序。主要由证券交易所、证券公司、证券协会及其他金融机构组成。

证券公司的主要收益来源是经纪业务,即通过让顾客购买股份和金融产品从中赚取手续费。而近几年来,增加顾客预存资产金额从中赚取资产余额手续费的存货型资产管理业务开始慢慢变为收益支柱。

(3)保险,是指投保人根据合同约定,向保险人支付保险费,保险人对于合同约定的可能发生的事故因其发生所造成的财产损失承担赔偿保险金责任,或者被保险人死亡、伤残、疾病或者达到合同约定的年龄、期限等条件时承担给付保险金责任的商业保险行为。

从经济角度看,保险是分摊意外事故损失的一种财务安排;从法律角度看,保险是一种合同行为,是一方同意补偿另一方损失的一种合同安排;从社会角度看,保险是社会经济保障制度的重要组成部分,是社会生产和社会生活"精巧的稳定器";从风险管理角度看,保险是风险管理的一种方法。

商业保险大致可分为:财产保险、人身保险、责任保险、信用保险、津贴型保险、海上保险。

大类别按照保险保障范围分类,小类别按照保险标的的种类分类。

按照保险保障范围分为:人身保险、财产保险、责任保险、信用保证保险。

保险公司的主要收益来源是:通过将顾客的保险金以股份和债券的方式应用,从中赚取利润。保险公司又分为生命保险公司和损害保险公司。

保险价值可由三种方法确定:

① 根据法律和合同法的规定,法律和合同法是确定保险价值的根本依据。

② 根据保险合同和双方当事人约定。有些保险标的物的保险价值难以衡量,比如人寿保险、健康保险,人的身体和寿命无法用金钱来衡量,则其保险价值以双方当事人约定。

③ 根据市价变动来确定保险价值。一些保险标的物的保险价值并非一直不变的。大多数标的物也会随着时间延长而折旧,其保险价值呈下降趋势。

(4)担保,是为担保某项债务的实现而采取的措施,该项债务是主法律关系,担保是从法律关系。担保,包括人保、物保和金钱担保。

物保,即担保物权,它以物的交换价值作为债权实现的担保。现代大陆法系国家的担保物权制度继受于罗马法的物的担保制度,包括抵押权、质押权和留置权三类。其中,抵押权的客体包括三类,分别是动产、不动产和不动产用益物权(即建设用地使用权和土地经营权)。质押权的客体包括两类,即动产和权利。留置权的客体只有一类,即动产。

人保,即保证,它以人的信用(信誉)作为债权实现的担保,包括一般保证和连带保证。其设立属于意定,需要保证人和债权人订立书面的保证合同且无需转移标的物的占有。

金钱担保,即定金,它以特定的货币作担保,其设立亦属于意定,需要双方当事人签订书面的定金合同且需要转移标的物的占有。

(5) 信用卡公司。信用卡的商业模式有会员、加盟店等,他们基于信用卡公司的Credit(信用)得以成立。信用卡会社主要以会员年会费、分期付款、分期定额付款的手续费、兑现利息以及加盟店手续费为主要收益来源。

(6) 消费金融公司。消费金融公司是经银保监会批准的,在中华人民共和国境内设立的,不吸收公众存款,以小额、分散为原则,为中国境内居民个人提供以消费为目的的贷款的非银行金融机构。

2. 金融市场

(1) 金融市场的含义:是指资金供求双方以票据和有价证券为金融工具的货币资金交易,黄金外汇买卖以及金融机构之间的同业拆借等活动的总称。

广义的金融市场泛指资金供求双方运用各种金融工具,通过各种途径进行的全部金融交易活动,包括金融机构与客户之间,各金融机构之间,资金供求双方之间所有的以货币为交易对象的金融活动。如:存款,贷款,信托,租赁,保险,票据抵押与贴现,股票和债券买卖,黄金外汇交易等。

狭义的金融市场一般限定在以票据和有价证券为金融工具的融资活动,金融机构之间的同业拆借以及黄金外汇交易等范围之内。

(2) 金融市场可从以下几方面进行分类:

① 从金融市场的发行来划分,可分为:初级市场(又称发行市场或一级市场,是资金需求者将金融资产首次出售给公众时所形成的交易市场);二级市场(已发行的旧证券在不同投资者之间转让流通的交易市场)。

② 从金融市场的场所来划分,可分为有形市场和无形市场。由金融工具和供求双方所构成的借贷或交易的场所表现为"有形市场",而由一切供求关系所形成的市场范畴则是抽象的"无形市场"。

③ 从金融交易的直接性来划分,可分为直接金融市场和间接金融市场。通过银行或其他金融机构沟通资金借贷或交易双方,完成社会供求活动,称为间接金融市场;不需要媒介机构,由借贷或交易双方直接接触完成供求活动所形成的则是直接金融市场。

④ 从表现形式来说,金融市场包括三类:一是资金市场。主要有货币市场和资本市场两类。货币市场又包括银行拆借市场、票据贴现市场、存单市场、短期市场等;资本市场包括中长期市场、有价证券市场。二是外汇市场。主要有现汇市场和期货市场。三是黄金市场。包括现货市场、期货市场。

(二) 金融市场的功能

金融市场的主体是资金,参与者包括政府、银行、非银行金融机构、公司企业、个人、各种基金会等。

金融市场的价格有多种：借贷利息率、贴现率、汇价、股价、债券价格、各种期权期货价格、金价等，这些价格在竞争中自发形成。

随着市场经济的不断发展，我国的金融市场已成规模，包括同业拆借市场、资金借贷市场、国库券转让市场、股票市场、期货市场、外汇市场等。

金融市场的功能和作用有以下几方面：

(1) 便利投资和筹资。

(2) 合理引导资金流向和流量，促进资本集中并向高效益单位转移。

(3) 方便资金的灵活转换。

(4) 实现风险分散，降低交易成本。

(5) 有利于增强宏观调控的灵活性。

(6) 有利于加强部门之间、地区之间和国家之间的经济联系。

(三) 中国的多层次资本市场

我国建立的多层次资本市场包括沪深证券交易所的主板市场、深圳证券交易所的创业板市场、全国中小企业股份转让系统、区域股权交易市场、券商柜台市场及机构间私募产品报价与服务系统等。

中国资本市场分为场内市场和场外市场，场内市场分别是主板、中小板、创业板、科创板，场外市场分为新三板、新四板，它们共同组成了我国多层次资本市场体系。简单来说，场内市场就是证券交易所市场，主要交易上市公司股票等，我们平时买卖股票就是在这里操作。场外市场是证券公司以外的市场，主要交易非上市公司股票和部分上市公司股票。

1. 市场分类

(1) 一板市场，又称主板市场，指的是证券市场，是证券发行、上市及交易的主要场所。对发行人的营业期限、股本大小、盈利水平等方面的要求较高。这些上市企业大多为大型企业，具有较大的资本规模和稳定的盈利能力，主板市场是资本市场中最重要的组成部分，很大程度上能反应经济发展状况。中小板是现有主板市场的一个组成部分，其发行上市条件与主板相同，但发行规模相对较小，成长较快，而且上市后要遵循更为严格的规定，目的在于提高公司治理结构和规范运作水平，增强信息披露透明度，保护投资者权益。

(2) 二板市场，是专为暂时无法在主板市场(包括主板和中小板)上市的创业型企业提供融资途径和成长空间的证券交易市场。创业板是对主板市场的重要补充，在资本市场占有重要的位置。创业板与主板市场相比，上市要求往往更加宽松，主要体现在成立时间、资本规模、中长期业绩等的要求上。创业板市场最大的特点就是低门槛进入、严要求运作，有助于有潜力的中小企业获得融资机会。

(3) 三板市场。它起源于2001年"股权代办转让系统"，最早承接两网公司和退市公司，称为"老三板"。由于在"三板"中挂牌的股票品种少，且多数质量较低，要转到主板上市难度也很大,因此很难吸引投资者,被冷落多年。为了改变中国资本市场这种柜台交易过于落后的局面,同时也为更多的高科技成长型企业提供股份流动的机会,2012年9月正式注册成立全国中小企业股份转让系统(以下简称全国股份转让系统)。全国股份转让系统是经国务院批准,依据证券法设立的全国性证券交易场所,是继上海证券交易所、深圳证券交易所之后第三家全国性证券交易场所。在场所性质和法律定位上,全国股份转让系统与证券交易所是相同的,都是多层次资本市场体系的重要组成部分。

新三板(new OTC market)是全国性的非上市股份有限公司股权交易平台,主要针对的是中小微型企业。新三板的意义主要是针对公司的,会给该企业、公司带来很大的好处。截至2017年一季度末,新三板挂牌公司总数已经突破11000家,挂牌公司总市值达到44390.92亿元。

国家将继续支持中小企业创新发展,深化新三板改革,设立北京证券交易所,打造服务创新型中小企业主阵地,尊重创新型中小企业发展规律和成长阶段,提升制度包容性和精准性。

(4)四板市场。它是区域性股权交易市场(简称"新四板"),是为特定区域内的企业提供股权、债券转让和融资服务的私募市场。四板市场可以促进中小微企业股权交易和融资,鼓励科技创新和民间资本。一般以省级为单位,由省级人民政府监管,区域性是市场原则上不得跨区域设立营业性分支机构,不得接受跨区域公司挂牌。

(5)科创板(the science and technology innovation board;STAR Market)。它是由国家主席习近平于2018年11月5日在首届中国国际进口博览会开幕式上宣布设立,是独立于现有主板市场的新设板块,并在该板块内进行注册制试点。

《关于在上海证券交易所设立科创板并试点注册制的实施意见》强调,在上交所新设科创板,坚持面向世界科技前沿、面向经济主战场、面向国家重大需求,主要服务于符合国家战略、突破关键核心技术、市场认可度高的科技创新企业。重点支持新一代信息技术、高端装备、新材料、新能源、节能环保以及生物医药等高新技术产业和战略性新兴产业,推动互联网、大数据、云计算、人工智能和制造业深度融合,引领中高端消费,推动质量变革、效率变革、动力变革。

设立科创板并试点注册制是提升服务科技创新企业能力、增强市场包容性、强化市场功能的一项资本市场重大改革举措。通过发行、交易、退市、投资者适当性、证券公司资本约束等新制度以及引入中长期资金等配套措施,增量试点、循序渐进,新增资金与试点进展同步匹配,力争在科创板实现投融资平衡、一二级市场平衡、公司的新老股东利益平衡,并促进现有市场形成良好预期。

2. 场内场外交易

(1)场内交易有固定的场所(证券交易所),在固定的时间、按一定规则进行;场外交易没有固定的场所和固定的时间,通过电话也可以成交。

(2)场内交易是一种竞价交易方式,是按最高还价或最低还价成交的,证券价格的确定是公开拍卖的结果;场外交易是随行就市,通过买卖双方讨价还价,直接协商决定成交价格,采用议价交易方式。

(3) 中国场内交易是以100股为单位数量的整股交易,场外交易则比较分散、灵活、零星。

(4) 场内交易市场仅买卖已上市的股票;场外交易既可买卖上市股票,也可买卖未上市的股票。

(四) 金融机构

1. 国内代表性的金融机构类型

国内著名的金融机构有:中国银行、中国工商银行、华夏基金、太平洋保险、中国人寿、中信建设、支付宝、微信支付、京东支付等。银行类非存款机构有:信托公司、金融租赁公司、汽车金融公司、消费金融公司、贷款公司、货币经济公司等。非银行类金融机构的类型有:证券机构、基金定投、期货公司、合作金融机构、保险机构等机构。

2. 国内银行业金融机构简介

(1) 政策性银行。监管主体是政策性银行监管部,承担政策性银行和开发性银行的准入管理。包括国家开发银行、进出口银行和农业发展银行。

整体来看,财政部实际控制政策性银行体系。根据年报中的信息,2家政策性银行和1家国家开发银行均是由国家出资设立,在特定的业务领域内,直接或间接地从事政策性融资活动,充当政府发展经济、促进社会进步、进行宏观经济管理工具。

(2) 国有大型商业银行。国有控股大型商业银行监管部承担国有控股大型商业银行的准入管理。从中国银行保险监督管理委员会监管设置上看,5家大型商业银行监管,专门设置大型银行监管部(原银监会银行监管一部),分别设立中、工、农、建、交五个处。交通银行原属于股份制银行,后来升级为国有银行。但是交通银行从商业角度看,逐步和几家大型股份制银行并没有差异,所以从很多业务划分上看,交行经常被和股份制银行放在一起进行对比,可能四大行有时候与交行一起,称之五大国有,有时候自成一体只有四大国有。

在国有五大行中,中央汇金公司绝对控股中国银行和建设银行,除交通银行外,中央汇金为其他四家国有银行的第一大股东。由于中央汇金公司为中投的全资子公司,直属财政部,因此五大行被称为国有银行。

① 工商银行:宇宙最大行,公司业务最多最全。工行也是当前公认大行中公司治理结构最完善,科技开发能力最强的银行。

② 建设银行:住房贷款最大特色之一。根据2018年半年报数据,建行个人住房贷款4.5万亿元,占整个个人住房贷款22万亿元的20%,也是全国个人住房贷款规模最高的银行。2017年底,为响应"房住不炒、租售并举",建行在广东佛山、深圳等国家住房租赁试点城市推出住房租赁业务。

③ 中国银行:中行传统上最大特色是外汇业务发达,实际上连国家外汇管理局1982年才从中国银行划出来,划归中国人民银行领导。此前1979年6月中国银行恢复之初,国家外汇管理局局长由中国银行行长兼任。

一直到20世纪90年代末,外汇业务仍然只局限于少数的外汇指定银行才能办理,这里的外汇指定银行当初只有几大国有银行和少数几家股份制银行才有资格。

④ 农业银行:农行也因为传统业务和经营机构的地理分布,国有银行中网点最多,遍布城乡,业务方面对"三农"有所侧重。

另外一个非常重要的中国特色就是大行的行长多数是走向一行三会的行长或主席位置。

(3)股份制银行。全国性股份制商业银行监管部承担全国股份制商业银行的准入管理。最早的一批股份制银行有中信银行、光大银行、招商银行、交通银行、深圳发展银行等。

股份制银行每一家成立背景都有很强的个性化因素,主要是各部委之间和地方政府之间角力竞争的结果,其原因在于个案试点或少数区域性开发需要设立银行。比如深发展(现在的平安银行)、广发银行和浦发银行都是服务于当时广东、深圳和上海浦东的改革开放需要,地方当作其第二财政,用尽政府资源推动中央设立的。设立之初并没有想着最终要变成全国性的股份制银行,而且设立之初资本募集都非常困难,普遍实缴率很低。

当前来看股份制银行最大的优势是可以全国开设分支机构,跨区域经营;但随着分支机构网点区域饱和,零售端线上冲击加剧,通过信托等渠道城商行也可以全国配置资产等,股份制银行相对于城商行的制度优势衰退非常明显。

12家股份制银行中,4家银行由央企控股,例如,招商银行、中信银行、光大银行、广发银行由央企实际控股;华夏银行和渤海银行中央企均扮演重要角色。

地方政府及相关机构是股份制银行控股势力的另一重要力量。例如,浦发银行、兴业银行、华夏银行、恒丰银行、渤海银行和浙商银行均由地方国资委或者地方财政厅实际控制。

对于另外两家民营性质的股份制银行,平安银行实际由民营平安集团企业控股,这几年战略清晰,转型也比较坚决;民生银行股权结构相对比较分散,由多家民营企业共同持股无实际控制人,这也是其近些年的发展整个战略相对落后,公司治理结构问题的根源。

(4)城商行。监管政策制定及部分准入在城商行部,具体监管由当地银监局。

城商行主要改造城市信用社,也有个别是重新发起设立,目前已经转型结束。主要核心的监管框架,城商行和股份制和国有大行一致,都适用《中资商业银行行政许可事项实施办法》、流动性监管、集中度监管、资本监管,还有诸如票据、理财、贷款、存款等业务监管都基本没有差异。

从规模上看,目前城商行中上海银行、江苏银行、北京银行资产规模都已经突破1.7万亿元,早已超过部分股份制银行。

(5)民营银行。民营银行监管政策制定及部分准入放在城商行部,具体监管由当地银监局。

由于成立时间较短,民营银行诸多业务开展资质受限;是2014年开始的金融改革大潮一部分,伴随着P2P互联网金融都属于新生事物。但民营银行不同于网贷,从过去几年的发展看,其生命力和规范度都非常值得认可。

目前所有民营银行尚未取得理财产品发行的资格,部分民营银行APP虽然以代销公募基金产品为主,但尚未开始代销其他银行的理财产品。

金融债方面,受限于成立时间,在急需资金的初创期,民营银行无法通过发行金融债券。

目前看民营银行发行ABS的只有天津金城ABS一单。而且银行间尚未有一单民营银行信贷ABS产品,主要是银行间的ABS发行,首先需要向银监局申请发行资质,再向央行金融市场司申请注册。

所以民营银行天然有着非常强的信贷资产流转的欲望,能够盘活存量。一般有两种渠道,一种是地方交易所(严监管下基本走不通);另一种是银登中心(对底层资产审查较为严格)。

(6) 直销银行。当然还有一类银行比较奇特,就是直销银行,目前只有一家百信银行,因为是中信银行控股,百度第二大股东共同发起设立,目前也是不允许有分支机构网点,所以发展方向依旧是互联网银行的思路。最早直销银行在银行内部实际是效仿网贷机构,开展纯业务撮合工作。当前几家大型股份制银行和城商行在直销银行业务领域做得非常出色,风险控制也明显强于当前发生危机的网贷机构。

百信银行虽然是直销银行,但成立之初就给予了其自营吸收存款发放贷款的资质,也就意味着实际是一家"直销银行+民营银行"合二为一的载体,通过Ⅱ类账户支付结算的入口。

(7) 农村中小银行。农村中小银行监管部承担农村中小银行机构的准入管理。这里主要包括对农商行、农信社和联社的监管。

农村金融机构特征之一就是数量庞大,占全国银行业金融机构数接近50%。2015年开始,农村金融机构业务发展速度迅猛,高于商业银行整体增长水平。但2016年下半年开始,央行MPA执行的力度开始加大,从一定程度上抑制了农商行的扩张冲动。2017年农村金融机构和其他商业银行增速总体上趋同比较明显。

目前农商行既有县级联社改制而来,也有多家县级联社跨区域合并成立的地市级农商行。

(8) 信托。信托监管部承担信托机构准入管理。2015年1月初银监会从非银部里将信托单独拆分出来成立了信托部,主要是考虑信托作为银行业金融机构的类型之一,其体量当时已经接近16万亿元,业务特征和其他金融机构差异较大,所以单独拆分。

信托也很少在异地设立分支机构,但其信托贷款的业务可以跨区域进行项目筛选。此前很多城市商业银行和农商行就是通过信托在全国范围内进行发放信托贷款。

信托和前面所说的银行的最大差异在于,信托以表外业务为主,作为信托产品的管理人,只起到管理义务并收取管理费。尽管在过去很长时间里信托具备刚兑的特点,实际上表外表内业务比较模糊,但在2017~2018年强监管背景下(尤其针对资产管理行业),未来信托真正走向主动管理和破刚兑两个方向。

(9) 邮政储蓄银行。中国邮政集团是邮储银行的第一大股东和实际控制人。而中国邮政集团公司为授权投资机构,承担国有资产保值增值责任。财政部为中国邮政集团公司的国有资产管理部门。可以说,邮政储蓄银行是最后一家中资的全国性商业银行。

(10) 非银行金融机构。企业集团财务公司、金融租赁公司、汽车金融公司、消费金融公司、货币经纪公司等金融机构,银监会的监管主体都是非银行金融机构部,各地银监局主要是非银处。

(11) 村镇银行。2006年12月,银监会出台《关于调整放宽农村地区银行业金融机构准入政策、更好支持社会主义新农村建设的若干意见》。出台至今,村镇银行已经走过了10多年发展历程。

据最新统计数据,截至2017年末,我国已批准开业村镇银行1601家,资产总额10015亿元。

从监管角度看,村镇银行的业务范围和普通的商业银行没有太大区别,初看起来可以弥补很多城商行和农商行不能异地设立分支机构的缺陷,村镇银行发起人,主要是城市商业银行和农村合作金融机构,由城商行和农村合作金融机构发起的村镇银行占总量的70%以上。

但在监管指标上,村镇银行更加严格:村镇银行对同一借款人的贷款余额不得超过资本净额的5%;对单一集团企业客户的授信余额不得超过资本净额的10%。业务服务"三农"的定位,从股东回报角度也有一定的局限性。

城商行和农村金融机构是村镇银行的主要推动者,他们积极的理由除了宣称的发展农村金融之外,实质上更多的是出于"跨区经营、抢占地盘、享受优惠、提升形象"的目的。部分村镇银行发起之初就确立了翻牌改制为分支机构的目标。

村镇银行实行主发起行制度,虽有利于控制风险,但使得部分村镇银行,受制于主发起行条件所限,IT科技、支付渠道、征信管理等瓶颈制约了自身的发展;另一方面,村镇银行管理上的话语权问题,早年热心参与村镇银行的民营资本近年来陆续退出村镇银行。

除此之外,随着互联网金融的下乡,非银行类的电商、支付机构、小贷公司等新型金融机构在一定程度上侵蚀着村镇银行的客户。

(12) 外资银行、外国银行分行。目前国内的外资银行就分为两类:外商独资银行、外国银行分行。这两类银行性质完全不一样。第一类外商独资银行属于外资在国内设立的法人银行,从法律上讲属于中国法人;享受国民待遇,目前基本上也完全开放。但外国银行分行不具有中国法人地位,多数中国本地的监管指标也不用符合,但同时也不能从事零售业务,不能申请诸多业务资质,比如托管、卡类业务。

从总资产规模看,外资银行大约占据整个银行业资产规模的1.7%,利润占比更低(因为ROA总体外资银行低于中资银行)。

从监管特点看,汇丰银行、渣打银行和东亚银行是银监会外资银行监管部直管,其他银行都是地方监管局(主要是上海银监局和北京银监局)主管。

从监管指标看,外资法人银行目前完全和中资商业银行一致,资本充足率,单一授信集中度,流动性监管指标(LCR,LMR),MPA考核体系等。外国商业银行则可以豁免上述几类核心的监管指标考核,而是依托母行的考核体系。

3. 国际金融机构

国际金融机构是指从事国际金融业务、协调国际金融关系、维持国际货币秩序和信用体系正常运转的超国家机构。

在众多国际金融机构中,成立较早、影响较大的国际性金融机构,有国际清算银行、国际货币基金组织、国际复兴开发银行、国际开发协会、国际金融公司等,此外还有众多的区域性国际金融机构。

(1) 国际清算银行:中央银行的银行。

国际清算银行,英文名为 Bank for International Settlements(BIS),成立于1930年5月17日,总部设在瑞士的巴塞尔,并分别在中国香港特别行政区和墨西哥城设有代表处,在全球多地开设有创新中心。国际清算银行是成员国中央银行间的商业银行组织,在国际清算中充当受托人或代理人,为国际金融活动尤其是各国中央银行的合作提供便利,称为"中央银行的银行"。

(2) 国际货币基金组织:金融"救火队"。

作为联合国的一个专门机构,国际货币基金组织的主要宗旨是确保国际货币体系,即各国(及其公民)相互交易所依赖的汇率体系及国际支付体系的稳定,以及通过短期融资帮助成员国应对国际收支失衡难题。目前共有成员国190个,覆盖世界上绝大多数国家,总部设在美国首都华盛顿。

1944年的联合国货币与金融大会上确立了布雷顿森林体系,除了诞生了国际货币基金组织外,世界银行的前身国际复兴开发银行、世界贸易组织前身关税及贸易总协定(GATT)也均诞生或构想于此次会议。在20世纪70年代布雷顿森林体系瓦解崩溃,但是国际货币基金组织、世界银行作为重要的国际组织仍得以存在,并发挥重要作用。

(3) 国际复兴开发银行:世界银行集团的初始机构。

国际复兴开发银行,作为联合国属下的一个专门机构,是重要的政府间国际金融机构,主要任务是向中等收入国家政府和信誉良好的低收入国家政府提供中长期贷款,资助他们兴建某些建设周期长,利润率偏低,但又为该国经济和社会发展所必需的建设项目。

国际复兴开发银行与国际开发协会、国际金融公司、多边投资担保机构、国际投资争端解决中心五部分共同组成了世界银行集团。

(4) 国际开发协会:向最贫困国家的政府提供无息贷款和赠款。

国际开发协会,是一个专门从事对欠发达国家提供期限长和无息贷款的国际金融组织。国际开发协会是全球众多最贫困国家的最大援助来源之一,也是这些国家基本社会服务捐助资金的最大单一来源。国际开发协会的贷款多以无息的形式(存在一定手续费),还款期限可长达50年,还向面临债务违约风险的国家提供赠款,以及对穷国进行大量债务减免等。

在1959年10月IMF和世界银行年会上,通过了建立专门资助最不发达国家的国际开发协会的决议,1960年9月24日正式成立了国际开发协会,世界银行的成员国均可成为国际开发协会的成员国,目前共有173个成员国,总部位于美国华盛顿。

需要特别注意的是,国际复兴开发银行与国际开发协会一起组成了世界银行(The World Bank)。世界银行还是世界银行集团的简称,以及国际复兴开发银行的通称。

(5)国际金融公司:专注于发展中国家私营部门的全球最大发展机构。

国际金融公司(International Finance Corporation,IFC),世界银行集团成员,是专注于发展中国家私营部门发展的全球最大发展机构。

国际金融公司的设立,是由于IMF和世界银行的贷款对象主要是成员国政府,而私人企业的贷款必须由政府机构担保,限制了世界银行业务活动的扩展。因此1951年提议在世界银行下设立国际金融公司,并最终于1956年7月24日正式成立,世界银行的成员国均可成为该公司的成员国。

同样需要特别注意的是,从组织结构上看,国际开发协会和国际金融公司是国际复兴开发银行的附属机构,IBRD的行长、副行长兼任IDA和IFC的总经理、副总经理,IBRD的执行董事和理事在IDA和IFC中担任同样的职务,实际上是三个机构,一套人马。但这三个机构中任何一个都享有独立的合法地位,日常事务都由各自机构的常务理事会处理。根据三个机构的章程规定,IBRD成员资格是IDA和IFC成员资格的先决条件,但IBRD成员可以不加入IDA或IFC。

(6)区域性国际金融机构:璀璨夺目的亚洲基础设施投资银行。

国际金融机构在发展世界经济和区域经济方面发挥了积极作用,诸如组织商讨国际经济和金融领域中的重大事件,提供短期资金缓解国际收支逆差,提供长期资金促进许多国家的经济发展等。不过,这些机构都是完全中立的、有其独特的立场和背景,领导权基本完全被欧美发达国家控制,发展中国家的呼声和建议往往得不到应有的重视和反映。

特别值得一提的是,进入21世纪,由中国倡导成立、总部位于北京的亚洲基础设施投资银行作为国际金融机构的新势力,自2016年开始运作,共有57个创始成员(37个区域和20个非区域),仅仅五年时间就发展迅速,到2020年底,会员已经达到103个,约占全球人口的79%,占全球GDP的65%。

(五)金融风险管理

金融风险管理就是用金融工具来管理风险,衡量和控制风险及回报之间的得失关系的过程。

1. 风险来源

随着金融一体化和经济全球化的发展,金融风险日趋复杂化和多样化,金融风险管理的重要性愈加突出。所有巨亏的金融案例、倒闭的金融机构,最关键的原因是风险控制不到位。

2. 风险管理

风险管理分两步走:量化风险,确定目标;选择金融衍生品进行风险规避和套利。

第一步风险认知。评估你面临的风险的等级、风险来源、包含哪些风险点,以及承受的程度。金融风险主要在股票、利率、汇率、大宗商品、信用风险等方面。

第二步,运用金融工具来管理风险。金融风险来源就是不确定性,风险管理的目标是保障目前以及将来的现金流。

(六) 国际金融

1. 国际金融概述

国际金融指国家和地区之间由于经济、政治、文化等联系而产生的货币资金的周转和运动。

国际金融与一国的国内金融既有密切联系,又有很大区别。国内金融主要受一国金融法令、条例和规章制度的约束,而国际金融则受到各个国家互不相同的法令、条例以及国际通用的惯例和通过各国协商制定的各种条约或协定的约束。由于各国的历史、社会制度、经济发展水平各不相同,它们在对外经济、金融领域采取的方针政策有很大差异,这些差异有时会导致十分激烈的矛盾和冲突。

国际金融由国际收支、国际汇兑、国际结算、国际信用、国际投资和国际货币体系构成,它们之间相互影响,相互制约。如国际收支必然产生国际汇兑和国际结算;国际汇兑中的货币汇率对国际收支又有重大影响;国际收支的许多重要项目同国际信用和国际投资直接相关。

2. 国际金融的构成

(1) 国际收支。按照国际货币基金组织的定义,国际收支即"一国和其他国家之间的商品、债务和收益的交易以及债权债务的变化"。国际收支一般按一年、半年或一个季度计算。一国的国际收支不但反映它的国际经济关系,而且反映它的经济结构和经济发展水平。

长期以来,国际收支的主要问题是:许多国家国际收支不平衡,各国为调节、改善国际收支状况常常产生许多矛盾和斗争。一国国际收支不平衡是经常现象,要做到收支相抵、完全平衡十分困难。但是,无论是逆差还是顺差,如果数额巨大且又长期持续存在,都会引起一系列不良后果。因此,各国政府大都会采取各种干预措施,力求改善国际收支不平衡状况。一国采取措施往往会引起其他有关国家相应采取对抗和报复行动,从而减弱或抵消该国调节措施的作用。而且,有时调节国际收支的办法又同发展国内经济的要求背道而驰。譬如提高利率,若恰逢经济复苏时期,这一措施就会大大影响经济的恢复;而经济复苏受阻,又会影响国际贸易的增长。

一国的国际收支与一国的国际收支平衡表有所区别。国际收支是一国对外国的货币资金收付行为,国际收支平衡表则是将一国一定时期(一年、半年或一个季度)的国际收支情况分别按不同项目编制的记录和统计表。国际收支平衡表可以综合反映一国同外国在一定时期内货币资金往来的全面情况,因此各国都很重视国际收支平衡表的编制工作。

（2）国际汇兑。国际汇兑是指因办理国际支付而产生的外汇汇率、外汇市场、外汇管制等安排和活动的总和。

外汇一般指充当国际支付手段、国际流通手段和购买手段的外国货币以及外币支付凭证。金银成为货币后，作为国际支付的主要手段是贵金属。票据出现后，作为信用工具也可用来办理国际支付。汇率是以一国货币表示的另一国货币的价格。实行金本位制时，各国货币汇率波动不大，处于相对稳定状态。1929～1933年世界经济危机后，金本位制彻底崩溃，从此开始了不能兑换黄金的纸币制度。由于通货膨胀长期存在，纸币不断贬值，各国汇率不稳定的状态日趋严重。第二次世界大战后，主要资本主义国家建立了以美元为中心的国际货币体系，美元与黄金挂钩，各国货币与美元挂钩，据以定出各国货币的固定汇率。固定汇率制对战后世界经济的发展起到了一定的积极作用。1973年，以美元为中心的固定汇率制完全解体，各国纷纷实行浮动汇率制。此后，由于不再有固定汇率制的限制，汇率波动频繁，波幅较大，对各国的对外贸易影响极大。为此，世界各国均对本国汇率的动态实行某种程度的控制或干预。

外汇管制是一个国家为维护本国经济权益和改善国际收支，对本国与外国的国际汇兑、国际结算等实施的限制和管理。当代几乎所有国家都不同程度地实行了有利于本国的外汇制度，只是方式、方法和具体内容有所不同而已。

（3）国际结算。国际结算是指国际间办理货币收支调拨，以结清不同国家中两个当事人之间的交易活动的行为。它主要包括支付方式、支付条件和结算方法等。

国际结算所采用的方式方法是在各国经济交往中自发产生的，汇款、托收、信用证等主要国际结算方式都是历史的产物。20世纪60～80年代，广泛采用电子计算机、电传、电视转账等现代化手段，结算的技术水平大大提高。

国际结算是一项技术性很强的国际金融业务，且涉及许多复杂的社会、经济问题。社会制度不同、经济发展水平相异的国家或国家集团，对国际结算方式的要求和选择，经常发生各种矛盾和冲突。各国都力争采用对本国最为有利的结算方式。

（4）国际信用。国际信用是国际货币资金的借贷行为。最早的票据结算就是国际上货币资金借贷行为的开始，经过几个世纪的发展，现代国际金融领域内的各种活动大多同国际信用有着紧密联系。没有国际借贷资金不息的周转运动，国际经济、贸易往来就无法顺利进行。国际信用主要有：国际贸易信用、政府信贷、国际金融机构贷款、银行信用、发行债券、补偿贸易、租赁信贷等。

国际信用同国际金融市场关系密切。国际金融市场是国际信用赖以发展的重要条件，国际信用的扩大反过来又推动国际金融市场的发展。国际金融市场按资金借贷时间长短可分为两个市场，一是货币市场，即国际短期资金借贷市场；二是资本市场，即国际中长期资金借贷市场，国际金融市场中规模最大的是欧洲货币市场，这个市场上的借贷资本是不受各国法令、条例管理的欧洲货币。在欧洲货币市场中占主要地位的是欧洲美元，其次是欧洲马克。此外还有亚洲美元市场。欧洲货币市场是巨额国际资金的供求集散中心，它和由其延伸出来的其他众多国际金融市场及离岸金融市场，将世界各地的金融活动都纳入庞大的金融网络，使借贷资金的国际化有了更深入的发展。

(5) 国际投资。各国官方和私人对外国进行的投资,其总体就是全球范围的国际投资。国际投资是货币资本从一国转移到另一国,以获取更多利润为目的的活动。第二次世界大战前,国际投资大多是资本主义国家的资本输出。战后,苏联、东欧国家开始对发展中国家进行投资。与此同时,一些发展中国家也开始参加对外投资活动,其中主要是石油输出国。到20世纪80年代初,对外投资较多的发展中国家已有40余个。

3. 国际货币体系

国际货币体系,是自发或协商形成的有关国际交往中所使用的货币以及各国货币之间汇率安排的国际制度。这是国际金融领域的重要组成部分。最初的国际货币制度是金本位制。第二次世界大战后,资本主义世界建立了以美元为中心的国际货币体系。这个体系一方面通过固定汇率制促进了资本主义国家战后经济和世界贸易的恢复和发展,一方面使美元取得了等同于黄金的地位,美元的优越地位使它成为各国普遍接受的国际支付手段、国际流通手段和购买手段,并成为许多国家外汇储备的重要组成部分。后来,随着其他资本主义国家经济的恢复和发展,这些国家的货币也相继开始发挥与美元不相上下的作用。1973年美元再度贬值以后,布雷顿森林会议建立的国际货币体系崩溃,浮动汇率制取代了固定汇率制。

20世纪60年代以来,国际社会多次讨论国际货币体系的改革问题,并于1969年和1978年两次修改国际货币基金协定。但由于各国间的矛盾和冲突,国际货币制度存在的困难和缺陷始终未能得到解决。

4. 国际金融工具类型

(1) 固息债券。这是最广为交易的工具,约占欧洲市场全部债券和票据余额的3/4。近年出现了一些极大规模的固息债券发行,其中2001年的一次公司欧元债券发行达到了140亿美元。

(2) 浮息债券。浮息债券几乎是由金融机构发行的,2004年12月,其发行量占全部债券余额的26%。

(3) 与股票相联系的债券。该债券占欧洲交易中票据的不到5%。几乎所有都是可转换债券,意味着它们在事前确定的时间和价格下可以转换成发行人的股份,与股票相联系的债券几乎全部是由非金融机构公司所发行。

要点提示

1. 金融三大要点:信用、杠杆、风控。
2. 金融是现代经济的血液,资金流动的方向决定着经济发展的脉络。
3. 金融的核心在于资源配置和价值创造,通过资本运作实现财富增值和社会发展。
4. 金融杠杆既可以放大盈利,也可能加剧损失。合理运用杠杆不仅是一门技术,更是一门艺术。
5. 分散投资是降低非系统性风险的有效策略,不要把所有的鸡蛋放在一个篮子里。

6. 从复杂网络视角来研究金融市场风险传递机制，探寻预防金融危机的有效方法，优化金融系统韧性建设，进行风险预警模型开发等。

7. 要审视全球货币政策传导机制，特别是非传统货币政策工具如量化宽松、负利率政策的效果和潜在副作用。

思考练习

1. 什么是金融？
2. 什么是金融行业？
3. 金融市场的功能和作用是什么？
4. 什么是（金融）风险管理？
5. 国内代表性的金融机构有哪些？
6. 有哪些知名的国际金融机构？
7. 金融对技术转移的影响主要体现在哪些方面？
8. 如何加强跨境资本流动监测与管理？如何预防和应对全球金融动荡？
9. 在数字化转型过程中，如何确保用户数据安全和个人隐私保护？如何推进金融服务个性化、智能化发展？

三、财会、税务基础知识

任务导航：财会知识是企业经营的罗盘，精准记录与分析每一笔收支，引导企业在经济海洋中稳健航行；税务基础知识如同财政法律的基石，理解并掌握它，能使企业在合规中寻求效益最大化，犹如航船在合规框架下驶向繁荣彼岸。

学习重点：财务管理知识，财务报表分析；会计概论，会计违法责任；税收及税法概述，我国现行主要税种的基本法律规定，税收征收管理等。

建议学时：2学时。

（一）财务管理知识

财务管理是企业管理的一个组成部分，财务也是企业的一个核心点，它可以提升企业的利润以及实现产值的最大化。利润不同于现金；折旧并不意味着一项资产的经济价值要下降多少；债务可以是好事；太多现金也可能是坏事。

掌握下面所列的财务管理知识对技术转移工作有所帮助：

（1）财务管理是指运用各种财务管理知识，合理地对企业的资金进行筹集、分配管理的活动。主要是在事前事中进行管理。

（2）财务指标的分析，是企业的管理者以及企业的投资者、债权人非常关心的问题。

（3）企业相关的财务管理制度和财务体系，可以预防财务风险。控制企业支出的成本费用，规范收益分配，加强对企业财务监督和财务信息管理。

（4）财务管理制度有两方面，一个是财务业务运转的程序，还有一种是内部控制系统管理体系。

（5）科学的现代化财务管理方法。企业需要根据自身的需求来找到合适自己的管理方法。企业的发展离不开财务，财务管理的相关知识对技术转移来说非常重要，有必要进一步掌握以下内容：财务管理的基础知识：资本资产定价模型的应用；筹资管理：租金的计算、混合筹资决策、资本成本计算、销售百分比法预测外部融资需要量、资金习性预测法预测资金需要量、杠杆系数的计算、每股收益分析法、公司价值分析法；投资管理：现金流量的确定、投资决策及决策指标的确定、固定资产更新决策、债券价值及内含报酬率的确定、股票价值与投资收益率；营运资金管理：现金最佳持有量的确定、现金周转期的确定、应收账款信用政策决策方法、应收账款的保理、经济订货量模型以及保险储备的确定、短期借款实际利率的计算、商业信用决策；成本管理：本利分析、标准成本的制定与差异分析、作业成本计算、责任中心业绩评价；收入与分配管理：销售的预测与产品定价方法、股利分配政策、股票股利的影响、纳税筹划方法。

财务管理的两个环节包括：预算管理（滚动预算的编制、日常业务预算的编制、现金预算的编制），财务分析与评价（基本财务比率的计算与分析、上市公司特殊财务分析指标、杜邦分析法）等。

（二）财务报表分析

发生在企业层面的重大变革，都会影响公司的经营。技术转移人员必须持续评估公司的战略，评估他们的决定的执行情况，调整策略以应对环境变化，设计新战略来提升企业未来的业绩表现。哪些企业活动需要投入更多资源，哪些则应该缩减资源投入？哪些资源未得到有效利用？是否应当将某些业务外包，还是要继续自营？作出此类商业决策依赖相关信息，而财务报表就是相关信息的一个重要来源。

财务报表分析是对企业财务报表提供的数据进行处理、分析、比较、评估和解释。一般来说，编表属于会计反映功能，而财务报表分析属于解释和评价功能。

财务报表的分析工作能够正确地评估企业的财务状况、经营成果、现金流量，揭示未来的报酬和风险；还能够对企业预算的完成情况进行评估，对经营管理人员的业绩进行评估，为建立健全、合理的激励机制提供帮助。

1. 财务报表分析的方法

财务报表分析的方法包括：比重法；相关比率法；因素替代法；单一分析法；比较分析法；框图分析法；假设分析法；趋势分析法；水平分析法；垂直分析法；具体分析指标等。

财务报表分析的方法主要用到的有四种：比较分析、趋势分析、因素分析、比率分析。

（1）比较分析：是为了说明财务信息之间的数量关系与数量差异，为进一步的分析指明方向。这种比较可以是将实际与计划相比，可以是本期与上期相比，也可以是与同行业的其他企业相比。

(2) 趋势分析:是为了揭示财务状况和经营成果的变化及其原因、性质,帮助预测未来。用于进行趋势分析的数据既可以是绝对值,也可以是比率或百分比数据。

(3) 因素分析:是为了分析几个相关因素对某一财务指标的影响程度,一般要借助于差异分析的方法。

(4) 比率分析:是通过对财务比率的分析,了解企业的财务状况和经营成果,往往要借助于比较分析和趋势分析方法。

2. 财务报表分析的目的和维度

财务报表分析的目的在于,判断企业的财务状况和诊察企业经营管理的得失。其将财务报表数据转换成有用的信息,以帮助信息使用者改善决策。通过分析,可以判断企业财务状况是否良好,企业的经营管理是否健全,企业业务前景是否光明,同时,还可以通过分析,找出企业经营管理的症结,提出解决问题的办法。

现代财务报表分析一般包括四个维度,分别是战略分析、会计分析、财务分析、前景分析。

(1) 战略分析:确定主要的利润动因及经营风险,并定性评估公司盈利能力,包括宏观分析、行业分析和公司竞争策略分析等。

(2) 会计分析:评价公司会计反映其经济业务的程度,包括评估公司会计的灵活性和恰当性、修正会计数据等。

(3) 财务分析:主要运用财务数据评价公司当前及过去的业绩,包括比率分析和现金流量分析等。

(4) 前景分析:预测企业未来,包括财务报表预测和公司估值等。

3. 财务报表分析的内容

财务报表分析的内容,概括地说就是企业的财务状况和经营成果。主要有以下几个方面:

(1) 资本与资产结构分析。企业在生产经营过程中使用的资金,其来源应该稳定可靠,这是企业得以长期生存和发展的根本保证。企业从不同的渠道取得所需资金,这些来源渠道从资产负债表上概括起来有三大部分:短期负债、长期负债和所有者(股东)权益。

资本结构,是指它们各自所占比例为多少,这个比例涉及企业的重大财务决策问题,如企业的融资决策和营运资本融资政策等。

资本结构理论指明,每个企业都有自身的最佳的负债和所有者(股东)权益比例结构。在这一最佳结构下,企业的加权平均总资本成本最小,企业的价值最大。

(2) 营运能力分析。营运能力是运用企业资产进行生产经营的能力。企业的生产经营过程,其实质是资产运用并实现资本增值的过程。资产运用状况如何,直接关系到资本增值的程度和企业的偿债能力。

企业各种资产能否充分有效地使用,主要体现在资金周转速度的快慢,以及为企业带来收入能力的大小两方面。

（3）偿债能力分析。偿债能力是企业对到期债务清偿的能力或现金保证程度。企业在生产经营过程中，为了弥补自身资金不足就要对外举债。

举债经营的前提必须是能够按时偿还本金和利息，否则就会使企业陷入困境甚至危及企业的生存。

（4）盈利能力分析。盈利能力是企业利用各种经济资源赚取利润的能力。盈利是企业生产经营的根本目的，又是衡量企业经营成功与否的重要标志。

它不仅是企业所有者（股东）关心的重点，同时又是企业经营管理者和债权人极其关注的问题。

（5）发展能力分析。企业的发展能力是企业在生存的基础上，扩大生产经营规模，壮大经济实力的潜在能力。

企业的规模和实力，是企业价值的核心内容，表明企业未来潜在的赢利能力。企业可持续发展的能力，不仅是现实投资者关心的重点，也是潜在投资者和企业员工关注的问题。通过对企业营业收入增长能力、资产增长能力和资本扩张能力的计算分析，可以衡量和评价企业持续稳步发展的能力。

（6）现金流量分析。现金流量分析主要是对企业现金的流入、流出及净流量的分析。了解企业在一定时期内现金流入的主要来源、现金流出的主要去向、现金净增减的变化和现金紧缺状况，评价企业的经营质量，预测企业未来现金流量的变动趋势，衡量企业未来时期的偿债能力，防范和化解由负债所产生的财务风险。

要想成为专业的技术经理人，就要从财务分析入手，做好财务预算，并做好风险管控，为决策提供有用的信息支持。通过成本分析、本量利分析、边际贡献分析、平衡计分卡等方法和工具了解企业经营过程中的各类数据，最终有助于控制企业成本，实现帮助企业制定发展战略的目的。

（三）会计概论

1. 会计

会计是以货币为主要计量单位，采用专门方法和程序，对企业和行政、事业单位的经济活动进行完整、连续、系统的核算和监督，以提供经济信息和反映受托责任履行情况为主要目的的经济管理活动。

从会计的定义来看，会计的主要计量单位是货币，也就说是会计是以货币去计量的经济活动。当然，货币有美元、日元、欧元等，但在我们国内，必须转化为人民币来核算。

2. 会计的职能

（1）核算职能，是指会计以货币为主要计量单位，对特定主体的经济活动进行确认、计量、记录和报告。它贯穿于经济活动的全过程，是会计最基本的职能。

（2）监督职能，是指对特定主体经济活动和相关会计核算的真实性、合法性和合理性进行审查。

① 真实性，是指会计要如实地反映经济业务和事项的真实状况。

② 合法性，是指会计各项经济业务及其会计核算是否符合国家的有关法律法规，会计要遵守财经纪律，执行国家各项方针政策，以杜绝违法乱纪行为。

③ 合理性，是指各项财务收支要符合客观经济规律以及经营管理方面的要求，保证各项财务收支符合特定的财务收支计划。

作为一名技术经理人，要明确会计的概念以及会计的职能，为参与企业高层级管理工作打下基础。

（四）会计违法责任

1. 会计违规行为认定

根据《会计法》第四十二条的规定，违反会计制度规定应承担法律责任的行为包括以下几方面：

（1）不依法设置会计账簿的，设置虚假会计账簿或者设置不符合规定的会计账簿及设置多套会计账簿的行为。

（2）私设会计账簿的，俗称"两本账""账外账"。

（3）未按照规定填制、取得原始凭证或者填制、取得的原始凭证不符合规定的。

（4）以未经审核的会计凭证为依据登记会计账簿或者登记会计账簿不符合规定的。办理经济业务事项，必须取得或者填制原始凭证，并及时送交会计机构以保证会计核算工作得以顺利进行同时为了保证原始凭证记录的真实性，对原始凭证不能涂改、挖补，如果发现原始凭证有错误，应当由出具单位重开或者更正，更正处应当加盖出具单位的印章。原始凭证金额有错误的，应由出具单位重开，不得在原始凭证上更改。

（5）随意变更会计处理方法的。

（6）向不同的会计资料使用者提供的财务会计报告编制依据不一致的。

（7）未按照规定使用会计记录文字或者记账本位币的。

（8）未按照规定保管会计资料，致使会计资料毁损、灭失的。

（9）未按照规定建立并实施单位内部会计监督制度或者拒绝依法实施的监督或者不如实提供有关会计资料及有关情况的。

（10）任用会计人员不符合《会计法》规定的。

2. 违法处罚

根据《会计法》的相关规定，上述违反会计制度规定的行为应承担以下法律责任：

（1）责令限期改正。即要求违法行为人在定期限内停止违法行为并将其违法行为恢复到合法状态。违法单位或个人应当按照县级以上人民政府财政部门的责令限期改正决定的要求，停止违法行为，纠正错误。

（2）罚款。县级以上人民政府财政部门根据上述所列行为的性质、情节及危害程度，在责令限期改正的同时，可以对单位并处3000元以上50000元以下的罚款，对其直接负责的主管人员和其他直接责任人员，可以处2000元以上20000元以下的罚款。

(3) 给予行政处分。对上述所列行为直接负责的主管人员和其他直接责任人员中的国家工作人员,视情节轻重,还应当由其所在单位或者其上级单位或者行政监察部门给予警告、记过、记大过、降级、撤职、开除等行政处分。

(4) 吊销会计从业资格证书。会计人员有上述所列行为之一,情节严重的,由县级以上人民政府财政部门吊销会计从业资格证书。

(5) 依法追究刑事责任。《刑法》没有对上述行为明确规定为犯罪,但是如果以这些行为作为手段来偷逃税款、骗取出口退税、贪污、挪用公款等构成犯罪的,则应依照《刑法》规定的相应犯罪予以定罪处罚。

(五) 税收及税法概述

改革开放40多年来,经过几次较大的改革,我国税收制度日趋完善。改革开放初期的税制改革是以适应对外开放需要,建立涉外税收制度为突破口的。1983年、1984年又先后分两步实施国营企业"利改税"改革,把国家与企业的分配关系以税收的形式固定下来。1994年,国家实施了新中国成立以来规模最大、范围最广、成效最显著、影响最深远的一次税制改革。这次改革围绕建立社会主义市场经济体制的目标,积极构建适应社会主义市场经济体制要求的税制体系。

目前,我国共有增值税、消费税、营业税、企业所得税、个人所得税、资源税、城镇土地使用税、房产税、城市维护建设税、耕地占用税、土地增值税、车辆购置税、车船税、印花税、契税、烟叶税、关税、船舶吨税等18个税种。其中,16个税种由税务部门负责征收;关税和船舶吨税由海关部门征收,另外,进口货物的增值税、消费税也由海关部门代征。

我国现行主要税种的基本法律规定为:

1. 增值税

对在我国境内销售货物或者提供加工、修理修配劳务以及进口货物的单位和个人征收。增值税纳税人分为一般纳税人和小规模纳税人。对一般纳税人,就其销售(或进口)货物或者提供加工、修理修配劳务的增加值征税,基本税率为17%,低税率为13%,出口货物为0(国务院另有规定的除外);对小规模纳税人,实行简易办法计算应纳税额,征收率为3%。增值税的纳税期限一般为1个月。另外,根据纳税人应纳增值税额的大小,还有1日、3日、5日、10日、15日、1个季度等其他六种应纳税期限,其中1个季度的规定仅适用于小规模纳税人。纳税人应在次月的1~15日的征期内申报纳税,不能按照固定期限纳税的,可以按次纳税。

2. 消费税

对在我国境内生产、委托加工和进口应税消费品的单位和个人征收。征税范围包括烟、酒和酒精、化妆品、贵重首饰和珠宝玉石等14个税目。消费税根据税法确定的税目,按照应税消费品的销售额、销售数量分别实行从价定率或从量定额的办法计算应纳税额。消费税的纳税期限与增值税的纳税期限相同。

3. 营业税

对在我国境内提供应税劳务、转让无形资产和销售不动产的单位和个人征收。应税劳务包括交通运输业、建筑业、金融保险业等7个税目。营业税按照应税劳务或应税行为的营业额或转让额、销售额依法定的税率计算缴纳。除了娱乐业实行20%（其中台球、保龄球适用5%）的税率外，其他税目的税率为3%或5%。营业税的纳税期限与增值税、消费税相同。

4. 企业所得税

在中国境内的一切企业和其他取得收入的组织（不包括个人独资企业、合伙企业），为企业所得税纳税人。企业分为居民企业和非居民企业。居民企业应当就其来源于中国境内、境外的所得缴纳企业所得税。非居民企业根据其是否在中国境内设立机构、场所，以及所得是否与境内机构、场所有实际联系确定应纳税所得额。企业所得税以企业每一纳税年度的收入总额，减除不征税收入、免税收入、各项扣除以及允许弥补的以前年度亏损后的余额，为应纳税所得额。税率为25%。企业所得税按纳税年度计算，纳税年度自公历1月1日起至12月31日止。企业所得税实行按月或按季预缴、年终汇算清缴、多退少补的征收办法，即企业应当自月份或者季度终了之日起15日内，向税务机关报送预缴企业所得税纳税申报表，预缴税款。企业应当自年度终了之日起5个月内，向税务机关报送年度企业所得税纳税申报表，并汇算清缴，结清应缴应退税款。

5. 个人所得税

以个人取得的各项应税所得（包括个人取得的工资、薪金所得，个体工商户的生产、经营所得等11个应税项目）为对象征收。除工资、薪金所得适用3%～45%的7级超额累进税率，个体工商户（注：个人独资企业和合伙企业投资者比照执行）的生产、经营所得和对企事业单位的承包经营、承租经营所得适用5%～35%的5级超额累进税率外，其余各项所得均适用20%的比例税率。个人所得税起征点为5000元。纳税期限是：扣缴义务人每月所扣和自行申报纳税人每月应纳的税款，在次月15日内缴入国库；个体工商户生产、经营所得应纳的税款，按年计算，分月预缴，年度终了后3个月内汇算清缴，多退少补；对企事业单位承包经营、承租经营所得应纳的税款，按年计算，年度终了后30日内缴入国库；从中国境外取得所得的，在年度终了后30日内，将应纳的税款缴入国库。年所得12万元以上的纳税人，在年度终了后3个月内自行向税务机关进行纳税申报。

6. 资源税

对在我国境内开采各种应税自然资源的单位和个人征收。征税范围包括原油、天然气、煤炭、其他非金属矿原矿、黑色金属矿原矿、有色金属矿原矿、盐等七大类。资源税采用从价定率和从量定额的方法征收。原油、天然气产品的资源税税率为销售额的5%～10%。资源税其他税目因资源的种类、区位不同，税额标准为每吨0.3元到60元不等。

7. 城镇土地使用税

以在城市、县城、建制镇和工矿区范围内的土地为征税对象，以实际占用的土地面积为计税依据，按规定税额对使用土地的单位和个人征收。其税额标准依大城市、中等城市、小城市和县城、建制镇、工矿区分别确定,在每平方米0.6~30元之间。城镇土地使用税按年计算、分期缴纳,具体纳税期限由各省、自治区、直辖市人民政府根据当地的实际情况确定。

8. 房产税

以城市、县城、建制镇和工矿区范围内的房屋为征税对象,按房产余值或租金收入为计税依据,纳税人包括产权所有人、房屋的经营管理单位(房屋产权为全民所有)、承典人、代管人、使用人。其税率分为两类:按照房产余值计算应纳税额的,适用税率为1.2%;按照房产租金收入计算应纳税额的,适用税率为12%,但个人按市场价格出租的居民住房,减按4%的征收率征收。房产税按年征收、分期缴纳。自2009年1月1日起,外商投资企业、外国企业和组织以及外籍个人(包括港澳台资企业和组织以及华侨、港澳台同胞)依照《房产税暂行条例》缴纳房产税。

9. 城市维护建设税

对缴纳增值税、消费税、营业税的单位和个人征收。它以纳税人实际缴纳的增值税、消费税、营业税为计税依据,区别纳税人所在地的不同,分别按7%(在市区)、5%(在县城、镇)和1%(不在市区、县城或镇)三档税率计算缴纳。城市维护建设税分别与增值税、消费税、营业税同时缴纳。

10. 耕地占用税

对占用耕地建房或者从事其他非农业建设的单位和个人,依其占用耕地的面积征收。其税额标准在每平方米5~50元。纳税人必须在经土地管理部门批准占用耕地之日起30日内缴纳耕地占用税。

11. 土地增值税

以纳税人转让国有土地使用权、地上建筑物及其附着物所取得的增值额为征税对象,依照规定的税率征收。它实行4级超率累进税率,税率分别为30%、40%、50%、60%。纳税人应当自转让房地产合同签订之日起7日内向房地产所在地主管税务机关办理纳税申报,并在税务机关核定的期限内缴纳土地增值税。由于涉及成本确定或其他原因,而无法据以计算土地增值税的,可以预征土地增值税,待项目全部竣工,办理结算后再进行清算,多退少补。

12. 车辆购置税

对购置汽车、摩托车、电车、挂车、农用运输车等应税车辆的单位和个人征收。车辆购置税实行从价定率的方法计算应纳税额,税率为10%。计税价格为纳税人购置应税车辆而支付给销售者的全部价款和价外费用(不包括增值税);国家税务总局参照应税车辆市场平均交易价格,规定不同类型应税车辆的最低计税价格。纳税人购置应税车辆的,应当自购置之日起60日内申报纳税并一次缴清税款。

13. 车船税

以在我国境内依法应当到车船管理部门登记的车辆、船舶为征税对象,向车辆、船舶的所有人或管理人征收。分为乘用车、商用车等六大税目。各税目的年税额标准在每辆36~5400元不等,或自重(净吨位)每吨3~60元,游艇为艇身长度每米600~2000元。车船税按年申报缴纳。

14. 印花税

对在经济活动和经济交往中书立、领受税法规定的应税凭证的单位和个人征收。印花税根据应税凭证的性质,分别按合同金额依比例税率或者按件定额计算应纳税额。比例税率有1‰、0.5‰、0.3‰和0.05‰四档,比如购销合同按购销金额的0.3‰贴花,加工承揽合同按加工或承揽收入的0.5‰贴花,财产租赁合同按租赁金额的1‰贴花,借款合同按借款金额的0.05‰贴花等;权利、许可证等按件贴花5元。印花税实行由纳税人根据规定自行计算应纳税额,购买并一次贴足印花税票的办法缴纳。股权转让书据按其书立时证券市场当日实际成交价格计算的金额,由立据双方当事人分别按3‰的税率缴纳印花税(即证券交易印花税)。

15. 契税

以出让、转让、买卖、赠予、交换发生权属转移的土地、房屋为征税对象,承受的单位和个人为纳税人。出让、转让、买卖土地、房屋的税基为成交价格,赠予土地、房屋的税基由征收机关核定,交换土地、房屋的税基为交换价格的差额。税率为3%~5%。纳税人应当自纳税义务发生之日起10日内办理纳税申报,并在契税征收机关核定的期限内缴纳税款。

16. 烟叶税

对在我国境内收购烟叶(包括晾晒烟叶和烤烟叶)的单位,按照收购烟叶的金额征收,税率为20%。纳税人应当自纳税义务发生之日起30日内申报纳税。具体纳税期限由主管税务机关核定。

17. 关税

关税是指一国海关根据该国的关税政策和法律法规,对通过其关境的进出口货物征收的一种税收。它是国家调控国际贸易、保护本国产业、增加财政收入的重要手段之一。

进口关税通常会使得进口商品的价格提高,从而可以保护国内同类产品的生产和销售,减少外国商品在本国市场的竞争压力。出口关税则相对较少使用,一般用于限制某些稀缺资源或高污染产品的出口,或者为了获取额外的财政收入。

各国政府可以根据自身经济状况、贸易政策以及国际协议来设定不同的关税税率。在世界贸易组织(WTO)框架下,各成员组织需要遵守一定的规则和约束,旨在促进公平、开放的国际贸易环境,防止过度的关税壁垒导致贸易摩擦和冲突。2018年,美国政府采取了一系列针对中国进口商品的加征关税措施,中国对此也作出了相应的反制措施。双方互相加征的关税涵盖大量商品类别,不仅影响了两国之间的贸易平衡,还波及全球供应链,增加了企业和消费者的成本,并引发了金融市场波动。

18. 船舶吨税

船舶吨税是指中国政府对自中华人民共和国境外港口进入境内港口的船舶,根据其净吨位或其他规定的计税标准所征收的一种税收。这种税收基于船舶的大小或容积来计算,并且通常与船舶在境内的停泊时间有关。

在中国,船舶吨税的税率分为一般税额标准和优惠税额标准两种,适用于不同国家和地区以及不同类型的船舶。具体税率按照《船舶吨税法》及其附带的《吨税税目税率表》执行。税率会随着船舶吨位的不同划分为多个等级,并且区分机动船与非机动船,同时也会考虑船舶在境内港口停留的时间长短(如30天期或90天期)。

此外,对于拖船、非机动驳船等特殊类型船舶,可能还会依据相关法规享受一定的税率折扣,比如按照相同净吨位船舶税率的50%计征。

船舶吨税的目的是调控进出境船舶活动,确保国家财政收入,并通过经济手段间接管理港口设施使用及环境保护等方面的工作。

需要说明的是,尽管中国税法规定有18种税,但并不是每个纳税人都要缴纳所有的税种。纳税人只有发生了税法规定的应税行为,才需要缴纳相应的税收,如果没有发生这些应税行为,就不需要缴纳相应的税收。从实际情况来看,规模比较大、经营范围比较广的企业涉及的税种一般在10个左右,而大多数企业缴纳的税种在6~8个。

(六) 税收征收管理

税款征收是税务机关依照税收法律法规的规定,将纳税人依法应当缴纳的税款以及扣缴义务人代扣代缴、代收代缴的税款通过不同的方式组织征收入库的一系列活动的总称。

作为技术转移人,要了解税收管理工作的核心内容和中心环节,国家的税收征收管理法,合理规划税收事宜。

1. 重视税收管理工作

(1) 提升现有税务管理岗位的职能层级,改变过去仅在财务部门设立税务科或税务岗的模式,在组织上给予做好税收管理工作的保障,增强税务管理工作对公司重大生产经营活动的决策支持能力。

(2) 应将包括税收政策研究和争取、税收筹划和税收分析等在内的高级管理工作作为进行重大生产经营决策一项重要内容,增强在重大生产经营决策阶段、运营阶段和转让或退出阶段税务研判等管理工作的参与力度,向税收管理尤其是高端税收管理要效益。税收管理工作的好否也是衡量管理水平的一项重要指标,它是竞争力强弱的表现指标之一。

2. 合理安排税务管理工作

(1) 纳税申报人员,应是由对企业业务和商业模式熟悉、对会计核算熟悉、对税收政策熟悉和对计算机信息和网络系统操作熟悉的人员来担任;具备与企业内部其他各部门沟通能力、税企关系沟通能力和纳税分析方法和报告能力;有企业战略发展思维、国际税务管理视野、税务数据库和信息化系统的规划能力。

（2）在目前企业自身税务管理工作组织还不是很完善和税务岗人员缺乏的情况下，将税务管理工作的一部分进行外包，也是一个好办法，既可借外部专业力量分担一部分工作，也可在一定程度上降低企业的纳税风险，还可以让企业目前的税务管理岗位人员分出一部分时间进行企业更高层次的税务管理工作。

（3）提高与税务机关的沟通层次。税务机关建立定期的访问交流机制，了解到最新的税收政策和执行口径，增强彼此的相互了解。然后在此基础上，通过双方建立课题，深入研究税收政策，结合企业实际情况，如有能降低税负的税收政策但没有享受到的，进行调整；如果有自己的特殊情况，政策规定不是很明确的，可以建议税务机关根据上位法的立法精神和原则给予执行上的一些变通和照顾；如果企业确实有特殊情况，比如特殊行业或历史遗留事项，还可以通过税企双方的努力，形成调研报告向制定政策的财政部和税务总局申请单独的税收政策。

（4）税务管理信息化系统。税务管理是一项建立在业务和会计核算基础之上的后端管理工作，在建立方式上，一是可以考虑在业务和会计核算系统之上嫁接建立税务管理信息系统，二是单独建立税务管理信息化系统。建立法规库和查询模块、纳税申报数据采集和统计分析模块、企业所得税汇算清缴模块、发票管理模块、税务岗位人员学习模块和税务档案电子数据管理模块等。负责任的应该选择适合实际情况的开发模式建立自己的税务管理信息系统。

3. 科技成果转化相关税收管理谋划工作

在从事科技成果转化工作时，应当将可能产生的税收问题一并考虑，争取做到提前筹划和准备，既遵守税法，又能保护单位或个人合法权益。下面列举了三种情况：科技成果转让，科研人员获现金奖励；科技成果许可，科研人员获现金奖励；科技成果作价入股，科研人员获股权奖励，在目前的税收政策下分别作了详细的筹划。

（1）科技成果转让，科研人员获现金奖励。成果持有人将科技成果转让，收取转让价款，并按规定将部分用于奖励科研人员。这种情形下，涉及两个纳税主体，一个是科技成果持有人，比如研究所，一个是科研人员个人。

如果成果持有人是科研院所或企业、其他组织，它因此可能需要缴纳企业所得税、增值税。另外，因科技成果转化而获得现金奖励的个人有就该项所得缴纳个人所得税的义务。但是，就科技成果转化而言，有以下税收优惠政策可以适用：

① 企业所得税优惠。《企业所得税法》第二十七条第四项规定，符合条件的技术转让所得，可以免征、减征企业所得税。《企业所得税法实施条例》第九十条规定，符合条件的技术转让所得免征、减征企业所得税，是指一个纳税年度内，居民企业技术转让所得不超过500万元的部分，免征企业所得税；超过500万元的部分，减半征收企业所得税。

享受减免企业所得税优惠的技术转让应符合以下条件：

一是，享受优惠的技术转让主体是企业所得税法规定的居民企业。

二是，技术转让属于财政部、国家税务总局规定的范围。

三是，境内技术转让经省级以上科技部门认定。

四是，向境外转让技术经省级以上商务部门认定。

五是，国务院税务主管部门规定的其他条件。

特别注意：居民企业从直接或间接持有股权之和达到100％的关联方取得的技术转让所得，不享受技术转让减免企业所得税优惠政策。

② 增值税优惠。研究所转让专利属于技术转让，可按规定申请增值税免税。

享受增值税优惠政策需满足的条件：

一是，技术转让、技术开发，是指《销售服务、无形资产、不动产注释》中"转让技术""研发服务"范围内的业务活动。技术咨询，是指就特定技术项目提供可行性论证、技术预测、专题技术调查、分析评价报告等业务活动。

二是，与技术转让、技术开发相关的技术咨询、技术服务，是指转让方（或者受托方）根据技术转让或者开发合同的规定，为帮助受让方（或者委托方）掌握所转让（或者委托开发）的技术，而提供的技术咨询、技术服务业务，且这部分技术咨询、技术服务的价款与技术转让或者技术开发的价款应当在同一张发票上开具。

三是，纳税人申请免征增值税时，须持技术转让、开发的书面合同，到纳税人所在地省级科技主管部门进行认定，并持有关的书面合同和科技主管部门审核意见证明文件报主管税务机关备查。

增值税优惠办理流程：办理技术贸易许可证—按照科技主管部门技术转让合同模板签订合同—到主管部门进行合同审核认定—将审核意见及证明文件报主管税务局备查—开具增值税免税发票享受增值税减免。

特别注意：享受增值税免税需要开具增值税普通发票，开票时税率选择免税。免税材料报主管税务局备查后，要随时接受税务局的调研以及后期的税收稽查，因此应整理好相应的合同、证明文件等资料备查。

③ 个人所得税优惠。根据《促进科技成果转化法》规定，国家设立的研究开发机构、高等院校应从科技成果转让或者许可净收入中提取不低于50％的比例对完成转化职务科技成果作出重要贡献的人员给予奖励和报酬。有的科研院所根据该规定制定了自己的规章制度，确定了各自的奖励办法。

由于此前国家对该类现金奖励无明确的税收优惠政策，实际执行中就需要按照"工资薪金"缴纳个税，最高边际税率可达45％。对于科研人员来说，获得现金奖励后的税收负担很重。

享受上述优惠政策，需要单位在实际发放现金奖励的次月15日内，向主管税务机构报送《科技人员取得职务科技成果转化现金奖励个人所得税备案表》，相关证明材料留存备查。为便于单位履行扣缴纳税申报，《公告》明确，单位为个人申报现金奖励、填报《扣缴个人所得税报告表》时，应将当期职务科技成果转化现金奖励收入金额与当月工资、薪金合并，全额计入"收入额"列，同时将现金奖励的50％填至《扣缴个人所得税报告表》申报表"免税所得"列，并在备注栏中注明"科技人员现金奖励免税部分"字样。这样，每名科技人员应缴纳的个人所得税，按"收入额"减除"免税所得"以及相关扣除后的余额计算。

（2）科技成果许可，科研人员获现金奖励。研究所将专利许可给其他企业，收取许可费，并将其中部分用于奖励科研人员。这种情形下，同样涉及两个纳税主体，一个是科技成果持有人，如研究所，一个是科研人员个人。研究所需要缴纳企业所得税、增值税。科研人员个人需要缴纳个人所得税。同样，以下重点介绍相关的税收优惠政策：

① 企业所得税优惠。综合以上三个税收文件，研究所将拥有所有权的专利许可给公司，5年（含）以上，可按技术转让所得减征、免征企业所得税。

② 增值税优惠。技术转让，是指转让者将其拥有的专利和非专利技术的所有权或者使用权有偿转让他人的行为，符合规定的技术转让收入延续原营业税优惠规定，继续免征增值税。试点纳税人提供技术转让、技术开发和与之相关的技术咨询、技术服务，免征增值税。

③ 个人所得税优惠。科研人员获得现金奖励，可减按50%计入科技人员当月"工资、薪金所得"，依法缴纳个人所得税。

（3）科技成果作价入股，科研人员获股权奖励。和前面两种情况一样，作为科技成果持有人的单位，主要涉及企业所得税和增值税，获得奖励的人员涉及个人所得税。作价入股以及股权奖励情况下，目前有税收优惠政策如下：

① 企业所得税优惠。可以选择当期纳税或5年分期纳税。企业以技术成果投资入股，于投资协议生效并办理股权登记手续时，确认收入的实现，按评估后的公允价值扣除计税基础后的余额，计算确认所得，可以5年内分期均匀计入相应年度的应纳税所得额，计算缴纳企业所得税。

享受5年分期纳税应满足的条件：

一是，若5年分期纳税，技术入股的企业必须是实行查账征收的居民企业。被投资企业必须是居民企业。

二是，企业所得税5年分期缴纳是分期计算所得，且须均匀计入相应年度。

三是，5年内每年企业所得税汇算清缴时向主管税务机关报送《非货币性资产投资递延纳税调整明细表》

四是，企业应将股权投资合同或协议、对外投资的非货币性资产（明细）公允价值评估确认报告、非货币性资产（明细）计税基础的情况说明、被投资企业设立或变更的工商部门证明材料等资料留存备查，并单独准确核算税法与会计差异情况。

可以选择递延至转让股权时缴纳企业所得税。

选择技术成果投资入股递延纳税政策的，经向主管税务机关备案，投资入股当期可暂不纳税，允许递延至转让股权时，按股权转让收入减去技术成果原值和合理税费后的差额计算缴纳所得税。

选择递延至股转时纳税应满足的条件：

一是，被投资方必须是境内居民企业。

二是，技术成果包括专利技术（含国防专利）、计算机软件著作权、集成电路布图设计专有权、植物新品种权、生物医药新品种，以及科技部、财政部、国家税务总局确定的其他技术成果。

三是，取得技术成果的被投资企业支付的对价全部为股票（权）。如果一部分为股票（权），另一部分为货币，则不能递延纳税。

四是，递延纳税期间，应在每个纳税年度终了后向主管税务机关报告递延纳税有关情况。

税局备案时应提交的资料：技术成果评估报告；技术成果相关证书及证明材料原件及复印件；技术成果投资入股企业所得税递延纳税备案表；技术成果投资入股协议复印件。

② 增值税优惠。技术成果投资入股实质是转让技术成果和投资同时发生。

③ 个人所得税优惠。享受上述优惠政策的条件和要求如下：

一是，个人获得科研机构、高等学校转化职务科技成果以股份或出资比例等股权形式给予的奖励。

二是，享受上述优惠政策的科技人员必须是科研机构和高等学校的在编正式职工。

三是，将职务科技成果转化为股份、投资比例的科研机构、高等学校或者获奖人员，应在授（获）奖的次月15日内向主管税务机关备案，报送《科技成果转化暂不征收个人所得税备案表》。

根据现行个人所得税相关政策，对于科技人员取得的股权形式（股份或出资比例等）的促进科技成果转化所得，可以享受"递延缴纳"个人所得税的优惠政策：获奖人在取得股份、出资比例时，暂不缴纳个人所得税；取得分红时，按"利息、股息、红利所得"项目征收个人所得税；转让股权、出资比例所得时，按"财产转让所得"项目征收个人所得税，财产原值为零。

以上是就科技成果转化过程中涉及的税负问题及相关的政策所做的简单梳理，由于科技成果转化本身形式多样，具体表现出来的经济行为也有所不同，因此，对于相关税负问题的认识，还是要具体问题具体分析，如遇规定改变，还需要调整。

要点提示

1. 无论企业规模大小，精通财务报表可以帮助你更好地作出决策，让你服务的公司更具价值。

2. 会计报表更像是一种数字语言，隐藏着公司的价值与未来。会计规则提供的机制可以把企业交易和重大经济事件转化为数字。

3. 回顾过去的会计报表、对预估未来的资产负债表和利润表，都可以帮助你获得更加及时有效的信息。

4. 对技术转移经理人来说，掌握会计与财务技能，可以让自己成为企业战略讨论中更有价值的参与者，可以更有效地使自己的想法获得支持。

5. 会计与财务管理可以告诉你，要想收回投资成本，收益应为多少，成功的概率有多大。

6. 一般而言，在衡量某项投资会为公司带来多少价值时，会计与财务为可选策略间的比较提供了一套经济架构。

7. 财务管理可用来评估预测的有效性，以及预测结果随情况改变的敏感度。通过编制预测的、彼此吻合的一套利润表、资产负债表和现金流量表，还可以降低因完全忽视某些重要因素带来的风险。

8. 结合非财务指标，构建综合绩效评价体系，助力企业战略目标的实现。

思考练习

1. 财务报表分析方法主要有哪些？
2. 财务报表分析的目的是什么？
3. 我国的税种有哪些？
4. 技术转移工作中怎样开展税收谋划与管理？
5. 如何构建和完善基于云的财务管理系统？如何实现财务数据实时化、透明化和智能化？
6. 针对税收政策的频繁调整，如何及时更新税务筹划方案？如何避免潜在的税务风险？
7. 如何解决跨国公司税基侵蚀和利润转移（BEPS）问题？如何强化国际税收合作与信息交换？

四、产业技术领域基础知识

任务导航：掌握产业技术基础，就如同手持一把解锁未来生产力的钥匙，能洞见行业趋势、驱动产业升级，并在竞争激烈的市场环境中赢得先机。

学习重点：人工智能，生物医药，新能源，新材料，装备制造等；物联网，互联网金融，大数据，云计算，粮食和物资储备等。

建议学时：2学时。

（一）人工智能

人工智能产业犹如星辰大海，包容万物，跨越行业边界，它用智能重塑世界，激发无限可能，点亮人类社会的璀璨未来。

人工智能（artificial intelligence，AI），是一个以计算机科学（computer science）为基础，由计算机、心理学、哲学等多学科交叉融合的交叉学科、新兴学科，研究、开发用于模拟、延伸和扩展人的智能的理论、方法、技术及应用系统的一门新的技术科学，企图了解智能的实质，并生产出一种新的能以人类智能相似的方式作出反应的智能机器。该领域的研究包括机器人、语言识别、图像识别、自然语言处理和专家系统等，是一门新的技术科学。

人工智能是计算机科学的一个分支。人工智能从诞生以来，理论和技术日益成熟，应用领域也不断扩大，可以设想，未来人工智能带来的科技产品，将会是人类智慧的"容器"。人工智能可以对人的意识、思维的信息过程进行模拟。人工智能不是人的智能，但能像人那样思考，也可能超过人的智能。

人工智能是一门极富挑战性的科学，从事这项工作的人必须懂得计算机知识、心理学和哲学。人工智能包括十分广泛的科学，它由不同的领域组成，如机器学习、计算机视觉等，总的说来，人工智能研究的一个主要目标是使机器能够胜任一些通常需要人类智能才能完成的复杂工作。但不同的时代、不同的人对这种"复杂工作"的理解是不同的。

早期的时候，关于人工智能，并没有统一的准确定义。通常认为，人工智能的核心是算法，是一套利用机器智能解决问题的手段。人工智能并不是一个新名词。20世纪50年代，科学家就提出过人工智能概念，并于70年代掀起了一个小高潮。但当时算法采用的是符号逻辑推理规则，缺乏自我学习能力。20世纪80年代，科学家改进了机器学习模型，但智能水平依旧较低，有价值的成果寥寥无几，人工智能研究进入低潮期。大约十年前，一种被称为深度学习的新的机器学习方法，让人工智能的算法更智能。深度学习通过多层结构算法，让机器对数据集的特征进行筛选和提取，通过反复训练，最终获得了提取抽象概念的能力，人工智能有了长足的发展。

1. 人工智能的分类

人工智能分三类：弱人工智能、强人工智能、超级人工智能。

（1）弱人工智能就是利用现有智能化技术，来改善我们经济社会发展所需要的一些技术条件和发展功能，不具备独立思考的能力，不能对具体问题进行分析和推理。

（2）强人工智能则能够进行独立思考，可以在分析和推理的基础上作出正确反应，从而解决问题。强人工智能是非常接近于人的智能，这需要脑科学的突破，国际上普遍认为这个阶段要到2050年左右才能实现。

（3）超人工智能则不仅具有一定的思维力和创造力，还能形成自己的判断方法和评价标准，能虚构故事、制定规则。

从技术发展看，从脑科学突破角度发展人工智能，现在还有局限性。所以，现在讲的新一代人工智能是大数据基础上的，再加上受脑科学启发的类脑智能机理综合起来的理论、技术、方法形成的智能系统。

全球人工智能的发展经历了几起几落，当前AI的兴起很重要的一个发展特征是普及化和产业化，即从"象牙塔"走向了普罗大众，应用到各行各业。人工智能正在从单一功能设备向通用设备、单一场景到复杂场景、简单行为到复杂行为的逐渐发展。而这样的普及化和产业化的发展，需要将AI技术变得更简单化、便捷化和服务化，这些工作需要各种AI平台化公司来完成，将那些需要大量人力、物力、财力才能拥有的AI能力，可以像水电一样便宜而便捷地提供。OpenAI推出文生视频模型Sora，只用一段简短文字即可生成电影级逼真场景。不仅AI生成视频时长取得了显著进展，而且Sora能够生成具有多个角色、特定类型的运动以及主题和背景的准确细节的复杂场景。Sora不仅了解用户在提示中提出的要求,还了解这些东西在物理世界中的存在方式。Sora不仅能够从物理的角度生成场景,还能够在未来的学习中让这些场景变得更加逼真。以模型Sora为代表的人工智能的飞速发展,对现实生活和传统行业有着深远的影响。

未来人工智能可能还会在多模态大模型、自然语言处理、云计算、虚拟现实世界等方面不断发展,创造更多的奇迹。

2. 人工智能的发展前景

根据人工智能当前的技术能力和应用热度,人工智能在以下六大实体经济领域有着广阔的发展前景。

(1)健康医疗。人工智能在医疗健康领域的应用已经相当广泛。依托深度学习算法,人工智能在提高健康医疗服务的效率和疾病诊断方面具有天然的优势,各种旨在提高医疗服务效率和体验的应用应运而生。医疗诊断的人工智能主要有两个方向,一是基于计算机视觉,通过医学影像诊断疾病;二是基于自然语言处理,"听懂"患者对症状的描述,然后根据疾病数据库里的内容进行对比和深度学习诊断疾病。人工智能将加速医疗保健向医疗预防转变。

(2)智慧城市建设。大数据和人工智能是建设智慧城市有力的抓手。城市的交通、能源、供水等领域每天都产生大量数据,人工智能可以从城市运行与发展的海量数据中提取有效信息,使数据在处理和使用上更加有效,为智慧城市的发展提供新的路径。在城市治理领域,人工智能可以应用于交通状况实时分析,实现公共交通资源自动调配、交通流量的自动管理。计算机视觉正在快速落地智能安防领域。

(3)智能制造。人工智能不仅意味着制造业中完成某一环节工作的实体机器人,也是未来制造业的智能工厂、智能供应链等相互支撑的智能制造体系。通过人工智能实现设计过程、制造过程和制造装备的智能化。智能化将不断赋予制造业新能量,赋予制造业更高效率,甚至带来生产和组织模式的颠覆性变革。

(4)智能零售。零售行业将会是从人工智能发展创新中受益最多的产业之一。在Amazon Go的带动下,各类无人零售解决方案层出不穷。人脸识别技术可以提供全新的支付体验。基于视觉设备及处理系统、动态Wi-Fi追踪、遍布店内的传感器、客流分析系统等技术,可以实时输出特定人群预警、定向营销及服务建议,以及用户行为及消费分析报告。零售商可以利用人工智能简化库存和仓储管理。未来,人工智能将助力零售业以消费者为核心,在时间碎片化、信息获取社交化的大背景下,建立更加灵活便捷的场景,提升用户体验。

(5)智能服务业。虚拟助理并不是为了取代或颠覆人,而是为了将人类从重复性、可替代的工作中解放出来,去完成更高级的工作,如思考、创新、管理。在未来以用户为中心的物联网时代,虚拟助理会变得越来越智能,成为下一代移动搜索和多元服务的入口。

(6)智能教育。人工智能对教育行业的应用当前还处在初始阶段。语音识别和图像识别与教育相关的场景结合,将应用到个性化教育、自动评分、语音识别测评等场景中。通过语音测评、语义分析提升语言学习效率。人工智能不会取代教师,而是协助教师成为更高效的教育工作者;在算法制定的标准评估下,学生获得量身定制的学习支持,形成面向未来的"自适应"教育。

(二) 生物医药

在生物医药的广阔天地中,每一项突破性成果都可能改写生命剧本,为患者带来重生的曙光,为社会带来无限的价值。

制药产业与生物医学工程产业是现代医药产业的两大支柱。

制药产业。制药是多学科理论及先进技术的相互结合,采用科学化、现代化的模式,研究、开发、生产药品的过程。除了生物制药外,化学药和中药在制药产业中也占有一定的比例。

生物医学工程是综合应用生命科学与工程科学的原理和方法,从工程学角度在分子、细胞、组织、器官乃至整个人体系统多层次认识人体的结构、功能和其他生命现象,研究用于防病、治病、人体功能辅助及卫生保健的人工材料、制品、装置和系统技术的总称。生物医学工程产业包括:生物医学材料制品、(生物)人工器官、医学影像和诊断设备、医学电子仪器和监护装置、现代医学治疗设备、医学信息技术、康复工程技术和装置、组织工程等。

生物医药产业由生物技术产业与医药产业共同组成。

生物医药创新能力是指生物医药行业内部所有创新主体,运用政府主导的创新政策,根据生物医药领域自身的特点,通过自主创新、集成创新、引进消化吸收再创新,解决生物医药领域关键技术问题,从而实现技术、产品、市场等创新产出,提升生物医药行业竞争力的能力。

近年来,我国相继出台了一系列政策鼓励和支持生物医药产业发展,内容涉及生物医药发展技术路线、生物医药研发生产规范、资金扶持等内容。"十四五"规划和2035年远景目标纲要指出,我国将重点强化战略科技力量,聚焦生物医药等重大创新领域组建一批国家实验室,加大科技前沿领域攻关,其中包括基因与生物技术,加快发展生物医药、生物育种、生物材料、生物能源等产业,做大做强生物经济。生物医药产业的市场规模也快速扩张,2020年我国生物医药产业规模达到3.57万亿元,在2025年将突破5万亿元,年均增速约8%。

从地域分布来看,产业布局重点突出,区域集聚程度加强。目前中国生物制药产业已初步形成以长三角、环渤海、珠三角为核心,川渝、东北等中东部地区快速发展的产业空间格局。长三角地区拥有国内最多的跨国生物医药企业,在研发生产、外包服务、国际交流等方面具有较大优势,已经逐步形成了以上海为中心的生物医药产业集群。从投融资方面来看,近六年生物医药一直是投融资的热门领域,并且每年的投融资总额均保持正增长,将实现中国制造到中国创造的飞跃。近几年国家不断出台利好政策,比如药品及医疗器械审评审批制度改革的落地,简化了审批程序,加速了产品上市,对我国生物医药产业创新发展具有里程碑意义。

未来随着生物医药产业的不断发展,数字化赋能生物医药全产业链随着人工智能等数字化技术的突破,数据及智能技术在生物医药产业发展过程中的重要性越来越显著。

一方面,研发智能化。全球大量药企已经开始探索人工智能与新药研发相结合,通过智能技术加速新药研发进程,提升研发效率。目前主要智能化应用包括开展新药设计、理化性质预测、药剂分析、疾病诊断靶标、药物组合使用等研究,并且在药品研发过程中数据已经无处不在。另一方面,产业数字化协同。生物医药产业业态复杂化程度高、细分领域多,各产业链环节间信息孤岛较为严重,产业协同效率较差。如何构建全球生物医药产业创新资源协同系统,通过数字化技术打破信息不对称,加速信息及资源的流通及交易频度。目前中国生物医药产业中的数字科技赋能有望随着时间的积累在中国达到常态化的发展,进一步带动生物医药产业的创新升级。

针对医药行业的改革,国家也不断出台相应的政策。2017年5月,国务院下发了《国务院关于扶持和促进中医药事业发展的若干意见》,首次把中药产业的发展提上日程。

在国家重点发展的几大类新兴产业规划中,就把生物医药行业作为重要的发展方向。国内的生物医药行业发展不均衡,具备生物研发实力的企业不是很多。另外,国际上又出现了超级新冠病毒,这也让生物医药又被抬升了国际地位,因为攻克一些疑难病症都是需要生物医药来完成的。

生物医药发展方兴未艾,能否抓住时机,需要时间的考验,在医药行业中大显身手,将值得期待。

(三) 新能源

新能源是经济增长的新引擎,是应对气候变化挑战的战略选择,更是人类永续发展的重要支柱。

新能源一般是指在新技术基础上加以开发利用的可再生能源,随着常规能源的有限性以及环境问题的日益突出,以环保和可再生为特质的新能源越来越得到各国的重视。

新能源,又称非常规能源,是指传统能源之外的、刚开始开发利用或正在积极研究、有待推广的能源,如太阳能、生物质能、水能、风能、地热能、波浪能、洋流能和潮汐能,以及海洋表面与深层之间的热循环等。除此之外,还有氢能、沼气、酒精、甲醇、核聚变能等。

1. 新能源的特点

(1) 资源丰富,普遍具备可再生特性,可供人类永续利用。
(2) 能量密度低,开发利用需要较大空间。
(3) 不含碳或含碳量很少,对环境影响小。
(4) 分布广,有利于小规模分散利用。
(5) 间断式供应,波动性大,对持续供能不利。
(6) 除水电外,可再生能源的开发利用成本较化石能源高。

2. 发展现状

部分可再生能源利用技术已经取得了长足的发展,并在世界各地形成了一定的规模。生物质能、太阳能、风能以及水力发电、地热能等的利用技术已经得到了应用。

可再生能源在一次能源中的比例总体上偏低,一方面是与不同国家的重视程度与政策有关,另一方面与可再生能源技术的成本偏高有关,尤其是技术含量较高的太阳能、生物质能、风能等。据IEA的预测研究,在未来30年可再生能源发电的成本将大幅度下降,从而增加了它的竞争力。可再生能源利用的成本与多种因素有关,因而成本预测的结果具有一定的不确定性。但这些预测结果表明了可再生能源利用技术成本将呈不断下降的趋势。

中国政府高度重视可再生能源的研究与开发。国家经贸委制定了新能源和可再生能源产业发展的"十五"规划,并制定颁布了《可再生能源法》,重点发展太阳能光热利用、风力发电、生物质能高效利用和地热能的利用。在国家的大力扶持下,中国在风力发电、海洋能潮汐发电以及太阳能利用等领域已经取得了很大的进展。

3. 发展前景

新能源作为中国加快培育和发展的战略性新兴产业之一,将为新能源大规模开发利用提供坚实的技术支撑和产业基础。

(1) 风能无论是总装机容量还是新增装机容量,在全球都保持着较快的发展速度,其将迎来发展高峰。风电上网电价高于火电,期待价格理顺促进发展。

(2) 生物质能有望在农业资源丰富的热带和亚热带普及,主要问题是如何降低制造成本,生物乙醇、生物柴油以及二甲醚燃料应用值得期待。

(3) 太阳能随着中国国内光伏产业规模逐步扩大、技术逐步提升,光伏发电成本会逐步下降,未来中国国内光伏容量将大幅增加。

(4) 汽车新能源环境污染、能源紧张与汽车行业的发展紧密相连,国家大力推广混合动力汽车,汽车新能源战略开始进入加速实施阶段,开源节流齐头并进。

4. 未来的几种新能源

(1) 波能。即海洋波浪能。这是一种取之不尽,用之不竭的无污染可再生能源。据推测,地球上海洋波浪蕴藏的电能高达9×10^4 TW。在各国的新能源开发计划中,波能的利用已占有一席之地。尽管波能发电成本较高,需要进一步完善,但进展已表明了这种新能源潜在的商业价值。日本的一座海洋波能发电厂已运行8年,电厂的发电成本虽高于其他发电方式,但对于边远岛屿来说,可节省电力传输等投资费用。美、英、印度等国家已建成几十座波能发电站,且均运行良好。

(2) 微生物。世界上有不少国家盛产甘蔗、甜菜、木薯等,利用微生物发酵,可制成酒精,酒精具有燃烧完全、效率高、无污染等特点,用其稀释汽油可得到"乙醇汽油",而且制作酒精的原料丰富,成本低廉。据报道,巴西已改装"乙醇汽油"或酒精为燃料的汽车达几十万辆,减轻了大气污染。此外,利用微生物可制取氢气,以开辟能源的新途径。

(3) 第四代核能源。正反物质的原子在相遇的瞬间湮灭,此时,会产生高当量的冲击波以及光辐射能。这种强大的光辐射能可转化为热能,如果能够控制正反物质的核反应强度来作为人类的新型能源,那将是人类能源史上的一场伟大的能源革命。

(4) 氢能。氢在地球上主要以化合态的形式出现,是宇宙中分布最广泛的物质,它构成了宇宙质量的75%,是二次能源。氢能在21世纪有可能在世界能源舞台上成为一种举足轻重的能源,氢的制取、储存、运输、应用技术也将成为21世纪备受关注的焦点。虽然氢能制取成本高,需要大量的电力,生产、存储难,氢气密度小,很难液化,高压存储不安全的缺点,但是氢具有燃烧热值高的特点,是汽油的3倍,酒精的3.9倍,焦炭的4.5倍。氢燃烧的产物是水,是世界上最干净的能源。它资源丰富,可持续发展,在内燃机车、火箭、汽车、船舶、交通工具以及以氢为动力的燃料电池等方面的应用前景十分广阔。

(5) 海洋渗透能。其原理是:有两种盐溶液,一种溶液盐的浓度高,一种溶液的浓度低,那么把两种溶液放在一起并用一种渗透膜隔离后,会产生渗透压,水会从浓度低的溶液流向浓度高的溶液。在入海口放置一个涡轮发电机,淡水和海水之间的渗透压就可以推动涡轮机来发电。

海洋渗透能是一种十分环保的绿色能源,它既不产生垃圾,也没有二氧化碳的排放,更不依赖天气的状况,可以说是取之不尽,用之不竭。而在盐分浓度更大的水域里,渗透发电厂的发电效能会更好,比如地中海、死海、中国盐城市的大盐湖、美国的大盐湖。当然发电厂附近必须有淡水的供给。利用海洋渗透能发电,全球范围内年度发电量可以达到16000亿度。

(四) 新材料

新材料研发如同铸造未来的魔法石,不断改写物质世界的性能边界,催生全新产品与应用领域。

新材料,是指新近发展或正在发展的具有优异性能的结构材料和有特殊性质的功能材料。新材料也指传统材料改进后产生新功能或性能显著提高的材料。

1. 新材料分类

新材料按材料的属性划分,有金属材料、无机非金属材料(如陶瓷、砷化镓半导体等)、有机高分子材料、先进复合材料四大类。按材料的使用性能划分,有结构材料和功能材料。结构材料主要是利用材料的力学和理化性能,以满足高强度、高刚度、高硬度、耐高温、耐磨、耐蚀、抗辐照等性能要求;功能材料主要是利用材料具有的电、磁、声、光热等效应,以实现某种功能,如半导体材料、磁性材料、光敏材料、热敏材料、隐身材料和制造原子弹、氢弹的核材料等。

新材料在国防建设上作用重大。例如,超纯硅、砷化镓研制成功,导致大规模和超大规模集成电路的诞生,使计算机运算速度从每秒几十万次提高到每秒百亿次以上;航空发动机材料的工作温度每提高100℃,推力可增大24%;隐身材料能吸收电磁波或降低武器装备的红外辐射,使敌方探测系统难以发现等。

新材料产业是当今世界产业中发展速度快、关联度高、综合效益好、经济带动力强的一项新兴产业。

2. 新材料发展

新材料产业发展总体呈现四个特点:

(1) 产业规模不断扩大。年均增速10%以上,2018年就达到了2.6万亿美元。

(2) 地区差距日益显现。长久以来,美国、日本和欧洲等发达国家地区新材料产业仍处于领先地位,特别是在经济实力、研发能力、核心技术和市场占有率等方面长期占据绝对优势。

(3) 高端材料垄断加剧。随着新材料产业链日趋完善,多学科、多部门协作加强,新的产业战略联盟形成的同时,也催生了寡头垄断。如美、日、德6家碳纤维企业占据全球碳纤维产能2/3以上,美、日5家电子信息材料企业占据全球12寸硅晶圆片产量的90%以上。

(4) 交叉融合创新加快。多学科交叉、多技术融合、多专业协同,快速推进了新材料的创制、新功能的发现和传统材料性能的提升,为新材料的研发创建了新模式。

从行业领域看,美国在新材料产业全面领跑,日本在纳米、电子信息材料等方面优势突出,欧洲则在光学与光电材料、结构材料等方面占据优势。中国、韩国、俄罗斯则紧随其后,位于全球第二梯队,其中:我国在稀土永磁材料、人工晶体材料、半导体照明材料等方面具有比较优势,韩国在显示材料、存储材料等方面具有一定优势,俄罗斯在航空航天材料等方面具有优势。

从产业趋势看,随着新一轮科技革命和产业变革的到来,全球技术要素和市场要素配置方式将发生巨大变化,地区差异也会随之加剧,全球新材料市场的重心将逐渐向亚洲地区转移。从市场空间看,美国和欧洲目前拥有全球最大的新材料市场,且市场已经成熟;而亚太地区,尤其是我国,新材料市场仍处在快速发展的阶段,市场潜力巨大。

3. 我国新材料的发展

经过几十年发展,我国新材料产业规模不断扩大,应用领域逐步拓宽,技术水平日益提高,初步建立了包括研发、设计、生产和应用,品种门类较为齐全,具备消化吸收再创新能力的新材料产业体系,形成了东部沿海集聚、中西部特色发展的空间布局,拥有了一批具有较强竞争力的新材料领军企业。与此同时,我国新材料产业还存在原始创新能力不足、高端材料自给率不高、核心技术与专用装备水平相对落后、推广应用难等问题,没有得到根本解决,总体来看,我国新材料产业还处于爬坡上坎阶段。

(五) 装备制造

瞄准高端化、智能化、绿色化的方向,装备制造产业持续突破核心技术瓶颈,用创新的力量撬动中国制造向中国创造的华丽转身。

装备制造业又称装备工业,是为满足国民经济各部门发展和国家安全需要而制造各种技术装备的产业总称。它是为经济各部门进行简单生产和扩大再生产提供装备的,是工业的核心部分,承担着为国民经济各部门提供工作母机、带动相关产业发展的重任,可以说它是工业的心脏和国民经济的生命线,是支撑国家综合国力的重要基石。

按照国民经济行业分类,其产品范围包括:

(1) 机械、电子和兵器工业中的投资类制成品。

(2) 金属制品业。

(3) 通用装备制造业。

(4) 专用设备制造业。

(5) 交通运输设备制造业。

(6) 电气装备及器材制造业。

(7) 电子及通信设备制造业。

(8) 仪器仪表及文化办公用装备制造业7个大类185个小类。

产业转移是装备制造业发展的一般规律。

装备制造业的发展趋势包括:

(1) 数控机床:大型化和精密化替代进口空间已经打开。

(2) 铁路装备:投资拉动沿产业链传导,方兴未艾。

(3) 造船装备:产业转移是机会。

(4) 航空航天装备:由点及面、重点突破,爆发性增长。

(5) 物流装备:出口拓展空间,决定增长潜力。

(6) 发电与输变电设备:融入经济全球化需求,后来居上。

(7) 机械基础件:国际化优势。

(8) 工程机械:高增长源自新开工项目。

装备制造业大致可分五类:

(1) 通用类装备(一般性装备)。基本上是传统的机械制造类产品,无论是机泵阀,还是工程机械、农业机械、建筑机械、运输机械等,绝大部分应该属于通用类装备。

(2) 基础类装备(装备制造业的核心)。主要包括机床、工具、模具、量具、仪器仪表、基础零部件、元器件等,广义上还包括相应的基础技术(包括设计和生产制造技术)和基础材料。

(3) 成套类装备。主要指生产线等。

(4) 安全保障类装备。主要指新型军事装备、尖端科研设备、保障经济安全的关键性设备等。

(5) 高技术关键装备(前沿性核心装备)。最典型的高技术关键装备如超大规模集成电路生产中的单晶拉伸、硅片切抛、镀膜光刻、封装测试等核心技术设备。

装备制造业是以科学技术和知识转化为生产力的最具深度最有影响的产业。技术装备作为技术载体,是科研成果转化为生产力的媒介和桥梁,是科研成果从潜在效益转化为现实效益的重要手段。技术装备是技术含量高、附加价值大、产业关联度大以及出口贸易利益较大的商品。因而,技术装备是工业发达国家,乃至工业发展中国家在国际市场上竞相角逐的重点,也是世界贸易的主导商品和增长速度最快的商品。

装备制造业的发展水平是一个国家综合国力的重要体现,国家重大装备制造更是事关国家经济安全、国防安全的战略性产业。

中国是工程机械设备的制造大国,几大龙头企业也在国际市场上打出了一片天下。但是,风光背后,中国工程机械行业却有着困扰多年的隐痛——关键零部件一直受制于人。

中国自主品牌制造业的核心竞争力普遍不强,中低端产能过剩、竞争尤为激烈,很多产业的高端环节都被外资品牌牢牢掌控;同时,在关键零部件和核心技术方面,长期以来一直被外资品牌"卡着脖子"。

我国装备制造业"大而不强"已是不争的事实。特别是受国际金融危机及欧债危机的影响,我国装备制造业面临着前有堵截、后有追兵的严峻形势。

在高端装备方面,美国、欧盟等发达国家开始将高技术、高附加值的装备产品的生产和加工制造产业由海外开始陆续收回至本土,并采取了很多鼓励政策,如税收减免、补贴奖励等,鼓励投资商、制造商回归本土。

(六) 物联网

物联网产业作为新一轮科技革命的重要驱动力,其发展的深度与广度,决定了一个国家在全球数字经济竞争中的地位和潜力。

物联网(internet of things,简称IoT)是指通过各种信息传感器、射频识别技术、全球定位系统、红外感应器、激光扫描器等各种装置与技术,实时采集任何需要监控、连接、互动的物体或过程,采集其声、光、热、电、力学、化学、生物、位置等各种需要的信息,通过各类可能的网络接入,实现物与物、物与人的泛在连接,实现对物品和过程的智能化感知、识别和管理。物联网是一个基于互联网、传统电信网等的信息承载体,它让所有能够被独立寻址的普通物理对象形成互联互通的网络。

物联网是互联网基础上延伸和扩展的网络,将各种信息传感设备与互联网结合起来而形成的一个巨大网络,实现在任何时间、任何地点,人、机、物的互联互通。

物联网概念最早出现于比尔·盖茨1995年出版的《未来之路》一书,在书中,比尔·盖茨已经提及物联网概念,只是当时受限于无线网络、硬件及传感设备的发展,并未引起世人的重视。

1998年,美国麻省理工学院创造性地提出了当时被称作EPC系统的"物联网"的构想。

1999年,美国AutoID首先提出"物联网"的概念,主要是建立在物品编码、RFID技术和互联网的基础上。过去在中国,物联网被称为传感网。中国科学院早在1999年就启动了传感网的研究,并已取得了一些科研成果,建立了一些适用的传感网。同年,在美国召开的移动计算和网络国际会议提出了,"传感网是下一个世纪人类面临的又一个发展机遇"。

2003年,美国《技术评论》提出传感网络技术将是未来改变人们生活的十大技术之首。

2005年11月17日,在突尼斯举行的信息社会世界峰会(WSIS)上,国际电信联盟(ITU)发布了《ITU互联网报告2005:物联网》,正式提出了"物联网"的概念。报告指出,无所不在的"物联网"通信时代即将来临,世界上所有的物体从轮胎到牙刷、从房屋到纸巾都可以通过因特网主动进行交换。射频识别技术(RFID)、传感器技术、纳米技术、智能嵌入技术将得到更加广泛的应用和关注。

2011年Gartner新兴技术曲线收录了物联网,同年发布了IPv6协议。从此联网设备在我们的日常生活中变得广泛而普遍。苹果、三星、谷歌、思科和通用汽车等全球科技巨头都致力于物联网传感器和设备的生产,如从联网的恒温器、智能眼镜到自动驾驶汽车。物联网已经渗透到几乎所有行业:制造业、医疗保健业、运输业、石油和能源业、农业、零售业等。在2018的Gartner技术成熟度曲线中,物联网平台保持着重要的地位。

(七) 互联网金融

移动支付、在线信贷、智能投顾……互联网金融业态丰富多元,深刻改变着人们的财富管理习惯,将金融资源精准滴灌到产业发展的每一个细微之处。

互联网金融是起源于21世纪初互联网在全球范围内普及的背景下,以美国华尔街金融寡头为首的传统金融机构为加快金融交易效率,提高金融资本流动速度与普及范围,寻求进一步金融资本扩张的金融交易模式。这种模式下传统金融机构与新兴的互联网企业紧密结合,互联网企业提供通信技术与安全技术保障交易的安全性、可靠性与高效性,而金融机构推出互联网金融产品,用户可以通过线上的模式完成全面的支付、投资、资金融通等行为。

1. 起源

狭义的互联网技术特指,以计算机作为主要载体的信息技术。互联网技术的发展与普及首次实现了全世界各国间的高效无障碍信息沟通,这也是金融资本与互联网企业进行合作的重要因素。自20世纪90年代美国新自由主义价值观在世界范围内的全面普及,以微软为代表性的一种互联网企业开始向世界输出产品,在改变着人类生产与生活模式的同时也使得金融资本主义迎来了一个全新的发展方向,金融行业敏锐地发现了这一点并与互联网企业主动接触,这是互联网金融发展的第一个高涨阶段。在这一阶段互联网金融的主要特征是互联网企业为金融机构提供技术支持,使得金融机构的交易者可以在线上完成金融机构的传统业务。

信息技术的高速发展是互联网金融创新的重要活力点,以大数据、云计算、云储存为主要技术特征的第四代互联网金融高涨于2014年开始,互联网企业的金融化与金融企业的互联网化共同以打造生活方式作为主要发展方向,互联网金融开始向全方位金融服务方向发展,全方位的金融服务包括但不限于统一平台的第三方网络支付、P2P信贷、众筹筹资、电子商务及虚拟货币交易等,同时随着经济的高速发展,国家对于中小微企业市场主体的认定与政策上的支持,P2B(互联网融资服务平台)的互联网金融模式在我国迎来了广泛的市场,客户所享受到的是全方位、无缝、快捷、安全高效的金融服务。

2. 模式现状

① 第三方支付主要是一种区别于传统银行卡支付与银行信用卡支付的线上支付模式,即用户在进行支付时不直接经过银行而是从第三方支付平台进行资金交易,而第三方支付平台帮助用户完成与银行的对接及真正的资金转移。第三方支付从最开始的在

用户与银行支付结算系统之间建立连接的电子支付模式,即桥梁与中介的作用不断丰富其内涵,逐渐成为线上线下全面覆盖,应用场景更为丰富的综合支付工具,并得到央行即中国人民银行的业务许可与一定的权限给予。知名度最高、支付业务最为丰富且体量最大的是支付宝,此外以B2C为主要经营模式的各大电商平台也在这一范围内,提供担保功能的第三方支付模式。

② P2P网贷是一种以小额贷款为核心的低门槛贷款,其起源于传统民间借贷并逐渐与互联网技术融合降低交易成本与信用成本,实现了点对点或个人到个人的信贷。网络借贷的核心技术优势在于借贷过程中,资料与资金、合同、手续等全部通过网络实现,此外随着金融创新与征信模式的发展,P2P网贷的内涵不断丰富,并实现了由现金贷款向债权转让的转变,这一过程需要根据用户开发、信用审核、合同签订到平台发展为无担保模式和有担保模式,有担保模式中又包含第三方担保模式和平台自身担保模式两类。但在2020年11月中旬,全国实际运营的P2P网贷机构完全归零,P2P业务由各大商业银行推出。

③ 大数据金融是互联网金融伴随大数据技术的发展迎来的一次金融创新,传统金融行业由于信息不透明的问题导致供求双方的交易成本较高,这也是传统金融行业的风险所在。大数据金融的本质是客户信用的细分判断与个性化的金融产品推荐,大数据技术的引进从技术方面实现了更大样本的采样与更为细化的行为处理,大数据与金融的具体结合模式是通过大数据技术搜集客户交易信息、网络社区交流行为、资金流走向等数据,大数据金融了解客户的消费习惯,从而针对不同的客户投放不同的营销和广告或分析客户的信用状况,从这一模式看来,大数据金融大幅降低了传统金融业的交易成本问题,并在合理的监管下系统性地解决了次贷产品的出现与次贷客户的贷款需求,使得金融产品能够真正实现与目标客户的对接,在满足供求双方需求的同时降低了系统性风险。互联网企业能够通过数据设定各种风险指标,并对金融交易进行客观评价,其信用评价也具有即时性,因而有利于数据需求方及时分析对方的信用状态,控制和防范交易风险。

④ 信息金融化机构是指,以信息技术作为企业核心的现代金融企业。这一类型企业的业务内容主要针对传统金融机构提供信息化服务与咨询业务,对传统运营流程、服务产品进行改造或重构,实现经营、管理全面信息化的银行、证券和保险等金融机构,提供的服务主要包括传统金融业务电子化、基于互联网的创新金融服务、金融电商三种类型,目前保险业、银行业的线上平台与网络证券等形式的出现与发展都是基于上述类型。

3. 发展方向

① 大众化的互联网金融产品与金融模式。随着我国经济的高速增长,中等收入群体的体量不断扩大并成为社会的中坚力量,当传统投资热点房地产的不断降低、国际虚拟货币等金融产品及其衍生品在我国被限制以及实体产业投资获益周期长且风险较大,这一部分人群对于财富增值的需求将转向新的方向,同时我国对于创新创业的大力推广与政策支持使得我国迅速涌现了一批以新技术为核心的中小企业,这些企业中不乏深耕专业领域中细分领域的高端制造业、服务业以及利用新技术作为加持的企业,P2P网贷、

互联网理财与股权众筹成为社会各阶层人民的切实需求与我国经济增长的热点领域。面向不同阶层不同需求的细分化金融产品与专业化的投资建议与投资指导是互联网金融发展的重点,由用户体量不断扩大而产生的安全性、流动性、收益率保障也就成了互联网金融技术发展的重要推动力,市场、技术与资本的强链接在创造金融财富的同时也切实创造了实体价值,因此推进大众化的互联网金融产品与金融模式的发展是一个重要的发展趋势。

② 互联网金融的线下业务拓展。传统产业的长投资周期与收益周期是其与互联网、金融等新兴行业财富创造率大幅落后的主要因素,同时在线上互联网空间存量博弈的大背景下,互联网金融的发展方向必然趋向于线下,因此双方出现了需求的互补,以移动端作为主要载体的线上线下融合的互联网金融是互联网金融的一个重要发展方向。以"新零售""新制造""新金融"作为主要存在形式的互联网金融将存在广阔的增长空间,零售业的发展需要互联网技术来调节生产、库存、物流三方面的关系;制造业,尤其是自动化的智能制造业需要互联网技术进行市场探索与数据提取,定制化是其主要发展特征,也是其与互联网金融结合推出金融衍生品的重要方向;金融的本质是一种信用体系与实体财富的关联,互联网技术的出现创造出真正的信用体系,基于数据的信用体系,才能够让全世界产生真正的普惠金融。

4. 监管

监管体系、征信体系与互联网金融协同发展的同时,各地方的银保监会、金融管理部门及政府都开始针对本地的互联网金融行业进行更具针对性的监管,并逐步明确各部门的业务划分与责任界定,网贷体系的逐步完善以及网贷与个人征信的紧密结合使得我国互联网金融全面融入国家监管体系,也象征着互联网金融在我国的合法化。

柔性监管是我国互联网金融监管的重要原则,也是我国互联网金融行业监管措施出台的重要模式,软法先行、硬法托底、刚柔相济、混合为治是我国探索出的针对互联网金融监管的重要模式创新。

(八) 大数据

在大数据时代,数据不再仅仅是结果,而是过程;不再是记录,而是预测;不再是资源,而是战略资产,更是前所未有的商业机遇和社会价值。

大数据(big data),或称巨量资料,指的是所涉及的资料量规模巨大到无法透过主流软件工具,在合理时间内达到撷取、管理、处理,并整理成为帮助企业经营决策更积极目的的资讯。

"大数据"是需要新处理模式才能具有更强的决策力、洞察发现力和流程优化能力来适应海量、高增长率和多样化的信息资产。

大数据的5V特点(IBM提出):volume(大量)、velocity(高速)、variety(多样)、value(低价值密度)、veracity(真实性)。

大数据是一种规模大到在获取、存储、管理、分析方面大大超出了传统数据库软件工具能力范围的数据集合,具有海量的数据规模、快速的数据流转、多样的数据类型和价值密度低等特征。

ChatGPT与AIGC均为大数据的应用场景之一。ChatGPT可以类比原有的对话式AI应用、AI赋能的搜索类应用。AIGC则可以分为生成文本、生成图像、生成视频,也可以归为大数据的应用场景之一。

1. 大数据的发展趋势

主要体现以下几个方面:

(1) 数据的资源化,指的是大数据成为企业和社会关注的重要战略资源,并已成为大家争相抢夺的新焦点。因而,企业必须提前制定大数据营销战略计划,抢占市场先机。

(2) 与云计算的深度结合。大数据离不开云处理,云处理为大数据提供了弹性可拓展的基础设备,是产生大数据的平台之一。自2013年开始,大数据技术已开始与云计算技术紧密结合,预计未来两者关系将更为密切。除此之外,物联网、移动互联网等新兴计算形态,也将一起助力大数据革命,让大数据营销发挥出更大的影响力。

(3) 科学理论的突破。随着大数据的快速发展,就像计算机和互联网一样,大数据很有可能是新一轮的技术革命。随之兴起的数据挖掘、机器学习和人工智能等相关技术,可能会改变数据世界里的很多算法和基础理论,实现科学技术上的突破。

(4) 数据科学和数据联盟的成立。未来,数据科学将成为一门专门的学科,被越来越多的人所认知。各大高校将设立专门的数据科学类专业,也会催生一批与之相关的新的就业岗位。与此同时,基于数据这个基础平台,也将建立起跨领域的数据共享平台,之后,数据共享将扩展到企业层面,并且成为未来产业的核心一环。

(5) 数据泄露泛滥。未来几年数据泄露事件的增长率也许会达到100%,除非数据在其源头就能够得到安全保障。可以说,在未来,每个财富500强企业都会面临数据攻击,无论他们是否已经做好安全防范。而所有企业,无论规模大小,都需要重新审视今天的安全定义。在财富500强企业中,超过50%将会设置首席信息安全官这一职位。企业需要从新的角度来确保自身以及客户数据,所有数据在创建之初便需要获得安全保障,而并非在数据保存的最后一个环节,仅仅加强后者的安全措施已被证明于事无补。

(6) 数据管理成为核心竞争力。数据管理成为核心竞争力,直接影响财务表现。当"数据资产是企业核心资产"的概念深入人心之后,企业对于数据管理便有了更清晰的界定,将数据管理作为企业核心竞争力,持续发展,战略性规划与运用数据资产,成为企业数据管理的核心。数据资产管理效率与主营业务收入增长率、销售收入增长率显著正相关;此外,对于具有互联网思维的企业而言,数据资产竞争力所占比重为36.8%,数据资产的管理效果将直接影响企业的财务表现。

(7) 数据质量是BI(商业智能)成功的关键。采用自助式商业智能工具进行大数据处理的企业将会脱颖而出。其中要面临的一个挑战是,很多数据源会带来大量低质量数据。想要成功,企业需要理解原始数据与数据分析之间的差距,从而消除低质量数据并通过BI获得更佳决策。

(8) 数据生态系统复合化程度加强。大数据的世界不只是一个单一的、巨大的计算机网络,而是一个由大量活动构件与多元参与者元素所构成的生态系统,终端设备提供商、基础设施提供商、网络服务提供商、网络接入服务提供商、数据服务使用者、数据服务提供商、触点服务、数据服务零售商等一系列的参与者共同构建的生态系统。如今,数据生态系统的基本雏形已然形成,未来发展将趋向于系统内部角色的细分、系统机制的调整、商业模式的创新、竞争环境的调整等,从而使得数据生态系统复合化程度逐渐增强。

大数据技术产品研发、工业大数据、行业大数据、大数据产业主体、大数据安全保障、大数据产业服务体系等组成了大数据产业。

2. 大数据分析

随着大数据时代的来临,大数据分析也应运而生。大数据分析是指对规模巨大的数据进行分析。数据仓库、数据安全、数据分析、数据挖掘等围绕大数据的商业价值的利用逐渐成为行业焦点。

大数据分析的几个基本方面是:

(1)可视化分析。数据可视化是数据分析工具最基本的要求。

(2)数据挖掘算法。集群、分割、孤立点分析,及其他算法让我们深入数据内部,挖掘价值。

(3)预测性分析能力。数据挖掘可以让分析员更好地理解数据,而预测性分析可以让分析员根据可视化分析和数据挖掘的结果作出一些预测性的判断。

表6.1 大数据分析与数据挖掘的对比分析

对比项	大数据分析	数据挖掘
数据量	需要大量数据	与数据量大小无关
算法复杂度	随着数据的增加,对算法要求降低	要求高,复杂度大
数据状态	多为动态,增量数据,存量数据也很重要	无要求,大多使用存量数据
概念范畴	较窄,数据需要满足特定条件/标准	广,包含大数据技术
实验环境	要求较高,多为云计算、云存储环境	并无特定要求,单机也可
数据类型	要求较低	需要进行结构化处理
技术成熟度	比较稳定	不断探索,主要是算法方面

大数据价值创造的关键在于大数据的应用,随着大数据技术飞速发展,大数据应用已经融入各行各业。大数据产业正快速发展成为新一代信息技术和服务业态,即对数量巨大、来源分散、格式多样的数据进行采集、存储和关联分析,并从中发现新知识、创造新价值、提升新能力。我国大数据应用技术的发展将涉及机器学习、多学科融合、大规模应用开源技术等领域。

金融行业的银行零售经营新体系通过API、智能感知、挖掘建模等大数据应用技术,提升数据驱动运营能力。

媒体行业的媒体融合发展需要以新技术新应用来引领和推动,成系统和规模的大数据应用技术将成为报业集团系统性转型的核心突破点。

3. ChatGPT-4为代表的大数据的变革

OpenAI自发布GPT1.0模型之后，陆续发布GPT2.0、GPT3.0和GPT 3.5，GPT4.0是其持续投入AI大数据的必然阶段。与前几个模型相比，GPT-4的参数量更大，模型迭代时间更长，也能够给出更准确的结果。新版本的发布速度越来越快，聪明程度越来越高，这是大数据循序渐进发展的必然成果。

4. ChatGPT可能带来的产业影响

ChatGPT实质是对话式AI的应用，其落地应用已经非常广泛。根据人工智能市场规模数据，对话式AI市场规模正在迅速扩大，从百亿到千亿、万亿都指日可待。ChatGPT引发的浪潮促使主流厂商在其对话式AI应用中引入大数据，将带动对话AI相关市场新一轮增长。此外，在搜索、营销场景中，ChatGPT类型的应用则可能衍生出全新的产品形态。引发的AI行业改革，升级迭代可能会从优先具备海量数据的场景开始。当大数据支撑的AI应用成为主流，未来的工作中，AI助理将替代更多人类的工作。诸如文生图的应用和各领域初级内容的搜索，均可以借助AI生成的内容。

对于产业界的投资而言，具体的投资规模要视应用场景决定。科大讯飞在语音及语言信息处理国家工程实验室等"国家"平台以及讯飞超脑2030计划支撑下，在认知智能领域快速取得了诸多"世界性"成果。

（九）云计算

云计算产业如同天空中的信息海洋，以其无限的扩展性和灵活性，持续革新着整个IT行业的生态格局，通过整合资源、提升效率，正在打造一个更加开放、包容、绿色的全球数字生态系统。

云计算（cloud computing）是分布式计算的一种，指的是通过网络"云"将巨大的数据计算处理程序分解成无数个小程序，然后，通过多部服务器组成的系统进行处理和分析这些小程序得到结果并返回给用户。

简单地说，云计算早期就是简单的分布式计算，解决任务分发，并进行计算结果的合并。因而，云计算又称为网格计算。通过这项技术，可以在很短的时间内（几秒钟）完成对数以万计的数据的处理，从而达到强大的网络服务。

现阶段所说的云服务已经不单单是一种分布式计算，而是分布式计算、效用计算、负载均衡、并行计算、网络存储、热备份冗杂和虚拟化等计算机技术混合演进并跃升的结果。

1. 产生背景

互联网自1960年开始兴起，主要用于军方、大型企业等之间的纯文字电子邮件或新闻集群组服务。直到1990年才开始进入普通家庭，随着Web网站与电子商务的发展，网络已经成为目前人们离不开的生活必需品之一。云计算这个概念首次在2006年8月的搜索引擎会议上提出，成为互联网的第三次革命。

近几年来，云计算也正在成为信息技术产业发展的战略重点，全球的信息技术企业都在纷纷向云计算转型。举例来说，每家公司都需要做数据信息化，存储相关的运营数据，进行产品管理、人员管理、财务管理等,而进行这些数据管理的基本设备就是计算机了。

对于一家企业来说,一台计算机的运算能力是远远无法满足数据运算需求的,那么公司就要购置一台运算能力更强的计算机,也就是服务器。而对于规模比较大的企业来说,一台服务器的运算能力显然还是不够的,那就需要企业购置多台服务器,甚至演变成为一个具有多台服务器的数据中心,而且服务器的数量会直接影响这个数据中心的业务处理能力。除了高额的初期建设成本之外,计算机的运营支出中花费在电费上的金钱要比投资成本高得多,再加上计算机和网络的维护支出,这些总的费用是中小型企业难以承担的,于是云计算的概念便应运而生了。

2. 发展历程

云计算的历史,可以追溯到1956年,Christopher Strachey正式提出了虚拟化的概念。虚拟化是今天云计算基础架构的核心,是云计算发展的基础。而后随着网络技术的发展,逐渐孕育了云计算的萌芽。

在20世纪的90年代,计算机网络出现了大爆炸,出现了以思科为代表的一系列公司,随即网络进入泡沫时代。在2004年,Web2.0会议举行,Web2.0成为当时的热点,这也标志着互联网泡沫破灭,计算机网络发展进入了一个新的阶段。在这一阶段,让更多的用户方便快捷地使用网络服务成为互联网发展亟待解决的问题,与此同时,一些大型公司也开始致力于开发大型计算能力的技术,为用户提供了更加强大的计算处理服务。2006年8月9日,Google首席执行官埃里克·施密特(Eric Schmidt)在搜索引擎大会(SES San Jose 2006)首次提出"云计算"(cloud computing)的概念。这是云计算发展史上第一次正式地提出这一概念,有着巨大的历史意义。2007年以来,"云计算"成为计算机领域最令人关注的话题之一,同样也是大型企业、互联网建设着力研究的重要方向。因为云计算的提出,互联网技术和IT服务出现了新的模式,引发了一场变革。2008年,微软发布其公共云计算平台(windows azure platform),由此拉开了微软的云计算大幕。同样,云计算在国内也掀起一场风波,许多大型网络公司纷纷加入云计算的阵列。2009年1月,阿里软件在江苏南京建立首个"电子商务云计算中心"。同年11月,中国移动云计算平台"大云"计划启动。到现阶段,云计算已经发展到较为成熟的阶段。

3. 云计算实现关键技术

(1) 体系结构。实现计算机云计算需要创造一定的环境与条件,尤其是体系结构必须具备以下关键特征:第一,要求系统必须智能化,具有自治能力,减少人工作业的前提下实现自动化处理平台智能响应要求,因此云系统应内嵌有自动化技术;第二,面对变化信号或需求信号云系统要有敏捷的反应能力,所以对云计算的架构有一定的敏捷要求。与此同时,随着服务级别和增长速度的快速变化,云计算同样面临巨大挑战,而内嵌集群化技术与虚拟化技术能够应对此类变化。

云计算平台的体系结构由用户界面、服务目录、管理系统、部署工具、监控和服务器集群组成:

① 用户界面,主要用于云用户传递信息,是双方互动的界面。

② 服务目录,顾名思义是提供用户选择的列表。
③ 管理系统,指的是主要对应用价值较高的资源进行管理。
④ 部署工具,能够根据用户请求对资源进行有效的部署与匹配。
⑤ 监控,主要对云系统上的资源进行管理与控制并制定措施。
⑥ 服务器集群,包括虚拟服务器与物理服务器,隶属管理系统。

(2) 资源监控。云系统上的资源数据十分庞大,同时资源信息更新速度快,想要精准、可靠的动态信息需要有效途径确保信息的快捷性。而云系统能够对动态信息进行有效部署,同时兼备资源监控功能,有利于对资源的负载、使用情况进行管理。其次,资源监控作为资源管理的"血液",对整体系统性能起关键作用,一旦系统资源监管不到位,信息缺乏可靠性,那么其他子系统引用了错误的信息,必然对系统资源的分配造成不利影响。资源监控过程中,要在各个云服务器上部署Agent代理程序便可进行配置与监管活动,如通过一个监视服务器连接各个云资源服务器,然后以周期为单位将资源的使用情况发送至数据库,由监视服务器综合数据库有效信息对所有资源进行分析,评估资源的可用性,最大限度提高资源信息的有效性。

(3) 自动化部署。科学进步的发展倾向于半自动化操作,实现了出厂即用或简易安装使用。基本上计算资源的可用状态也发生转变,逐渐向自动化部署。对云资源进行自动化部署指的是,基于脚本调节的基础上实现不同厂商对于设备工具的自动配置,用以减少人机交互比例、提高应变效率,避免超负荷人工操作等现象的发生,最终推进智能部署进程。自动化部署是通过自动安装与部署来实现计算资源由原始状态变成可用状态。其在与计算中表现为能够划分、部署与安装虚拟资源池中的资源为能够给用户提供各类应用于服务的过程,包括了存储、网络、软件以及硬件等。系统资源的部署步骤较多,自动化部署主要是利用脚本调用来自动配置、部署与配置各个厂商设备管理工具,保证在实际调用环节能够采取静默的方式来实现,避免了繁杂的人际交互,让部署过程不再依赖人工操作。除此之外,数据模型与工作流引擎是自动化部署管理工具的重要部分。一般情况下,对于数据模型的管理就是将具体的软硬件定义在数据模型当中即可;而工作流引擎指的是触发、调用工作流,以提高智能化部署为目的,善于将不同的脚本流程在较为集中与重复使用率高的工作流数据库当中应用,有利于减轻服务器工作量。

云计算通过简化的方式,不仅能够满足企业的业务需求,更能够以无限伸缩和不同层次的服务,促进企业的快速创新和明智决策。云计算在经济、性能以及整合层面都体现着无与伦比的优势。实际上,云计算服务带来的改变绝不仅仅局限于IT系统。面对变幻莫测的业务需求、国内外的竞争压力,"智慧的云"不但为企业注入更多潜能和活力,还在运营、安全、创新和服务层面,提供着前所未有的革新方案。

前瞻性的企业可以利用它拓展全新的市场,并开创更为广阔的利润空间,以及智能化的商业服务。同时,"智慧的云"也凭借着自身巨大的优势,改变着企业,甚至是整个商业的运行方式。"智慧的云"不但能够为企业转型提供助力,也必然会为企业的发展带来翻天覆地的变化。

（十）粮食和物资储备

粮食和物资储备如同战略家手中的棋子，预判未来、布局当下，为国家发展提供强大的后盾支持。

粮食和物资主要包括粮食、棉花、食糖、战略物资、应急储备物资等。联合国粮食及农业组织（简称粮农组织）提出，粮食是指谷物，包括麦类、豆类、粗粮类（又称杂粮类）和稻谷类等。

1. 粮食储藏

粮食储藏是指粮食收获后至消费前的贮存管理过程。其目的在于保持粮食的品质和减少损耗。在含水量少（12.5%以下）和环境温度低（15~20℃）的情况下，粮食呼吸强度微弱，但能维持最低限度的生命活动，对贮藏有利。

中华人民共和国成立初期，为解决储粮仓库多为祠堂庙宇、民屋老宅，储粮技术落后、损耗巨大等问题，按照干燥、低温、密闭储粮的"三原则"，配合行业进行仓储设施的改造与建设。一方面对粮站旧式民房仓进行改造；另一方面引进"苏式平房仓""机械化立筒库"设计，初步改善了我国储粮的条件。

进入20世纪90年代，国家实施了机械化骨干库和世行贷款粮食流通项目。18个机械化骨干库共建设100万吨仓容，主要仓型为钢筋混凝土筒仓。世行贷款项目系统规划建设了东北、长江、西南和京津4条粮食"四散"流通走廊，建设总仓容484万吨，主要仓型为钢筋混凝土立筒仓、钢板筒仓、浅圆仓。

自1998年起，国家共投资337亿元国债资金，分三批建设1100多个国家储备粮库，新增仓容500亿千克，改变了我国传统粮库装粮低、占地面积大、储粮技术落后、粮食损耗高的状况。

粮情测控技术、粮堆机械通风技术、谷物冷却低温储粮技术、环流熏蒸技术（四合一技术）的研究开发，广泛应用各种仓型的储备粮仓建设中。

一些高科技粮食储藏技术也被广泛开发和应用。

（1）粮食贮藏袋技术。传统的粮食储藏方式是将粮食直接存放在仓库中，但储存空间受限、温度、潮湿容易导致粮食变质。而粮食贮藏袋技术则解决了这些问题。这种技术的袋子通常采用塑料封口，具有较好的存储空间抗压力，可有效控制存储环境和粮食湿度，降低粮食腐烂和损失率。

（2）气密包装技术。气密包装技术是基于缓慢减少酶活性，降低氧气浓度，减少粮食呼吸和代谢的新型储藏技术。这种技术采用先进的包装材料和气体控制技术，实现了粮食生产过程中对粮食的保护和防止微生物侵蚀。

（3）虫害控制技术。虫害是粮食储藏过程中不可避免的问题，但是我国目前已经开发出了许多虫害控制技术，如光催化杀虫技术和微波灭豆荚虫技术等。这些技术可以有效地提高储存仓库内的气氛温度、湿度和有机物含量，从而达到杀灭虫害的效果，保证粮食的安全和品质。

(4) 智能储藏技术。智能储藏技术是将现代信息技术与传统储藏技术相结合,可以实时监测粮食的存储环境,自动调节湿度、温度、氧气浓度等参数,达到最佳储藏条件。这种技术不仅可以减少人工干预和管理,大大提高粮食储藏的效率和品质,也可以在储藏过程中及时发现并排除问题。

2. 粮油加工

粮油加工是指通过处理将原粮油转化成半成品粮油、成品粮油,或者将半成品粮油转化成成品粮油的经营活动。

粮食加工主要包括:① 稻谷碾米;② 小麦制粉;③ 玉米及杂粮的加工;④ 植物油脂的提取、精炼和加工;⑤ 植物蛋白质产品的生产和淀粉加工;⑥ 以米面为主要原料的粮油食品加工;⑦ 粮油加工副产品的综合利用。

中华人民共和国成立初期,国内油脂制备主要以各种形式的土榨和液压式榨机为主,不但处理量小、出油率低,而且劳动强度大、生产成本高。

全谷物食品的稳定化加工技术、活性物质保持技术、食用品质改良技术等方面的研究,实现了全谷物加工新技术、新装备、新产品及标准等成果转化及产业化应用。

粮油加工的发展趋势是:① 食品加工流程正在保证成品粮质量和出率的前提下逐步缩短。② 新设计的加工设备结构简化、单机效率高,并正在发展组合设备。③ 普遍利用电子技术自动控制生产流程和设备运转;开始采用在线仪器连续检测产品质量和数量。④ 正在进行根据原料和产品质量的变化自动调整设备的研究。⑤ 根据食品质量的要求控制和改进粮食加工产品质量,进而选配和处理原料。⑥ 研究原料的加工和制作食品的性能,为选择原料和培育优良品种提供依据的工作正在逐步开展。

3. 粮食质量安全

"粮安工程",即"实施粮食收储、供应安全保障工程",是国家粮食和物资储备局提出并组织实施的,以全面提升粮食收储供应安全保障能力,守住"种粮卖得出、吃粮买得到"粮食流通工作底线,保持粮食供求基本平衡和价格基本稳定,促进粮食增产、农民增收和粮食流通现代化,确保国家粮食安全为目标的社会活动。

"粮安工程"的主要内容是"建设粮油仓储设施、打通粮食物流通道、完善应急供应体系、保障粮油质量安全、强化粮情监测预警、促进粮食节约减损"。从20世纪80年代起,我国有了国产、经济适用的标准物质,在确保粮油检验量值统一、准确性和可溯性方面作用显著。

目前我国已建立了较为完整的粮食标准体系,粮食质量安全标准达到641项。截至2021年6月,中国累计新建和改造提升粮食质量安全检验机构和粮食企业检化验室1500多个,受国际标准化组织谷物与豆类委员会的授权委托,完成了小麦、玉米等4项国际标准,正在制定中的还有《谷物储存技术指南》等5项国际标准项目,以全面保障粮食安全。

我国已全面建成售粮便利、储存安全、物流通畅、供给稳定、应急高效、质量安全、调控有力的粮食收储供应安全保障体系,形成布局合理、结构优化、竞争有序、监管有力的现代粮食流通新格局。

4. 数字化粮食科技

粮食科技应用和提升不仅表现在储藏、加工、检测、物流等方面,还表现在信息及软科学方面的技术,尤其是数字化粮食储备管理系统。

数字化粮食储备管理系统是指应用现代信息技术,对国家粮食储备进行数字化管理。我国的数字化粮食储备管理系统在近年来得到了快速发展,并且在信息化、智能化、务实化方面取得了良好的成果。

数字化粮食储备管理系统的建设主要涉及粮食生产、加工、流通、仓储等多个环节。在粮食生产环节,数字化管理系统可以利用气象、土壤、遥感等相关数据对粮食生长情况进行智能监测与预测。这样可以帮助相关部门准确把握物资储备情况,预判可能出现的储备瓶颈,早做应对措施。

在粮食加工环节,数字化管理系统可以利用传感器、物联网等技术手段实时监控粮食加工质量,避免粮食加工过程中出现质量问题。此外,还可以利用数字化管理系统对加工质量进行统计分析,找出加工过程中的瓶颈,提出改进方案。

在粮食流通环节,数字化管理系统可以实现粮食质量追溯。因为政府在粮食流通过程中要求各个环节都要进行登记备案,并且每个环节所生成的数据都要存放到一个信息库中。这样不仅可以便于粮食的监管与管理,而且也可以确保粮食质量安全。

数字化粮食储备管理系统的核心是仓储管理。数字化管理系统可以利用自动化、机械化等技术手段,达到集中管理、可视化监控、智能化调度等效果。管理人员可以根据系统中的数据进行信息管理、在线调度粮仓库存,并对粮食生产保障对应的变化进行研究分析,让国家粮食储备得到更好的保障。

数字化粮食储备管理系统的建设对于我国粮食安全具有重要的意义。首先,数字化管理系统可以加强对粮食生产、加工、流通、储备等各个环节的监管,提高了政府的粮食安全保障能力。数字化管理系统可以加快政府对粮食市场的信息分析和研究,使政府能够更精准地出台相关政策。最后,数字化管理系统的建设可以促进粮食仓储的信息化、智能化,提高对粮食储备的科学管理水平。

5. 物资储备

物资储备是指社会生产过程中储存备用的生产资料。它是生产资料产品脱离一个生产过程但尚未进入另一个生产消费过程时,以储备形式暂时停留在生产领域和流通领域某一个环节上。

储备的物资通常包括武器、弹药、车辆、油料、给养、被装、药品器材、维修零部件和其他专用作战物资及战略原材料等。其目的是保证不间断的物资补给。

物资储备的分类:① 按用途,分为日常储备和战备储备。日常储备主要用于衔接进货的间隔时间,并在正常供应中断和需要量额外增加的情况下保障部队的需要。战备储备主要用于战争初期衔接后续补给,保障部队快速行动和在战役战斗中的更大需要。② 按控制环节,分为战略储备、战役储备和战术储备。战略储备由国家或军队最高管理部门直接掌握,用于战略行动和重点支援。战略物资储备由国家和军队分工负责。战略原材料、半成品以及粮食等军民通用物资的储备由国家负责,武器、弹药、油料等成品和军事专用器材由军队负责。战役储备由军区、集团军、海军基地、战区空军等战役军团负责和掌握。战役储备的物资品种和数量通常由上级规定。战术储备(含移动储备和加大储备)由战术兵团掌握。

物资储备的原则与要求:① 符合国力,适应形势。物资储备既应考虑战争的需要,又应考虑国民经济可能承受的能力。要在战争需要和国民经济许可的范围内,确定物资储备的数量、品种及重点。② 军民一体,平战兼顾。根据物资性能和战争要求,在统一计划下由国家和军队分工储备,减少重复建设,并从物资储备的布局及设施建设上,做到平战结合,力求缩短平转战的时间。③ 统筹安排,突出重点。按物资生产周期、战时消耗量大小、筹措难易程度等统一安排储备的重点。通常情况下,生产周期长、不易筹措、战时消耗量大的物资多储。④ 合理布局,综合配套。物资储备的地区分布要与战略方针、军队部署、作战意图相一致。物资储备的结构要科学合理、齐全配套。⑤ 科学管理,保证质量。按照储管一致的原则,健全管理制度,运用先进的管理技术和方法,实行科学管理,不断提高物资储备的管理水平,达到数量准确,质量完好。

为适应未来战争的需要,一些国家将根据各自的战略方针,不断调整物资储备结构和布局,运用先进科学技术改进储备手段和管理办法,实行技术储备与实物、经费储备相结合,静态储备与动态储备相结合,注重发展移动式物资储备基地和利用仓库船等进行预置储备,使物资储备朝着更加合理、先进、高效的方向发展。

要点提示

1. 产业按战略分有主导产业、先导产业、支柱产业、重点产业、先行产业。
2. 产业技术创新和升级的重要支撑是技术能力。
3. 产业研发能力的最大来源除了国际技术转移外,主要是国家科研机构、高等院校和企业的技术研发队伍。
4. 产业技术是现代经济发展的核心驱动力,每一次重大技术创新都催生了新的经济增长点。
5. 没有落后的产业,只有落后的技术;以创新驱动,方能实现产业转型升级和高质量发展。
6. 应对气候变化采用的碳捕获、利用与封存(CCUS)等先进技术的产业化前景广阔。
7. 密切关注企业数字化转型过程中遇到的挑战,如数据安全、系统集成、人才培养等问题及解决方案。
8. 不同行业之间的交叉融合产生的新型业态带来无限的市场机遇,如生物医疗与信息技术结合的精准医疗、虚拟现实与传统行业的融合创新等。
9. 面对全球竞争格局,一流企业要积极参与国际标准制定,抢占产业发展的制高点。

思考练习

1. 人工智能发展还有哪些机会?
2. 生物医药板块发展方向有哪些?
3. 新能源与碳中和、碳达峰的交集在哪里?
4. 新材料有哪些值得投资的方向?
5. 我国装备制造业还要注意哪些问题?
6. 物联网对各行业的影响是什么?
7. 互联网金融发展的未来如何?
8. 大数据分析应用场景有哪些?
9. 云计算和安全监管未来的机会是什么?
10. 为保障粮食安全,粮食科技的投资方向有哪些?
11. 在产业技术领域,如何缩短科研成果从实验室到市场的转化周期从而提高科技成果产业化效率?
12. 新一代信息技术(如人工智能、大数据、云计算、物联网等)是如何深度应用在传统产业中并推动产业升级的?
13. 如何通过政策引导和支持来加快培育及发展战略性新兴产业?
14. 在全球化背景下,如何优化配置科技创新资源来增强产业链供应链自主可控能力?

附录　国家技术转移人才培养基地名单

科技部火炬中心《关于加强国家技术转移人才培养基地建设的通知》(国科火字〔2015〕316号)指出,国家技术转移人才培养基地按照"市场主导、政府引导"的原则,充分发挥技术转移服务机构、行业协会等社会力量,为满足科技成果转移转化需求、公益性与市场化相结合的,并经科技部火炬中心认定的,规范化、制度化培养我国技术转移从业队伍的机构。

建设国家技术转移人才培养基地,是为深入贯彻落实《国家技术转移体系建设方案》,加强国家技术转移人才培养工作,规范化、制度化培养我国技术转移从业队伍,加快培养一支高素质、专业化的技术转移从业人员队伍,有力支撑科技服务业发展,促进技术成果资本化和产业化。

2020年4月13日,科技部火炬中心发布的《关于开展第二批国家技术转移人才培养基地建设工作的通知》(国科火字〔2020〕81号)明确,国家技术转移人才培养基地依托机构应具备下列条件:(1)应为专业化服务机构或行业组织;(2)具有企事业法人、行业协会等独立法人资格;(3)具备一定的技术转移服务经验和资源整合能力;(4)具有较为丰富的技术转移培训和组织管理经验;(5)具备大型培训活动组织能力,有稳定的培训场所及相关配套设施。

2015年12月30日,科技部火炬中心公布了第一批共11个国家技术转移人才培养基地名单(附表1)。

附表1　第一批国家技术转移人才培养基地名单

序号	建设单位	依托机构	管理部门
1	国家技术转移集聚区	北京技术交易促进中心	北京市科委
2	国家技术转移南方中心	深圳市技术转移促进中心	深圳市科创委
3	国家技术转移东部中心	上海杨浦科技创业中心有限公司	上海市科委
4	国家技术转移中部中心	湖北省技术市场协会	湖北省科技厅
5	国家技术转移西南中心	四川省技术转移中心	四川省科技厅
6	国家技术转移西北中心	西安技术经理人协会	陕西省科技厅
7	国家技术转移东北中心	吉林省技术产权交易中心有限公司	吉林省科技厅
8	国家技术转移海峡中心	福建海峡技术转移中心	福建省科技厅
9	国家技术转移苏南中心	苏州市生产力促进中心	江苏省科技厅
10	国家技术转移郑州中心	河南省科学技术信息研究院	河南省科技厅
11	国家海洋技术转移中心	青岛市科技创业服务中心	青岛市科技局

2020年4月,科技部火炬中心开展第二批国家技术转移人才培养基地建设工作。2020年7月15日,经公示,科技部火炬中心公布了北京技术交易促进中心等25家单位为人才培养基地依托机构(第二批)(附表2)。

附表2　第二批国家技术转移人才培养基地名单

序号	依托机构	管理部门
1	天津市科技创新发展中心	天津市科技局
2	河北省协同创新中心(科技大厦)	河北省科技厅
3	太原技术转移促进中心	山西省科技厅
4	内蒙古工业大学	内蒙古自治区科技厅
5	东北科技大市场	辽宁省科技厅
6	黑龙江省科技成果转化中心	黑龙江省科技厅
7	江苏省技术产权交易市场	江苏省科技厅
8	浙江省科技评估和成果转化中心	浙江省科技厅
9	安徽创新馆服务管理中心	安徽省科技厅
10	南昌市科技成果转化协会	江西省科技厅
11	山东省技术市场协会	山东省科技厅
12	湖南省科技成果与技术市场协会	湖南省科技厅
13	东莞松山湖高新技术产业开发区科技成果转化中心	广东省科技厅
14	广西东盟技术转移中心	广西壮族自治区科技厅
15	中国热带农业科学院	海南省科技厅
16	重庆市科学技术研究院	重庆市科技局
17	贵州省生产力促进中心	贵州省科技厅
18	云南省科学技术情报研究院	云南省科技厅
19	兰州科技大市场	甘肃省科技厅
20	青海省生产力促进中心有限公司	青海省科技厅
21	宁夏职业技术学院	宁夏回族自治区科技厅
22	塔里木大学	新疆生产建设兵团科技局
23	大连市创新创业创投服务中心	大连市科技局
24	厦门产业技术研究院	厦门市科技局
25	宁波市生产力促进中心	宁波市科技局

参 考 文 献

[1] 李建国.我国技术转移现状与问题[J].中国投资与建设,1997(10):89.
[2] 吴海林,朱华桂.中国技术引进的历程考察与历史经验的评析[C]//财政部财政科学研究所.探索·交流·发展:第七届全国经济学·管理学博士后学术大会论文集.北京:经济科学出版社,2003.
[3] 陈向东.大转移[M].北京:经济日报出版社,2000.
[4] 陈建新,赵玉林,关前.当代中国科学技术发展史[M].武汉:湖北教育出版社,1994.
[5] 国家科委.中国科学技术政策指南:第1号[M].北京:科学技术文献出版社,1987.
[6] 王保树.中国商事法[M].北京:人民法院出版社,1996.
[7] 马克思,恩格斯.马克思恩格斯选集[M].北京:人民出版社,1995.
[8] 王利明.民法新论:上[M].北京:中国政法大学出版社,1996.
[9] 国家知识产权局专利管理司与中国技术交易所.专利价值分析指标操作手册[M].北京:知识产权出版社,2012.
[10] 曹宏君.影响项目投资决策评价的因素及风险[R].2013.
[11] 陈慧兰.信息检索与利用[M].上海:东华大学出版社,2004.
[12] 杨华峰.项目评估[M].北京:科学出版社,2008.
[13] 李虹.国际技术贸易[M].大连:东北财经大学出版社,2005.
[14] 任凭.经纪人及其管理[M].上海:上海人民出版社,2004.
[15] 谌浩,吕志明.现代经纪学[M].长沙:湖南大学出版社,2004.
[16] 高华.项目可行性研究与评估[M].北京:机械工业出版社,2014.
[17] 马天旗.专利布局[M].北京:知识产权出版社,2016.
[18] 唐树伶,张启富.经济学[M].大连:东北财经大学出版社,2006.
[19] 莱文森.金融市场指南[M].4版.杨玉明,杨玉亮,译.北京:清华大学出版社,2010.
[20] 伊丽莎白·波普·贝尔曼.创办市场型大学:学术研究如何成为经济引擎[M].温建平,译.上海:上海科学技术出版社,2017.
[21] 黄武双,等.美国技术创新与技术转让激励政策解读[M].北京:法律出版社,2016.
[22] 李志南,肖能,等.初级技术经理人培训教程[M].北京:中国农业科学技术出版社,2023.
[23] 吴寿仁.创业路径[M].上海:上海科学技术文献出版社,2004.
[24] 吴寿仁.企业孵化原理[M].南京:江苏科学技术出版社,2007.
[25] 吴寿仁.企业技术创新手册:从技术研发到应用转化的188个问题解读[M].上海:上海科学普及出版社,2008.
[26] 李友华,韦恒.科技成果推广转化绩效评价理论与方法研究[M].北京:中国农业出版社,2008.
[27] 吴寿仁.创新知识基础[M].上海:上海社会科学院出版社,2011.
[28] 吴寿仁.科技成果转化操作实务[M].上海:上海科学普及出版社,2016.

[29]　赖云倩,林蔚婷.科技成果转化操作实务[M].北京:新星出版社,2017.
[30]　朱晓俊.科技成果转化的内蒙古之路[M].北京:经济管理出版社,2018.
[31]　汝绪伟,李海波,陈娜.科技成果转化体系建设研究与实践[M].北京:科学出版社,2019.
[32]　吴寿仁.科技成果转移转化案例解析[M].上海:上海科学普及出版社,2020.
[33]　刘群彦.科技成果转化:法律意识的社会学研究:以上海高校及科研院所为例[M].上海:上海交通大学出版社,2018.
[34]　肖尤丹.中国科技成果转化制度体系[M].北京:科学技术文献出版社,2017.
[35]　尹锋林.科研能力转化科技成果转化与知识产权运用[M].北京:知识产权出版社,2020.
[36]　科技部人才中心.科技成果转移转化管理实务[M].北京:科学技术文献出版社,2020.
[37]　肖克峰,阮航.科技成果转化理论与实务[M].北京:知识产权出版社出版,2021.
[38]　喻登科.科技成果转化知识管理绩效评价研究[M].北京:经济管理出版社,2020.
[39]　吕运强.科技成果转化与技术标准创新[M].北京:中国电力出版社,2022.
[40]　孙磊,吴寿仁,等.科技成果转化从入门到高手[M].北京:中国宇航出版社,2021.
[41]　国家科技评估中心.中国科技评估与成果管理:科技成果转化工作指南[M].北京:北京理工大学出版社,2021.
[42]　颜卉,施利毅.国际技术转移模式探析[M].北京:经济管理出版社,2022.
[43]　姜雪.科技成果转化评价方法的对比关系[M].北京:北京大学医学出版社,2022.
[44]　施利毅,颜卉.科技成果转化实践[M].北京:经济管理出版社,2022.
[45]　张浩.科技成果转化的战略绩效评价研究[M].北京:中国社会科学出版社,2022.
[46]　方齐.科技成果转化政策组态效应及绩效提升:基于多层视角的研究[M].北京:经济科学出版社,2023.
[47]　张玉华,原振峰.高校科技成果转化嵌套共生平台治理范式研究[M].上海:上海交通大学出版社,2023.
[48]　何丽敏.国有企业科技成果转化管理创新[M].北京:知识产权出版社,2023.
[49]　中国科学院科技战略咨询研究院.构建现代产业体系:从战略性新兴产业到未来产业[M].北京:机械工业出版社,2022.
[50]　中国社会科学院工业经济研究所课题组.未来产业:开辟经济发展新领域新赛道[M].北京:中国发展出版社,2023.
[51]　肖兴志.中国战略性新兴产业发展研究[M].北京:科学出版社,2011.
[52]　财政部、国家税务总局关于促进科技成果转化有关税收政策的通知(财税字〔1999〕45号).
[53]　国家税务总局关于促进科技成果转化有关个人所得税问题的通知(国税发〔1999〕125号).
[54]　国家税务总局关于取消促进科技成果转化暂不征收个人所得税审核权有关问题的通知(国税函〔2007〕833号).
[55]　国家税务总局关于技术转让所得减免企业所得税有关问题的通知(国税函〔2009〕212号).
[56]　财政部、国家税务总局关于居民企业技术转让有关企业所得税政策问题的通知(财税〔2010〕111号).
[57]　财政部、国家税务总局关于将国家自主创新示范区有关税收试点政策推广到全国范围实施的通知(财税〔2015〕116号).
[58]　财政部、国家税务总局关于非货币性资产投资企业所得税政策问题的通知(财税〔2014〕116号).

[59] 国家税务总局关于非货币性资产投资企业所得税有关征管问题的公告(国家税务总局公告2015年第33号).

[60] 交通运输业和部分现代服务业营业税改征增值税试点实施办法(财税〔2011〕111号).

[61] 关于科技人员取得职务科技成果转化现金奖励有关个人所得税政策的通知(2018年5月).

[62] 财政部国家税务总局关于完善股权激励和技术入股有关所得税政策的通知(财税〔2016〕101号).

[63] 财政部、国家税务总局关于全面推开营业税改征增值税试点的通知(财税〔2016〕36号).

[64] 吴恺.对人工智能发展可能导致的若干问题之思考[J].河北青年管理干部学院学报,2022(34):91-95.

[65] 杨军歌,丁锦希,邵蓉.生物医药技术创新激励政策的国际比较研究[J].中国医药导报,2011(3):12-14.

[66] 程芳.中国生物医药产业乘势发展[J].经济,2021(12):120-121.

[67] 刘陈,景兴红,董钢.浅谈物联网的技术特点及其广泛应用[J].科学咨询,2011(9):86.

[68] 贾益刚.物联网技术在环境监测和预警中的应用研究[J].上海建设科技,2010(6):65-67.

[69] 黄静.物联网综述[J].北京财贸职业学院学报,2016(6):21-26.

[70] 甘志祥.物联网的起源和发展背景的研究[J].现代经济信息,2010(1):157-158.

[71] 徐小妹.浅论互联网金融的模式与发展[J].上海商业,2022(2):67-69.

[72] 许子明,田杨锋.云计算的发展历史及其应用[J].信息记录材料,2018,19(8):66-67.

[73] 罗晓慧.浅谈云计算的发展[J].电子世界,2019(8):104.

[74] 李文军.计算机云计算及其实现技术分析[J].军民两用技术与产品,2018(22):57-58.

后　记

《国家技术转移专业人员能力提升指南》的编写与出版,是响应国家创新驱动发展战略、深化科技体制改革和推动科技成果高效转化的一次重要的实践尝试。此书的编写与出版,历时三年,几经波折,终究守得初云见日开,初步修成正果。它继承了前辈学者的学养,凝聚了众多专家学者的心血与智慧,也承载着我们对提升我国技术转移人才队伍专业化水平的殷殷期盼。

技术转移涉及的知识模块内容多、涉及面广、知识学科领域跨度大,在编写过程中,我们希望在理论上全面掌握技术转移相关专业基础知识的前提下有所突破,深入剖析国内外技术转移的成功案例,尝试提炼出一套既符合国际规范又具有中国特色的技术转移理论体系与实操方法,全面响应科技部制定的国家技术转移人员能力等级的培训要求。

全书围绕技术识别与评估、知识产权管理、市场需求分析、商务谈判策略、政策法规解读等核心内容展开,旨在为技术转移从业人员提供全面、实用的能力提升训练,帮助他们更好地应对复杂多变的市场环境和技术发展的时代呼唤。希望技术转移人员能突破个人有限的精力,根据自己的学科背景,成为领军型的技术转移专业人员。

特别感谢那些为本书的出版付出努力的单位、专家学者和朋友。尤其要感谢中国科学技术大学研究生院把本书列入研究生教育创新计划项目并给予资助,感谢中国科学技术大学知识产权研究院把本书列入研究院的教材研究生教育创新计划项目,感谢中国科学院国科控股、中国科学院联想学院及合肥市政府、安徽省科促会科技成果评价评估中心的支持与协助。

由于本书编写的时间有限,部分资料经多次引用转载,有的难以准确找到原文的出处,在此,我们对本书写作有过帮助的所有专家、学者表示深深的感谢!

我们深知,技术转移并非孤立存在的活动,它紧密关联着科技创新生态系统的各个环节,从基础研究到产业应用,从研发机构到企业主体,从政策引导到市场驱动,都需要有一支具备高水平专业素养的技术转移人才队伍作为桥梁纽带。因此,本书的最终目标是培养一支视野开阔、知识结构合理、操作技能娴熟、服务意识强烈的技术转移专业队伍,以期推动更多高质量科技成果转化为现实生产力,赋能产业升级,助力经济社会持续健康发展。

展望未来,我们期待本书能够与时俱进,不断更新迭代,始终紧跟时代步伐,满足广大技术转移工作者日益增长的学习和发展需求。同时,我们也热切希望社会各界继续关注和支持我国技术转移事业的发展,共同谱写我国科技创新成果转化的新篇章。

谨以此书献给所有致力于推动技术转移和科技成果转移转化工作的同仁们,让我们携手共进,为祖国科技创新事业的美好明天贡献力量!

编　者